权威·前沿·原创

皮书系列为
"十二五""十三五"国家重点图书出版规划项目

中国社会科学院创新工程学术出版资助项目

俄罗斯黄皮书
YELLOW BOOK OF RUSSIA

俄罗斯发展报告
（2016）

ANNUAL REPORT ON DEVELOPMENT OF RUSSIA
(2016)

中国社会科学院俄罗斯东欧中亚研究所
主　编／李永全

社会科学文献出版社
SOCIAL SCIENCES ACADEMIC PRESS (CHINA)

图书在版编目(CIP)数据

俄罗斯发展报告.2016/李永全主编.--北京：社会科学文献出版社，2016.7
（俄罗斯黄皮书）
ISBN 978-7-5097-9419-7

Ⅰ.①俄… Ⅱ.①李… Ⅲ.①俄罗斯-研究报告-2012 Ⅳ.①D751.2

中国版本图书馆CIP数据核字（2016）第155346号

俄罗斯黄皮书
俄罗斯发展报告（2016）

主　　编／李永全

出 版 人／谢寿光
项目统筹／祝得彬
责任编辑／张苏琴

出　　版／社会科学文献出版社·当代世界出版分社（010）59367004
　　　　　地址：北京市北三环中路甲29号院华龙大厦　邮编：100029
　　　　　网址：www.ssap.com.cn

发　　行／市场营销中心（010）59367081　59367018

印　　装／北京季蜂印刷有限公司

规　　格／开　本：787mm×1092mm　1/16
　　　　　印　张：19.75　字　数：288千字

版　　次／2016年7月第1版　2016年7月第1次印刷

书　　号／ISBN 978-7-5097-9419-7

定　　价／89.00元

皮书序列号／B-2006-049

本书如有印装质量问题，请与读者服务中心（010-59367028）联系

版权所有 翻印必究

俄罗斯黄皮书编委会

主　　编　李永全

副 主 编　李中海　张昊琦

编　　委（按姓氏笔画排列）

冯育民　刘显忠　孙　力　李中海　李永全
李进峰　吴宏伟　庞大鹏　赵会荣　柳丰华
高　歌　程亦军　薛　福

撰 稿 人（按姓氏笔画排列）

马　强　吕　萍　刘　丹　许　华　李中海
李永全　李勇慧　李　莉　张　弘　张聪明
周国长　庞大鹏　赵玉明　柳丰华　徐洪峰
高际香　郭晓琼　蒋　菁　韩克敌　程亦军

俄文翻译　凤　玲

主要编撰者简介

李永全 中国社会科学院俄罗斯东欧中亚研究所所长、研究员。曾长期在中共中央编译局从事马克思主义经典著作翻译、校订以及马克思主义基本理论和俄罗斯历史及当代国际问题的研究。著有《列宁的新经济政策原则及其国际意义》(俄文专著,1990年)、《俄国政党史》(1999年出版,2006年第三次印刷)和《莫斯科咏叹调》(2005年);主编《俄罗斯发展报告》《丝路列国志》;在国内外各种刊物上发表学术论文及政论作品百余篇。

主要译著有格里加尔的《为欢乐而生》、瓦·博尔金的《戈尔巴乔夫沉浮录》、尼·雷日克夫的《大动荡的十年》、肖洛霍夫的《他们为祖国而战》、伊·列昂诺夫的《独臂长空》等。

李中海 中国社会科学院俄罗斯东欧中亚研究所研究员,《俄罗斯东欧中亚研究》执行主编,中国社会科学院研究生院教授。长期从事俄罗斯经济研究。主编《普京八年:俄罗斯复兴之路(2000~2008)》(经济卷),获中国社会科学院优秀科研成果二等奖;著有《俄罗斯经济外交:理论与实践》(2011年)等著作。

张昊琦 中国社会科学院俄罗斯东欧中亚研究所副研究员,《俄罗斯东欧中亚研究》杂志副主编。从事俄罗斯政治、俄罗斯政治思想史和中俄关系史研究。著有《俄罗斯帝国思想初探》(2009年),共同主编《当代俄罗斯精英与社会转型》(2015年)。

摘　要

2015年是进入21世纪以来俄罗斯内外形势最为复杂的一年。受世界经济行情和国内结构问题以及西方国家制裁的影响,俄罗斯遭受了十余年来最严重的经济困难,但居民生活水平虽有下降,国内政治社会却保持了稳定的局面。同时,俄罗斯在外交领域展示出强国作风,在叙利亚针对"伊斯兰国"恐怖组织用兵取得令世界瞩目的战绩,与美欧关系虽未改善,但在一定水平上仍保持着接触和对话。在经济困境中谋求政治稳定和外交突围,是2015年俄罗斯内外形势的突出特点。

在政治方面,俄罗斯继续保持政治和社会局势的稳定,普京总统保持较高威望,传统价值观受到推崇。在经济持续下滑背景下,普京总统的支持率居高不下,社会稳定没有受到影响,预计对2016年即将举行的国家杜马选举不会产生较大负面影响,政权党和支持当局的社会政治力量可能赢得选举胜利。同时,以"国家性、聚合性和东正教"为核心的传统价值观受到更多推崇,并因俄罗斯在叙利亚的军事行动得到延续和加强,将对俄罗斯社会政治稳定和2016年国家杜马选举产生影响。俄罗斯社会稳定取决于社会经济发展状况及其对居民生活的影响、社会政治情绪、精英政治取向、中央和地方的关系、外部因素等。

在经济方面,俄罗斯作为独特的市场经济国家,一方面继续完善市场经济体制,另一方面,经济结构单一化和垄断性继续发展,国家作用加大。2014年年底以来,由于国际能源市场行情的变化,以及自身经济结构的关系,俄罗斯经济发展速度明显放慢,西方国家因乌克兰危机对俄罗斯实施的制裁使本来就陷入困境的俄罗斯经济雪上加霜。物价上涨,居民生活水平明显下降,社会不满情绪有所增加。2015年俄罗斯GDP下降3.7%。俄罗斯

经济遭遇的困难与其说是国际市场行情和西方制裁的结果,不如说是由自身结构的问题所导致。

在外交方面,2015年是21世纪以来俄罗斯对外政策领域的关键年份之一,也是其外交活动和外交手段既耀眼又纷繁复杂的一年。由于乌克兰危机和克里米亚问题,俄罗斯与整个西方国家的关系几乎陷入僵局。西方国家对俄罗斯继续维持联合制裁。在这种情况下,2015年,俄罗斯实施了一系列战略部署:启动欧亚经济联盟、隆重纪念卫国战争胜利70周年、举办上海合作组织和金砖国家峰会、出兵叙利亚等。高举国际反恐旗帜,出兵叙利亚打击"伊斯兰国"是2015年俄罗斯外交的最大亮点。应该说,俄罗斯在叙利亚用兵是成功的外交谋略。用兵的结果是俄罗斯在外交上得分,在政治上得势,并使国内政治稳定,普京威信继续上升。

乌克兰问题在2015年有些被淡忘,但是这个问题远没有得到解决。2015年2月11~12日,德国、法国、乌克兰和俄罗斯四国领导人签署的"明斯克-2协议",并不能解决乌克兰问题,它只是尝试冻结武装冲突。乌克兰问题将是一个旷日持久的问题,乌克兰不会加入北约和欧盟,也不会参与俄罗斯主导的一体化,在俄罗斯与西方博弈的过程中其仍将停留在棋子的地位上。

2015年,中俄关系继续健康发展,最显著的事件是两国共同纪念卫国战争和抗日战争胜利70周年及两国签署关于丝绸之路经济带与欧亚经济联盟建设对接的联合声明,"一带一盟"对接成为新亮点。2016年是《中俄睦邻友好合作条约》签署15周年,也是上海合作组织成立15周年。鉴于地区安全形势、经济形势的复杂性,中俄合作不仅对双方,而且对地区发展与稳定的意义将越来越大。我们完全有理由期待中俄合作继续健康发展。

目 录

Ⅰ 总 论

Y.1 在经济困境中谋求政治稳定和外交突围 …………… 李永全 / 001
Y.2 2015年俄罗斯政治形势分析 ……………………… 庞大鹏 / 014
Y.3 2015年俄罗斯经济形势评析 ……………………… 程亦军 / 029
Y.4 2015年的俄罗斯外交 ……………………………… 柳丰华 / 044
Y.5 2015年普京总统国情咨文述评 …………………… 李中海 / 052

Ⅱ 俄罗斯外交

Y.6 冷淡依旧：2015年的俄美关系 …………………… 韩克敌 / 063
Y.7 2015年的俄欧关系 ………………………………… 赵玉明 / 073
Y.8 2015年俄罗斯亚太外交表现及评价 ……………… 李勇慧 / 086

Ⅲ 俄罗斯经济与社会

Y.9 俄罗斯税收政策的新调整 ………………………… 蒋 菁 / 099
Y.10 国际比较视野中的俄罗斯科技与教育 …………… 许 华 / 114
Y.11 经济下行背景下的俄罗斯民生状况 ……………… 高际香 / 128

Y.12 2015年俄罗斯民众的社会情绪 ………………………… 李　莉 / 137
Y.13 危机条件下俄罗斯人的日常生活 …………………… 马　强 / 150

Ⅳ 乌克兰问题

Y.14 "明斯克协议"与乌克兰危机的前景 ………………… 张　弘 / 164
Y.15 "脱俄入欧"：独立后乌克兰历史政策的变化（1991~2013）
　　　　　　　　　　　　　　　　　　　　………… 周国长 / 183

Ⅴ 区域合作组织

Y.16 欧亚经济联盟：理论与现实 …………………………… 张聪明 / 199
Y.17 2015年逆势而生的欧亚经济联盟 …………………… 刘　丹 / 214
Y.18 从乌法峰会透视俄罗斯对上海合作组织的态度与政策
　　　　　　　　　　　　　　　　　　　　………… 吕　萍 / 224

Ⅵ 中俄关系

Y.19 2015年的中俄关系 ………………………………… 柳丰华 / 237
Y.20 2015年中俄经贸合作新进展 ……………………… 郭晓琼 / 244
Y.21 国际油价暴跌及其对中俄能源合作的影响 ……… 徐洪峰 / 258

Ⅶ 附录

Y.22 Краткое содержание «Доклада о развитии России (2016)»
　　　　　　　　　　　　　　　　　　　　　　　　…… / 276
Y.23 俄文摘要 ………………………………………………… / 280

总　　论

Y.1
在经济困境中谋求政治稳定和外交突围

李永全*

摘　要： 2015年是俄罗斯进入21世纪以来内外形势最为复杂的一年。受世界经济行情和国内结构问题以及西方国家制裁的影响，俄罗斯遭受了十余年来最严重的经济困难，但居民生活水平虽有下降，国内政治社会却保持了稳定的局面。同时，俄罗斯在外交领域突出展示强国作风，在叙利亚针对"伊斯兰国"恐怖组织的军事行动取得了令世界瞩目的战绩；与美欧关系虽未改善，但仍保持着一定水平上的接触和对话。在经济困境中谋求政治稳定和外交突围，是2015年俄罗斯内外形势的突出特点。2015年中俄关系继续健康稳定发展，两国深化各领域的合作不仅对中俄两国，而且对地区合作都具有非

---

* 李永全，中国社会科学院俄罗斯东欧中亚研究所所长，研究员。

常深远的意义。

关键词： 俄罗斯 政治稳定 经济危机 军事外交 中俄合作

对于俄罗斯而言，2015年是其进入21世纪以来最复杂的一年：受世界经济行情和国内结构性问题以及西方国家制裁压力的影响，俄罗斯遭受了十余年来最严重的经济困难；与此同时，俄罗斯在外交领域则突出展示强国作风，在叙利亚针对"伊斯兰国"恐怖组织的军事行动取得了令世界瞩目的战绩；虽然居民生活水平下降，普京却仍然保持超高的支持率。

一 总统威信居高位，社会稳定有保证，传统价值观派上用场

2015年俄罗斯经济形势十分严峻，经济持续下滑，2016年的增长预期不乐观，居民生活水平明显下降。在这种情况下，普京总统的支持率居高不下，社会稳定性没有被破坏，而且严峻的经济形势对2016年即将举行的国家杜马选举不会产生巨大负面影响，政权党和支持当局的社会政治力量赢得选举胜利应该是有保障的。

如何解释这种社会政治现象？这是学术界经常讨论的问题。从历史和传统价值观的角度分析，这里有许多值得深思之处。根据宪法，俄罗斯不应存在国家意识形态。宪法第十三条明文规定："1. 俄罗斯联邦承认意识形态多样性。2. 任何意识形态不得被确立为国家或必须服从的意识形态。"[①] 1993年宪法的此项条款显然是针对共产主义意识形态的。共产主义意识形态在俄罗斯风行70余年，已经深入人心。苏联刚刚解体后的俄罗斯，任何意识形态都不可能与共产主义意识形态竞争，因此非意识形态化是当局与共产主义

① http://baike.so.com/doc/6518945-6732674.html.

意识形态争夺主导权的唯一手段。实际上俄罗斯始终没有停止寻找能够凝聚全民族的思想体系或意识形态，因为任何一个国家如果出现意识形态真空，都将"导致许多社会阶层，尤其是青年人思想空虚，生活无目标"①。当然，这种寻找，不仅仅是上层的意愿和行为，也是精英的意愿和行为。从俄共宣传的爱国主义、俄罗斯思想，到精英鼓吹的欧亚主义和当局宣传的保守主义，都是这种尝试的表现。在探索新的意识形态或思想体系的过程中，传统价值日益受到重视，与此同时，传统价值在民众中的影响力也日益扩大。

所谓传统价值，俄罗斯历史上最流行的就是"国家性、聚合性和东正教"。所谓"国家性"（государственность），在俄语中是一个抽象名词，按照俄语词典的解释，可以理解为国家、国家制度、国家的、公家的等。但是在俄罗斯传统价值中，государственность 还有信奉国家、忠于国家的意思，它的反义词是无政府主义、自由主义和个人主义。19 世纪俄国诗人费·丘特切夫的著名诗句——"俄罗斯，用理智无法理解"透彻地反映了俄罗斯人的价值观和心理特性。俄罗斯人在观念上既依赖国家，又崇尚自由，或者更准确地说，百姓们依赖国家，精英们崇尚自由。但是，俄罗斯精英尤其是经济精英历来依赖国家，离开国家的支持，精英们在国际上缺乏竞争力。因此无论百姓还是精英都可以为国家暂时牺牲个人利益。沙俄时期如此，现在的俄罗斯也是如此。在传统价值观念中，在普通俄罗斯人的潜意识中，государственность 还有一层意思：沙皇（总统）就是国家！俄罗斯人信奉强有力的领导人，信奉强有力的国家权力。

所谓"聚合性"（соборность），在俄语中也是一个抽象名词。它更多是作为哲学和宗教概念使用，表示人们的宗教生活和世俗生活在精神上的统一，是一种博爱的境界，其他语言中没有对应的词。与此同时，这个词还表示不同民族、宗教、信仰、文化和地域的人们的联合。在俄罗斯人的传统观念和日常生活中，这个词有时还表示疆土扩大的进程。соборность 的动词形态是"集合、采集"的意思。俄罗斯人经常说，俄罗斯族是俄罗斯领土

---

① 李永全主编《俄罗斯发展报告（2013）》，社会科学文献出版社，2013，第 7 页。

的"采集者"(其他民族理解为"扩张")。在历史上,当俄罗斯人扩大疆土时,民族是团结的、统一的、兴奋的……

东正教在俄罗斯国家和社会的作用非常独特。俄罗斯奉行政教分离的政策,而且俄罗斯是一个多民族、多宗教的国家,但是东正教从来都与其他教会不同,它历来与国家政权保持良好关系,甘愿为国家服务。在外交领域,东正教与国家配合得尤其默契。

苏联后期,由于领导人的软弱,国家解体。俄罗斯独立初期,由于权力软弱,经济濒于崩溃,社会一片混乱,大多数普通俄罗斯人处于无助境地。这两个时期在俄罗斯人心中留下了不可磨灭的印象。他们盼望国家强大,盼望领导人强硬。普京入主克里姆林宫后,以独特的执政风格稳定了俄罗斯社会政治形势,阻止了国家继续分裂的势头,利用国际市场有利行情,使经济迅速恢复到苏联解体前水平。在这个过程中,俄罗斯老百姓仿佛又看到了那个久违的国家和强势领导人,而格鲁吉亚战争和克里米亚事件使俄罗斯在苏联解体后第一次获得领土,传统的соборность效应又发挥了作用。看看俄罗斯人从上到下在重新得到克里米亚后的狂热反应,不难理解传统价值和观念对俄罗斯民族意识的影响,也不难理解目前俄罗斯社会情绪的特点。所谓的"后克里米亚共识"反映的就是这种社会情绪。这种社会情绪因俄罗斯在叙利亚的军事行动而得到延续和加强,将对俄罗斯社会政治稳定和2016年国家杜马选举产生影响。

俄罗斯社会稳定取决于许多因素:社会经济发展状况及其对居民生活的影响、社会政治情绪、精英政治取向、中央和地方的关系、外部因素,等等。俄罗斯是一个独特的市场经济国家。所谓独特,一方面是指俄罗斯市场化改革已经进行多年,市场基础设施比较完善;另一方面是指俄罗斯经济结构比较简单,主要经济资源的垄断程度非常高,因此市场的作用非常有限,国家的调节作用非常大,在这种经济结构下形成了独特的利益集团。

2014年年底以来,由于国际能源市场行情的变化,也由于俄罗斯自身经济结构的关系,俄罗斯经济发展速度明显放慢,西方国家因乌克兰危机对俄罗斯实施的制裁使本来就陷入困境的俄罗斯经济雪上加霜。物价上涨,居民生活水平明显下降，社会不满情绪有所增加。但是，"后克里米亚共识"的效应仍然对居民的社会政治情绪有一定影响。至于俄罗斯政治精英和经济精英，历史上从来都是一方面不停地发泄对社会和当局的不满，另一方面又寻求国家的支持。因此，他们最终不会是政府的反对派，政府也不会允许经济精英们成为自己的反对派。此外，那些政治精英，尤其是地方政治精英，由于俄罗斯中央政权和地方政权之间独特的财政关系，对中央政权一定是言听计从的。因此，俄罗斯稳定过程中最重要的因素是中央权力机关的稳定。俄罗斯中央权力机关的稳定性，可以从当局与反对派的关系、当局与媒体的关系中进行判断。目前俄罗斯不存在对当局和社会政治稳定构成威胁的反对派势力。俄罗斯反对派分为体制内反对派和体制外反对派。所谓体制内反对派，通常理解为国家杜马中"统一俄罗斯"党以外的党团所代表的势力，即俄罗斯共产党、"公正俄罗斯"党和俄罗斯自由民主党；而体制外的反对派是一批碎片化的政治团体，影响最大的是由前总理卡西亚诺夫和前副总理弗·雷日科夫为首的政党和以"赫尔辛基小组"为代表的一批社团。体制内反对派因克里米亚共识实际上放弃了反对派立场；体制外反对派则因当局通过《非营利组织法》、《集会法》和《网络黑名单法》而影响力急剧缩小。此外，中央和地方的关系也是政治社会稳定的重要因素。在这方面，俄罗斯中央和地方的财政关系现状表明，中央当局有充分的手段和能力稳定局势。

二 经济困难在加剧，摆脱困境乏思路，结构问题是病根

2015年俄罗斯是否出现了经济危机？在这个问题上学术界有争论，但是，2015年俄罗斯遭遇经济困难是实实在在的。2015年俄罗斯GDP下降3.7%，外贸全面缩水。世界能源市场行情不见改善，俄罗斯出口的能源产品价格不断下降，对政府财政收入造成巨大影响。2014年俄罗斯出口原油的价格在每桶100美元以上，而2015年俄罗斯乌拉尔混合油均价仅为每桶

50美元左右，全球能源市场价格下跌46%，俄罗斯原油出口价格下跌47.5%①。政府财政收入明显缩水。俄财政部表示，2016年为弥补赤字将花费2.1万亿卢布，储备基金可能消耗殆尽。截至2015年11月1日，俄储备基金为4.23万亿卢布，国家福利基金为4.73万亿卢布②。但是，从根子上说，俄罗斯经济遭遇的困难与其说是国际市场行情和西方制裁的结果，不如说是由自身结构的问题所导致。

能源以及能源出口在俄罗斯经济和社会政治领域的意义，无论怎么估计都不会过高，无论是从正面意义评价，还是从负面意义评价。这是俄罗斯（包括苏联时期）经济发展的历史特征。俄罗斯历届领导人、历届政府都提出过改变经济结构、改变经济增长方式问题，但是更多的时候这些只是停留在口头上和纸面上。结构问题成了俄罗斯经济的顽症。追根溯源，能源出口型经济结构是苏联时代的遗产。

历史上，俄罗斯经济结构的变化经历了几个重要的阶段。斯大林时期，20世纪30～40年代农业集体化和工业化阶段的政策造就了苏联工业的快速增长。这个时期的经济政策是向重工业倾斜，包括冶金、煤炭、机器制造业等。二战时期和战后是向军事工业倾斜。到20世纪70～80年代，由于西伯利亚油田的发现，苏联能源工业出现了飞跃式发展，国家经济结构也发生了巨大变化，对能源出口的依赖日益强化。不同时期的经济发展重点，导致的不仅仅是经济结构的变化，更重要的还有观念的变化、经济管理形式的变化以及与经济结构密切相关的利益集团的产生。尤其军工集团和能源综合体集团的出现，对俄罗斯经济和政治的影响是长期的和深刻的，甚至是不可逆转的。

苏联军工综合体在苏联国民经济中的地位，从下面几个数字可以看得非常清楚：80%的科研人员在军工领域工作，70%的民用品是军工企业生产的，25%的GDP与军工系统有关。军工综合体的运行有如下特点：（1）任

---

① 《俄罗斯东欧中亚研究》2016年第1期。
② 《俄罗斯东欧中亚研究》2016年第1期。

何军工企业都不能独立生存,为了保密,每个企业生产的只是个别部件;(2)军工综合体遍布苏联各个加盟共和国,苏联解体对俄罗斯军工综合体打击最大;(3)以生产军工产品为主的城市对军事订货依赖过大。

军工综合体对俄罗斯经济体制的影响是:首先,军工综合体的存在和运行强化了行政命令式管理方式,这种管理方式在战时和战后恢复时期是非常有效的;其次,这种管理体制束缚人的创造性和主观能动性的发挥;最后,这种体制是排斥市场原则的,长时间在这种体制下生存和工作的个体形成了思维定式,观念上难以接受市场原则,这也是俄罗斯经济改革和结构改革难以突破的主要原因之一。

俄罗斯作为能源生产和出口的大国,也具有悠久历史。17世纪末至18世纪初,即彼得大帝时期,俄罗斯石油工业就出现了。到19世纪末,俄罗斯出现了油气工业发展的第一个高潮,石油开采从1878年的33.7万吨增加到1887年的262.1万吨,增长6.78倍。1898年,俄罗斯石油开采量首次超过美国,达到796万吨,占世界开采量的51.6%[①]。20世纪60年代,苏联在西伯利亚发现大油田,苏联石油工业再次出现发展黄金期。1975年,苏联石油产量达4.9亿吨,又一次超过美国。苏联历史上石油产量最高点是1987年的6.2亿吨[②]。其实,所谓的发达社会主义时期,苏联经济的效益问题已经很严峻了,结构问题已经很突出,但是世界石油危机和高油价掩盖了苏联经济中存在的问题,烘托了发达社会主义的虚假繁荣。戈尔巴乔夫改革后期,国际市场石油价格锐减,国际政治界甚至有苏联解体的"石油阴谋论"说法。

军工综合体和能源综合体的发展不仅影响俄罗斯经济结构,也造就了与此密切联系的利益集团。无论在苏联时期还是在目前的俄罗斯,这个利益集团都是结构改革的阻力。苏联解体后,由于原苏联地区经济联系的中断,俄罗斯经济结构状况比苏联时期更差,机器制造业和加工工业陷入困境,能源

---

① 〔俄〕В. Ю. 阿列克佩罗夫:《俄罗斯石油:过去、现在与未来》,人民出版社,2012,第4页。

② 〔俄〕В. Ю. 阿列克佩罗夫:《俄罗斯石油:过去、现在与未来》,人民出版社,2012,第5页。

在国家社会经济甚至政治生活中的地位更加重要。尤其进入21世纪后，国际能源市场行情又出现一个上行的轮回。俄罗斯借助这次石油价格连年高涨的时机，恢复了国民经济，恢复了大国地位，但是并没有利用难得的历史机遇进行经济结构改革。在某种意义上，俄罗斯又重复了苏联在20世纪70～80年代的情景：依靠能源出口维持若干年的高增长和社会政策，同时也因能源价格下降而陷入经济困境。

目前俄罗斯遇到的经济困难，其面对的最大挑战，不是西方的经济制裁，虽然制裁给俄罗斯政府带来不小的麻烦，给居民生活带来了不便，但其面对的最大挑战是经济结构问题。在某种意义上，目前俄罗斯面临的困难比20世纪80年代末更加严峻，因为新能源的发展速度足以让以能源和能源出口为经济命脉的国家难以为继。

2015年俄罗斯遇到的经济困难不会影响国家的社会政治稳定，甚至不会影响普京总统的威信和支持率，但这只是暂时的，结构问题不解决，等待俄罗斯的将是更大的困难甚至危机。而解决结构问题不仅需要政治魄力，还需要全新的观念，需要与创新发展相适应的机制，需要触动现有的利益结构，这个挑战远远大于来自外部的挑战。

三　外交突围巧设计，声东击西有成效，大国关系待改善

2015年是21世纪以来俄罗斯对外政策领域的关键年份之一，也是其外交活动和外交手段既耀眼又纷繁复杂的一年。

由于乌克兰危机和克里米亚问题，俄罗斯与整个西方国家的关系几乎陷入僵局。西方国家对俄罗斯实施联合制裁，世界经济形势下行趋势不减，能源市场行情日益严峻，对能源资源出口过分依赖的俄罗斯经济陷入21世纪以来最困难的境地。俄罗斯经济形势也影响到独联体地区，尤其是欧亚经济联盟国家经济形势。形象地说，2015年年初，俄罗斯面临的处境，虽不是"内外交困"，也近乎"四面楚歌"。

2015年俄罗斯在对外政策方面实施了一系列战略部署：启动欧亚经济联盟、隆重纪念卫国战争胜利70周年、举办上海合作组织和金砖国家峰会、出兵叙利亚，等等。

2015年伊始，面对不景气的经济形势，由俄罗斯、白俄罗斯和哈萨克斯坦组成的欧亚经济联盟逆势启动。这表明，虽然美国和西方国家反对并试图阻止俄罗斯主导的一体化进程，原苏联地区的一体化进程仍然进入实质性发展新阶段。不仅如此，欧亚经济联盟启动后，立刻进行了扩员，亚美尼亚和吉尔吉斯斯坦分别在2015年1月和5月加入欧亚经济联盟。2015年，欧亚经济联盟国家普遍遭遇经济困难，经济增速放缓，货币贬值，但是一体化的意愿依然存在。欧亚经济联盟的发展前景和一体化速度在很大程度上取决于俄罗斯的经济形势，从这个意义上说，受结构问题困扰的俄罗斯将不得不放慢一体化速度。

2015年是世界反法西斯战争胜利70周年，也是苏联卫国战争胜利70周年。俄罗斯准确抓住了这个历史时机，举行隆重庆祝活动。纪念活动包括回顾历史，提高人民的爱国主义情绪；纠正歪曲二战历史的行为，为胜利者正名；5月9日举行盛大阅兵式，提升全民族的民族自豪感，再次向国际社会展示大国气势。这些活动在受到西方国家制裁的形势下具有特殊意义，再次向国际社会昭示了俄罗斯对当前世界和平的历史贡献。

2015年，俄罗斯外交最大的亮点是出兵叙利亚，打击"伊斯兰国"组织，高高举起国际反恐旗帜。9月30日，俄罗斯在经过一年的周密准备后，向叙利亚派兵，与阿萨德政府合作打击"伊斯兰国"组织。俄罗斯强调，在叙利亚采取的反恐军事行动是应叙利亚政府请求实施的合法行动。在叙利亚战场上，俄罗斯军队出动战机8000架次，平均每天20～30架次。俄以C-400等先进武器完全控制了叙利亚领空。俄罗斯在叙利亚用兵的意义深远，绝不仅仅是打击"伊斯兰国"组织和国际恐怖主义。俄罗斯以成功的军事行动证明自己仍然是军事大国、世界大国，此前美国也在叙利亚进行了为期一年的军事行动，但效果乏善可陈。俄罗斯虽然遭遇经济困难和西方的围追堵截，但是它向西方国家证明，在如此困难的形势下它仍能够实施自己

俄罗斯黄皮书

的地缘战略。俄罗斯在叙利亚用兵的目的可谓声东击西，或是一箭双雕！俄罗斯需要摆脱在乌克兰问题上的被动局面，一方面转移人们在克里米亚等问题上的注意力，另一方面争取在国际反恐战线实现与西方国家的平等对话，从而为解除制裁创造条件。俄罗斯一年多军事行动取得了重要战绩：试验了新武器，阻止了"伊斯兰国"组织的扩张，与西方恢复了关于叙利亚问题的军事接触，转移了乌克兰问题的注意力，帮助叙利亚总统阿萨德稳定政权，增强了俄在叙利亚甚至整个中东地区的影响力。

俄罗斯正以中东为突破口冲破在乌克兰问题上美欧对俄罗斯的围堵。联合国安理会2015年12月18日通过关于叙利亚问题政治解决的决议，说明俄罗斯"声东击西"的做法收到了成效。应该说，俄罗斯在叙利亚用兵是成功的外交谋略。用兵的结果是俄罗斯在外交上得分、政治上得势，并使国内政治稳定，普京威信继续上升。

俄罗斯显然一开始就没有把追求在叙利亚战场的军事胜利作为唯一目标，政治目的始终是首要的。2016年3月15日，普京总统在听取国防部部长绍伊古汇报叙利亚情况时说："我认为，给国防部提出的任务总体上已经完成，因此我命令从明天起从叙利亚撤出我们的主要军事力量。"[1] 这场军事行动以闪亮的开端和精彩的结局赢得了世界的关注。当然，土耳其击落俄罗斯战机的插曲提醒人们，俄罗斯与西方的关系比我们想象得更复杂。俄罗斯与土耳其的关系是俄国与西方关系的缩影，土击落俄飞机的理由不过是借口而已。俄土关系既涉及俄罗斯与西方国家的关系，也涉及俄土在地区的博弈。此事显然没有结束。

乌克兰问题在2015年有些被淡忘，但是这个问题远没有解决。2015年2月11～12日德国、法国、乌克兰和俄罗斯四国领导人签署的所谓"明斯克-2协议"，并不能解决乌克兰问题，它只是尝试冻结武装冲突。"明斯克-2协议"的内容，严格地讲，与其说俄罗斯不会遵守，不如说乌克兰不会履行，因为履行这个协议，尤其关于扩大东部地区权限和提高其地位的条

---

[1] http://kremlin.ru/.

款，乌克兰当局并不同意，东部地区也未必会同意，因此乌克兰问题随时可能再次激化。乌克兰问题将是一个旷日持久的问题，乌克兰不会加入北约和欧盟，也不会参与俄罗斯主导的一体化，在俄罗斯与西方博弈的过程中其仍将停留在棋子的地位上。① 短期看，乌克兰问题有明朗和不明朗之处。所谓明朗之处是，俄罗斯由于经济困难无法按照自己的愿望和时间表实现一体化，这个过程将放缓，因此乌克兰问题将被搁置；所谓不明朗之处是，由于乌克兰国内政治进程的复杂多变和俄罗斯与以美国为首的西方国家关系的微妙和复杂，乌克兰问题会以何种形式再次爆发，依旧是未知数。乌克兰东部的顿涅茨克和卢甘茨克没有实现真正的独立，未来很可能成为乌克兰与俄罗斯的缓冲区。如果是这个前景，则地区稳定是没有保障的。

2015年，俄罗斯还成功地实施了东道主外交。上海合作组织和金砖国家峰会在俄罗斯的乌法市成功举行。在西方国家对俄罗斯实施经济制裁和抵制"5·9"胜利阅兵的情况下，乌法峰会具有特殊意义。

俄罗斯2015年的外交可谓突围外交。对这场突围外交的效果很难做出评价。叙利亚用兵的效果无疑可圈可点，可是俄罗斯并没有实现真正意义上的突围，在乌克兰问题上如此，在与西方国家的关系方面也基本如此。当前国际形势的发展和大国间的博弈受许多因素的制约，美国战略东移、俄罗斯崛起、"伊斯兰国"组织做大、世界经济前景模糊、欧洲难民危机……但不管形势如何发展，俄罗斯作为一个大国的地位和作用将日益受到重视。

四 中俄关系继续健康发展，"一带一盟"对接成为新亮点

2015年中俄关系继续健康发展。中俄关系是建立在政治互信、经济互利、战略对接、文化互鉴基础上的全面战略协作伙伴关系。2015年，中俄关系中最显著的事件是两国共同纪念卫国战争和抗日战争胜利70周年及两

---

① 参见李永全《乌克兰危机折射出的大博弈》，《俄罗斯学刊》2014年第3期。

国签署关于丝绸之路经济带与欧亚经济联盟建设对接的联合声明。

70年前,中俄在二战期间作为抗击德国法西斯和日本军国主义的主要力量,为世界和平事业做出了重要贡献。70年过去了,世界地缘政治形势发生翻天覆地的变化,世界各国由于所处地缘政治环境的差异,对二战成果的评价发生巨变,甚至出现歪曲二战历史、丑化胜利者、美化侵略者的现象。中俄隆重纪念卫国战争和抗日战争胜利70周年,就是让人们缅怀历史,牢记和平的代价,珍惜今天的和平生活,警惕形形色色的战争行为与威胁和平的行为。2015年,中俄两国举行了数十场各种纪念活动,从学术会议到各种纪念展览,从出版各类图书、画册到举办各种缅怀英烈的活动……这些活动拉近了两国人民的距离,增进了两国人民的友谊,教育了当代人,警示了国际社会。

2015年5月8日,国家主席习近平访问莫斯科期间,中俄签署了《关于丝绸之路经济带建设和欧亚经济联盟建设对接合作的联合声明》。这是指导双边关系发展的重要文件。2013年,两国领导人宣布中俄战略协作伙伴关系进入新阶段。新阶段的主要任务之一是加强双边务实合作。与此同时,2013年以来,与双边关系密切相关的重要事件是中国提出"一带一路"发展战略和国际合作倡议,而俄罗斯主导的欧亚经济联盟在2015年成功启动并开始运行。这两个重要的合作理念和合作形式如何配合,不仅涉及中俄关系,也涉及中国与欧亚经济联盟国家的关系。关于"一带一盟"建设对接的联合声明,不仅提出了合作的政治意愿,而且提出了合作领域和合作原则。文件指出:"双方将共同协商,努力将丝绸之路经济带建设和欧亚经济联盟建设相对接,确保地区经济持续稳定增长,加强区域经济一体化,维护地区和平与发展。双方将秉持透明、相互尊重、平等、各种一体化机制相互补充、向亚洲和欧洲各有关方开放等原则,通过双边和多边机制,特别是上海合作组织平台开展合作。"此外,联合声明还提出了优先合作的领域,包括扩大投资贸易合作,优化贸易结构;促进相互投资便利化和产能合作,实施大型投资合作项目,共同打造产业园区和跨境经济合作区;在物流、交通基础设施、多式联运等领域加强互联互通,实施基础设施共同开发项目,以扩大并优化区域生产网络。特别应该指出的是，双方同意"研究推动建立中国与欧亚经济联盟自贸区这一长期目标"①。

《关于丝绸之路经济带建设和欧亚经济联盟建设对接合作的联合声明》的签署具有重要意义。首先，该联合声明在两个合作项目对接问题上达成共识，充分显示了中俄政治互信水平；其次，双方提出了合作的重点领域，最重要的是两国在自贸区建设问题上展现了灵活的立场。此前，俄罗斯方面对建立自贸区一直持谨慎甚至排斥的态度。2015年上海合作组织总理会晤期间，李克强总理提出打造上海合作组织六大合作平台，即筑牢安全合作平台，搭建产能合作平台，加快建设互联互通合作平台，创新金融合作平台，构建区域贸易合作平台，打造社会民生合作平台②。这个进步说明中俄合作不仅对两国，而且对地区合作都具有非常深远的意义。

2016年是《中俄睦邻友好合作条约》签署15周年，也是上海合作组织成立15周年。鉴于地区安全形势、经济形势的复杂性，中俄合作不仅对双方，而且对地区发展与稳定的意义将越来越大。我们完全有理由期待中俄合作继续健康发展。

---

① http://news.xinhuanet.com/world/2015-05/09/c_127780866.htm.
② http://news.sina.com.cn/o/2015-12-15/doc-ifxmpnuk1520962.shtml.

Y.2
2015年俄罗斯政治形势分析

庞大鹏*

摘　要： 2015年俄罗斯政治面临的问题依然是应对危机，保持稳定。从2015年9月开始，俄罗斯进入新选举周期，普京团队需要加强政治运作，确保"统一俄罗斯"党（简称统俄党）在2016年国家杜马选举中继续维持一党主导的地位。普京政府严格管控反对派利用非营利组织和网络公共空间开展组织和动员活动，严格控制政党和议会的运行机制。2015年，经济衰退对政治稳定的影响以及国际恐怖主义对国家安全的威胁是普京政府面临的政治挑战。俄罗斯真正需要做的是实施重大改革，只能采取可以进一步提升自身竞争力的发展模式，但这种模式不是"赶超模式"。

关键词： 俄罗斯政治　国家杜马选举　政治稳定　发展道路

2015年俄罗斯政治面临的问题依然是应对危机，保持稳定。从2015年9月开始，俄罗斯进入新选举周期，普京团队需要加强政治运作，确保"统一俄罗斯"党在2016年国家杜马选举中继续维持一党主导的地位。这是普京政权2016年最重要的政治目标。

---

* 庞大鹏，中国社会科学院俄罗斯东欧中亚研究所研究员，俄罗斯政治社会文化研究室主任。

一 政治背景

根据2014年2月修订的《国家杜马选举法》的规定,2015年9月2日,俄罗斯中央选举委员颁布了关于2016年国家杜马选举的两项法律。[①] 俄罗斯新一轮选举周期开始了。苏联解体后,每当俄罗斯进入新选举周期,政治生态都会呈现出各种政治理念竞相交锋、各派政治力量分化组合的特点;西方国家尤其是媒体也会密切关注俄罗斯国内政治局势的发展,进行预测和评介。这次新选举周期也是如此。

在新的选举周期中,俄罗斯面临复杂的国际局面。2008年金融危机以来,国际形势发生了深刻变化,呈现出很多新特点,不稳定、不确定因素明显增加;世界多极化、经济全球化继续深入发展,全球竞争与合作向多层次全方位拓展,国际秩序调整加速;全球经济复苏乏力,大国博弈加深,国际安全局势恶化,地区冲突加剧,和平与发展受到来自各方面的挑战。2012年普京再次执政以来,国际金融危机的深层次影响还在继续,世界经济仍然处在深度调整期,各国传统经济体制和发展模式的潜能趋于消退。同时,发展不平衡问题远未得到解决,现有经济治理机制和架构的缺陷愈加凸显。国际反恐形势也日益严峻。

在新的选举周期,俄罗斯还面临欧亚地区形势日益复杂的局面。欧亚地区国际战略环境继续发生深刻变化,地区内各国求稳定、求发展所面临的内外压力进一步加大。俄罗斯经济增长速度大幅下降,甚至出现停滞和衰退危险;对外政策积极主动,在国际重要热点地区和重大热点问题上频频出牌,赢得关注和重视;俄罗斯主导的后苏联空间一体化继续深化,并呈现出不断扩大的趋势;新东欧国家在西向和东向之间徘徊,乌克兰危机有可能长期化;中亚国家总体保持稳定,但安全与稳定仍是各国面临的挑战,经济增长

---

① О схеме одномандатных избирательных округов для проведения выборов депутатов Государственной Думы Федерального Собрания Российской Федерации, http://www.cikrf.ru/law/decree_ of_ cec/2015/09/02/304 - 1740 - 6. html.

与社会发展仍是亟待破解的难题。

可以说，普京2012年再次执政以来，在上述国际形势背景下，俄罗斯内外政策的变化呈现孤立主义的倾向。这种孤立主义不是地缘政治意义上的，而是文化和心理上的。这与苏联时代有所不同。苏联时期是主动树起"围墙"，当前则是俄罗斯的举措造成西方的围堵和制裁。俄罗斯孤立主义的倾向和"围城战略"的定位集中体现在2014年12月制定的新版军事学说、2015年10月普京在瓦尔代俱乐部的讲话以及2015年12月制定的新版国家安全战略中。

2014年12月26日，普京签署新版军事学说。① 上一版即2010年版的主要内容在新版军事学说中得到了保留，同时新版军事学说增加了五项全新内容，其中明确指出，通过信息传播手段来破坏俄罗斯人捍卫祖国和精神价值观的爱国主义传统已成为俄面临的外部危险之一。这一观点在以往任何一版军事学说中都不曾出现过。②

2015年瓦尔代俱乐部的辩论主题是"战争与和平"。普京在瓦尔代俱乐部年会上指出，冷战的结束为意识形态对立画上了句号，但争端和地缘政治矛盾的根基没有完全消失。所有国家都有自身利益，有时它们的利益并不一致；而世界历史的发展总是伴随着大国及其联盟的竞争。重要的是，应该让这种竞争构筑在特定的政治、法律、道德准则和规范的框架之内，否则竞争和利益碰撞将会引发尖锐的危机和激烈的冲突。不择手段地推进一家独霸模式将导致国际法和全球调解体系失衡，预示着存在政治、经济和军事竞争可能失控的威胁。③

2015年12月31日，普京签署新版国家安全战略，这是对2009年出台的《2020年前俄罗斯联邦国家安全战略》的调整修订。从文化上，它强调

---

① Военная доктрина Российской Федерации, http://www.rg.ru/2014/12/30/doktrina-dok.html.
② Федор Лукьянов, Внутренняя империя—о России в процессе пересмотра мирового порядка // Огонёк, №50 от 22.12.2014.
③ Заседание Международного дискуссионного клуба«Валдай», 22 октября 2015 года, http://www.kremlin.ru/events/president/news/50548.

恢复俄罗斯传统文化及传统价值观的必要性。虽然它指出应该与美国进行合作，但是它第一次明确了美国对俄罗斯的安全威胁，提出"俄罗斯奉行独立的内外政策，遭到力图维持世界事务主导权的美国及其盟国的反制"。新版安全战略阐述了六大长期国家利益，明确了九大国家战略优先发展方向。但是俄罗斯的国家利益和国家安全的优先方向受到了以美国为首的西方外国特工机关情报活动、扰乱俄罗斯国家机关工作、"颜色革命"等的威胁。①

需要指出的是，虽然俄罗斯孤立心态占据上风，但是俄罗斯的精英阶层毫不讳言地指出：无论从经济上、政治上，还是心理上，俄罗斯都不打算离开欧洲大陆。俄罗斯与西方合作与伙伴关系的战略方向不会改变。②

二　政治举措

第一，严格管控反对派利用非营利组织和网络公共空间开展组织和动员活动。

在2011年至2012年反对派所谓的"为了诚实的选举运动"中，非营利组织和互联网成为反对派组织和动员的重要工具。俄罗斯的非营利组织发展壮大，网络公共领域利用互联网深度介入政治生活，因而普京政权对非营利组织、网络公共领域进行了有针对性的管控。对于非营利组织，2012年制定《外国代理人法》，严控境外资金，2015年5月普京总统签署的《不受欢迎组织法》，可以不通过法院判决就停止外国和国际组织在俄罗斯的活动。③对于网络公共空间，从2012年至今，俄罗斯出台了一系列管理网络空间的法案，从《网络黑名单法》《反盗版法》《封闭极端主义网站法案》到《博

---

① Указ Президента Российской Федерации от 31 декабря 2015 года N 683，"О Стратегии национальной безопасности Российской Федерации"，http：//www.rg.ru/2015/12/31/nac-bezopasnost-site-dok.html.

② Дмитрий Медведев，Новая реальность：Россия и глобальные вызовы，23 сентября 2015，http：//www.rg.ru/2015/09/23/statiya-site.html.

③ Путин подписал закон о "нежелательных организациях"，23 мая 2015，http：//tass.ru/politika/1990676.

俄罗斯黄皮书

主法案》；网络监察制度的法律基础建立了起来，管控力度比电视、广播和报纸等传统媒体要大。俄罗斯反对派攻击普京政府对互联网的管控越来越严格，声称普京建立了新型的书报检查制度。但是，普京正是通过上述治理措施，基本把反对派通过非营利组织和网络空间动员民众与发挥影响力的途径堵死，反对派陷入有劲使不出来的窘境。

苏联时期，俄罗斯社会具有总体性社会的特征，也被称为全能主义社会。社会体系国家化，国家几乎垄断全部重要资源，不仅包括物质财富，也包括人们生存和发展的机会及信息资源。苏联解体后，物极必反，叶利钦时代的俄罗斯是弱国家强社会的模式，这种自发性的特点一直持续到"颜色革命"。2005年开始，受"颜色革命"影响，普京政权开始修改非营利组织法，限制非营利组织的发展。2012年以后，国家权力进一步实现了对政治公共空间的掌控。

第二，严格控制俄罗斯政党制度和议会制度的运行，反对派无法在现有体制内向普京政权发难。

俄罗斯议会制度的改革是从选举俄罗斯人民代表开始的，到1993年"十月事件"这段时间实行的是人民代表大会制度。1993年12月新宪法通过前，俄罗斯议会选举采用的法律是《俄罗斯苏维埃联邦社会主义共和国人民代表选举法》。1993年10月1日和11日，叶利钦以总统令的形式分别签署并颁布了《1993年俄罗斯联邦会议国家杜马代表选举条例》和《1993年俄罗斯联邦会议联邦委员会选举条例》。杜马代表选举条例第一次提出了建立"混合式代表选举体制"的主张。1993年12月举行的第一届国家杜马选举采用混合选举制，一直延续到2007年第五届国家杜马选举前。2005年5月19日，普京签署《国家杜马代表选举法》，取消"混合选举制"，改为"比例代表制"。从2007年开始，比例代表制实行了两届，目的是培育全国性大党——"统一俄罗斯"党。2011年12月，梅德韦杰夫在国情咨文中提出全面实行政治体系改革的建议，内容主要包括直选各地区行政长官、简化政党注册手续以及降低总统选举候选人登记门槛、改变国家杜马组成原则等。2012年，普京在国情咨文中提出恢复混合选举制，是为了应对政治生态的新变化。

修改的《政党法》于 2012 年 4 月 4 日生效。组建政党的最低人数要求由 4 万人降低至 500 人，取消政党各地区分部成员最低人数限制以及至少在半数联邦主体拥有分部的要求。另外，政党提名的总统候选人和独立参选人征集签名的数量大幅度减少，独立候选人为 30 万人，议会外政党候选人为 10 万人，同时取消政党需要征集签名才能参加国家杜马选举的规定。2016 年 3 月 1 日，按照司法部的最新资料，俄罗斯现有政党 77 个。[①]

联邦制度改革主要围绕联邦主体地方行政长官的选举方式问题。2012 年 5 月 2 日，梅德韦杰夫签署恢复直选州长的法令，从当年 6 月 1 日起生效。根据直选州长新法令，地方直选途径之一是政党推举候选人。没有规定必须进入地方议会的政党才有权推举，只要在司法部注册的政党都可以推举。而且，各政党既可推举该党成员，也可推举无党派人士为当地行政长官候选人，但推举的政党候选人需要和总统协商。途经之二是自我推举，签名人数和程序需要地方法律规范，但是总统认为其渎职或不能解决利益冲突就可以解除其候选人资格。联邦主体居民通过直接投票的方式从候选人中选举出地方长官。2013 年地方行政长官选举方式再次改革。3 月 2 日，普京签署法律，地区有权选择保留行政长官直选或者通过地区立法会议实行行政长官选举程序。如果有联邦主体决定取消地方行政长官直选，那么在议会中拥有席位的政党有权向联邦总统各推举 3 名地方行政长官候选人，联邦总统最终确定 3 名人选并提交地方议会审议，地方议会从这 3 人中选出地方行政长官。达吉斯坦共和国和印古什共和国最先执行这种选举程序，两位共和国主席由地方议会选举产生。

通过上述政治举措，普京政权不动声色地牢牢掌控住政治局势，反对派更加式微。由此可见，普京政府政治治理的特点是表面上的竞争性和实质上的控制性。

第三，有针对性地采取政治举措以确保"统一俄罗斯"党的政治地位。

---

① Список зарегистрированных политических партий, http：//minjust.ru/ru/nko/gosreg/partii/spisok.

首先，确定单一选区的数量和划分标准，有利于统俄党取胜。2015 年 9 月 2 日，俄中选委颁布了两项法律。一是公布了各联邦主体单一选区的数量。全国共 225 个选区，其中莫斯科独占 15 个单一选区，莫斯科州有 11 个，圣彼得堡和克拉斯诺达尔边疆区有 8 个，罗斯托夫州和斯维尔德洛夫州有 7 个。其他联邦主体少数有 5 个左右，基本都在 1~2 个。二是宣布了单一选区的划定标准。单一选区按人口划分，每个选区的人口平均在 50 万人左右，同时确保每个联邦主体至少有一个单一选区。按照这一标准，中选委公布了 225 个选区的具体行政区划。①

莫斯科、圣彼得堡等联邦主体是俄罗斯政治地理空间中的核心区域，也是单一选区的重点区域。在 2016 年的国家杜马选举中，即使"统一俄罗斯"党按照党派原则的比例代表制在莫斯科市的竞选中不尽如人意，但是凭借行政资源和全俄人民阵线的力量，也可以在单一选区中获胜，这样就可以避免出现上一届国家杜马选举中统俄党在莫斯科得票率不佳的情况。从目前看，混合选举制有利于"统一俄罗斯"党。这是普京表面上增加政治竞争性，实际上反而加强了政治控制性的又一举措。

其次，地方选举后，统俄党采取了几项初步竞选举措，稳步推进竞选工作。2015 年 9 月 13 日，俄罗斯举行了 2016 年国家杜马选举前的最后一次地方选举。在这次地方选举中，有 16 个政党的 98 名候选人登记参选在 21 个联邦主体进行的行政长官选举，平均每个地方有 5 名候选人参选。有 39 个政党参加竞选 11 个联邦主体的地方议会议员。"统一俄罗斯"党没有像去年一样大获全胜。在伊尔库茨克州，共产党候选人以 56.39% 的得票率战胜统俄党候选人，后者得票率为 41%。② 俄共总体得票率高于去年，地方选举没有出现去年主要议会党派默契一致的政治现象。随着地方选举暴露出来一些问题，"统一俄罗斯"党迅速采取了三项措施。

---

① О схеме одномандатных избирательных округов для проведения выборов депутатов Государственной Думы Федерального Собрания Российской Федерации, 2 сентября 2015 г. № 304/1740-6, http: //cikrf. ru/law/decree_ of_ cec/2015/09/02/304-1740-6. html.

② В Иркутской области избран новый губернатор, http: //www. 1tv. ru/news/print/293087.

其一，2015年9月24日，梅德韦杰夫发表了实际带有竞选纲领色彩的文章《新现实：俄罗斯与全球挑战》，阐述了时代观、战略观和发展观。①这与他在2009年9月10日发表的《前进，俄罗斯！》一文中所阐述的俄罗斯新政治战略有异曲同工之处。这篇文章在多大程度上代表普京团队的思想，2016年上半年统俄党的竞选纲领是否会吸纳本文的核心观点都值得关注。

其二，2015年10月22日，统俄党宣布，2016年上半年举行代表大会，为国家杜马选举做准备。这次代表大会分两阶段召开：2016年5月22日无记名投票选出参加党派选举和单一选区选举的名单，随后在6月正式确认该名单。②

其三，2015年10月24日，统俄党宣布，为了2016年国家杜马选举，实行候选人培训项目。③ 从2015年12月3日普京发表的国情咨文看，普京还把反对派最具代表性的口号——"为了诚实的选举"接了过来，他在咨文中号召2016年国家杜马选举要诚实、透明，率先占领政治道德的高地。

总之，从目前情况看，"统一俄罗斯"党的准备工作正在扎实推进。反对派难有作为。"统一俄罗斯"党一党主导的政治格局有望延续，普京执政的精英资源和政治基础没有问题，能够为2018年总统大选打下坚实基础。

三 政治挑战

政治挑战之一是经济衰退对于政治稳定的影响。

2015年，俄罗斯面临西方制裁、经济衰退、油价低位等挑战，经济发

---

① Дмитрий Медведев, Новая реальность: Россия и глобальные вызовы, 23 сентября 2015, http://www.rg.ru/2015/09/23/statiya-site.html.
② Фракция «Единая Россия» обсудила процедуру предварительного голосования, 22 октября 2015, http://er.ru/news/136052/.
③ В декабре «Единая Россия» запустит новый проект «Кандидат», 24 октября 2015, http://er.ru/news/136137/.

展面临困境，普京2012年上台之初制定的发展规划难以落实①。但是，从2015年9月的地方选举看，"统一俄罗斯"党在除了伊尔库茨克州以外的地方选举中均大获全胜，这说明普京执政基础雄厚，控局能力强。鉴于以下几方面原因，2015年的经济衰退并没有对俄罗斯国内政治稳定产生实质影响。

一是制度保障。如前所述，普京早就未雨绸缪，从政治运行机制上确保杜马选举的结果不出意外。在政党制度上，降低建党门槛，但不允许成立政党选举联盟，这实际上分散了反对派的力量。在选举制度上，从比例代表制调回混合选举制，又在2013年6月将全俄人民阵线改组为社会运动，联合1000多个社会组织，意在争夺未来单一选区的名额。普京的执政基础有统俄党和"人民阵线——为了俄罗斯"社会运动的双保险，足以应对局势变化。

二是社会保障。从2011年第六届国家杜马选举结束以来，普京运用法律手段维稳，加强对政治和社会组织的管理，加强网络管理和监控，限制和打击政治反对派和非政府组织的违法活动。反对派利用网络和社会组织动员大规模活动已非易事。

三是人员保障。除了通过地方选举确保地方领导人产生于统俄党，从而确保中央对地方的控制外，统俄党还通过决议，任命或更换了可能影响政治稳定的敏感区域的地区执委会负责人，如在克里米亚及塞瓦斯托波尔、北奥塞梯和达吉斯坦等地区。与此对比，自由派右翼势力和俄共等左翼势力或是领导层老化，或是无人可推举，根本无法同普京团队抗衡。

四是民意保障。俄罗斯52%左右的联邦预算收入来自油气出口，随着国际油价暴跌，俄罗斯财政收入锐减，政府在民生诸如医疗、教育、提高工资等方面的投入会相应减少，公民的可支配收入也会随之减少，普京在2012年总统竞选时的诸多承诺可能难以兑现。按照一般的认识逻辑，普京

---

① 普京在2012年12月12日的国情咨文中指出，大选前他已经发表了七篇竞选文章，而且就职当天还签署了十余项总统令。这些文件已经涵盖了俄罗斯的经济发展、社会管理、民生保障、对外政策以及军事建设等领域，是对俄罗斯的立场、近期以及中长期计划的详细阐述。

的民意应该下滑，应该处于低潮，但是，俄罗斯社会反而出现了所谓的"后克里米亚共识"①，"收回"克里米亚成为促进政治稳定的新因素。正如俄罗斯政治研究中心主任布宁指出的：普京几乎不费一枪一弹，将克里米亚并入俄罗斯，这唤起了民众的帝国情怀。普京的支持率攀升到难以企及的高度，而且还将保持相当长的一段时间。② 为了实现强国梦，恢复昔日超级大国的荣耀，俄罗斯民众宁可忍受经济上的困难，"我不在乎禁令。我不害怕。二战都熬过来了，我们能渡过这一难关。"③ "后克里米亚共识"已经对俄罗斯社会产生了多重影响。比如，利莫诺夫领导的"战略31党"在俄罗斯代表一种反普京的情绪，但该党因是否支持克里米亚问题而分裂。

可以说，俄罗斯经济问题具有政治性。普京的民意支持率一直保持在80%以上的高位，2015年下半年，俄罗斯空袭叙利亚后这一支持率甚至一度冲高到90%。普京的内外政策获得了大部分民众的支持。2015年12月民调显示，如果近期进行总统选举，75%受访者将投票支持普京。安全是俄国家观念中的硬道理，而领土又是俄安全之本。乌克兰危机爆发以来，普京2014年收回克里米亚，2015年打击国际恐怖主义，其举措符合俄国民众心态和社会情绪的根本点。

政治挑战之二是国际恐怖主义对俄罗斯国家安全的威胁。

"伊斯兰国"组织2014年6月宣布成立"哈里发政权"，此后开始吸引一些团体和武装人员对其宣誓效忠。2015年，其发展迅猛并出现两个新特点。第一，综合性。"伊斯兰国"有自己的根据地，财源丰富，招募手段多样化，这构成了新的危险。在"9·11"事件之后，恐怖主义已经改头换面，以新的方式出现，并且对大部分身陷边缘化的伊斯兰世界的贫穷人口充满诱惑力。第二，意识形态化。"伊斯兰国"不仅是一个组织，更是一种思

---

① 英文是 post–Crimea consensus，俄文是 Крымский консенсус。
② Игорь Бунин，Образ Путина：до и после крыма. Что дальше? http：//www.politcom.ru/17456.html。
③ Anna Pivovarchuk, Russian Culture: Back in the U.S.S.R. // The Moscow Times, October 9, 2014.

想。"伊斯兰国"的目标是在穆斯林居住的所有地方建立大哈里发国家，它具有伊斯兰哈里发国的全部特征（伊斯兰教法典，强行推行伊斯兰化，迫害俘虏、异教徒和异见者）。这对其他极端宗教组织具有极大的吸引力，武装分子人数迅速增长。

上述新特点导致恐怖主义出现新趋势。第一，"伊斯兰国"的存在及扩张已成为当今国际社会面临的真正威胁。第二，"伊斯兰国"事实上正在替代基地组织，在意识形态领域尤其如此。它不仅想重塑中东地区的意识形态，而且想要重塑该地区的政治制度。第三，恐怖分子的动向日趋复杂。"伊斯兰国"成员中有很多西欧人，其归国者中有准备在本国制造恐怖事件的企图。此外，反移民、退出欧盟、叫嚣极端民族主义的欧洲右翼势力也逐渐坐大。欧洲的稳定与发展面临令人意想不到的危险，难民潮有可能只是引发一系列问题的开端。

国际恐怖主义出现的上述变化对俄罗斯国家安全形成挑战。俄罗斯军事介入叙利亚危机和组建新反恐联盟，都是基于自身国家利益做出的决策。一是维护叙利亚合法政权，确保俄罗斯的地缘政治利益；二是要先发制人，避免恐怖主义蔓延至北高加索；三是要转移西方世界对尚未解决的乌克兰冲突的注意力；四是要提振国内民众情绪，显示俄罗斯恢复大国地位的荣耀；五是要保住民意对普京的支持而回避民族主义问题，掩饰乌克兰战略的局限性和当前经济形势的颓势；六是要以打促谈，希望扭转与西方的被动关系。

尤其需要指出的是，高调反恐的国内因素值得关注，即俄罗斯国内的伊斯兰教政治化问题。伊斯兰教政治化是俄罗斯联邦社会制度及国家体制面临的最严峻威胁之一。其表现之一是，俄罗斯穆夫提委员会不少成员经常发表与俄罗斯国家利益不相契合的主张，宗教极端主义分子甚至从思想意识上将北高加索地区与俄罗斯的其他地区剥离开来。其表现之二是，"瓦哈比院外集团"已经形成，并发展成为一个具有高管理水平的专业团体。其表现之三是，皈依伊斯兰教的俄罗斯族人参与北高加索地区的叛乱，这是俄罗斯国内安全威胁的一个新动向。高加索安全的主要威胁就是旷日持久的恐怖活动。恐怖分子的目的是在高加索建立伊斯兰国家。车臣问题是俄罗斯政府处理高加索地区稳定与安全的一个缩影。其表现之四也是2015年尤为重要的一个因素，就是俄罗斯直接面临"伊斯兰国"的恐怖主义威胁。潜伏在车臣、达吉斯坦等共和国内的"伊斯兰国"武装头目集体公开了向"伊斯兰国"效忠的网络视频。受此影响，"伊斯兰国"宣布北高加索为"该国"的一个"地方"。俄联邦安全会议秘书帕特鲁舍夫指出，已经有超过1000名俄罗斯人作为战斗人员加入了"伊斯兰国"，他们主要来自北高加索地区。俄罗斯面临的威胁是，这些极端化并接受了良好军事训练的战士有可能从叙利亚战区回国并在俄罗斯实施袭击。一些俄罗斯政治家认为，如果此时不帮助巴沙尔摧毁"伊斯兰国"组织，那么再过三四年，战争将蔓延至北高加索地区乃至伏尔加河沿岸。

总之，对于俄罗斯来说，在收回克里米亚和遭受西方制裁后，俄罗斯的内外困境加剧，经济一蹶不振，国际孤立日益严重。高调反恐，有助于俄罗斯转移国际社会视线，从东乌克兰抽身，摆脱乌克兰困局。从争夺"新俄罗斯"转为打击"伊斯兰国"，从"侵略者"变成"维和者"，俄罗斯希望扭转其外交被动局面，改善本国形象，促进与西方关系的改善，为国内稳定与发展创造良好条件。

四 发展前景

2014年12月，普京总统举行第十次大型记者招待会，他态度乐观，坚称国家在其领导下走在正确的道路上，对自己的支持率充满信心。普京认为，国家没有发生灾难。GDP增速虽然放缓，但是工业生产正在增长，农业产量创新高。社会领域的数据也不错：失业率低于5%，人口正增长，生育津贴甚至有所提高。[①]

2015年12月，在记者招待会上，普京对经济形势依然乐观。普京认

[①] Велимир Разуваев, Оптимист, антиамериканист и просто популярный президент, http://www.ng.ru/politics/2014 - 12 - 19/1_ putin.html.

为，俄罗斯经济总体来说已度过了经济危机的最高峰。自 2015 年第二季度以来，经营积极性出现回稳迹象。2015 年 5 月，工业生产总量已不再下滑，9~10 月，还出现了小幅增长，分别为 0.2% 和 0.1%。农业也出现积极势头，增长率不低于 3%。劳动力市场的情况也非常稳定：失业率一直在 5.6% 左右徘徊。对外贸易保持了顺差，总额达 1263 亿美元。外汇储备为 3644 亿美元，仍相当可观。与 2014 年相比，外债减少了 13%。资本外流规模明显下降，非但如此，2015 年第三季度还出现了资本的净流入。①

普京认为，俄罗斯应当对原料价格低迷和外部限制的长期持续做好准备；如果什么都不改变，俄罗斯将坐吃山空，经济增速也将在零增长附近徘徊。普京开出的药方是确立发展的关键方向，对优势产业进行改革。普京认为，俄罗斯的优势产业迄今为止主要集中于原料和开采部门，唯有改变经济结构，方能完成安全和社会发展领域的大规模任务，增加新的就业岗位，提高数百万民众的生活质量和水平。②

与此同时，也有一些政治精英和学者表达了不同看法。

2014 年 12 月，梅德韦杰夫在总结政府工作时表示，自 2008 年以来世界经济和俄罗斯经济实际上都未完全走出危机。③ 2016 年 1 月，在盖达尔经济论坛上，梅德韦杰夫发表主题演讲时再次表示，俄罗斯经济形势复杂，正在遭遇近十年来最严峻的挑战。④ 地区优先项目研究所所长米罗诺夫则认为，普京只是个优秀的战术家，"他能够在复杂局势下做出正确的决策。但俄罗斯需要的不仅是当局成功的战术，还有战略。这方面我们做得不好。这二十年来，没有为摆脱原料依赖做成任何事。国家腐败盛行，'内部'团

---

① Большая пресс - конференция Владимира Путина, 17 декабря 2015 года, http://www.kremlin.ru/events/president/news/50971.
② Послание Президента Федеральному Собранию, http://www.kremlin.ru/events/president/news/50864.
③ Медведев: кризис 2008 года до сих пор не закончился, 10 декабря 2014, http://tass.ru/ekonomika/1636638.
④ Выступление Дмитрия Медведева на пленарном заседании форума, http://government.ru/news/21405/.

体、寡头、官僚大行其道。某些看上去无可厚非的外交战术行动导致与欧洲国家建立的有利俄经济的关系破裂，毁掉了为投资和投资环境建立起的一切。同时未能阻止资本流出。"① 俄罗斯后工业社会研究中心主任伊诺泽姆采夫也认为，按目前的经济走势，俄罗斯2018年的国内总产值很可能退回到2003年的水平。1999年石油、石油产品及天然气在出口中所占比例为39.7%，而2014年则已高达69.5%。俄罗斯没有实施任何工业改革，普京时代的俄罗斯是工业生产增长落后于GDP增速的唯一新兴市场国家。②

那么，如何看待俄罗斯的发展前景？

俄罗斯经济在很大程度上仍是低效的，其劳动生产率与发达国家的差距不是以百分比而是以数倍计。这一问题远非近几年甚至是近十年才出现的。先是以国家为绝对主体的高度集中的计划经济模式，而后是原料经济模式，它们都没能减少这一差距。如果不改变旧有的发展模式，只是被动地应对外部状况，俄罗斯的发展目标就无法实现。如果沿着老路走下去，任何所谓的"追赶式发展"都不会发生，非但如此，还存在加剧落后的风险。③

俄罗斯的落后不能用外在理由解释，例如边界长、气候差、距离远、地广人稀等。全球经验表明，这些并不是最终的决定因素。像加拿大和澳大利亚，也是人口稀少，众多土地荒无人烟，但却跻身高度发达国家之列；日本与之相反，人口众多，没有富余土地，自然资源匮乏，但是也很发达。因此，客观条件、自然资源都是双刃剑。另外，俄罗斯人的潜意识中存在着一种难以改变的观念，即凡是主动与俄罗斯开展合作的，都是冲着其丰富的自然资源而来的，都不怀好意。因而，俄罗斯人相对封闭，对外合作的积极性不高。过去有人把这种现象理解为苏联的体制过于封闭，束缚了人们的合作

---

① Велимир Разуваев, Оптимист, антиамериканист и просто популярный президент, http：//www. ng. ru/politics/2014－12－19/1_ putin. html.

② Владислав Иноземцев, Державное бессилие: каковы итоги 16－летнего правления Владимира Путина, http：//www. rbc. ru/opinions/economics/12/01/2016/5694b0229a794738 41558e1f．

③ Дмитрий Медведев, Новая реальность: Россия и глобальные вызовы, 23 сентября 2015, http：//www. rg. ru/2015/09/23/statiya－site. html.

俄罗斯黄皮书

意愿。但是苏联解体二十多年后，这种现象并未减轻，原因就在于俄罗斯人对其丰富资源的过分"自爱"。俄罗斯在对外合作中更多强调"自身利益最大化"，不太懂得为了实现利益"双赢"有时需要相互妥协。多年来，俄罗斯的外来投资不多，投资最多的是卢森堡、塞浦路斯、荷兰等国，因为来自这些国家的投资主要是俄罗斯的离岸资金。究其原因，就是真正的外国投资者很难从俄罗斯赚到钱。①

俄罗斯真正需要做的是实施重大的改革，并且只能采取提升自身竞争力的发展模式，而这种模式绝不会是"赶超模式"。俄罗斯在确保中长期经济稳步快速增长时面临两个风险：一是人为加速的风险；二是对经济低速乃至零增长习以为常、准备长期接受这种情形的心态。如果这种心态在社会中占了上风，将开启通向长期衰退的道路。②

最为关键的是在新选举周期来临之际，普京依然面临国内问题的三大挑战：一是如何把政治稳定与政治现代化结合起来，既能增强政治活力又能确保政治控制；二是如何调整经济结构和经济发展模式，避免经济衰退；三是如何应对俄罗斯与外部世界的变化以实现大国崛起的欧亚战略。总之，在当前国内外形势发展的背景下，俄罗斯向何处去仍然是新选举周期值得关注和研究的重大战略问题。

---

① 季志业、冯玉军：《俄罗斯发展前景与中俄关系走向》，时事出版社，2016，第6页。
② Дмитрий Медведев, Новая реальность: Россия и глобальные вызовы, 23 сентября 2015, http://www.rg.ru/2015/09/23/statiya – site.html.

Y.3
2015年俄罗斯经济形势评析

程亦军*

摘　要： 多年来，俄罗斯经济内部积累了大量的问题，在低迷的国际市场行情和西方制裁的双重压力下，2015年的俄罗斯经济又一次陷入衰退。投资、消费、出口全面下滑，经济增长失去支撑，行业景气指数普遍下降，高通胀重新抬头，民众生活水平明显降低。预计未来一年俄罗斯经济形势仍不乐观，但短期内不存在根本性风险。由于国民经济低迷，联邦政府制定的一系列中长期发展战略终将化为泡影，对外事务无疑也将受到牵制。不过，俄罗斯政府正在积极筹划建立新型的经济增长模式，经济结构和产业政策调整势在必行，民族工业可能迎来新的发展机遇。

关键词： 经济衰退　能源依赖　结构调整　民族工业

一　国际背景

2015年是后金融危机时期国际经济形势异常复杂的一年，不同经济体之间的发展差异日益扩大，市场分化进一步加剧。

新兴市场国家经济景气指数普遍下降，增长速度放缓已经成为一种新常态，不少国家出现停滞甚至负增长，特别是作为全球第二大经济体的中国降

---

* 程亦军，中国社会科学院俄罗斯东欧中亚研究所经济室主任，研究员。

低了经济增长指标更是强化了整个市场对未来的不良预期。资本外流现象在新兴市场国家轮番上演,其造成的直接后果是各国货币相继贬值。按照国际金融协会(IIF)的测算,新兴市场在2015年很有可能出现自1988年以来的首次年度资本净流出,全年净流出量估计在5400亿美元上下。一度在世界经济舞台上光彩夺目的金砖国家也难逃厄运,人民币贬值明显,俄罗斯卢布、巴西雷亚尔、南非兰特汇率更是出现剧烈波动。

发达经济体涨跌互现。欧债危机之后欧盟经济一蹶不振,2015年仍然复苏乏力。沉寂多年的日本经济依旧惨淡,安倍经济学遭遇严重挑战。世界最大的经济体美国的表现相对较好,经济继续保持复苏态势。国际经济学界普遍看好美国经济前景,国际货币基金组织的专家们也不例外,年内多次下调多数发达经济体和新兴市场的经济增长预期,唯独对美国的经济增长预期做了上调,从原先的2.1%调高到2.6%。在经济获得持续增长之后,不出国际金融界的一致猜测,美联储在岁末的12月16日宣布将联邦基金目标利率上调25个基本点。这是美联储十年来的首次加息,此举标志着美国政府正式退出货币宽松政策,终结了长达84个月的零利率周期。美联储的加息预期和最终落实进一步加剧了新兴市场的资金外流,也导致美元汇率走强,导致国际大宗商品价格疲软。

2015年世界经济最引人注目的事件莫过于国际大宗商品价格的大幅下跌。石油价格从2014年中期开始下降,进入2015年之后越发不可收拾,全年几乎呈现出单边下跌态势,至年底,纽约原油期货价格和北海布伦特原油期货价格均跌至每桶36美元附近,分别下跌了30%和35%。然而,由于利益纷争,石油输出国组织(欧佩克)对此无动于衷,直至12月的年度最后一次部长会议也没有做出减产保价的决定,不仅如此,该组织成员国还在一味地增加产量,使国际市场供大于求的程度进一步强化,促使油价加速下滑。

除原油外,在强势美元的压制下,部分金属价格也大幅下跌。纽约商品交易所黄金、白银期货价格年内累计下跌9.2%和8.3%,伦敦金属交易所三个月铜期货价格年内下跌25.5%。衡量航运景气度的波罗的海干散货指数(BDI)年内也累计下跌38%。此前与美元直接关联度并不强的部分农业产品价格也出现了下跌。①

上述诸多因素共同形成了一个对俄罗斯经济发展十分不利的外部环境，而美欧国家的经济制裁又因乌克兰危机的持续发酵而延长和扩大，这进一步增加了俄罗斯经济发展的难度。正如俄罗斯总理梅德韦杰夫在 2016 年 1 月 13 日盖达尔论坛上所指出的那样，油价暴跌、西方制裁以及世界经济出现的消极变化给俄罗斯经济带来了前所未有的冲击，俄罗斯经济从未同时遭遇如此艰难的挑战。

二 2015年俄罗斯经济形势的主要特点

一年以前，笔者在《增长乏力，濒临衰退——俄罗斯 2014 年经济形势分析及 2015 年形势预判》一文中根据当时的俄罗斯经济发展趋势做出判断，认为 2015 年俄罗斯经济的全面衰退将不可避免。② 不出所料，2015 年俄罗斯经济确实出现了严重衰退。

根据俄罗斯联邦国家统计局初步统计结果，2015 年俄罗斯国内生产总值为 80.41 万亿卢布，按可比价格计算相当于上年度的 96.3%，同比下降 3.7%。这是俄罗斯经济自 2009 年以来出现的第二次下降。国际金融危机之后，俄罗斯经济经历了短暂的复苏，随后疲态尽显，国内生产总值增长速度连年下滑，2011~2013 年的增长率分别为 4.2%、3.4%、1.3%；2014 年更是只取得了 0.6% 的微弱增长；不出人们所料，2015 年终于陷入衰退（见表1）。由此可见，经济体已经积累了大量的问题，积重难返，短期内增长乏力的状况难以改变。从发展形态上来看，此次衰退不同于 2009 年在国际金融危机冲击下出现的突发性的、输入性的衰退，而是带有趋势性的特点，因

---

① 本文所引统计数据除特别注明外均来自：http://www.gks.ru/wps/wcm/connect/rosstat_main/rosstat/ru/rates/46880c804a41fb53bdcebf78e6889fb6；ОБ ИТОГАХ СОЦИАЛЬНО - ЭКОНОМИЧЕСКОГО РАЗВИТИЯ РОССИЙСКОЙ ФЕДЕРАЦИИ В 2015 ГОДУ，http://economy.gov.ru/minec/about/structure/depmacro/2016090201。

② 程亦军：《增长乏力，濒临衰退——俄罗斯 2014 年经济形势分析及 2015 年形势预判》，《俄罗斯发展报告（2015）》，社会科学文献出版社，2015。

此有理由认为它对国民经济的破坏程度更深、消极影响时间更长。事实上，本次衰退的幅度很可能大于3.7%，因为当年俄罗斯国家统计系统采用了一套新的核算方法，将一些新的内容纳入统计，由此国民经济的实际下降幅度在表面上有所缩小。

表1 2015年与2014年俄罗斯经济指标比较

单位：%

	2014年		2015年			
	12月	全年	11月	12月	12月（扣除季节因素）	全年
国内生产总值	1.1	0.7	-3.7	-3.5	0.0	-3.7
消费价格指数	2.6	11.4	0.8	0.8	—	12.9
工业生产指数	3.9	1.7	-3.5	-4.5	-0.1	-3.4
加工业	4.1	2.1	-5.3	-6.1	-0.1	-5.4
农业产品生产指数	4.0	3.5	2.3	3.6	0.7	3.0
固定资产投资	-2.9	-1.5	-6.5	-1.3	-1.3	-8.4
建设工程规模	-0.4	-2.3	-3.9	-1.5	0.1	-7.0
住房交付使用	11.1	18.2	-2.0	-13.2	—	-0.5
居民实际可支配货币收入	-7.6	-0.7	-6.5*	-0.7*	1.9	-4.0*
员工实际工资收入	-4.0	1.2	-10.4	-10.0	-0.9	-9.5*
员工月平均名义工资收入（卢布）	42136	32495	33347	42684	—	33925
失业人口占经济自立人口比例（期末）	5.3	5.2	5.8	5.8*	5.8	5.6*
零售商品总额	5.1	2.7	-13.1	-15.3	-0.3	-10.0
居民有偿服务额	2.4	1.3	-2.5*	-3.7*	-0.5	-2.1*
出口（亿美元）	384	4978	255	277	—	3396
进口（亿美元）	245	3080	164	173	—	1940
乌拉尔牌石油平均价格（美元/桶）	61.1	97.6	42.1	36.4	—	51.2

注释：*表示不含克里米亚共和国和辛菲罗波尔市。

资料来源：ОБ ИТОГАХ СОЦИАЛЬНО - ЭКОНОМИЧЕСКОГО РАЗВИТИЯ РОССИЙСКОЙ ФЕДЕРАЦИИ В 2015 ГОДУ, http://economy.gov.ru/minec/about/structure/depmacro/2016090201。

（一）低迷的国际大宗商品市场行情严重拖累了俄罗斯经济

2015年，国际大宗商品市场出现了自国际金融危机以来最低迷的行情，一系列商品价格一降再降，使俄罗斯经济承受了巨大的压力。众所周知，俄罗斯经济发展严重依赖出口，特别是严重依赖以燃料能源为主的初级产品的出口，这是由其特有的资源禀赋和经济结构所决定的。

2014年，俄产乌拉尔牌石油平均价格为每桶97.6美元，而2015年则降到每桶51.2美元，减少46.4美元，下降幅度达到47.5%。与此同时，天然气价格也出现大幅下降。根据国际货币基金组织的资料，2015年俄罗斯销往德国的天然气平均协议价格为每千立方米263美元，比上年同期下降30.2%。德国是俄罗斯最大的能源进口国，可以想象，单此一项对俄罗斯经济的影响就不容忽视。

此外，根据伦敦金融交易所统计资料，与2014年同期相比，镍价下降了29.8%，铜价下降19.8%，铝价下降10.9%，而这些产品恰恰是俄罗斯为国际市场提供的主要品种。

（二）投资、消费、出口全面下滑，经济引擎丧失动力

人们通常将投资、消费、出口视为拉动国民经济增长的三驾马车或三部引擎。对于2015年的俄罗斯国民经济而言，这三部引擎都失灵了，与投资、消费、出口相关的经济指标全面大幅下降。

首先看投资。就总体而言，与其他新兴市场国家相比，俄罗斯的投资状况一直不甚理想，长期以来投资规模增长缓慢。早在2014年，固定资产投资规模就出现了下降，同比减少1.5%，而且呈现出加速下降的趋势。进入2015年之后，固定资产投资规模继续下降，并且急剧恶化，虽然第四季度下降幅度有所收窄（10~12月分别下降0.3%、1.1%和1.3%），但已无济于事。全年固定资产投资总规模为14万亿卢布，与上年相比下降了8.4%。

其次看消费。消费是支撑俄罗斯经济增长的重要因素，最近10余年来，多数年份这项指标（全社会零售商品总额）都保持了较快的增长速度，即

便是在经济景气指数明显下滑的2014年该指标还实现了同比2.7%的增长，但2015年这项指标却出现了显著下降。当年全社会零售商品总额为27.58万亿卢布，按可比价格计算比上年度减少10%，明显低于2013~2014年的平均水平，如此大的下降幅度是最近10余年来所不曾有过的。从月份报表来看，全年销售额同比持续下降，没有一个月的销售额超过上年同期或与上年同期持平，岁末的11月和12月更是分别同比下降了13.1%和15.3%，明显高于全年平均值，这意味着居民消费能力明显趋弱，消费量还在进一步萎缩。

最后看出口。对外贸易在俄罗斯经济发展中扮演着非同寻常的重要角色，10余年来，出口对经济增长的贡献率至关重要。但是，最近两年由于国际大宗商品价格下跌，以能源原材料为主要出口物资的俄罗斯对外贸易形势出现逆转，2014年同比下降6.8%，2015年下降幅度急剧扩大。全年对外贸易总额为5336亿美元，比上年的8058亿美元减少了2722亿美元，下降了33.8%。其中，出口3396亿美元，比上年的4978亿美元减少了1582亿美元，下降幅度高达31.8%；进口1940亿美元，比上年的3080亿美元减少了1140亿美元，下降幅度更是达到了37%。外贸顺差1456亿美元，比2014年减少了23.3%。

从贸易对象来看，2015年俄罗斯对独联体国家出口482亿美元，同比下降30%；对非独联体国家出口2914亿美元，同比下降32.1%。前者在俄罗斯对外出口中占比由上年的13.8%上升到14.2%，后者占比则从上年的86.2%下降到85.8%。2015年俄罗斯自独联体国家进口231亿美元，同比下降35.8%，自非独联体国家进口1709亿美元，同比下降37.2%。前者在俄罗斯进口总额中占比略有上升，为11.9%，后者占比下降0.2，为88.1%。

（三）多数行业生产景气指数降低，只有农业一枝独秀

2015年，俄罗斯工业生产状况不佳，主要指标降多升少，工业生产指数同比下降3.4%，其中加工业下降更甚，达到5.4%。

俄罗斯国民经济的支柱行业采掘业在2015年生产情况相对平稳。据俄联邦国家统计局的初步统计，全年俄罗斯矿产资源开采量同比增长0.3%，其中：煤矿（含普通煤、褐煤和泥煤）产量5.4亿吨，同比增长3.4%；原油（含凝析油）产量5.3亿吨，同比增长1.3%；天然气产量5540亿立方米，同比下降2.6%；金属矿石产量同比增加2.2%；其他矿物产量同比增长2.1%。

2015年，俄罗斯焦炭和石油制品生产保持增长，木材和木制品加工、纸浆加工等与原料出口相关的领域以及出版印刷、橡胶和塑料制品的生产开始恢复增长，而电力生产、冶金和金属制品预制件生产、化学生产则持续萎缩。在消费品生产领域，食品（包括饮料）、烟草、纺织和缝纫制品生产继续下降，皮草和皮草制品、鞋生产开始回升。按照俄罗斯经济发展部年度经济发展报告中的数据，一些生产领域（如非金属矿产品、机械设备、交通工具等）投资需求开始恢复增长，这是值得关注的积极现象；但是，机电产品、电子及光学生产领域的投资需求仍在下降。

2015年，俄罗斯工程建筑总规模达5.95万亿卢布，按可比价格计算同比减少7%。全年新建居民住宅116.9万平方米，同比增长8.2%，但实际交付使用面积低于上年水平，同比下降0.5%。

2015年，俄罗斯货物运输方面的情况略好于上年，扭转了下降趋势（2014年同比下降0.1%），全年货物周转量实现了0.2%的微弱增长。不同的运输形式之间差异很大，其中铁道运输、空中运输和管道运输分别增长了0.2%、5.6%和0.9%；海上运输增长幅度更大，达到24.1%；但公路运输、内河运输则出现萎缩，分别下降5.9%和13.5%。

与上年相同，农业依旧是2015年俄罗斯国民经济发展中最大的亮点。继上年同比增长3.5%之后，在总体经济不景气的环境中农业生产又获得了3%的增长，全年实现农业总产值5万亿卢布。主要农产品中，除谷物产量略低于上年（-1%）外，其他产品如甜菜、葵花籽、亚麻纤维、土豆、蔬菜等的产量均超过上年。

2015年，俄罗斯畜牧业情况大体稳定。截至12月末，各类家畜家禽存

栏数互有增减：大型犄角家畜 1900 万头，同比减少 1.6%；猪 2140 万头，同比增加 9.6%；羊 2450 万头，同比减少 0.7%；各种家禽 5.5 亿只，同比增加 3.8%。

与上年相比，当年各类林木采伐有增有减，其中：针叶类原木 729 万立方米，同比增长 0.3%；阔叶类原木 2480 万立方米，增长 2.5%；燃料木材 1360 万立方米，减少 6.9%；其他各类木材 870 万立方米，减少 11.4%。

（四）通胀加剧，收入减少，居民生活水平显著下降

1999 年以来，俄罗斯居民生活得到了持续的改善，总体水平明显提高，由于政府长期实行居民生活水平提高速度快于国民经济增长速度的政策，普通居民的生活水平大体上是以高于国民经济增长的速度快速提高的，但是最近两年这一情况发生了重大改变。2014 年俄罗斯居民实际可支配货币收入略微下降（-0.7%），但员工实际工资收入仍有所增加（1.2%）。2015 年形势明显恶化，居民实际可支配货币收入和员工名义月平均工资收入双双下降，前者下降 4%，后者更是大幅下降 9.5%，员工名义月平均工资收入大约为 33925 卢布。

据官方统计，全俄月均失业人口达 430 万，正式注册失业人口月均达 100 万，分别较上年同期增长 7.4% 和 9.2%。失业人口占经济自立人口的比例全年平均为 5.6%，较上年的 5.2% 略微上升。

1999 年以来，俄罗斯通货膨胀率基本呈逐年下降之势，特别是 2008 年国际金融危机之后，通胀率终于降到了俄罗斯政府多年努力追求但从未实现的工作目标（8%）之下；但 2014 年通胀率却突然蹿到了 11.4% 的高水平上；2015 年继续沿袭了这一涨势，全年消费价格指数上涨了 12.9%。根据俄罗斯联邦国家统计局的数据，2015 年，市场物价全面上扬，与居民生活密切相关的食品价格显著上升，尤其是第一季度上涨幅度巨大，下半年涨幅趋缓。2015 年 1~11 月，葵花籽油上涨 36%，鱼及海产品上涨 20.3%，通心粉上涨 18.9%，奶及奶制品上涨 10.3%，食糖上涨 13.9%，面包制品上涨 12.3%，牛肉上涨 14.8%，涨幅较小的有鸡蛋（3.1%）、猪肉

(0.7%)、奶酪（7.8%），禽肉则下降了 0.3%；此外，电子产品价格上涨 15.9%、烟草价格上涨 25.1%、服装价格上涨 12.1%、鞋价格上涨 14.5%、轻型汽车价格上涨 12.1%。①

三 几点判断

（一）2016年俄罗斯经济形势将依然严峻

从目前的实际情况来看，未来一年俄罗斯经济发展走势在很大程度上将取决于国际石油价格的走势。综合当前的各种相关信息可以得出结论，2016年国际油价低迷的情况难以根本改变，这也就意味着俄罗斯难以扭转衰退的经济形势。

国际能源署的分析报告指出，2014年至今，国际市场上的石油产品一直处于供大于求的失衡状态，其程度是自1998年以来最为严重的，这是油价持续不断下跌的根本原因。该机构预测，2016年石油供需失衡还将进一步加剧，直至2016年年底才有望恢复平衡。经济增长速度在全球范围内普遍放缓，能源需求增长显著弱化是导致石油价格下滑的另一个重要因素，这一状况在未来一年还将得到强化。2015年岁末至2016年年初，世界各国的经济官员和学者纷纷发表言论，看淡未来一年的世界经济形势。国际货币基金组织总裁拉加德提醒人们，2016年全球经济增长将"令人失望且不平衡"。② 英国财政大臣乔治·奥斯本则警告说，2016年可能是2008年国际金融危机以来全球经济最艰难的一年。③ 世界银行于2016年1月6日发布《全球经济展望》报告，也就世界经济形势发出预警，将对2016年世界经

---

① О текущей ситуации в экономике российской федерации В январе – ноябре 2015 года. С. 27 – 28，http：//economy. gov. ru/wps/wcm/connect/89ba6e06 – f753 – 4239 – b9b5 – 962df1e5ef2b/.

② 《2016年世界经济形势展望》，《人民日报》2016年1月8日。

③ 《现在真的是2008年的重演吗?》，英国《经济学人》周刊网站，转引自《全球不会重演2008年危机》，《参考消息》2016年1月9日。

济增长率的预测从半年前的 3.3% 下调至 2.9%，同时还特别对新兴市场国家的增长前景表示忧虑，指出金砖国家中的俄罗斯和巴西经济将继续衰退，预计国内生产总值将分别下降 0.7% 和 2.5%。① 摩根士丹利公司给出的 2016 年全球国内生产总值的增长预测值更低，不到 2%。

此外，近期美国当局的两项举措又给低迷的油价雪上加霜。2015 年 12 月，美国总统和国会相继表示同意取消自 1973 年开始实施的美国石油出口禁令。2016 年 1 月初，以美国企业产品合伙公司向瑞士出口 60 万桶得克萨斯原油为标志，美国石油长达 40 年的出口禁令正式成为历史，虽然此举对国际油价并无实质性影响，但是因其而产生的巨大的心理压力却是国际市场难以承受的。同在 2015 年 12 月，美联储宣布加息，这是九年来美联储的首次加息，具有历史性的意义。加息提高了美元的吸引力，巩固了美元对世界大部分货币和大宗商品的优势地位。长期形成的市场规律表明，美元汇率的上升同时意味着石油价格的走低。

加之，美国和欧盟解除对伊朗的经济制裁促使该国大规模增加石油出口，意图夺回制裁期间失去的利益和国际市场份额。面对大幅下降的油价，伊朗石油部部长比詹·纳姆达尔·赞加内表示，伊朗愿意以任何价格出售石油。再加上石油投机商的搅局（他们只在市场上收购低于 15 美元/桶的石油合同），国际油价重上高位的希望极其渺茫。花旗集团分析师克里斯·梅恩 2016 年 1 月 4 日对外表示，在各种利空因素影响下，2016 年上半年国际油价可能会跌到每桶 30 美元的水平。高盛公司也在近期的报告中表示不看好近期油价，认为在最坏的情况下，国际油价有可能跌至每桶 20 美元，市场跌势可能持续更长时间才能引发产油国的减产决定。② 世界银行在 2016 年 1 月 26 日公布的市场展望报告也对未来国际大宗商品行情表示悲观，并且对 46 种主要大宗商品中的 37 种预估价格做了下调，其中对石油预估价格下调了 14 美元，至每桶 37 美元。③

---

① 吴新韬：《世界银行下调全球经济展望》，《中国证券报》2016 年 1 月 8 日。
② 《花旗银行：油价将下跌至每桶 30 美元》，《中国证券报》2016 年 1 月 5 日。
③ 张枕河：《世行全面下调大宗商品价格预期》，《中国证券报》2016 年 1 月 28 日。

在上述背景下，严重依赖石油经济的国家之间的恶性竞争将难以避免，因为除了继续增加产量来巩固自身的市场地位和争夺新的市场份额之外不可能有其他选择，而这又将导致油价的进一步下跌。凡此种种，形成了对俄罗斯经济发展极为不利的外部环境。

（二）短期内俄罗斯宏观经济不存在根本性风险

当前俄罗斯经济确实相当困难，但这并不意味着其已陷入危险的境地，就总体而言，俄罗斯经济短期内并不存在根本性的风险。

第一，俄罗斯金融系统状况基本稳定。经过多年的市场洗礼，特别是经历了1998年和2008年两次国际金融危机的磨炼，俄罗斯金融系统已经逐渐成熟起来，在残酷的竞争和大规模的重组兼并之后，现存商业银行在数量上虽然较之以往大为缩减，但是在资产规模、资产质量和抵御风险能力等方面确实有了很大提高。在经济萧条的大背景下，尽管经历了几度汇率风波，卢布严重贬值，但没有出现民众挤兑，也没有银行在风波中倒闭，这便是明证。2014年年底，为了稳定卢布汇率，俄罗斯金融管理当局将利率提高到17%的高位，整个银行系统并未因此而出现重大问题，表明俄罗斯金融系统的抗压能力空前增强。2015年，俄罗斯几次下调利率，未来一年还有继续下调的空间和可能，这将进一步为金融系统释放压力。

第二，在财政方面俄罗斯政府仍然具有一定的回旋余地，必要的财政支出仍拥有基本保障。2015年，俄罗斯为弥补财政赤字，动用了大量的国家储备，致使国家储备规模明显萎缩，按卢布计算同比下降30.4%；如按美元计算则下降幅度更大，达到43.2%。但是，截至2016年1月1日，联邦政府仍然拥有34405.7亿卢布的国家储备基金（见表2），其规模占同期国内生产总值的4.6%。而同期的财政赤字不到2万亿卢布，大约占同期国内生产总值的2.6%。与此同时，国民福利基金规模还有所扩大，达到52271.8亿卢布，较上年同期增长8390.9亿卢布，增加19.1%，占同期国内生产总值的比重也从6%增至6.6%（见表3）。但由于卢布贬值，折合成美元的数额有所下降。

表2　2015~2016年国家储备基金

时间	亿美元	亿卢布	占GDP(%)
2015年1月1日	879.1	49454.9	6.7
2016年1月1日	499.5	34405.7	4.6

资料来源：Совокупный объем средств Резервного фонда, http://www.minfin.ru/ru/perfomance/reservefund/statistics/volume/index.php。

表3　2015~2016年国家福利基金

时间	亿美元	亿卢布	占GDP(%)
2015年1月1日	780.0	43880.9	6
2016年1月1日	717.2	52271.8	6.6

资料来源：Фонд национального благосостояния, http://www.minfin.ru/ru/perfomance/nationalwealthfund/statistics/。

第三，农业生产的稳定增长为社会安定和市场稳定创造了必要条件。这是支撑最近两年来俄罗斯社会稳定的重要基础，这个基础目前依然牢固。

第四，俄罗斯政府债务水平相当低，短期内偿债压力不大。2015年1~11月，联邦国家债务规模有所扩大，增加了1814.1亿卢布，同比增长了1.8%。截至2015年12月1日，国债余额为10.48万亿卢布，大致相当于同期国内生产总值的13%。其中，外债占31.7%，内债占68.3%。这个负债水平不要说远远低于俄罗斯以往20年的平均水平，即便与当今世界各主要经济体相比也是很低的。

第五，俄罗斯外汇储备相对充裕。俄罗斯中央银行每周外汇储备统计表显示，2015年年初（1月2日）外汇储备总额为3862亿美元，年内最低降至3505亿美元（4月7日），年末（12月25日）回升到3702亿美元，年末比年初减少160亿美元，下降了4.14%，①但比2014年24.4%的降幅大幅收窄（2014年，为应对卢布危机俄罗斯政府大量抛售外汇，致使年末外

---

① Еженедельные значения на конец отчетной даты, http://www.cbr.ru/hd_base/Default.aspx?Prtid=mrrf_7d.

汇储备比年初减少了1241.35亿美元）。① 俄罗斯中央银行行长纳比乌林娜认为，俄罗斯外汇储备的合理水平应该为5000亿美元上下。按照这个标准，俄罗斯目前的外汇储备略显不足，但是这个规模对于履行外汇储备的三项基本职能（满足三个月的进口支付需求、足额偿还到期外债、稳定本国货币汇率）来说基本上还是够用的。

（三）中长期发展战略全面落空，对外事务将受到制约

鉴于低迷的经济形势，俄罗斯政府不得不一再压缩政府需求，减少财政支出。可以想见，2016年，俄罗斯政府在开源不足的情况下还将采取进一步措施，加大节流力度，扩大节流范围，最大限度地压缩财政支出。毫无疑问，在现有条件下，此前的许多重大发展计划都将难以付诸实施。众所周知，在当年国民经济持续高速增长的鼓舞下，2008年俄罗斯联邦政府制定了一系列宏大的国家战略规划，然而这些规划很快便随着当年爆发的席卷全球的国际金融危机化为泡影。如果说，一两年前人们还对此抱有幻想的话，那么现在可以得出结论：昔日振奋人心的"普京计划"已经彻底成为一纸空文。在经历了危机之后，2009年版的《俄罗斯联邦2020年前国家安全战略》较之此前的规划显得要务实一些，但其中也明确提出，俄罗斯的中期保障国家安全的战略目标是在2020年前使俄罗斯跻身国内生产总值五大强国之列，并在经济和技术领域达到国家安全所需的必要水平。可是，当前的经济现实使这一目标变得越来越遥远。此外，其他各项涉及国计民生的计划也将毫无例外地被大打折扣。

低迷的经济还不可避免地对俄罗斯的对外事务产生影响。历史表明，俄罗斯在国际舞台上的姿态是与其国内的经济景气指数密切相关的。在俄罗斯复兴的道路上，2007年是一个特别值得关注的年份。在这一年，俄罗斯在没有任何前期征兆的情况下突然恢复了中断15年之久的战略轰炸机的全球

---

① 程亦军：《增长乏力，濒临衰退》，《俄罗斯发展报告（2015）》，社会科学文献出版社，2015。

巡航（俄罗斯称为战略值班），向世界高调宣布，俄罗斯又重新回到了世界政治舞台的中心。经济分析说明，此举并非偶然。因为正是在这一年俄罗斯国民经济彻底摆脱了危机，重新恢复到了历史最高水平，当时蓬勃复兴的国民经济给了俄罗斯足够的信心和底气。然而，如今情况发生了逆转，在未来一段时间内，俄罗斯参与国际事务的力度和广度因受制于低迷的国内经济将不得不有所收敛。

（四）经济结构和产业政策调整势在必行，民族工业可能迎来某种发展机遇

鉴于目前的国内外形势，为了应对时下的危机，也为了今后的可持续发展，俄罗斯政府将会有针对性地调整部分经济政策、重新规划优先发展方向。从当前的情况看，当年在国际油价高企之时俄罗斯决策层对国际能源市场发展趋势的判断出现了偏差，认为国际能源需求将持续高速增长，而页岩油开采的商业化不过是天方夜谭，它不可能取得革命性的成果，更不可能对国际能源市场产生实质影响，因此对俄罗斯的能源优势给予了过高的估计。这在过去10年内俄罗斯政府出台的几部能源发展战略中得到充分反映。

严峻的经济现实将迫使俄罗斯政府加大调整经济结构的力度。近年来，调整经济结构一直是俄罗斯政府既定的经济发展目标之一，但是持续的高油价在一定程度上阻碍了这项工作的开展。此次的经济衰退又一次显露出过度依赖能源出口的弊端，从而有可能降低俄罗斯政府对能源工业的过度倚重，强化调整经济结构的愿望和决心。自然，客观审视俄罗斯的资源禀赋和资源与经济发展的相互关系，去能源化是不可能的，也是没有必要的，但是弱能源化将是必然的。弱能源化、再工业化、经济多元化、经济现代化将是未来俄罗斯经济发展的主要方向和目标。从2015年开始，为缓解经济困难，俄罗斯政府已经在积极着手构建新的经济增长模式，致力于摆脱能源出口依赖。目前，由政府主导，多个地区正在兴建新工厂，发展高附加值的制造业，努力为招商引资创造良好环境。

2016年3月1日，俄罗斯政府正式出台了年度社会经济稳定发展行动计划，即所谓反危机计划。该计划旨在保障民生，推动实现经济多元化，有效应对美欧经济制裁。该计划确定的工作重点是调整经济结构、创造健康的商业环境、支持中小企业发展、实现进口替代、促进非能源产品出口。具体措施包括扩大投资、降低利率、增加税收、减少开支、出售资产等。其中最引人瞩目的是规模空前的救市计划，总投入将达到8800亿卢布。毋庸置疑，新的经济指导思想和发展方向的修正以及进口替代战略的实施将惠及俄罗斯民族工业，这是20世纪90年代去工业化以来俄罗斯民族工业难得的机遇。可以预见，在未来一段时期内，俄罗斯的民族工业将在一定程度上得到复兴，进口替代的规模和范围将进一步扩大。

Y.4
2015年的俄罗斯外交

柳丰华*

摘　要： 2015年，俄罗斯外交延续了2014年西方不"亮"东方"亮"的特点：继续与西方交恶；加大"东进"外交力度，推进欧亚经济联盟一体化。俄罗斯空袭叙利亚"伊斯兰国"，起到了转移西方对乌克兰危机注意力、扩大俄在叙及中东地区影响等效果，但是也导致俄美矛盾加剧、俄与土耳其关系恶化等不利后果。新版《俄罗斯联邦国家安全战略》反映出中、近期俄外交政策的三种趋势：在军事政治和心理上准备好与西方做较长时间的对抗，同时仍然不放弃与之缓和关系的愿望；大国梦不但没有因为自身经济衰退和西方遏制政策淡化，反而更加强烈，要当"世界领导国之一"；继续奉行"东进"政策，并有意组建非西方世界。

关键词： 2015年俄罗斯外交　空袭叙利亚　"伊斯兰国"　新版《俄罗斯联邦国家安全战略》

2015年，俄罗斯外交延续了2014年西方不"亮"东方"亮"的特点，普京政府积极寻求破解乌克兰危机导致的外交僵局的途径，包括空袭叙利亚"伊斯兰国"等，以期改善俄国际处境。

---

* 柳丰华，中国社会科学院俄罗斯东欧中亚研究所俄罗斯外交研究室主任、研究员。

一 2015年俄罗斯外交的特点

（一）继续与西方交恶

俄罗斯与西方因俄兼并克里米亚半岛而交恶，乌克兰东部地区冲突的爆发则使俄与西方的政治矛盾、与北约的军事政治对抗加剧。2015年1月，乌克兰东部武装冲突再度加剧，2月，俄罗斯、德国、法国、乌克兰四国首脑在明斯克就长期政治解决乌危机的综合性措施及乌东部地区停火问题达成协议（简称"明斯克协议Ⅱ"，区别于2014年9月签订的"明斯克协议Ⅰ"）。协议主要内容包括：停火，从冲突地区撤出重型武器；外国军队撤出乌克兰；乌进行宪法改革，以立法形式保证顿涅茨克和卢甘斯克的特殊地位。① 但是该协议与"明斯克协议Ⅰ"一样，没有产生预期效果，乌克兰东部地区的冲突时断时续，因此俄罗斯与西方互相指责，西方继续对俄实施经济制裁。

在这种形势下，俄罗斯采取了反美政策。就反美言论来说，2015年是普京总统批美最卖力的年份之一。在联合国第70届大会上发言时，普京总统不指名地批评了美国动摇联合国权威和合法性、输出"民主革命"、颠覆合法政权、推行北约东扩等行径。在"瓦尔代"国际辩论俱乐部2015年年会上，普京猛烈抨击美国推行单极霸权、在伊朗核协议达成之后仍然要建立欧洲反导系统、在国际事务中推行双重标准等。与美国在乌克兰危机问题上对立的同时，普京政府于9月底出兵叙利亚，空袭叙境内的"伊斯兰国"组织。在此之前，以美国为首的国际反恐联盟部队名义上负责打击叙利亚"伊斯兰国"，实际却热衷于推翻阿萨德政府，因此在叙越"反"越"恐"。而俄罗斯空军加入叙利亚反恐行列，主要意图除了反恐，还包括保护阿萨德政府，这就对美国在叙的主导地位构成直接挑战，因此俄美关系更加恶化。

---

① Текст минских соглашений по Украине от 12.02.2015，http：//pressa.today/law/tekst - minskih - soglashenij - po - ukraine - 12 - 02 - 2015/.

对欧洲，普京政府实行拉拢政策。欧盟与动乱的乌克兰接壤，又与俄罗斯有密切的能源和经济联系，因此在乌克兰危机问题上采取比美国更现实的立场，愿意与俄达成政治解决方案。普京也希望与欧盟或者德、法两国进行合作，求得乌克兰危机的政治解决，并借此缓和俄罗斯与欧盟的矛盾。"明斯克协议Ⅱ"的签署，表明俄罗斯与德、法两国就乌克兰危机问题的大体政治解决方案达成共识。但是，由于该协议没有得到执行，乌克兰东部冲突问题悬而不决，因此俄欧关系没有改善。俄罗斯空袭叙利亚"伊斯兰国"的行动，虽然反恐战果明显，但是因为间接刺激了从叙涌入欧洲的难民潮，所以没有获得欧洲国家的支持。只是在巴黎发生严重恐怖袭击事件之后，欧洲对于俄军入叙利亚反恐的态度才转为正面的，而法国与俄在叙开展反恐协调与合作，有可能促进俄欧关系的缓和。

（二）加大"东进"外交力度

在与西方关系对立的形势下，俄罗斯大力发展与亚太国家的关系，重点发展中俄全面战略协作。中俄能源和军事技术合作加速发展，两国还宣布"一带一盟"对接合作。但是，由于国际能源价格下降、西方对俄经济制裁、俄罗斯经济陷入衰退、中国进行经济调整等原因，2015年中俄贸易额大幅降低，降幅高达28.6%，为680.65亿美元。[①] 俄罗斯进一步深化与印度、越南的战略伙伴关系，发展与亚太其他国家的合作。俄罗斯发掘与东盟的经贸潜力，欧亚经济联盟与越南签署自由贸易区协定，将会促进俄与东盟的经济合作。总的说来，俄罗斯外交"转向东方"虽然产生了相当大的经济效益，但是与俄期望的弥补欧洲市场减损的目标仍然相去甚远。

（三）推进欧亚经济联盟一体化

2015年1月1日，欧亚经济联盟正式成立、运行，次日，亚美尼亚加入。5月，吉尔吉斯斯坦成为该联盟正式成员。欧亚经济联盟的运行既是

---

① http://www.customs.gov.cn/publish/portal0/tab49666/info784215.htm.

2015年普京外交的最重要成绩，也是俄罗斯主导的独联体次地区一体化的重大进展。但是西方对俄罗斯经济制裁、俄经济陷入衰退和乌克兰危机对独联体国家与俄关系的消极影响等，给新生的欧亚经济联盟投下浓重的阴影。尽管如此，考虑到成员国间的一体化已经达到相当高的水平，且普京具有推进欧亚一体化的坚定政治意志，可以认为，未来欧亚经济联盟沿着一体化道路前行的总体态势不会逆转。

二　俄罗斯空袭叙利亚"伊斯兰国"

从9月30日起，俄罗斯战机对叙利亚极端组织"伊斯兰国"展开空袭，其间俄里海舰队从里海水域发射远程巡航导弹摧毁该组织多处基础设施目标。这是俄军在1999年空降科索沃之后，首次在原苏联范围以外的地区采取军事行动。在俄罗斯与西方围绕乌克兰危机问题明争暗斗的背景下，俄军事介入叙利亚问题引起国际社会的广泛关注。

（一）其主要目的有以下三个

其一，俄罗斯想转移西方对乌克兰危机的注意力，并通过在叙利亚开辟新的战线，迫使西方缓和同俄紧张关系甚至放松对俄经济制裁。在俄军介入之前，外部力量在叙利亚的反恐任务是由以美国为首的国际反恐联盟承担的，俄军的介入就是对美国在叙反恐主导地位的挑战。在俄罗斯空军的配合下，阿萨德政府军迅速扭转不利战局，稳住阵脚，因此，在与西方的博弈中，普京的手里又多了一张"叙利亚牌"。

其二，保护俄罗斯在叙利亚的军事基地和政治经济利益，扩大俄罗斯在中东地区的影响。苏联解体后，俄罗斯继承了苏联在叙利亚的塔尔图斯海军基地，俄叙两国总体上保持了密切的政治和经济关系。在西方支持叙利亚反对派武装力量推翻阿萨德政府、叙政府军节节败退的形势下，俄罗斯要想保持其在叙及中东地区的利益和影响，除了军事援助阿萨德政府，别无他途。

其三，通过打击境外的"伊斯兰国"恐怖主义势力，维护俄罗斯北高

加索地区稳定和南部边界安全。"伊斯兰国"组织是车臣恐怖主义组织的主要国际资助者，一些车臣恐怖分子直接参与了前者的恐怖活动。俄罗斯空袭"伊斯兰国"，目的之一就是要摧毁这个国际恐怖主义毒瘤，把恐怖主义威胁消除在国境之外。就目前来说，在这三个方面都有程度不等的收效。

（二）俄罗斯军事行动也产生了一些不利后果

到目前为止，主要表现为以下几个方面。

其一，遭受"伊斯兰国"的报复。2015年10月底一架俄罗斯客机在埃及西奈半岛坠毁，200多人遇难，"伊斯兰国"宣布对此负责。此后俄罗斯动用战略轰炸机等战机对"伊斯兰国"实施了密集的轰炸，尽管后者遭受重创，但是俄仍须在国内外防止其恐怖袭击。

其二，导致俄罗斯与土耳其关系恶化。2015年11月，一架俄罗斯苏-24轰炸机在叙利亚与土耳其边界附近被土战机击落，土方给出的理由是俄战机"多次侵入土领空"，俄方对此矢口否认。俄土两国交恶的深层原因在于：俄罗斯支持阿萨德政府和叙利亚库尔德人、空袭叙北部土库曼人，这与土耳其的利益和政策背道而驰。这一事件发生后，俄罗斯在采取一系列保护轰炸机措施，包括在驻叙利亚军事基地部署S-400防空导弹系统等的同时，宣布对土耳其采取贸易制裁，暂停"土流"天然气管道项目。俄土战机事件是在巴黎恐怖袭击事件后法国与俄罗斯进行反恐协调的背景下发生的，俄土关系的持续恶化不利于俄在叙利亚的反恐行动。

其三，美国并不乐见俄罗斯在叙利亚问题上影响增长，更不会容忍俄挑战美国在叙的主导地位，因此俄美两国在叙的竞争将加剧。2015年12月，美国国务卿克里访问俄罗斯，双方虽然在举行叙利亚问题国际会谈方面达成共识，但是对包括叙利亚总统阿萨德的去留在内的一些重要问题仍存分歧，由此可见，有限的接触还没有取代双方在叙竞争的基本态势。此外，俄罗斯还可能面临军事援助最终仍然不能挽救阿萨德政府的风险。

三 新版安全战略的外交新意

2015年的最后一天，普京总统批准了新版《俄罗斯联邦国家安全战略》（以下简称新版安全战略）。它反映了俄罗斯对乌克兰危机以来其所面临的国际安全环境的认知、对安全威胁与风险来源的判定以及对国家安全目标与任务的确定。

与2009年时任总统梅德韦杰夫批准的《2020年前俄罗斯联邦国家安全战略》相比，新版安全战略[①]的主要新颖之处在于以下几点。

其一，明确提出北约军事力量的增强、"北约被赋予违反国际法的全球性功能"、欧盟东扩及其军事设施向俄罗斯边境的推进是对俄国家安全的威胁。认为美国在欧洲、亚太和中东地区部署反导系统，实施"全球打击"构想，部署战略性的非核、高精武器系统与太空武器等，破坏了全球和地区稳定，对俄罗斯国家安全造成消极影响。

其二，指出西方在欧亚地区阻止一体化进程和制造冲突点——比如乌克兰危机——的立场对俄罗斯国家利益产生负面影响。

其三，提出俄罗斯未来长期的国家利益之一是"巩固俄联邦作为一个世界领导国的地位"，而2009年版安全战略的提法是"把俄罗斯联邦变成一个世界大国"。

其四，强调俄罗斯发展与"金砖国家"、上海合作组织、亚太经合组织、二十国集团的合作，强调中俄全面战略协作伙伴关系是维护全球与地区稳定的关键因素，重视发展俄与印度特惠战略伙伴关系。

其五，提出在国际安全领域，俄罗斯首先使用政治、法律、外交等手段维护国家利益，但如果非武力手段没有效果，就使用军事力量。

在外交方面，新版安全战略规定：俄罗斯外交政策的关键方向之一是发

---

① Стратегиянациональной безопасности Российской Федерации, Утверждена Указом Президента Российской Федерацииот 31 декабря 2015 г. №683, http://www.scrf.gov.ru/documents/1/133.html#.

展同独联体国家的双边与多边关系,发展集体安全条约组织,推进欧亚经济联盟一体化。巩固同欧洲国家及欧盟的互利合作,在欧洲—大西洋地区建立开放的集体安全体系。俄罗斯愿意同美国在共同利益基础上建立名副其实的伙伴关系,主要在军备控制、增进互信、防止大规模杀伤性武器扩散、打击恐怖主义、调解地区冲突等方面开展合作。

新版安全战略反映出中、近期俄罗斯外交政策的三种趋势。

其一,在军事政治和心理上准备好与西方做较长时间的对抗,同时,仍然不放弃与之缓和关系的愿望。北约无论是向独联体地区的扩大,还是将其军事力量和设施向俄罗斯边境推进,都会受到俄坚决的抵御。美国在欧洲、亚太和中东地区部署反导系统,部署战略性的非核、高精武器系统与太空武器等,破坏了战略稳定,对此俄罗斯也将做出相应的回应。俄罗斯将通过保持核武库与武装力量的战备水平等途径,确保对美战略遏制,预防军事冲突。当然,做最坏的打算并不意味着俄罗斯要与北约、美国开战,鉴于在国际油价下降和西方制裁等因素影响下俄经济陷入衰退,俄并不想与西方长期对抗,仍然想缓和与西方的矛盾,促使后者取消制裁,发展相互务实合作。

其二,大国梦不但没有因为自身经济衰退和西方遏制政策淡化,反而更加强烈,要当"世界领导国之一",这反映了俄罗斯根深蒂固的大国思维传统,既与其俄苏强国历史、东正教"弥赛亚说"、普京外交思维、俄罗斯民族性格等有关,也与2016年将举行国家杜马选举等现实政治相联系。在叙利亚动武的国际轰动效应也在一定程度上助长了俄罗斯担当"世界领导国之一"的愿望。

其三,继续奉行"东进"政策,并有意组建非西方世界。俄罗斯外交"转向东方"既是形势所迫,又并不完全如此,因为早在"梅普组合"时期俄罗斯已然奉行"东进"政策,积极融入蓬勃发展的亚太地区多边合作进程。与中国、印度等亚洲国家建立的深厚合作基础,使俄罗斯有足够的动力重视发展与亚太地区的关系。俄罗斯强调发展与"金砖国家"、上海合作组织、亚太经合组织、二十国集团的合作及中俄全面战略协作伙伴关系和俄印特惠战略伙伴关系,还反映了它组建非西方世界的意图。至于这样一个拟议中的有别于西方的地缘政治架构,究竟是充当俄罗斯与西方讨价还价的筹码,还是发展为俄借以抗衡西方的国际机制,仍要取决于国际形势发展状况和普京的决策。

结　语

虽然2015年俄罗斯外交处境与国际形象比2014年有所改善,但是总的来说,2015年俄外交仍然是缺乏成效的。普京政府出兵叙利亚,正、负面后果杂然纷呈,2015年俄罗斯总统国情咨文又把国际反恐确定为2016年政府工作的重中之重,俄在叙反恐能否达到其所希望的效果,2016年或可见分晓。从新版安全战略来看,俄罗斯对中、近期俄与西方关系持悲观态度,2016年俄罗斯外交是否验证这个看法,时间将做出回答。

Y.5
2015年普京总统国情咨文述评

李中海[*]

摘　要： 2015年普京国情咨文聚焦反恐、经济和民生三大议题。在反恐领域，强调俄罗斯反恐行动的正义性，试图占领道德制高点；强调俄罗斯反恐成效，希望获得国际社会的同情和支持；强调建立国际反恐统一战线，寻找与西方改善关系的契机。在经济领域，普京提出五大方向：一是改变经济结构；二是支持一些行业走出风险区；三是支持低收入人群和弱势群体；四是实现财政收支平衡；五是改善营商环境。在民生领域，普京要求俄政府采取措施进一步增加人口数量，改善教育和医疗条件，为国家长远发展创造条件。俄国内外对普京国情咨文反应不一。

关键词： 普京　国情咨文　反恐　经济政策　社会政策

2015年12月3日，俄罗斯总统普京在克里姆林宫向俄罗斯联邦议会两院发表一年一度的国情咨文。这是普京重返克里姆林宫以来发表的第4篇国情咨文，也是其2000年执政以来发表的第12篇国情咨文。俄罗斯总统年度国情咨文主要是回顾过去一年内政外交的成绩和问题，提出新的内外政策方向，具有政策风向标意义，历来备受外界瞩目。2015年普京国情咨文的突出特点是主题集中，通篇重点阐述反恐、经济和民生三大议题及相关政策。

---

[*] 李中海，中国社会科学院俄罗斯东欧中亚研究所研究员，《俄罗斯东欧中亚研究》执行主编。

由于在国情咨文发表前,发生了土耳其击落俄罗斯战斗机事件,人们普遍预料,普京将在国情咨文中对此做出强烈反应,但此次国情咨文虽然渲染了俄罗斯飞行员的献身精神,却并未提出过激的应对措施,而是一如既往强调俄罗斯对外政策的正义性和对内政策的人本思想,从总体上看,延续了普京历次国情咨文的风格。

一 2015年普京发表国情咨文的背景

2015年是俄罗斯内外交困的一年。从外部环境看,俄罗斯与西方关系不但未有缓解,反而增加了新的变数。乌克兰危机及克里米亚"脱乌入俄"造成俄罗斯与西方关系降至冷战结束以来的最低点,2015年俄罗斯与西方关系仍处冰点①。在乌克兰问题尚未解决,卢甘斯克和顿涅茨克共和国地位尚未确定,局势尚未明朗的情况下,俄罗斯突然出兵叙利亚,对盘踞在那里的IS武装进行空中打击,无论此举意图为何,都在客观上加重了西方国家对俄罗斯"帝国野心"的疑虑。虽然美国与欧洲国家外交部的部长们曾多次会晤,普京与奥巴马乘出席联合国会议之机,进行了非正式交谈,但美欧对俄仍然继续维持经济制裁,表明俄罗斯与西方关系暂时难以改善,目前僵局还会持续下去。

从内部情况看,俄罗斯经济形势继续萎靡不振。西方持续制裁使俄企业难以获得外部资金,从西方国家引进先进技术的渠道受阻;油价大幅下降,导致俄罗斯出口收入锐减,能源原材料出口对俄罗斯经济的拉动能力下降。同时,固定资产投资和国内消费难以提振,俄政府虽然采取了一些旨在克服困难、拉动增长的反危机措施,但从2015年全年经济走势看,俄政府采取的措施并未产生效力,经济仍在继续下滑。在这种背景下,一方面,西方舆论持续唱衰俄罗斯;另一方面,俄国内民众对普京的支持度却居高不下,国

---

① 中国现代国际关系研究院"俄罗斯发展前景"课题组:《在困境中寻求"突破":2015年俄罗斯形势》,《俄罗斯东欧中亚研究》2016年第1期。

内政治社会局势继续保持稳定。2016年秋,俄罗斯将举行新一轮国家杜马选举。各政党和政治力量试图通过舆论宣传和力量调整,在国家杜马选举中赢得更多席位。在议会大选之年,俄罗斯能否维持政治和社会稳定备受外界关注。在内外交困背景下,俄罗斯民众和国际社会都希望在普京国情咨文中看到俄罗斯未来的政策走向。

二 2015年普京国情咨文的主要内容

2015年普京国情咨文重点阐述了俄罗斯在打击恐怖主义、发展经济和改善民生方面的政策措施,传递出绝不与恐怖主义妥协的意志、发展经济的信心和维护国家及民众利益的决心。

(一)关于反恐问题

强调反恐行动的正义性,抢占道德制高点。普京在国情咨文中首先指出,俄罗斯一直处在反恐斗争的最前沿,"反恐是为自由、真理和正义而战,是为人民生活和民族未来而战"。普京回顾了恐怖主义对俄罗斯的威胁,指出从20世纪90年代中期起,恐怖主义就已成为俄罗斯安全稳定的严重威胁,进入21世纪,俄罗斯境内先后发生了别斯兰人质事件、莫斯科轴承厂剧院人质事件、涅夫斯基快车爆炸案、莫斯科地铁和多莫杰多沃机场的恐怖袭击等。这些恐怖事件夺去了成千上万无辜者的生命。普京试图用这些事例塑造出俄罗斯是恐怖主义受害者的形象,进而指出,俄罗斯在反恐斗争中展示了极其强烈的责任感和领导能力,俄罗斯政府的反恐行动也受到各界民众的支持。他认为,民众的支持是出于俄罗斯人民对反恐斗争的深刻领悟以及爱国精神和良好的道德品质;面对恐怖活动的威胁,俄罗斯政府调动了军队、情报部门和执法机构。普京强调,俄罗斯政府、各政党和民间团体及新闻媒体在反恐斗争中都承担着相应的责任,尤其突出强调,俄罗斯反恐行动是为了让所有人都能自由发展,同时也将尊重世界各国各民族的文化、语言和传统,使东正教、伊斯兰教、犹太教和佛教在多样性与和谐性中得以共存；俄罗斯坚决反对任何形式的极端主义和排外主义，但同样重视保持民族和宗教和谐，认为这是俄罗斯社会的基础和俄罗斯国家的历史依据。

强调俄罗斯反恐行动成效，寻求国际社会的同情和支持。普京在国情咨文中指出，经过近10年的努力，俄罗斯的反恐行动已取得明显成效。俄罗斯已将恐怖分子赶出了国门，但当前恐怖主义出现了新的形式，一是一些恐怖分子已转入地下；二是俄国内恐怖分子正在与国际敌对势力相勾结，并制造了包括伏尔加格勒火车站和针对俄客机的恐怖事件。普京指出，俄罗斯军队在反恐斗争中显示出了自己的战斗力，表明俄军现代化改造的效果已经显现。他希望国际社会团结起来，共同打击恐怖主义。

强调建立国际反恐统一战线的重要性，寻找与西方改善关系的契合点。普京在国情咨文中表示，依靠单个国家的力量无法战胜国际恐怖主义，特别是在世界各国边境实际上处于开放状态、全球还在经历新一轮移民潮以及恐怖分子不断获得资金支持的情况下，恐怖主义对和平稳定的威胁越来越大。中东北非和中亚热点地区形势尚未缓解，一些国家出现了混乱的无政府状态，并已威胁全球的安全稳定。普京认为，在反恐方面，必须汲取20世纪纳粹兴起的教训，对国际恐怖主义保持高压打击态势，面对恐怖主义威胁，国际社会应搁置一切争端和分歧，形成一个强大的"拳头"，建立国际反恐统一战线，共同打击国际恐怖活动，每个文明国家都应对国际反恐事业做出自己的贡献。

普京在国情咨文中对以美国为首的西方国家奉行双重标准和土耳其暗中支持恐怖分子进行了抨击，暗示美国在一些地区制造混乱，使这些地区成为恐怖主义的滋生地。同时，他为俄罗斯出兵叙利亚进行辩护，认为叙利亚反政府武装对俄罗斯的安全稳定已形成威胁，他们在叙利亚一旦得手，必将向俄罗斯蔓延扩散，因此，俄罗斯必须在国门之外打击和消灭他们。针对土耳其击落俄罗斯战斗机事件，普京抨击土耳其政府。首先，他认为土耳其一直是恐怖主义的避难所。在土耳其有人将恐怖分子的石油作为投机的资本，使得恐怖分子用石油收益招募雇佣军，购买武器，组织国际恐怖袭击。俄罗斯希望以非武力方式解决与土耳其的问题，并区别对待土耳其政府和人民。

（二）关于经济问题

普京在国情咨文中指出，俄罗斯经济形势严峻，国际油价下跌、西方经济制裁对俄罗斯经济发展构成巨大挑战。他同时指出，俄罗斯有信心改善经济状况，2015年俄工业生产、汇率、通胀和资本外逃形势已有所好转，俄政府将采取措施，随时准备应对原油价格变化造成的冲击，不能忽视全球发展趋势、经济环境变化及各种经济联盟不断涌现的挑战。未来10年，俄罗斯要关注劳动力市场变化，并在技术和竞争力等方面做出努力。

普京在国情咨文中提出了俄罗斯经济的五大关键方向。

第一，解决经济结构问题。普京指出，目前俄罗斯有竞争力的生产主要集中在原材料和采掘部门。只有改变经济结构，俄罗斯才能解决安全和社会领域的大量问题，才能创造现代化的工作岗位，才能提高民众的生活质量和生活水平。重要的是俄罗斯在工业、农业和其他中小企业中有很多成功的企业，目前的任务是让各行业成功企业的数量快速增加，为此，俄罗斯要启动进口替代计划、支持出口计划、生产技术更新计划和专业人才培养计划。

第二，支持一些行业走出风险区。普京指出，当前俄罗斯一些行业还处在风险区，建筑业、汽车制造业、轻工业和铁路机械制造业首当其冲。为此，俄政府应该制定专门的支持措施，为上述行业摆脱困境提供资金。

第三，支持低收入人群和弱势群体，对需要救助的人员提供公平的社会救助。普京提出，俄政府经济政策要考虑残疾人的个性化需求，重视残疾人的专业培训和就业安置。他强调指出，俄罗斯没有权利变成脆弱的国家，而要在经济、技术和人员专业技能方面成为强大的国家，俄罗斯要利用当前的有利时机，在人口、教育和医疗领域做出更大努力。2012年颁布的"五月命令"对此已提出要求，应根据当前形势对其进行必要的调整并努力落实。

第四，实现财政平衡。普京表示，实现财政平衡不是目的，而是实现国家宏观经济稳定和经济独立的最重要条件，2016年联邦预算赤字应不超过3%，即使收入低于预期水平也要完成这一指标。同时，金融稳定与国家独立息息相关，这是一切工作的出发点。预算规划及每个预算周期都要锁定优先方向，发挥国家纲要在这一进程的特定作用；应严格监督国家资金的流动，包括联邦政府和地方政府对工农业的补贴；必须通过国库账户划拨资金。普京指出，目前俄罗斯在关税缴纳、烟酒和油料专营税方面存在很大漏洞，每年因此造成的财政损失达数千亿卢布，俄政府要制定统一完整的税收征管、关税及其他财政收费体制，政府要拿出具体方案，但不应改变企业的纳税条件。

第五，加强政府与企业之间的信任，改善营商环境。普京提出，2015年俄罗斯应完成"国家企业倡议"框架下的各项计划，政府应与战略倡议署及主要商业团体合作，为改善营商环境做系统性工作。他指出，自由进行经商活动既是最重要的经济问题，也是具有社会意义的问题。解决这一问题正是不久前建立联邦中小企业发展公司的初衷所在，普京要求俄政府各部、各行业主管部门、地方行政长官、国有公司和银行协助该公司的工作。调查显示，当前企业家认为监管部门没有任何进步，政府职能缩减后不断反弹，监管大军阻碍着企业正当的经营活动。普京要求政府行政改革委员会与有关实业团体在2016年7月1日前提交削减政府重复监管的具体建议。2014年，侦查机关以所谓经济原因对20万起案件进行立案侦查，但仅起诉了4.6万起，只有15%的案件审结完毕，83%被起诉的企业家完全或部分失去了自己的企业。普京要求检察机关充分行使对侦查机关的监管职能，侦查机关与检察机关相互独立的目的就是加强对侦查工作的监管。普京强调指出，对经济案件当事人采取拘留措施是一种极端手段，对这类案件，应采取保释、禁止出境或居家软禁等措施，执法和司法机关的作用应该是制止犯罪，保护守法公民的权利、财产和尊严。法律手续过于复杂不利于执法工作。2014年宣布大赦资本，但回流资本并不多，这表明资本大赦程序过于复杂，政府应与企业界、最高法院和执法机关进行协商，尽快对此做出修正，并将大赦期限延长半年。

此外，普京还阐述了俄罗斯政府计划重点支持的领域。

一是对进口替代提供资金支持。工业发展基金已开始对进口替代项目提供金融支持。2016年计划向工业发展基金增加注资200亿卢布。要在实现

财政平衡的同时,对进口替代项目投资提供稳定的税收条件和其他基础条件。专项投资合同是主要扶持机制。普京建议赋予地方政府对利润税实行零税率的权力。政府采购要向专项投资合同项下所生产的产品倾斜,使其占政府采购总额的30%。俄罗斯政府要支持有竞争力的生产者,使其既能保障国内需求,又能占领国际市场。建立俄罗斯出口中心的目的正在于此。同时,俄罗斯计划扩大非资源类产品的出口,普京提出要将这一问题列为行业主管部门和政府工作的主要指标,他同时提出要建立技术发展署,对企业获得国内外专利和工程服务许可提供帮助;把将俄罗斯产品推向国际市场作为企业和整个经济体的发展战略。

二是继续重点支持农业生产。普京指出,10年前,俄罗斯几乎1/2的食品要从国外进口,现在俄罗斯已成为食品出口国。2014年俄罗斯农产品出口额已达近200亿美元,比武器出口多1/4,是天然气出口收入的1/3。俄罗斯农业在极短的时间里就取得了巨大成绩,应该提出在2020年之前以自产粮食满足国内市场的任务。俄罗斯有丰富的土地和水资源,不仅可以自给自足,还有能力成为全球最大的健康、生态、优质食品出口国。国际市场对这类产品的需求正在稳步增长。为完成这一任务,要集中资源支持高效经济活动,建立不同类型的农工企业,让数百万公顷的可耕地进入流通,使农用土地发挥应有的作用。企业经营自由是最重要的经济问题和社会问题,为此应对现有法律法规进行修改。俄罗斯需要有自己的农产品生产、贮存和加工工艺以及自己的种植业和养殖业基金。这是极其重要的任务。

三是支持高新技术产业的发展。普京在2014年国情咨文中就已提出启动为期15~20年的"国家技术倡议",在2015年国情咨文中再次指出,俄罗斯的神经科学、无人机技术以及交通和电力行业有机会首先进入国际市场。为此要用好各类"发展机制",用好国内储蓄。目前在工农业、交通和住房建设领域已启动或准备启动数十个大项目,要建立大项目支持机制,挖掘潜力,简化税收,吸引更多投资。同时要大力发展电子商务。

四是加强对外经济合作。普京表示,俄罗斯欢迎外国投资者进入俄罗斯市场,扩大外资与俄罗斯的经济联系,让其参与俄罗斯经济建设进程。目前欧亚经济联盟框架下的经济合作已进入新阶段，形成了资本、劳动力和商品自由流动的统一经济空间。俄罗斯与中国达成了与丝绸之路经济带建设对接的协议，与越南达成了自由贸易区协议，俄罗斯将继续扩大与亚太地区的合作，扩大粮食、电力的出口以及工程、教育、医疗和旅游服务的出口，在高新技术市场发挥主导作用。

五是继续推进交通基础设施现代化。普京指出，俄罗斯将开发功能强大的物流中心，如亚速海—黑海交通枢纽和摩尔曼斯克交通枢纽，建设波罗的海和远东的现代化港口，加强区域间航空运输，提升北方海上航线的竞争力，同时振兴远东地区经济。

（三）关于民生问题

普京上台以来一直重视民生问题和社会建设，此次国情咨文再次指出，俄罗斯有独立于选举周期和当前形势的长期议程，这就是民族的休养生息、儿童教育及其才能的开发，这决定着包括俄罗斯在内的所有国家的实力和未来。

关于人口问题，普京指出，俄罗斯已连续三年实现人口的自然增长，虽然增长幅度不大。根据各种预测尤其是联合国和人口学家预测，俄罗斯本该跌入新的人口低谷，但这并未成为现实。目前，俄罗斯一半的新生儿是其家庭的第二个或第三个孩子，很多家庭都希望多生孩子，因为他们相信未来，相信自己的国家，相信能够得到国家的支持。2016年"母亲基金计划"即将到期。这一计划已惠及650多万户家庭，尽管政府财政出现困难，但这一计划还要继续延续至少两年。刺激人口增长的另外一个措施是发展学前教育，近三年来，新开办了80万所幼儿园，所有3~7岁的孩子都能接受学前教育。俄罗斯政府对此非常重视，但问题远未解决，还需继续努力。

关于医疗问题，普京指出，医疗领域最重要的成果是人的预期寿命的提高，在过去10年间，俄罗斯的预期寿命提高了5岁。据初步估计，俄罗斯人预期寿命将超过71岁。首先，从2016年起，俄罗斯医疗保障体系将全面转向保险制度。保险公司的直接责任是保护患者权利，不得无故拒绝提供免

费医疗救助，政府对此要严格监管。其次，要推广高技术医疗救助规模。2005年俄罗斯做过6万次高技术手术，2014年已经达到71.5万次，历史上首次不用排队就可以做这样的手术，但一些手术费用昂贵，为此要增加对各大医院的资金支持力度。再者，在"国家健康项目"框架内购买的大量现代化救护车等需要维修保养，各级政府必须着手解决这一问题。同时要解决好医疗机构、学校和社会中心等机构的关停并转问题，民众对此有很多抱怨。2016年3月将出台一些政策和法令。针对如何帮助老年人和残疾人，解决家庭和儿童问题，要信任民间团体和非营利组织，它们的工作往往更有效率。普京指出，在2015年11月召开的一次论坛上，他对此提出了一些建议，一是对工作在小城市和农村的非营利组织推出总统资助专项计划。二是明确这些非营利组织的法律地位，为其提供优惠条件。三是对这类非营利组织分阶段提高财政支持力度。

关于教育问题，普京指出，俄罗斯政府必须尽一切努力让孩子接受更好的教育，无论他们身处何处，父母是否有财力，都应享受到公平的教育机会。俄罗斯中学生人数逐年增多，未来10年将增加350多万人。学生人数的增长不应影响教育条件和质量。为此，2016年俄政府计划投入500亿卢布用于新建和改造学校。但从更为广阔的方面来看，良好的教育并非只是舒适的建筑。俄罗斯需要专业的、上进的教师团队，突破性的新教育方式以及创作、体育和课外教育资源。

此外，普京针对2016年国家杜马选举、反腐败和司法改革问题也提出了要求，强调要进行公平、透明的选举，确保选举的合法性；关于反腐败问题，他要求各级官员提交财产登记证明，加强对各级官员的监督，严惩执法犯法者；要求提高司法机关的独立性，改革陪审员制度，保证司法审判的公正性。

三 对2015年普京国情咨文的评价

俄罗斯国内外媒体和专家对2015年普京国情咨文的评价不一。

俄罗斯《独立报》政治部副主任拉祖瓦耶夫认为，危机迫使普京改变了国情咨文的基调，普京提出了一些具有自由主义色彩的政策措施。前副总理兼财政部部长库德林在推特上写道，国情咨文强调了企业自由经营的重要性，承认强力部门权势过大，显示出他对普京国情咨文中的这部分内容是非常满意的。但也有专家指出，普京没有提出任何涉及国家发展前景问题的新目标①。中国媒体则认为，普京2015年国情咨文"传递出坚决捍卫国家和民众利益的坚定信念"②，"反映了普京维护国家安全、实现国家发展以及提振民心的强烈愿望"③。

西方媒体和专家对普京2015年国情咨文普遍持讽刺立场。受土耳其击落俄罗斯战机事件影响，西方媒体普遍关注俄土关系发展以及俄罗斯是否会针对土耳其采取报复行动。美国哥伦比亚大学教授谢斯塔诺维奇认为，从国情咨文中可以看见三个普京，第一个普京是"战斗的总统"，他呼吁国际社会支持俄罗斯在叙利亚的反恐行动，抨击土耳其击落俄罗斯战机的鲁莽行为；第二个普京是不可见的，仅在国情咨文最后提到了克里米亚，对乌克兰东部危机则未置一词；第三个普京谈到了俄罗斯的国内问题，"这部分讲话是令人沮丧甚至是羞愧的"。彭博社文章认为，经过两年的对外扩张，普京必须重新聚焦国内问题，但他对如何将俄罗斯拖出经济泥潭无计可施；普京虽然提出了鼓励私有经济发展的主张，但并未提出任何具体措施；普京承认俄罗斯能源型经济出现困难，但难以提出改变经济结构的有效政策。该文进而指出，对外侵略是普京政权的唯一支柱，国内问题则无法得到解决④。

从普京国情咨文、俄国内专家及西方媒体的反应看，俄罗斯政治精英和

---

① Александр Ивахник. Послание："патриотические" ожидания и "либеральная" реальность，http：//politcom.ru/19354.html.

② 王申：《普京今年国情咨文提到最多的是啥？》，http：//news.xinhuanet.com/world/2015-12/04/c_128500165.htm.

③ 任瑞恩等：《普京国情咨文的3个关键词》，http：//news.xinhuanet.com/2015-12/04/c_1117362602.htm.

④ Леонид Бершидский，Путин взглянул на собственную страну，и ему крайне не понравилось увиденное，http：//www.bloombergview.com/articles/2015-12-03/russian-president-sees-worrying-signs-in-the-economy.

西方世界对俄罗斯内外形势的认识存在很大差异。普京和俄政治精英对俄罗斯经济困难并不讳言，但不认为俄罗斯面临的内外形势如西方描绘的那般"一团漆黑"。普京试图通过国情咨文再次唤起俄民众的爱国主义精神和民族自豪感，提振民心士气，呼吁俄罗斯各界共度时艰。当然，乌克兰危机及将克里米亚并入俄版图导致的俄罗斯与西方关系的恶化，在短期内无法找到解决办法，可能成为俄罗斯与西方关系的"死结"；能源价格大幅下降及俄经济结构调整步履维艰，导致俄罗斯经济陷入困境，在短期内难以根本好转。这都对普京及其执政团队构成了严峻挑战。普京在国情咨文中提出的振兴经济措施和改善民生方案能否实现，取决于很多变量，对此难以做出准确预测。

俄罗斯外交

Y.6
冷淡依旧：2015年的俄美关系

韩克敌*

摘 要： 2015年俄罗斯和美国都对外交政策做了一些调整，双方进行了一些接触，但两国关系依旧冷淡，没有得到改善。美国对俄罗斯维持并扩大了经济制裁，加大了对俄军事威慑和对乌克兰的援助。俄罗斯则采取了强硬的反制措施。除乌克兰外，叙利亚成为俄美关系中另一个热点问题。俄罗斯开始直接军事介入叙利亚。美国质疑俄罗斯在叙的行为，拒绝参加俄所呼吁建立的国际反恐联盟。俄罗斯没有扭转自2014年乌克兰危机以来的被动局面。

关键词： 俄罗斯外交 美国外交 俄美关系 乌克兰 叙利亚

---

* 韩克敌，中国社会科学院俄罗斯东欧中亚研究所副研究员。

2015年,俄美关系继续僵持。美国坚持并且扩大了对俄罗斯的经济制裁,进一步加强与乌克兰的军事合作,向其提供军事援助。美国和北约继续加强在欧洲的军事准备和军事威慑。俄在经济和军事领域采取了反制措施。俄罗斯继续批评美国,但语言有所缓和。俄美两国高层交往得到一定程度的恢复。美国国务卿克里于2015年5月和12月两次访问俄罗斯,与俄总统普京和外长拉夫罗夫分别举行了会谈。2015年9月28日,普京和美国总统奥巴马利用赴纽约出席联合国成立70周年峰会之机,举行了两年来的首次会谈。11月16日,在土耳其20国集团(G20)峰会期间,普京与奥巴马进行了短暂的非正式交流。2016年1月15日,美国助理国务卿纽兰和俄总统特别助理弗·苏尔科夫在加里宁格勒举行了会谈。

2014年俄美博弈的主战场是乌克兰,2015年又增加了一个新战场——叙利亚。在某种程度上,叙利亚事件是乌克兰危机的重演,是乌克兰危机的延展和扩大。对俄罗斯而言,叙利亚非常重要,但与乌克兰相比,两者仍不能等量齐观。对叙利亚的干预,扩大了俄罗斯在世界上的影响力,巩固了其在中东的阵地。但是,在叙利亚的行动加重了俄财政负担,延长了战线,导致其与土耳其、沙特阿拉伯等地区强国的矛盾加剧,也加重了与美国的分歧。叙利亚问题能否得到顺利解决,还有待观察。

一 俄美两国围绕乌克兰问题的角力

2015年,美国没有忽视乌克兰。2015年2月5日,美国国务卿克里访问了基辅;2015年12月3日,美国国务卿克里在塞尔维亚首都贝尔格莱德参加欧洲安全与合作组织外长会议期间专门会见了乌外长克里姆金,并与乌总统波罗申科通电话;2015年12月7~8日,美国副总统拜登访问乌克兰,分别与乌总统波罗申科、总理亚采纽克举行会谈。拜登专门到乌最高拉达(议会)发表演讲,成为自1991年以来在乌议会发表演讲的美国最高级别领导人。

从奥巴马、拜登到克里,美国领导人向乌克兰领导人传递了三点信息:

一是在落实明斯克协议、解决乌东部危机之前,美国会继续保持对俄罗斯的制裁;二是美国不承认被俄罗斯侵占的克里米亚的地位,这一立场不会发生改变;三是美国与俄罗斯就国际重大问题进行的合作,不会伤害乌克兰的利益。在乌克兰问题上,俄美双方存在根本的立场分歧。俄罗斯要求基辅政权直接与乌东部反对派对话,修改乌宪法,尊重和保障乌东部地区的地方权利。而美国要求俄停止支持乌东部反对派,尊重乌克兰的独立、主权和领土完整。

从黑海到波罗的海,美国、北约与乌克兰频繁举行军演,展示实力,进行威慑。演习都有很强的针对性,例如登陆作战、反潜作战和空降作战。

2015年4月,美国和乌克兰在乌西部的利沃夫州举行联合军演。乌总统波罗申科和美国驻乌克兰大使派亚特出席演习启动仪式。7月,乌克兰利沃夫州举行了"快速三叉戟"军演①,来自18个国家的1800名军人参与,包括乌克兰军人约800名,美国军人约500名,为历次军演规模之最。8月31日,北约"海上微风"联合演习在乌克兰境内的黑海沿岸尼古拉耶夫州、敖德萨州和黑海西北部海域举行。美国和乌克兰各派出约1000名军人。参加演习的国家包括保加利亚、德国、英国、罗马尼亚、瑞典等。演习内容主要为海上协作、反潜、空中协作及搜救行动。

北约方面,2015年6月,北约举行了"波罗的海行动"演习,专门演练了登陆作战。参加军演的有14个北约成员国的49艘军舰,芬兰和瑞典这两个中立国也参加了这次军演。此次演习是1971年以来规模最大的一次。8月15日至9月13日,北约在德国举行了"快速反应-15"演习,演练了空降作战。这是冷战后最大的伞兵军演。参与军演的有来自11个国家的4800多名官兵。10~11月,北约在西班牙、意大利和葡萄牙以及地中海和大西洋举行"三叉戟接点-2015"军演。28个北约成员国和包括澳大利亚、乌克兰等8个非北约国家在内的30多个国家的3.6万名军人、10架战机和60艘舰船参加军演。11月4日,在西班牙萨拉戈萨举行的军演模拟的场景是:一个

---

① 乌克兰的"快速三叉戟"军演始自2006年起,每年一次,为例行军演。

小国受到周边国家入侵，北约受联合国安理会的指派对其进行军事援助。

2015年，北约重启扩员进程。12月2日，北约外长会议决定，邀请黑山共和国加入北约，启动黑山加入北约的谈判，从而使黑山有望成为北约第29个成员。这是北约自2009年以来再次东扩。黑山只是一个小国，国力有限，但北约传达的信息非常清晰：北约东扩将继续进行，没有哪个国家有否决权。12月2日，克里在贝尔格莱德表示，美国支持塞尔维亚加入欧盟。黑山、塞尔维亚和俄罗斯传统关系紧密。

5月，美欧国家集体抵制了俄罗斯纪念卫国战争胜利70周年庆典。在国际场合，奥巴马多次批评俄罗斯。6月8日，参加德国七国集团峰会的奥巴马在谈到乌克兰问题时说："归根到底，这是普京先生的一个问题，他必须做出决定，是继续破坏他的国家的经济，让俄罗斯处于孤立境地，以追求错误的野心，再造苏维埃帝国的荣光，还是承认俄罗斯的伟大并不依赖于侵犯他国领土完整和主权？"[①]

2015年7月30日，美国以乌克兰危机为由扩大对俄制裁，将11名个人和15家企业纳入制裁名单。8月，美国禁止俄联邦委员会主席马特维延科赴美出席世界议长大会，因为后者在美国的制裁名单上。美方的理由是，他们不会限制俄官员参与联合国的相关活动，但世界议会联盟不属于联合国机构。尽管发生巴黎恐怖攻击，但在11月召开的土耳其二十国集团（G20）峰会期间，西方国家领导人[②]举行临时会议，一致同意把对俄罗斯的制裁再延长6个月，至2016年7月。12月18日，欧盟峰会认可了这一决定。12月22日，美国再次宣布对俄罗斯实施新的制裁，包括4名个人和10家公司。就美国对俄制裁问题，10月30日，美国驻俄罗斯大使特福特表明了美国的立场：如果明斯克协议得到认真执行，美国愿意取消对俄罗斯的部分制

---

① Remarks by President Obama in Press Conference after G7 Summit，https：//www.whitehouse.gov/the－press－office/2015/06/08/remarks－president－obama－press－conference－after－g7－summit.

② 包括美国总统奥巴马、德国总理默克尔、英国首相卡梅伦、意大利总理伦齐以及代替法国总统奥朗德与会的法国外长法比尤斯。

裁；但只要俄对克里米亚维持占领，那么与克里米亚有关的制裁就将继续。

针对美方的举措，俄罗斯也不断采取反制措施，频频在俄乌边界的罗斯托夫州、克里米亚、黑海和波罗的海地区举行演习。2015年3月，普京突然下令俄海军北方舰队进入全面战备状态，开始演习。7月4日，美国独立纪念日当天，四架俄图－95战略轰炸机分两批从南北方向逼近美国领空。两架俄图－95轰炸机进入阿拉斯加附近，美派出两架F－22隐形战斗机实施拦截。半小时后，另两架俄图－95轰炸机又逼近加利福尼亚海岸，美派出两架F－15战斗机进行拦截。据报道，当时这两架俄图－95轰炸机已经逼近距旧金山以北海岸只有约60公里的地方。9月，俄在奥伦堡举行了年度最大规模的"中央2015"军事演习。12月31日，普京签署新版《俄罗斯联邦国家安全战略》，将美国和北约东扩列为俄罗斯的国家安全威胁。

2015年9月28日，通过在联合国大会上精心准备的演讲，普京公开批评美国的妄自尊大，他说，"我们知道，冷战结束后，世界上出现了唯一的单极霸主。那时，处在金字塔顶峰的那个国家产生了幻觉，认为自己既然如此强大和特殊，那么肯定比所有其他国家都更加知道该怎么做，自然而然地也就不需要考虑联合国了。"① 普京认为，乌克兰危机源自北约东扩和冷战思维。他指出，"非常遗憾的是，冷战期间形成的思维方式以及部分同僚力图扩大自己政治版图的行为占据了主导地位。首先，北约扩张这一路线在持续。需要问一问：既然华约已经不存在，苏联也解体了，北约扩张的目的是什么？北约不但继续存在，还不断扩张。这样，在原苏联国家面前摆出一道虚假的选择题：究竟是和西方站在一起还是和东方（俄罗斯）站在一起？这种挑衅性的逻辑迟早会导致严重的地缘政治危机。最终，在乌克兰确实发生了这种情况，（北约和美国）利用大多数人民对当时乌克兰政府的不满，从外部挑动武装政变，最终导致内战爆发。"② 让人印象深刻的是，奥巴马在联合国大会发言

---

① 《普京在第70届联合国大会上的发言》，http://en.kremlin.ru/events/president/news/50385。
② 《普京在第70届联合国大会上的发言》，http://en.kremlin.ru/events/president/news/50385。

时，普京不在现场。奥巴马讲完后，普京才抵达联合国总部开始演讲。

在展示力量、维持批评的同时，俄方也开始展示出某种灵活性，强调俄美两国的共同利益，避免乌克兰问题成为发展两国关系的障碍。俄高层多次主动与美接触，提出会晤要求。2015年6月19日，普京在圣彼得堡国际经济论坛全体会议上称，俄美两国面临的共同性全球任务，应该能使双方关系得到修复，"抵御共同威胁的愿望团结着我们。这些威胁包括恐怖主义、毒品传播、大规模杀伤性武器的可能扩散、棘手而严重的传染性疾病。此外，还有与世界经济有关的问题，如能源以及总体上有过不错合作的其他领域的问题。希望这一切将成为推动俄美关系恢复到原有水平并继续前进的基础"①。

2015年6月25日，应普京的要求，美俄两国总统通了电话。对通话谈及的重点问题，美俄双方的说法并不相同。白宫说，交谈的重点是乌克兰问题。而克里姆林宫指出，普京与奥巴马就叙利亚和反恐问题进行了交流。9月28日，应俄方要求，普京和奥巴马在联大会议期间举行了两国首脑一年多以来的首次正式会谈。但在叙利亚问题上，双方分歧巨大，只是同意两军在叙保持沟通，以避免发生意外军事冲突。2016年1月13日，奥巴马和普京再次举行了电话会谈，双方就朝鲜核试验、明斯克协议、叙利亚和"伊斯兰国"等广泛问题进行了交流。②

二 俄美双方围绕叙利亚问题的角力

2015年下半年，最引人注目的事件是俄对叙利亚的直接军事干预。叙利亚是俄在中东持续时间最长的盟友，塔尔图斯港是俄罗斯当前唯一的位于原苏联领土以外的军事基地。如果没有叙利亚，俄将被彻底逐出地中海和中东地区。2011年叙利亚内战爆发后，俄罗斯对阿萨德政府的支持是全方位的，包括武器、情报、能源、顾问以及联合国的投票。但在2015年9月底

---

① 俄塔斯社2015年6月19日报道，转引自《参考消息》2015年6月21日。
② 《克里姆林宫：普京与奥巴马的电话会谈坦诚务实》，http：//sputniknews.cn/politics/20160114/1017689552.html。

前，俄一直避免直接卷入冲突。

2015年9月30日，俄罗斯战机对叙利亚境内的极端主义势力"伊斯兰国"进行空袭。在随后的军事行动中，俄军除出动驻叙拉塔基亚空军基地的战机外，还从里海和地中海的水面战舰和潜艇上发射巡航导弹，从本土派遣战略轰炸机。战争手段日益增多，战争规模一步步扩大。在叙利亚，我们看到这样的图景，有两支力量都在打击"伊斯兰国"：一方面是以美国为首的多国联军（65国）；另一方面是由俄罗斯、叙利亚政府军、黎巴嫩真主党、伊朗组成的联军。

俄罗斯在叙利亚的行动早有征兆。从2015年4月起，俄军就开始将大量武器装备、弹药、人员、房屋预制件运往拉塔基亚空军基地。大规模的军事部署始于9月初。俄罗斯空袭给占据叙东部的"伊斯兰国"以沉重打击。同时，俄也空袭了叙利亚西部的一些大城市，例如霍姆斯（Homs）和阿勒颇（Aleppo）。这些地区并不在"伊斯兰国"控制范围之内，而属于美国所谓的"温和反对派"占领的地区。在美国和西方很多人看来，俄罗斯发动空袭与打击"伊斯兰国"关系不大，其主要目的是维护阿萨德政权。因此，美国拒绝与俄罗斯分享情报，也不愿讨论如何协调行动。

在叙利亚，美国和俄罗斯的行动有所区别。美国在叙没有基地，空袭是从叙利亚周边国家出发，而俄罗斯在叙建有海空军基地。但是，俄罗斯并不是想挑战美国、挑战西方，俄竭力表现的是"我在和你干同样的事，我们有共同利益"。2015年11月16日，在二十国集团峰会（G20）期间，普京明确指出："是我们的伙伴，而不是我们，在广泛的领域采取单方面措施，限制我们之间的合作。如果我们的伙伴认为，现在是时候改变我们的关系，我们表示欢迎。我们从未拒绝合作，也没有关上合作的大门。"普京罕见地表示："我们非常需要来自美国、欧洲国家、沙特阿拉伯、土耳其和伊朗的支持和帮助，以使这个（反恐）过程不可逆转。"[1]

---

[1] Responses to Journalists' Questions following the G20 Summit, Nov 16, 2015, http://en.kremlin.ru/events/president/news/50704.

对叙利亚和中东乱局，俄美存在严重的观念分歧。普京认为，中东北非的乱象源自美国的介入和干涉，"我们所有的人，都不应该忘记历史的经验，比如我们都记得苏联的历史。输出社会变革实验，试图从自己的意识形态原则出发来改造这个或那个国家，导致灾难性的后果，结果是没有推动进步，反而造成了退步。但是，好像没有人去学习他人的错误经验，而是不断地重复错误，现在还在继续输出所谓的'民主革命'。只要看看中东和北非的情况就足够了。之前的演讲人（奥巴马）也提到了那里。当然，这一地区早就积累了大量政治和社会问题，而那里的人们也确实期盼着改变。但是他们实际上得到了什么呢？本来应该进行国家制度和生活方式的改革，结果却被极具侵略性的外部干涉无情地摧毁了"①。

普京还强调指出与叙利亚政府合作的必要性："我们认为，拒绝与叙利亚当局和叙利亚政府进行军事合作是一个巨大的错误。正是他们在勇敢地与恐怖主义进行面对面的斗争。现在到了认清现实的时候了，除了阿萨德总统的政府军和叙利亚的库尔德民兵，没有其他人在叙利亚与'伊斯兰国'及其他恐怖分子战斗。"普京表达了建立国际反恐联盟的愿望："建立在国际法基础上，从共同的价值观与共同利益出发，团结各种力量，以应对我们面前的新问题，建立真正的、广泛的国际反恐联盟。就像当年的反希特勒同盟一样，它可以把各种不同的力量团结起来，准备好坚定地反击那些如同纳粹一样的邪恶和反人类（的组织）。"②

而在2015年11月的二十国集团峰会期间，奥巴马暗示俄罗斯在叙利亚的行为，是"先开枪后瞄准"。奥巴马强调："我们拒绝俄罗斯的理论：每个反对阿萨德的人都是恐怖分子……普京不得不进入叙利亚，不是因为其强大而是因为其衰弱，因为他的代理人阿萨德先生正在崩溃。对普京来说，仅仅输送武器和钱财已经不够了，现在他投入了自己的飞机和飞行员。"在回

---

① 《普京在第70届联合国大会上的发言》，http://en.kremlin.ru/events/president/news/50385。

② 《普京在第70届联合国大会上的发言》，http://en.kremlin.ru/events/president/news/50385。

答普京是否比奥巴马更智慧的提问时,奥巴马回答:"普京上任的时候,俄罗斯经济在上升,经济正在转向更为多元化,由于这些(在乌克兰和叙利亚)精彩的举措,俄罗斯今年的经济将萎缩4%,俄罗斯被世界所孤立,不仅是我们,俄的一些最紧密的贸易伙伴也对其进行了制裁。俄罗斯在中东最主要的盟友是利比亚和叙利亚,这两个国家正在分崩离析。他刚刚将部队和飞机派去支持阿萨德政权,这将导致俄罗斯与整个逊尼派世界疏远的风险。"①

在俄罗斯强力介入叙利亚以后,尤其是巴黎恐怖袭击发生后,奥巴马在美国国内面临的批评和压力加大,舆论要求其在叙利亚采取更有力的应对措施。有人批评奥巴马的叙利亚政策犹豫不决,是选择"不做选择"。②但奥巴马依然拒绝扩大干预的力度。奥巴马政府认识到中东问题的复杂性,认识到美国能力的边界,不愿为此冒险。另外,石油在美国外交战略中的地位下降、中东地区宗教保守主义日趋流行、对前任总统小布什中东政策的批评、只有一年的任期等因素,都使奥巴马政府避免采取强有力的中东政策,而只愿意维持现状。奥巴马对此直言不讳,称美国仍然面临多重任务,"当就军事介入叙利亚的程度做出决策的时候,我不得不做出判断。一旦我们开始做某些事情,我们必须完成它,而且必须做好。我们是否具备(足够的)资源和能力(对叙利亚)施加重大的影响,除此之外,我们还需要在伊拉克追逐'伊斯兰国';需要支持伊拉克军队的训练,因为其脆弱超出所有人的想象;因为我们在阿富汗也还有很多事要做"。

从理论上讲,俄罗斯在叙利亚的军事行动确有可能达成多重目标:打击恐怖势力,获得道德制高点,弥补因乌克兰危机而严重受损的国际形象;巩固阿萨德政府,保留俄在中东的军事基地,维持在中东的影响力;以打促谈,实现与美欧合作,迫使美欧全部或部分停止对俄经济制裁;打击海湾产

---

① Press Conference by the President, October 2, 2015, https://www.whitehouse.gov/the-press-office/2015/10/02/press-conference-president.
② Paul J. Saunders, Choosing Not to Choose: Obama's Dithering on Syria, http://nationalinterest.org/feature/choosing-not-choose-obamas-dithering-syria-14633.

油国，提升油价；提高国内民众对政府的支持，凝聚共识。

在叙利亚，俄罗斯的作战行动坚决果断，战果巨大，在战术上取得了巨大的成功。但是，在战略上很难说取得了什么成效。国际油价依然在低位徘徊；美国和欧盟没有取消对俄经济制裁；国际反恐统一战线也未形成。在至关重要的两个问题上，即谁是恐怖分子和阿萨德政府的去留问题，美欧与俄罗斯的分歧没有得到弥合。维持阿萨德政权代价高昂。仅能源一项，莫斯科每年就需要通过克里米亚半岛的刻赤港向阿萨德政府提供20万吨液化石油气。叙利亚战争规模尽管非常有限，但仍然对俄罗斯脆弱的财政构成巨大挑战。①

此外，俄罗斯可能低估了中东问题的复杂性。2015年10月31日俄罗斯航空公司客机在西奈半岛坠毁事件和11月24日土耳其击落俄战机事件，明显超出了俄政府的判断。阿萨德政府的力量有限，即使得到俄罗斯的支持，也并不足以重新控制整个叙利亚。沙特阿拉伯组建自己的联盟，伊朗与沙特阿拉伯关系持续恶化，使中东局势日益复杂，战争和冲突可能长期化。俄罗斯有可能被卷入一场没有尽头的战争。所有这些因素都给俄罗斯在叙军事行动的成功投下了阴影。

2015年12月18日，在俄美及其他主要国家的推动下，联合国安理会通过决议，确定了推动叙利亚和平进程的新计划。该决议要求，2016年1月促成叙利亚政府与反对派之间的谈判，同时实现停火，推动建立新政府，制定新宪法，进行新选举。俄美就政治解决叙利亚危机达成一致。但对何谓"政治解决"，双方仍存在分歧。叙利亚真正实现和平取决于叙利亚人民，也取决于外部世界，特别是俄美两个域外大国的真正合作。

---

① 按照普京本人的说法，俄在叙的介入很有限，只有空天部队、防空部队和侦察部队。俄在叙利亚的行动不会造成俄罗斯财政预算的紧张，因为只是将原本用于军事训练和演习的钱投入叙利亚。参见2015年12月17日普京在年度新闻发布会上的讲话，http://en.kremlin.ru/events/president/news/50971。

Y.7
2015年的俄欧关系

赵玉明*

摘　要： 2015年，欧盟继续对俄罗斯实行政治孤立与经济制裁，俄罗斯则进行反制裁措施，但双方仍展现出合作的一面。受俄罗斯与西方关系恶化与国际石油价格大跌这两重因素的影响，俄罗斯卢布在低位徘徊，油气收入锐减，与欧盟贸易额大幅下滑。军事方面，围绕北约在东部盟国的军事存在及扩员企图，俄罗斯予以坚决反对。在乌克兰东部问题得不到解决的僵局背景下，俄欧关系改善前景不明。

关键词： 制裁与反制裁　俄土关系　土耳其流　北约扩员

乌克兰危机爆发后，围绕乌东部局势与克里米亚并入俄罗斯这两大问题，俄欧关系陷入僵局。新明斯克协议签订以后，乌东地区仍不时爆发零星冲突，欧盟指责俄罗斯未完全执行协议，并以此为由延长制裁措施，俄罗斯则不甘示弱延长反制裁措施，双方各种合作机制也陷入停顿。2015年，俄欧关系表现出政治关系趋冷、经贸总额下滑、军事对立的特点。

一　政治方面：僵局中有合作

2015年，俄欧双方在乌克兰东部问题上对立的同时仍视对方为重要合作

---

* 赵玉明，中国社会科学院俄罗斯东欧中亚研究所助理研究员，历史学博士。

伙伴之一,就一些具体问题寻求合作。此外,11月底土耳其击落俄罗斯战机事件导致俄土关系迅速恶化,使得双方在天然气和核能领域的合作陷入停顿。

(一)制裁与反制裁

2015年2月12日,新明斯克协议签订,规定自2月15日起,在乌克兰东部地区实行全面停火。对此,诺曼底四方国家元首发表共同宣言表示支持。同日,欧盟各国领导人举行非正式会晤,会后欧洲理事会主席图斯克表示欢迎该协议。① 协议签订之后,乌东部地区实现大规模停火,但仍有零星武装冲突,欧盟方面不时指责俄罗斯袒护当地武装,没有完全执行协议。5月9日,俄罗斯举行卫国战争胜利70周年阅兵仪式,欧洲大部分国家领导人选择缺席,仅有塞尔维亚、波黑、马其顿、希腊、塞浦路斯五国国家元首参加。

虽然制裁大战使得双方都损失较大,但欧盟与俄罗斯都没有低头的迹象。6月6日,俄罗斯总统普京在接受意大利《晚邮报》记者采访时表示:"我认为,俄罗斯在俄联邦与欧盟国家关系恶化问题上没有过错。这不是我们的选择,是我们的伙伴们强加给我们的,并不是我们对贸易和经济活动实施某些限制,相反是对我们实施,而我们被迫采取相应的保护性措施。"② 6月7日,七国集团2015年峰会在德国举行。会前,德国总理默克尔和美国总统奥巴马举行会晤时表示,在明斯克协议得到完全执行之前,西方应维持对俄罗斯的制裁。峰会结束后,七国集团领导人表示在继续对俄施加制裁压力问题上保持一致意见。6月22日,欧盟宣布延长制裁至2015年年底,以促进俄罗斯完全执行明斯克协议。③ 俄罗斯则宣布延长反制裁措施至2016年8月。④ 12月21日,欧盟再次宣布延长制裁6个月,至2016年6月。声

---

① Informal meeting of heads of state or government, http://www.consilium.europa.eu/en/meetings/european-council/2015/02/12/.
② 《普京:俄在与欧盟关系恶化问题上无过错》, http://sputniknews.cn/russia/20150606/1015020338.html.
③ Russia: EU extends economic sanctions by six months, http://www.consilium.europa.eu/en/press/press-releases/2015/06/22-russia-sanctions/.
④ 《俄反制裁国家名单没有变化》, http://sputniknews.cn/russia/20150626/1015271030.html.

明着重指出延长制裁是为了促使俄罗斯完全执行明斯克协议。① 对此，俄罗斯外交部认为，欧盟将对俄制裁与乌克兰东南部冲突缓解相联系的做法毫无根据，该决定显然无逻辑可言。②

（二）俄土关系恶化

11月24日，土耳其在与叙利亚边境地区击落俄罗斯苏-24战机，使得俄土关系迅速陷入低谷。普京声称，该事件表明土耳其是恐怖分子的帮凶，并"暗箭伤人"，要求土方道歉。俄罗斯总理梅德韦杰夫表示，事件使其与土耳其的睦邻关系遭到破坏，该损失将难以弥补，其直接后果或为系列重要联合项目被终止，土耳其企业丧失在俄罗斯市场的地位。③ 此外，俄方还多次表示土耳其对"伊斯兰国"恐怖分子提供支持，与其进行石油交易，并展示了相关证据。④ 与此同时，俄罗斯宣布对土耳其进行制裁，内容包括：禁止两国间开展包机运输，禁止俄罗斯企业雇用土耳其公民，禁止土耳其建筑、旅游业公司在俄罗斯进行经济活动，禁止土耳其商人在俄罗斯进行投资，俄方还公布了一份禁止从土耳其进口农产品、原料与食品清单。除此之外，不仅普京拒绝在巴黎气候大会期间与埃尔多安交谈，俄方还取消了原定于12月中旬在圣彼得堡召开的俄土峰会。

（三）僵局中仍有合作

虽然俄欧整体关系陷入低迷，但双方仍在一些具体问题上进行合作，强

---

① Russia: EU prolongs economic sanctions by six months，http：//www.consilium.europa.eu/en/press/press-releases/2015/12/21-russia-sanctions/.
② 《俄外交部称欧盟延长对俄制裁的做法毫无逻辑》，http：//sputniknews.cn/russia/20151222/1017456012.html。
③ 《俄总理谈苏-24事件局势：俄罗斯与土耳其的睦邻友好关系被破坏》，http：//sputniknews.cn/politics/20151125/1017129403.html。
④ 《俄国防部：上周多达2000名武装分子、120余吨弹药和近250辆各种车辆从土耳其进入叙利亚》，http：//sputniknews.cn/russia/20151202/1017225410.html；《俄国防部：IS从叙利亚和伊拉克偷运石油的主要消费国是土耳其》，http：//sputniknews.cn/russia/20151202/1017224700.html。

调双边关系的重要性。4月4日,俄罗斯外长拉夫罗夫表示,双边关系正常化可以解决一系列重要国际问题。① 10月31日,法国前总统萨科齐访问俄罗斯,与普京会晤时表示,世界需要俄罗斯,欧洲注定要与俄罗斯合作。② 11月17日,普京在参加二十国集团峰会时表示,俄方一向愿意与西方伙伴进行对话,如果西方国家认为是时候改变关系,莫斯科将对此表示欢迎。③ 2015年,双方的合作主要体现在以下几点。

第一,2月6日,默克尔与奥朗德访问莫斯科,就解决乌克兰问题与普京进行谈判,直接促进了2月12日新明斯克会议的召开与协议达成。之后,利用诺曼底四方机制等场合,德法两国外长与俄罗斯外长不断接触与协商,试图推进乌克兰问题的解决。

第二,在俄罗斯的参与下,伊朗核问题在7月得到最终解决。

第三,法俄之间的"西北风"直升机航母问题得到解决。7月底,法国以支付12亿欧元为代价,解除向俄罗斯供应两艘航母的合同,之后法国将这两艘航母转售给埃及,同时埃及向俄罗斯购买50架卡-52直升机作为其舰载机。至此,沸沸扬扬的航母交付纠纷宣告解决。

第四,法德两国领导人虽未参加俄罗斯阅兵仪式,但在此时间段仍对俄罗斯进行了访问,以此肯定俄罗斯在二战中的贡献。阅兵当日,法国外长法比尤斯率团访问莫斯科。次日,默克尔抵达莫斯科,与普京一起在无名烈士墓前献花。德国外长则出席了伏尔加格勒(即苏联时代的斯大林格勒)举行的纪念活动。普京在会谈时表示,俄罗斯和西方关系中现存的问题负面影响莫斯科与柏林的关系,俄罗斯将争取解决问题并理顺合作。④

---

① 《拉夫罗夫:俄欧关系正常化可有效解决一系列国际问题》,http://sputniknews.cn/russia/20150404/1014324701.html。
② 《法国前总统:世界需要俄罗斯,俄欧注定要合作》,http://sputniknews.cn/politics/20151030/1016819594.html。
③ 《普京:欢迎西方与俄罗斯改善关系》,http://sputniknews.cn/politics/20151117/1017030203.html。
④ 《普京:俄愿与德国合作并解决现存问题》,http://sputniknews.cn/russia/20150510/1014716702.html。

第五，俄罗斯出兵叙利亚后，力图联合欧洲国家组建反恐联盟，共同打击"伊斯兰国"等国际恐怖势力。11月13日晚，巴黎发生史无前例的恐怖袭击。对此，俄罗斯副外长表示，巴黎发生的恐怖袭击事件将使一切各安其位，并将改变美国及其他北约国家的优先方向。[1] 俄罗斯杜马国际事务委员会委员长普什科夫则认为，西方应该认清，应该与"伊斯兰国"组织进行实质性的而不是虚假的斗争。[2] 11月17日，普京在二十国集团土耳其峰会上表示，"伊斯兰国"得到了40个国家的资金支持，其中就包括二十国集团的成员国。11月30日，刚刚遭受恐怖主义袭击的巴黎在戒备森严中召开第21届联合国气候大会，奥朗德呼吁全球携手反恐，普京则极力倡导建立反恐联合战线。12月3日，拉夫罗夫在贝尔格莱德参加欧安组织外交部长第22次会议时发表演讲，号召欧洲国家团结起来进行反恐，并建议："第一，欧安组织、中东国家参与组建广泛的反恐战线，与'伊斯兰国'和其他恐怖组织进行斗争；第二，积极促进政治解决叙利亚、利比亚、也门等地区危机；第三，防范恐怖主义思想泛滥。"[3]

二 经贸往来下挫

克里米亚并入俄罗斯之后，俄欧双方不断进行制裁与反制裁。虽然3月18日普京在克里米亚进行视察时表示，制裁虽然对当前的工作有一定损害，但没有致命性。[4] 但从数据上来看，这种"损害"是巨大的。俄罗斯与西方关系恶化加上国际油价大跌，对俄罗斯国内经济局势和油气出口收入造成巨

---

[1] 《俄外交部：希望巴黎恐袭事件将改变美及其他北约国家优先方向》，http://sputniknews.cn/politics/20151115/1017009029.html。
[2] 《普什科夫：西方应认清，应该与"伊斯兰国"进行实质性的而不是虚假的斗争》，http://sputniknews.cn/russia/20151115/1017007102.html。
[3] Выступление Министра иностранных дел России С. В. Лаврова на 22 - ом заседании Совета министров иностранных дел ОБСЕ, Белград, 3 декабря 2015 года, http://www.mid.ru/web/guest/foreign_ policy/news/ - /asset_ publisher/cKNonkJE02Bw/content/id/1963925.
[4] 《普京：制裁对俄没有致命性但有损于当前工作》，http://sputniknews.cn/russia/20150318/1014137987.html。

大打击。与去年同期相比，2015年1月到11月，俄罗斯与欧盟贸易情况如表1所示。

表1 俄罗斯与欧盟贸易状况

单位：百万美元

年份	全球总贸易额	与欧盟贸易额	向欧盟出口	从欧盟进口
2014	723702.1	350513.8	241525	108988.8
2015	480094.9	217059.1	152676.8	63382.3

资料来源：Внешняя торговля Российской Федерации по основным странам за январь – ноябрь 2015，http：//www.customs.ru/index2.php? option = com_ content&view = article&id = 22426&Itemid = 1976。

由此表可以看出，与2014年相比，2015年前11个月，俄罗斯的全球总贸易额、与欧盟贸易额和进出口额均大幅下滑。具体来看，俄欧双方经贸合作集中在天然气与核能领域，但受政治因素影响较大。

第一，俄罗斯放弃"南流"。俄土协商开发"土耳其流"，但因战机击落事件陷入停顿。2014年12月，俄罗斯宣布终止"南流"项目，决定铺设通往土耳其的天然气管道"土耳其流"，并计划在土耳其与希腊两国边界为南欧用户建设天然气枢纽。2月17日，普京在访问匈牙利时表示，不是俄罗斯放弃"南流"项目，而是俄罗斯没有获得实施机会，因此俄罗斯愿意建造一条通往土耳其的管道，使天然气在经过土耳其后还能进入欧盟。他强调，俄罗斯愿意以各种形式与欧洲就天然气输送的新管线展开合作，一切都取决于欧盟委员会。[①]"土耳其流"原本进展顺利，但受到土耳其击落俄罗斯苏-24战机事件影响，项目被暂时冻结，俄气表示在俄土关系正常化后项目将重新启动。

与此同时，俄罗斯规划实施"北流2线"。"北流2线"与已经建成的"北流1线"一样，计划修建两条年输气能力为550亿立方米的天然气管

---

① 《普京：按原先形式实施"南流"项目已不可能》，http：//sputniknews.cn/politics/20150218/1013878394.html。

道，经波罗的海海底直接将天然气输往德国。但该项目能否顺利进行，仍需要接受各方博弈与时间的检验。

第二，俄罗斯继续与匈牙利、土耳其在核能领域展开合作。3月27日，匈牙利总理欧尔班在接受采访时表示，俄罗斯与匈牙利已就波克什核电站新机组燃料供应合同的细节达成一致。新机组将在"波克什-2"项目框架下由俄方参与建设，俄将为此项目提供最高100亿欧元的贷款。① 此外，由俄罗斯为土耳其建设的阿库尤核电站，在年内进展顺利，但受到俄土关系恶化影响，与"土耳其流"同样陷入停顿。

三 军事对立色彩浓烈

2014年北约在威尔士峰会上决定增加在欧盟东部成员国的军事存在，并要求各成员国将军费开支提升到GDP的2%，对此俄欧双方动作频繁，相互指责不断，具体表现为以下几点。

（一）双方军事演习与武器部署动作频繁

据不完全统计，北约2015年在东部盟国的主要军事活动有：3月上旬，北约在罗马尼亚水域进行军事演习；5月中上旬，北约在爱沙尼亚举行"刺猬-2015"大规模军演；5月下旬，北约芝加哥峰会决定强化欧洲防务系统，并将快速反应部队扩充至3万~4万人；5月26日，北约在瑞典、芬兰和挪威举行"北极挑战2015"空军演习，共有9个国家115架飞机参加演习；6月5日，北约在波罗的海举行"波罗的海行动"年度例行军事演习，以体现保卫波罗的海地区盟国安全的决心，锻炼与伙伴国的协同作战能力；6月8日，北约同时在立陶宛、拉脱维亚、爱沙尼亚和波兰举行"马刀打击2015"军事演习，来自13个成员国的6000名士兵参加演练，旨在增强北约盟

---

① 《匈牙利总理：俄匈商定波克什电站燃料供应条款》，http://sputniknews.cn/economics/20150327/1014240081.html。

国的作战能力；6月下旬，北约在波兰举行自二战以来最大规模的军事演习，捷克和荷兰空中机动部队、德国和挪威机械化部队、波兰坦克部队、比利时炮兵部队和美国直升机部队参加；7月10日，"微风2015"军事演习在保加利亚黑海专属经济区内举行；8月下旬至9月上旬，来自11个北约成员国的近4800名士兵在德国、意大利、保加利亚和罗马尼亚境内进行"迅速反应-15"演习，这是北约自冷战结束以来最大规模的空降演习；9月27日，"银剑2015"军演在拉脱维亚举行，来自6个国家的2400名士兵和多款重型武器参加。10月8日，北约召开国防部长会议，会后北约秘书长斯托尔滕贝格表示，将在匈牙利和斯洛伐克建立指挥分部，此前已经在爱沙尼亚、拉脱维亚、立陶宛、波兰、保加利亚和罗马尼亚开设了指挥中心，每个中心有大约40人。11月下旬北约多国部队的"铁剑2015"国际军演在立陶宛展开。

俄罗斯方面，除了不断在北极和西部地区进行演习之外，还大力更新军事装备。2014年年底，俄罗斯战略导弹部队表示将在2015年获得24枚"亚尔斯"战略导弹系统。2015年年初又表示，俄罗斯战略导弹部队年内将进行上百场各级演习。3月12日，俄罗斯南部军区在黑海、克里米亚、南奥塞梯和阿布哈兹等地进行军事演习，超过8000名士兵参加。[①] 5月29日，俄空军总司令表示，图-160战略轰炸机恢复生产后，俄罗斯国防部将至少购买50架。[②] 7月25日，俄罗斯首次在北极地区举行保护具有战略重要性的经济活动设施的跨军种演习，参演部队为空降部队、海军陆战队、摩托化步兵旅北极分队。8月7日，俄罗斯西部军队约5000名炮兵、1000门火炮及无人机在西部靶场进行演习。12月10日，俄罗斯西部军区表示，S-400"凯旋"防空导弹系统已经开始进入保护俄罗斯西北边境领空的试验战备执勤状态。12月12日，俄军方表示可能接收首批最新型S-500防空导弹系统的试验用样品。12月13日，俄罗斯战略导弹部队表示，近期将恢复制造

---

① 《俄与北约黑海"撞军演"，使用俄产最新火炮系统》，http://news.xinhuanet.com/world/2015-03/14/c_127578796.htm。
② 《俄空军总司令：俄罗斯国防部将购买至少50架新型图-160战略轰炸机》，http://sputniknews.cn/military/20150529/1014925900.html。

导弹列车，该列车能够在常驻地 1500 公里范围内执行战斗巡逻任务，配备三套发射装置以及 12 枚 SS－24 型导弹。

（二）双方唇枪舌剑不断

乌克兰危机爆发以后，针对北约在东部盟国频繁军事演习及建立指挥中心的动作，俄罗斯一方面通过演习、更新武器的方式还以颜色，另一方面不断予以抨击和斥责，北约则不断表态捍卫自己的原则。双方的矛盾点主要集中在以下几个方面。

第一，俄罗斯不断指责北约在东部地区的军事存在是挑衅行为。2 月 7 日，拉夫罗夫与斯滕贝尔格在慕尼黑会谈后表示，北约加强在东部地区的武力存在是制造紧张、挑拨矛盾和威胁欧亚地区安全。① 2 月 27 日，俄罗斯外交部发言人就北约关于"俄罗斯使用被禁止武器作为对后苏联邻国施加政治压力的手段"的言论，在答记者问中表示："他的发言属于大规模反俄宣传中的一环，目的在于洗白正在扩大军事潜力的北约对俄罗斯采取的挑拨政策。"② 5 月 28 日，俄罗斯常驻北约代表格鲁什科声明，若北约组织继续增加其在波罗的海国家的军事部署力量，俄罗斯则将采取同等的回应措施。③ 6 月 26 日，针对北约加紧建设前线指挥司令部的举动，俄外交部发表评论认为，北约的行动正沿着危险的方向进行，在俄罗斯边界加强军事存在是挑衅行为。④ 7 月 10 日，俄罗斯外交部再次发表评论称，近期波兰官方表态要

---

① О встрече Министра иностранных дел России С. В. Лаврова с генеральным секретарем НАТО Й. Столтенбергом，http：//www. mid. ru/web/guest/foreign _ policy/news/ － /asset _ publisher/cKNonkJE02Bw/content/id/949368.

② Ответ официального представителя МИД России А. К. Лукашевича на вопрос СМИ в связи с заявлениями главнокомандующего ОВС НАТО в Европе Ф. Бридлава，http：// www. mid. ru/web/guest/foreign _ policy/news/ － /asset _ publisher/cKNonkJE02Bw/content/id/ 968826.

③ 《格鲁什科：莫斯科将不得不设法应对北约在波罗的海国家增长的军事力量》，http：// sputniknews. cn/military/20150528/1014911569. html。

④ Комментарий Департамента информации и печати МИД России по итогам встречи министров обороны стран － членов НАТО，http：//www. mid. ru/web/guest/kommentarii － / asset _ publisher/2MrVt3CzL5sw/content/id/1511460.

加强北约在本国的军事存在，违背了俄罗斯与北约签署的基本关系协定，不利于地区安全。① 7月20日，针对北约成员国在乌克兰与乌军举行共同军事训练，俄罗斯外交部发表评论认为这是挑衅行为。② 8月27日，俄罗斯外交部发言人表示，俄罗斯把北约在格鲁吉亚开设训练中心视为北约的挑衅措施和严重破坏稳定的因素，该措施旨在扩大北约的地缘政治影响力。③

第二，双方就"原则"问题尖锐对立。2月2日，北约副秘书长弗什博在瑞典诺贝尔研究所发表演讲时称俄罗斯对乌克兰的侵略不是孤立事件，是欧洲安全的"规则改变者"，其行为模式正在变化。④ 而3月18日，格鲁什科参加在维亚纳举行的欧安组织安全对话时表示，北约仍然存在冷战意识，正是俄罗斯通过欧安组织和欧洲委员会提出和实现了各种形式的合作，在克服冷战后果中做出了巨大的贡献。⑤ 4月16日，俄罗斯国防部部长绍伊古在第四届国际安全会议上表示，北约成员国力争夺取地缘政治空间，在东欧加强军事潜力，不断靠近俄罗斯边境。⑥ 5月27日，斯托尔滕贝格在美国战略与国际问题研究中心（CSIS）发表题为《适应变化的安全环境》的演讲，系统阐述了北约的理念和行动逻辑。他表示，俄罗斯兼并克里米亚并继续破坏乌克兰的稳定给欧洲带来了武装冲突，俄罗斯的行为是俄格战争以来行为

---

① Комментарий Департамента информации и печати МИД России в связи с польскими заявлениями о наращивании военного присутствия НАТО в Польше，http：//www.mid.ru/web/guest/kommentarii/-/asset_publisher/2MrVt3CzL5sw/content/id/1557550.

② Комментарий Департамента информации и печати МИД России в связи с военными учениями стран-членов НАТО на Украине，http：//www.mid.ru/web/guest/kommentarii/-/asset_publisher/2MrVt3CzL5sw/content/id/1611205.

③《俄外交部：俄把北约在格鲁吉亚开设训练中心视为挑衅措施》，http：//sputniknews.cn/russia/20150828/1016061291.html.

④ Deputy Secretary General：Russia's aggression is a game-changer in European security，http：//www.nato.int/cps/en/natohq/news_117068.htm?selectedLocale=en.

⑤ Выступление Постоянного представителя Российской Федерации при НАТО А. В. Грушко на заседании Форума по сотрудничеству в области безопасности ОБСЕ, Вена, 18 марта 2015 года，http：//www.mid.ru/web/guest/maps/at/-/asset_publisher/HNmZuc5ZYTZ0/content/id/1104595.

⑥《俄防长：北约争取在东欧夺取地缘政治空间》，http：//sputniknews.cn/politics/20150416/1014443384.html.

模式的继续，破坏了欧洲安全的基本原则：尊重边界、国家独立、军事活动的透明性和可预测性、通过对话而不是武力来解决分歧，同时，北约要调整自身以适应俄罗斯的变化。① 针对斯托尔滕贝格的此番言论，俄罗斯外交部在 29 日表示，他发表反俄演说的目的是取悦美国听众和华盛顿，不利于发展与俄罗斯的建设性关系与保障欧洲大西洋地区的安全。② 另外，俄罗斯在 7 月 26 日公布的新版《海洋学说》中指出："对于俄联邦来说，北约在俄边界附近部署军事基础设施并试图赋予全球性职能的计划是不可接受的，这在俄罗斯与北约的关系中仍然是决定性因素。"③ 2015 年 12 月 31 日颁布的新版《俄罗斯联邦国家安全战略》则明确表示："北约扩大成员、在俄罗斯边境地区建立军事基地是对俄罗斯国家安全的威胁。"④

第三，俄罗斯坚决反对北约扩大成员。4 月 12 日，针对丹麦、挪威、芬兰加强军事合作的言论，俄罗斯外交部表示："北欧国防合作开始以针对俄罗斯为定位，这可能损害最近数十年来在北方积累的积极的、有建设性的合作。在此情况下官方宣称奉行不参加任何军事联盟政策的芬兰和瑞典与北约愈发接近的趋势令莫斯科感到格外担忧。"⑤ 9 月 11 日，针对瑞典国内是否加入北约的舆论热潮，俄罗斯外交部发言人表示，若瑞典加入北约，将造成军事、政治与外交后果，俄方必须对此采取应对措施。⑥ 12 月 2 日，北约

---

① Adapting to a changed security environment, http：//www.nato.int/cps/en/natohq/opinions_120166.htm? selectedLocale = en.
② Комментарий Департамента информации и печати МИД России в связи с высказываниями генсекретаря НАТО Й. Столтенберга в США, http：//www.mid.ru/web/guest/foreign_policy/news/-/asset_publisher/cKNonkJE02Bw/content/id/1339179.
③ 《新版海洋学说：俄罗斯海军将与中国和印度开展紧密合作》，http：//sputniknews.cn/russia/20150727/1015683623.html。
④ "О Стратегии национальной безопасности Российской Федерации", Указ Президента Российской Федерации от 31 декабря 2015 года N 683, http：//publication.pravo.gov.ru/Document/View/0001201512310038.
⑤ 《俄外交部：莫斯科对芬兰和瑞典与北约愈发接近感到担忧》，http：//sputniknews.cn/russia/20150412/1014405776.html。
⑥ 《俄外交部：若瑞典加入北约，俄方需予以应对》，http：//sputniknews.cn/russia/20150911/1016275246.html。

邀请黑山成为其第 29 个成员国。对此，俄罗斯总统新闻秘书佩斯科夫表示，北约军事基础设施向东欧的扩张不会不导致俄方采取回应。① 12 月 3 日，俄罗斯外交部则对此发表评论称："北约此举是公然的对抗举动，这又将引发破坏欧洲—大西洋安全体系稳定的后果。北约的进一步扩张直接涉及俄罗斯的利益，并迫使我们做出相应反应。"②

第四，俄罗斯反对北约在罗马尼亚建设导弹防御系统。4 月 16 日，北约发言人针对俄罗斯官方对北约导弹防御系统的表态表示，系统不针对俄罗斯，不是对俄罗斯的威胁。③ 但这种说法一直受到俄罗斯的反对与驳回。11 月 12 日，俄方明确表示，在欧洲部署反导系统不可能不引起俄方的关切，并令俄方必须采取相应对策。④ 12 月 18 日，美国和北约宣布系统建成。12 月 25 日，俄罗斯外交部发言人再次表示，美国在罗马尼亚部署反导发射装置直接违反了"中导条约"。⑤

结　语

正如俄罗斯常驻欧盟代表奇若夫 12 月 28 日在记者会上承认："我国在与欧盟的 26 年正式关系中，这恐怕是最为困难的一年。"⑥ 确实，从政治、经济、军事三个维度来看，俄欧关系全面陷入麻烦之中。但正如梅德韦杰夫 9 月 24 日发表的《新现实：俄罗斯和全球性挑战》这一长文中所表述的一

---

① 《克宫谈黑山受邀：北约东扩不会不受到俄方回应》，http：//sputniknews. cn/politics/20151202/1017223312. html。
② 《俄外交部谈黑山受邀加入北约：此举直接涉及俄利益》，http：//sputniknews. cn/politics/20151203/1017233338. html。
③ Statement by NATO spokesperson Oana Lungescu on misleading and incorrect Russian statements，http：//www. nato. int/cps/en/natohq/news_ 118761. htm? selectedLocale = en。
④ 《俄外交部：反导系统在欧洲的部署会迫使俄方采取对策》，http：//sputniknews. cn/politics/20151112/1016969216. html。
⑤ 《俄外交部：美国在罗马尼亚部署反导系统违反"中导条约"》，http：//sputniknews. cn/military/20151225/1017496981. html。
⑥ 《俄常驻欧盟代表：今年是俄欧关系最困难的一年》，http：//sputniknews. cn/russia/20151228/1017531803. html。

样,不管从经济上、政治上还是精神上,俄罗斯都不打算脱离欧洲大陆,俄罗斯与欧盟合作的战略方向不会逆转。① 由此可见,俄罗斯对自己是欧洲国家的认同没有改变,在与欧盟、北约针锋相对的同时,俄罗斯仍会不时表达合作的意愿。但从目前双边关系的局势来看,要么乌克兰东部问题得到实质性解决,要么一方改变立场,要么有其他更重要的问题迫切需要双方改善关系,否则双方难以走出僵局。

---

① Новая реальность:Россия и глобальные вызовы,http://government.ru/news/19772/.

Y.8
2015年俄罗斯亚太外交表现及评价

李勇慧*

摘　要： 2015年，俄罗斯积极开展亚太外交，既追求经济利益，又谋求地缘战略布局。中俄战略协作伙伴关系进一步深化，新形势下的中俄关系既有长久的发展动力，也存在挑战；颁布一系列法律，成立特区，修建基础设施，吸引投资，加快发展远东地区；深化与东盟的合作，打造欧亚经济联盟与东盟共同体一体化，这既有经济意义，也有政治意义，但是问题也不少；强调多边合作机制，推进多极国际格局；俄罗斯通过建立不结盟的安全体系，积极谋求构建亚太安全新格局，以提高影响力和话语权；与主要国家的关系进一步加深，既有经济利益的考虑，也有地缘战略布局的安排。俄罗斯在亚太地区的能源供应前景广阔，但也存在挑战。

关键词： 俄罗斯　亚太外交　亚洲安全机制　能源战略　东盟

2015年，大国博弈加剧，中、美、俄战略三角强化，大国关系依据利益加速重构。俄罗斯继续遭到西方严厉制裁，国际油价大跌，俄罗斯经济危机不断深化；俄罗斯在叙利亚对"伊斯兰国"动武，以打促和，通过反恐谋求改善与西方的关系；乌克兰危机仍然难以解决。由于受到以美国为首的西方的打压和遏制，俄罗斯继续加快向东看，中国成为其东向政策中的重

---

* 李勇慧，中国社会科学院俄罗斯东欧中亚研究所研究员。

点。在此背景下，2015年，俄罗斯的亚太外交更加积极和务实。俄罗斯在强化同中国各领域合作的同时，还加大了与亚太地区其他国家和地区组织的合作力度，显示了其亚太外交的多向性。俄亚太外交总的目标是：力图利用多种手段突破外交困局，打破孤立；为摆脱国内经济危机和经济振兴寻找投资和市场；同时谋求通过多边机制建立亚太安全新格局。俄罗斯的亚太战略布局需要长期、细致地付诸实践。

一 2015年俄罗斯亚太外交主要表现

（一）中俄高层互访不断，政治互信增强，经贸额与2014相比有所下降，但是规模扩大，质量提高，军事合作加深，中俄战略协作伙伴关系进一步深化

2015年，中国国家主席习近平和俄罗斯总统普京利用双边和多边场合举行了五次会晤，不断推动中俄关系向更广、更深发展。2015年5月，两国元首签署《关于深化全面战略协作伙伴关系、倡导合作共赢的联合声明》和《关于丝绸之路经济带建设和欧亚经济联盟建设对接合作的联合声明》，为中俄两国未来的合作指明了方向，具有深远的战略意义。之后在圣彼得堡的法律论坛上，梅德韦杰夫确定了在欧亚经济联盟和"一带一路"对接框架下发展与中国的合作。他表示，俄罗斯与中国合作的积极经验将迫使俄罗斯重新评估如何发展与欧盟、美国以及其他国家的关系[①]。2015年两国都举办了纪念二战胜利70周年庆典，两国元首参加了对方的纪念活动，给予政治上的最大支持，体现了高水平的战略协作伙伴关系。2015年12月，中国国务院总理李克强在北京同俄罗斯总理梅德韦杰夫共同主持中俄总理第20次会晤。会晤后，李克强与梅德韦杰夫共同签署《中俄总理第20次定期会晤联合公报》，并见证能源、投资、金融、高科技、海关、质检、教育、旅

---

① http://www.gazeta.spb.ru/1850193-0/.

游等领域30余项双边合作文件的签署。

经贸合作方面，尽管贸易量没有达到预设目标，中国海关总署公布的数据显示，2014年，中俄双边贸易额为952.8亿美元。2015年，中俄双边贸易总额仅约680.6亿美元，比2014年下降28.6%，而且，中国对俄罗斯出口额下降幅度较大，甚至超过1/3。而俄罗斯对中国的出口额也缩减20%。但是，经贸合作在规模和质量上有较大的提升。2015年6月，中俄签署《莫斯科至喀山高铁项目勘察设计合同》，标志着中俄高铁合作项目向前迈出了实质性一步，实现了中国高铁技术"走出去"的新突破。不仅如此，中俄双方在能源、军工、装备、高科技、电子商务领域的合作都呈现出上升的趋势。

中俄主要合作领域是能源和军工合作，这两个方向都进入扩大、深化阶段。2015年9月，俄罗斯石油公司（Rosneft）就收购中国石油化工集团30%股权签署框架协议。根据协议，中国石油化工集团公司有权收购俄罗斯石油公司所属东西伯利亚油气公司和秋明油气公司这两家公司49%的股份。这项协议保证了中俄在油气领域相互持有股份。2015年12月17日，在中俄总理第20次定期会晤框架下，俄罗斯天然气工业股份公司与中国石油天然气集团公司签署了经阿穆尔河修建"西伯利亚力量"管道段的协议。军工方面，四大顶级项目正在推进，即导弹、大型客机、联合升级米-26以及共建月球基地项目，正在磋商合作之中。

（二）颁布一系列法律，成立特区，修建基础设施，吸引投资，加快开放发展远东地区

一是2014年12月颁布了《俄罗斯社会经济跨越式发展法》，2015年3月正式生效。俄罗斯首先确定了9个地区为跨越式发展区（超前发展区），期待通过推行这项法律让远东这些地区取得较大的经济效益：地区总产值翻番，吸引大量投资，免除5年联邦利润税，前5年的地方利润税不超过5%，后续5年不超过10%；建立具有高度生产效能的工作岗位，增加远东地区居民人数，发展中小企业，提高远东地区居民的生活质量。俄罗斯远东

发展部副部长斯基帕诺夫表示,在《俄罗斯社会经济跨越式发展法》的框架下,10年内能吸引超过6000亿卢布的投资,超前发展地区将创造3.7万个就业岗位。估计联邦预算的拨款额不超过900亿卢布[1]。

二是2015年10月12日《俄罗斯联邦符拉迪沃斯托克自由港法》正式生效,该法适用于滨海边疆区的15个城市,包括符拉迪沃斯托克和纳霍德卡两个港口城市及其附近海域。自由港的规模非常可观,总面积近3万平方公里,人口达140万。自由港对投资企业在行政和税收方面实行优惠政策,让滨海边疆区成为亚太地区具有竞争力的一个玩家。需要指出的是,这些地区都将成为中俄合作的最好区域。为了吸引亚太国家的投资,俄罗斯于2015年9月3~5日在远东举办了第一届东方经济论坛,普京总统亲自出席。普京在东方经济论坛上发表讲话表示,将首先改造远东地区的基础设施,他表示,2017年前将斥资近5000亿卢布,用于贝加尔—阿穆尔铁路以及跨西伯利亚铁路的现代化改造和扩建。

(三)深化与东盟的合作,打造欧亚经济联盟与东盟共同体一体化

越南是东盟主要成员国,是俄罗斯深化与东盟合作的重要支点,2015年5月,以俄罗斯为主导的欧亚经济联盟与越南签订了自贸区协定后,欧亚经济联盟开启了与东盟一体化的进程,东盟其他国家,如泰国、印度尼西亚、柬埔寨、马来西亚等国家相继表示出与欧亚经济联盟签订自贸区协议的愿望。8月5~6日,俄罗斯—东盟部长级会议在马来西亚举行,俄外交部副部长莫尔古洛夫表示,对俄罗斯而言,经济,尤其是为实现西伯利亚和远东地区经济崛起而利用俄—东合作潜力是俄罗斯与东盟关系中的主要优先事项。他还指出:"欧亚经济联盟与筹备中的东盟高度一体化共同体的潜力结合及跨地区贸易自由化问题研究是有前景的。"与此同时,俄罗斯还通过项目合作不断深化与东盟的经济合作。在2015年8月24日的东亚经济部长磋

---

[1] 俄联邦远东发展部:《超前发展区10年内能吸引投资超6000亿卢布》,http://sputniknews.cn/economics/20150203/1013715157.html。

商会议上，俄罗斯经济发展部部长乌柳卡耶夫指出，俄与东盟通过了57个联合投资项目，而且未来还会有更多的项目。为了进一步协调项目的落实，俄与东盟国家成立双边工作小组，负责与东盟一些国家的优先投资项目。俄罗斯与东盟的合作项目包括能源、机械制造、信息和通信技术、创新、交通与物流、医学、农业。此外，双方还将成立俄罗斯和东盟共同的电子商务空间。莫尔古洛夫还表示："电子商务问题对俄罗斯极其重要，应加强这个领域的信息和经验交流，以便共同努力发展俄罗斯和东盟共同的电子商务空间，协调技术标准和法规。"2015年12月3日，普京总统在联邦年度国情咨文中提出倡议，就在欧亚经济联盟、上合组织和东盟间建立大规模经济伙伴关系展开磋商[1]。这表明，俄不仅希望进一步提升与东盟国家的关系，还要将上合组织纳入与东盟合作的大框架下。

（四）强调多边合作机制，推进多极国际格局的形成

在2015年举办的中、俄、印三国外长会晤、上合组织和金砖国家峰会上，俄罗斯特别强调这些多边机制对推进多极化和建立国际新秩序的现实意义。俄罗斯对亚太战略寄予多方面的考虑，其中之一就是通过在亚太地区建立的多边机制推进构建世界多极化格局和政治经济新秩序，期望加强金砖国家在国际事务中的整体作用，特别是在构建经济秩序方面发挥独特的作用。俄认为，金砖国家银行的建立体现了经济领域的世界多极化趋势，二十国集团代表了新兴市场和发展中国家的经济发展和国际地位。

（五）通过建立不结盟的安全体系积极谋求构建亚太安全新格局

俄罗斯对亚太安全格局早有谋划，早在2010年就向中国提出构建亚太集体安全新格局的倡议。2015年8月5日的东亚峰会上，俄罗斯联合中国共同提出构建亚太地区不可分割集体安全架构的建议。俄罗斯认为，亚洲安

---

[1] Послание президента федеральному собранию, http://www.kremlin.ru/events/president/news/50864.

全不应该仅仅由美国同本地区一些国家的双边联盟或者某个新的体系来担保，而与其他国家无关，更何况，如果像俄罗斯与中国这样两个大国被排斥在亚洲安全体系之外，那么保证地区安全的架构，不管它的形式如何，也建立不起来，它们不可能具有地区体系的头衔。这是俄中共同倡议，有足够力度，与先前俄提出的有关建立亚洲集体安全体系的建议不同。更早些时期，俄罗斯还针对朝鲜半岛紧张局势，在六方会谈机制的基础上提出建立东北亚安全机制。2015年10月，在第六届香山论坛上，俄罗斯进一步阐述了其亚洲集体安全格局的非集团化原则，非集团化就是不结盟的、公开和透明的安全体系，基于国际法规则、和平解决争端、安全不可分割、不动用武力或不以武力相威胁的体系。

（六）与主要国家的关系进一步加深，既有经济利益的考虑，也有地缘战略布局的安排

一是俄罗斯与朝鲜政治关系不断加强，经济合作覆盖半岛。金正恩没有出席2015年5月9日大阅兵并未影响俄朝关系的发展。2015年，统一俄罗斯党代表团访问朝鲜劳动党，俄罗斯能源桥项目在朝鲜启动投资，朝鲜半岛三方天然气网络和货物运输合作项目向前推进。2015年的俄朝关系既表现了俄罗斯在半岛问题上的独特作用，也表明了俄罗斯希望加深与朝韩两国合作的愿望。

二是俄越关系不断深化，有利于推进与东盟经济一体化合作。2015年5月，俄罗斯总理梅德韦杰夫访问越南，欧亚经济联盟与越南签订自贸区协定，俄越贸易关系得到深化。俄以此为重要抓手，加快与东盟其他国家就自贸区问题进行磋商。俄越的主要合作领域是能源、核能和军工。2015年8月，俄罗斯国家原子能集团和越南电力集团（EVN）在河内签署了有关建设福营核电厂1号机组第一阶段的总体框架协议。双方确定了未来需要实施的活动名单，并明确了完成协议的日程表[①]。两国签署了一系列向越南出售

---

① http：//sputniknews.cn/opinion/20150811/1015854378.html#ixzz3qUjC4PvM.

武器和军事技术的协议，价值超过 45 亿美元。其中最重要的一份协议是越南购买一批苏-30MK2 型多功能战斗机和 636.3 型"华沙女人"级潜艇。苏-30MK2 型战斗机计划已在 2015 年内供货完毕。

三是俄罗斯与印度合作进一步推进，两国在能源和军工方面继续保持深度合作，军工关系将逐渐从买卖关系过渡到生产关系，上马大项目。2015 年 12 月，印度总理莫迪对俄罗斯进行正式访问，俄罗斯和印度将全面发展特惠战略伙伴关系，两国签署了一系列合作协议，未来 10 年，印俄有望在核电站、石油天然气和建立自由贸易区等方面展开合作。两国还就反恐、地区合作及中、俄、印三角关系深入交换了意见。印度是俄罗斯在印度洋上最重要的伙伴，2015 年 12 月，俄印两国军方在印度洋成功举行了"Indra Navy-2015"联合军演。

四是以能源合作推动俄日关系。领土问题一直是影响俄日关系的主要因素，而日本坚持政经不可分的原则导致俄日关系自二战后难有改善。2012 年年底，安倍重任日本首相后，基于领土问题和中国因素的考虑谋求改善与俄关系，但是，乌克兰危机的爆发使稍有缓和的俄日关系重新跌入低谷。2015 年 8 月，俄罗斯总理梅德韦杰夫再次登上俄日有争议的南千岛群岛，向日本表明了俄在维护领土主权上的态度。安倍一直谋求普京访日至今未能实现。2015 年 11 月，在布局亚太能源供应战略过程中，俄罗斯向日本提出建设能源桥的计划，俄罗斯计划对日能源供应达到占日本能源进口总量的 15%~20%。如果俄日能在能源合作有所突破，将带来两国关系的缓和。

二 对2015年俄罗斯亚太外交的几点评价

（一）新形势下的中俄关系既有长久的发展动力，也存在挑战

自西方制裁俄罗斯以来，美国不断挑唆中俄之间的关系，与此同时，2015 年，俄国内媒体不断唱衰中国，妄评中俄关系糟糕。这些消极现象都会使中俄战略互信受到不同程度的损害，也将干扰中国把握和利用中俄关系

中出现的战略机遇。在这种新形势下，我们要以多维度、多空间的视角看待中俄关系，这就是要从历史的、地缘政治经济利益和现实要素来分析中俄关系的发展动力，由此判断中俄关系是否能长久发展，务实合作是否充分体现各自国家的利益。

首先，从历史要素来看。从17世纪末中俄两国正式确立国家关系以来，两国关系的发展经历了曲折复杂的历程。300多年来，两国有睦邻友好，也有兵戈相向。新中国成立后，中苏关系更为复杂，从友好互助到公开论战、边界冲突和战略对抗。苏联解体后，中俄总结历史，面向未来，建立了平等、相互尊重的关系，直至发展成为战略协作伙伴关系。历史经验证明，中俄两国"和"则两利，"斗"则俱伤。中俄两国为了振兴国家，必须保证和平稳定的周边环境。

其次，从地缘政治经济利益来看。追求国家利益仍然是两国发展相互关系最重要的基础。中俄地理位置相连，在地缘政治和经济利益方面具有一致性。面对美国的亚太再平衡战略，中俄在亚太的安全利益都将受到损害。中俄必须走在一起，相互倚重。俄罗斯需要借助与中国的战略合作来提高抗压能力，通过加强与中国的战略合作保障其东部地区的安全。俄罗斯也是中国平衡美国亚太战略的重要力量。只有这样合作，中俄才能对霸权主义和强权政治形成制约。在地缘经济上，俄罗斯要想发展远东西伯利亚和参与亚太经济一体化，首先要搭上中国经济的快车，中国有俄罗斯需要的市场和资金，俄罗斯有中国需要的资源，两国经济互补性强。两国应融入亚洲经济一体化的进程，实现共同发展。紧密相连的政治经济利益将是中俄两国发展的长期、持久的动力。在当前新形势下，只有中俄两国实现共赢发展，才能有利于地区和世界的安全、和平与发展。

最后，现实要素，指在新情况下出现的影响中俄关系发展的变量。

现实要素之一，俄罗斯经济形势恶化必然波及政治和社会生活，而政治、社会形势的变化又必然影响对外政策调整。俄罗斯的向东看政策一向被认为是权宜之计，而非长远战略。俄国内一直存在欧洲中心主义，俄始终认为欧洲才是俄罗斯摆脱经济落后、实现经济现代化的倚重。普京和外长拉夫

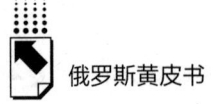

罗夫多次强调，俄罗斯想与亚太地区合作"不是在整体上取代与欧洲和西方的关系，而是同时将此关系深化"。2015年9月，俄罗斯总理梅德韦杰夫在《俄罗斯报》发表题为《新现实：俄罗斯和全球性挑战》的文章称，无论从经济上、政治上还是精神上，俄罗斯都不打算脱离欧洲大陆；俄罗斯与欧盟合作中的战略方向无可避免。对中国的政策即受到这种思想的影响。另一方面，中国经济实力快速增长，国际地位与日俱增。2015年，中国的国民生产总值为10.8万亿美元，而俄罗斯则为1.3万亿美元，仅是中国的1/10。国际地位和实力的差距越来越大，势必造成心理上的落差。俄罗斯能否正确看待这个事实很关键，是继续提出"中国威胁论"呢，还是深化同中国的战略关系，从而获得一种基于特殊关系的优惠。

现实要素之二，中俄贸易结构不平衡，贸易额不理想，是长期以来困扰中俄关系的问题。中俄经贸关系怎样才能成为推动中俄关系发展的主动力，而不是绊脚石，并且成为像中美关系中那样的"压舱石"。中俄经贸关系，多是政府主导，企业没有动力，而非市场行为。每到敏感时期，落后的经贸关系易被拿来"看空"中俄关系。中俄经贸关系是双边关系的物质基础，双方应在交通运输、金融和农业方面展开全面合作。推动中俄经贸关系向前发展仍然任重道远。中俄还应在地区经济合作方面共同做好扩大和开放合作的工作。将"一带一路"与欧亚经济联盟对接政策落实好，首先就要在中亚地区的合作中明确分工，建立有效分工机制，打消俄的疑虑。在东亚地区，通过APEC、东盟等成熟机制将欧亚经济联盟与"一带一路"战略对接好，甚至可形成中、俄、东盟三方联合项目，进而使中国东北和俄罗斯远东地区与亚太经济一体化结成命运共同体。

安全利益是牢固连接中俄的共同利益，也是巩固中俄关系的最有效手段。乌克兰危机让我们看得更清楚，俄罗斯用政治、经济利益换取了安全利益。可见，维护安全利益是俄罗斯国家利益的核心。俄罗斯东部的安全也具有同等重要的意义。无论俄国内以斯拉夫主义思想为核心的保守主义占据优势地位，还是大西洋主义、欧亚主义占据优势地位，都应该使其认识到与中国发展关系是不二的选择。要让俄充分认识到中国是在和平崛起，还要以应对美国的亚太再平衡战略为抓手，突出与俄罗斯在亚太地区的传统与非传统的安全合作，只有这样才能掌控中俄关系发展的主动权。

（二）俄罗斯通过解决建立亚太安全机制提高影响力和话语权

亚太地区安全形势日益复杂：亚太地区力量发生战略重组；美国加强在亚太地区的军事存在，未来对俄罗斯构成军事威胁；朝鲜再度爆发核试验；南中国海问题复杂、激化。所有这些安全问题极有可能一触即发并陷入不可控状态，进而破坏经济发展所需要的和平环境，这已成为亚太国家发展的共同障碍。俄罗斯和中国共同提出的管控危机风险和共同应对传统和非传统安全的亚太地区安全架构符合该地区对公共安全的需求。由于俄罗斯与亚太地区国家，如中国、印度、越南、朝鲜等国关系友好，俄罗斯所提出的安全机制容易被接受。例如，在朝核问题和南海问题上，俄罗斯试图对朝鲜和越南施加影响，表明自己在热点问题上的不可或缺。俄罗斯坚持多边合作是解决朝鲜半岛问题的最好途径。2016年1月，朝鲜第四次核试验后，韩国总统朴槿惠提出通过没有朝鲜参加的五方会谈解决朝核问题。对此，俄罗斯坚持朝核问题要放在六方会谈的框架下解决，试图发挥俄罗斯对朝鲜问题的影响力。近几年，俄在南海问题上积极协调，反对美国的干涉[1]。俄罗斯强调与中国和越南的战略协作伙伴关系，表示要推动中越两国站在国际问题协调一致的高度看待该问题。要让越南明白，维护好中俄关系也是维护亚太地区和平最重要的条件，同时也确保了越南的安全[2]。俄罗斯还提出要成立中、俄、越联合企业共同开采有争议地段的油气，俄罗斯可作为中越两国权利实施的保障国。在东盟地区论坛、东亚峰会等多边场合，俄罗斯给予中国有力的策应和支持。2015年11月，在东盟防长会议上，俄罗斯在会上表达了在

---

[1] GrigoryLokshin, Russia's police and problems of regional security in sea and the APR, Russian scholars on Vietnam, M. forumhublishing house, 2014.

[2] Россия - вьетнам: 20 предложений по вовышению эффективности всеобъемлющего стратегического партнерства, http://russiancouncil.ru/common/upload/RIAC_WP_23_Vietnam-Russia.pdf.

南海问题上对中国立场的支持。俄国防部副部长安东诺夫表示："某些国家正试图通过巩固封闭军事联盟将自己的立场强加于他国，而不考虑他国利益。我们认为，这可能会导致严重冲突，该地区所有国家都有被拖进去的危险。"① 不过，随着俄罗斯不断加大与东南亚国家的关系，其在东南亚地区的投入与影响渐趋上升，俄罗斯对南海问题的态度和立场值得关注。必须看到，俄与中国周边国家扩大军事技术和能源合作，客观上提升相关国家的军力，提高了其油气开发能力，对中国和平解决南海主权争端也带来不利影响。日本早就想通过油气合作和防务合作进入南海。2015 年，日本加入到俄越在与中国有争议地区开采石油的项目中，实现了其进入南海的战略意图。

中俄共同提出的安全机制能够平衡美国、欧盟在俄西部的战略压力。俄罗斯的目标在于避免地区陷入军事竞争的安全困境，同时建立一个多极化的安全格局②。考虑到美国在亚太地区安全领域的主导地位，以及俄罗斯在该地区影响力有限，运转这个安全机制将是一个艰难的过程。

（三）欧亚经济联盟与亚太经济一体化对接迈出重要一步，既有经济意义，也有政治意义，但是问题也不少

2015 年，俄罗斯在实现亚太和欧亚方向一体化地缘战略方面迈出重要一步。欧亚经济联盟不仅是经济共同体，也具有重要的地缘政治意义。越南成为俄罗斯进入东南亚的重要战略支点。越南与欧亚经济联盟签订自贸区协定成为俄罗斯加强与东盟国家经济一体化的桥梁，已有更多的东盟国家表示要与欧亚经济联盟签订自贸区协定，这将欧亚经济联盟的外延扩展到亚太地区，同时也将其地缘政治影响力扩大到亚太。但是俄罗斯等欧亚经济联盟的成员国贸易开放程度和一体化水平与本地区其他主要国家相比，处于相对较低层次。存在的主要问题是：进出口商品结构不平衡，集中度较高。俄罗斯

---

① 《南海问题不应成为炒作话题，俄罗斯支持中国立场》，《环球时报》2015 年 11 月 5 日。
② В. Денисов. Ядерная проблема корейского полуострова: есть ли выход из тупика// Международная жизнь. 2015. №2.

的出口主要是矿物产品,而进口商品主要为机械制造产品。2008~2014年,俄罗斯出口的商品中,矿产品占出口商品的份额高达70%,而在进口商品中,机械制造产品所占份额接近48%[1]。俄罗斯认为跨太平洋伙伴关系协议(TPP)不对俄罗斯开放,俄罗斯不仅将其看作经济联盟,也看作政治军事联盟,是保留单极世界形成的金融、经济、军事和政治制度,如同北约的性质,是对抗俄罗斯的区域组织[2]。

(四)俄罗斯在亚太地区的能源供应前景广阔,但也存在挑战

首先,亚太国家进口俄罗斯能源具有地理上的优势,且需求量大。正是欧洲能源市场多元化的不可逆走势,而且形势已经发展到欧盟不惜运用法律手段阻遏俄天然气公司试图主导欧洲天然气销售市场的地步,迫使俄罗斯面向亚太地区寻找市场。近10年来,亚太国家从俄罗斯进口能源总量提高了15倍,俄罗斯出口到亚太国家的能源占其出口总量的24%。在俄罗斯能源出口结构中,原油和石油产品分别占到64%和21%。俄罗斯远东和西伯利亚的能源对于亚太地区出口具有重要意义。该地区集中了俄罗斯石油储量的13%(近40亿吨)和天然气储量的16.2%(42万亿立方米),到2035年,新旧矿藏开采量中,石油将为1.18亿吨,天然气为1350亿立方米[3]。尽管如此,俄罗斯仍远远落后于中东向亚太地区能源的供应量,亚太地区的能源供应市场对俄罗斯来说潜力巨大,俄罗斯与中国、日本、印度等国家的能源合作前景广阔。中东石油占中国进口石油的46%,占印度进口石油的58%,占日本进口石油的83%,占韩国进口石油的80%。中国进口土库曼斯坦的天然气占全部进口量的46%,印度进口卡塔尔天然气占全部进口量的85%。日本和韩国是世界最大的天然气进口国,而且正在寻求天然气供应的多样化。日本已经对俄罗斯远东西伯利亚天然气扩大开采表示了投资的意愿。近两年,日本已经增加了从俄罗斯进口煤炭数量,2014年增加了20%,达到

---

[1] 《俄罗斯与亚太经合组织关系研究》,《东北亚学刊》2016年第1期。
[2] http://sputniknews.cn/economics/20150526/1014895768.html#ixzz3qDz9JktP。
[3] 《俄罗斯与亚太经合组织关系研究》,《东北亚学刊》2016年第1期。

966万吨。出于经济效益的考虑，中国也不会投资开采页岩气。因此，中国将加大与俄罗斯的能源合作。

其次，美国是俄罗斯在亚太地区强有力的竞争者。美国已在其西海岸修建了6家生产液化气的工厂，2017~2018年还要开工建设3家这样的工厂，其产品瞄准亚太市场。第一批液化气供货将于2016年开始。俄罗斯应该加快面向亚太市场的能源布局，尽快引进能源领域的投资。然而，美国对俄罗斯经济的制裁极大地限制了俄罗斯向亚太地区出口能源的能力，限制了俄罗斯在能源领域与美国的竞争力。如果制裁一直持续，俄罗斯天然气和液化气将减产。

俄罗斯经济与社会

Y.9
俄罗斯税收政策的新调整

蒋 菁*

摘　要： 2015年以来,俄罗斯经济遭受重创。面对持续的低油价和西方对俄制裁延期,以及自身经济结构失衡给俄罗斯经济带来的冲击,俄罗斯政府出台了一系列反经济危机措施,其中多项涉及税收政策的调整。本文在梳理俄罗斯现行的税收体系构成、税制结构变化和税负水平演变趋势的基础上,着重分析经济危机背景下俄罗斯税收政策调整的重点以及俄罗斯税收体系现代化建设的主要方向。结合俄罗斯目前的经济形势,在不提高宏观税负的前提下,进一步强化财税功能,促进经济结构调整是俄罗斯税收政策调整的主要目标。

---

* 蒋菁,中国社会科学院俄罗斯东欧中亚研究所副研究员。

俄罗斯黄皮书

关键词： 经济危机 俄罗斯 税收政策 税制

自 2014 年年中，俄罗斯国内很多分析人士就开始讨论国内经济陷入停滞的问题，要求改革与经济息息相关的金融、财政、税收、预算等领域政策的声音不绝于耳。尽管政府出台了一系列新规，也做出了一些政策调整，但俄罗斯的财政税收和预算体系总体上并未出现根本性的变化。加之国际油价持续低迷的态势和西方对俄经济制裁的延期，使原本结构矛盾凸显的俄罗斯经济雪上加霜，举步维艰。油价下跌造成俄罗斯与石油天然气相关的税收锐减，而西方的经济制裁使俄罗斯与欧盟和美国有关的非税收收入大幅减少，国家财政出现赤字。根据俄罗斯财政部 2016 年年初公布的数据显示，2015 年俄罗斯全年预算实现收入 13.6545 万亿卢布，同比下降 5.8%，其中联邦税务总局完成各类税收和收费总计 6.8805 万亿卢布，同比增加 10.7%；联邦海关总署完成收入为 5.4918 万亿卢布，同比下降 29.1%；其他行政机构实现收入 1.2822 万亿卢布，同比增加 139.2%。俄罗斯全年预算支出为 15.5996 万亿卢布，财政赤字为 1.9451 万亿卢布（约合 250 亿美元），占当年俄罗斯国内生产总值的 2.6%。

以上数据表明，俄罗斯在经济危机背景下，正力图依靠国内收入实现国家收支平衡。有效合理地稳定国家预算税收和最大限度地缩减财政赤字，灵活应用财税政策，避免更加深度的衰退，继而确保社会政治稳定是经济危机背景下摆在俄罗斯政府面前的艰巨任务。一方面，需要保障税收来源，优化税收结构，同时削减预算支出；另一方面，需要刺激实体经济发展，提高本身的盈利能力，特别是要重点扶持中小企业的创新发展，使其成为俄罗斯经济增长的新动力。

为此，俄罗斯必须针对国际国内新形势，对货币政策、财政政策，包括税收政策做出相应调整，通过一系列"组合拳"的有效实施，才能在复杂的国际国内形势下，按计划逐步摆脱俄罗斯经济转型所面临的种种艰难与困苦。然而，就目前经济形势而言，增加税收来源以及提高某些行业的税负本身就是十分敏感的话题，如何处理好税收与经济发展之间的关系，对俄罗斯政府来说，是一个亟待解决但又十分棘手的问题。

一　俄罗斯现行税收体系的总体概况

2015年，俄罗斯经济遭遇国际低油价和西方经济制裁延期的双重打击，加之自身经济发展模式所叠加的负面效应的显现，其社会经济发展的各项指标均出现不同程度的下滑，经济陷入衰退。并且根据俄罗斯经济学家的预测，俄罗斯经济陷入长期停滞和衰退的可能性正在逐步增大。为了更好地应对危机，俄罗斯政府于2015年1月推出了总额高达2.3万亿卢布（约合350亿美元）的反危机计划，其中包括对税收政策的多项调整。这些措施的实施，旨在支持实体经济发展，刺激非能源领域出口，重点扶持中小企业创新发展，力图尽早实现从能源经济向创新经济的转型。

（一）俄罗斯当前税收体系构成

俄罗斯的税收体系基本沿袭了1992年1月颁布的《俄罗斯联邦税法纲要》中规定的三级制税收结构，历经1992~1998年、1999~2010年和2011年至今三个阶段[1]，主要遵循简化税种、降低税负、强化监管、提高效率等原则，实施了一系列大刀阔斧的改革措施。到目前为止，基本形成了一套与市场经济接轨的税收体系，其主要构成如图1所示。

如图1所示，第一级为联邦税，其税收收入归联邦政府所有。税率由联邦税法统一规定，主要税种包括水资源税、增值税、矿产资源（指石油、石灰石、煤炭、矿石、金刚石等）开采税、个人收入所得税、动物和水生物资

---

[1] Л. С. Гринкевич, А. В. Ильин,？Тенденциизакономерности развития налоговой системы России？, Научный журнал？Финансы и банки？2015，№5，стр. 84.

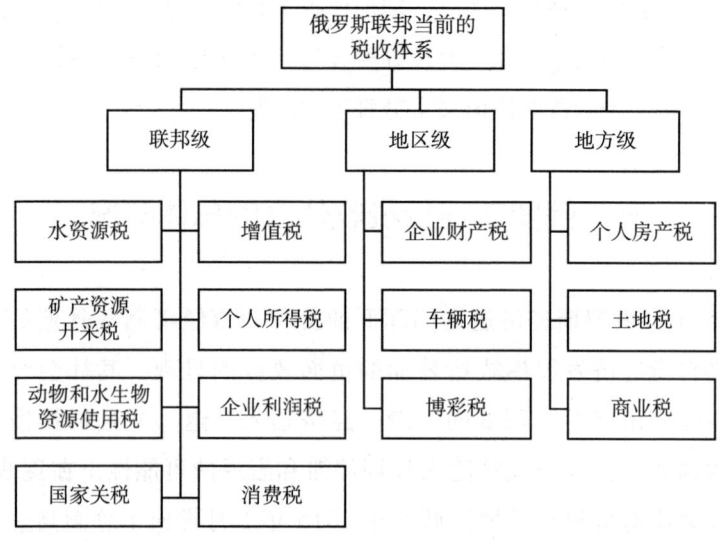

图 1　俄罗斯联邦当前的税收体系构成

数据来源：BP Statistical Review of World Energy 2014，June 2014，p.29，http：//www.bp.com/en/global/corporate/about-bp/energy-economics/statistical-review-of-world-energy.html。

源（如熊、紫貂、狍子、金枪鱼，鳕鱼等）使用税、企业利润税、国家关税和消费税（应纳税的产品包括酒精、烟草制品、汽车、柴油和汽油燃料）。

第二级为地区级，其收入归各联邦主体政府所有，同时应按法律规定的一定比例上缴联邦政府。各地区的税率可在联邦税法规定的范围内根据地方税法的规定自行调节，主要税种包括企业财产税、车辆税（其税率取决于车辆的类型和发动机的排量）和博彩税。

第三级为地方级，其税收收入归市级政府或下属的行政区和村镇政府所有。主要税种为个人房产税、土地税和商业税。

此外，除国家税法所规定的基本税收种类外，在俄罗斯还设有五种并行的专门税，即统一农业税、个别行业的统一暂估收入税、执行产品配套协议税以及专利税，并简化征税制度。

在经济危机笼罩的背景下，俄罗斯政府力图通过税收的杠杆来刺激经济发展的活力，期望通过一系列温和的税率调整，达到吸引投资、抑制通胀、调整结构以及支持实体经济和中小企业创新发展的目的。

（二）俄罗斯目前的税制结构及其变化

俄罗斯作为传统的油气出口大国，其经济发展在很大程度上与国际能源市场的变化息息相关。近年来，由于世界能源格局发生重大变化，市场供需关系也随之改变，国际油价的下跌，使得俄罗斯的石油美元收入大幅减少，政府财政状况和经济发展都受到很大影响。经济危机的严峻形势和产生的后果倒逼俄罗斯加快了经济结构调整的步伐，也促进政府进一步加强税收领域的宏观调控。

目前，俄罗斯联邦税收体系中的主要税收来自矿产资源开采税和增值税。根据俄罗斯相关部门公布的数据，矿产资源开采税在俄联邦综合预算控制内的总税收收入中所占的比例，2015年1月高达42.5%，与2014年1月相比有所下降，降幅为3.3%。其次是增值税，2015年1月占联邦预算内总税收收入的比例为29.2%，与上年同比有所增加，增幅为1.7%；个人所得税所占的比例有所增加，2015年1月，占联邦预算内总税收收入的比例为13.6%，同比提高2.1%；消费税同样有所增加，从2014年1月的6.0%增至6.2%；企业利润税和财产税由于受国内经济下滑的拖累，2015年1月所占比例分别下降1%和0.2%，为4.3%和1.5%；而综合收益税收和其他税收则有所增加，分别上涨0.3%和0.2%，2015年1月所占比例分别为2.3%和0.4%（见图2）。

（三）俄罗斯税收体系中宏观税负的演变趋势

调整纳税人的税负水平是实现税收功能的重要手段之一，税负水平的变化直接影响实体经济的投资水平和生产领域的劳动增长率等，并对促进经济结构调整具有一定的导向性作用。俄罗斯经过几轮大规模的税制改革，通过简化税制、减少税种、调整税率等手段，基本形成了与世界接轨的新税制。表1反映了2007~2014年俄政府预算各主要税种的占比变化。

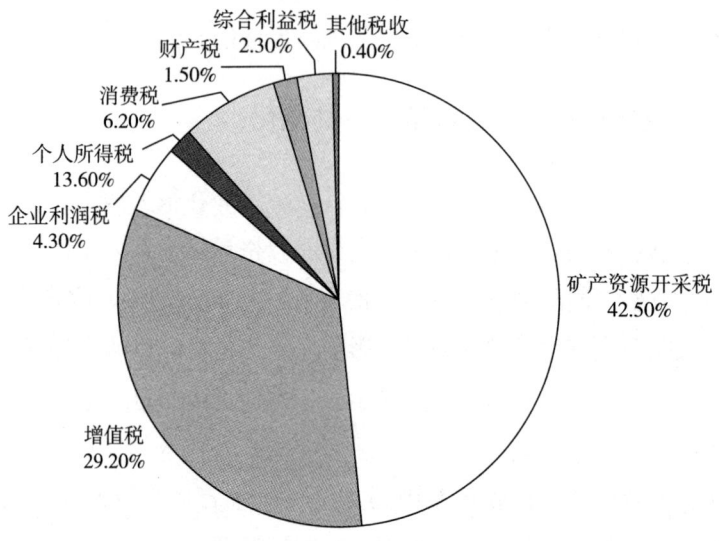

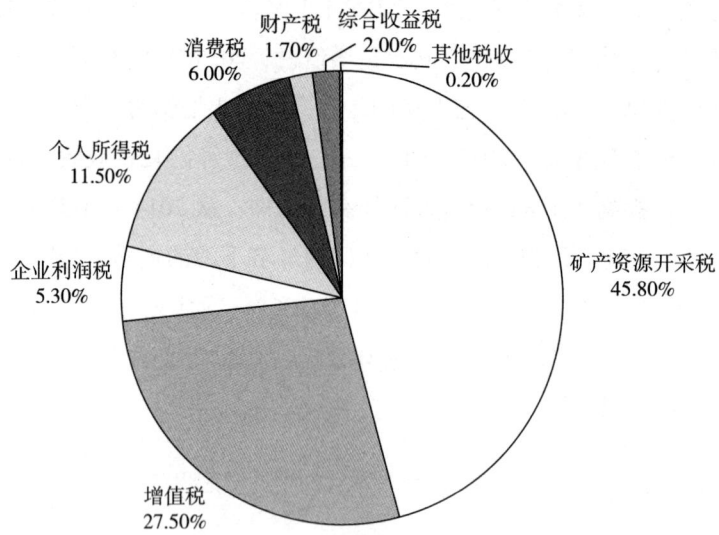

图2 俄联邦综合预算内税收收入和非税收支付的税制结构及其变化

数据来源：BP Statistical Review of World Energy 2014, June 2014, p. 29, http://www.bp.com/en/global/corporate/about-bp/energy-economics/statistical-review-of-world-energy.html。

表 1 2007~2014 年俄罗斯政府预算收入占 GDP 比重的变化

单位：%

年份	2007	2008	2009	2010	2011	2012	2013	2014
总收入	40.21	39.17	35.04	34.62	37.26	37.69	36.93	36.93
税收收入与转移支付	36.49	36.04	30.88	31.12	34.50	34.97	34.11	34.42
其中：								
企业利润税	6.53	6.09	3.26	3.83	4.06	3.79	3.13	3.33
个人所得税	3.81	4.04	4.29	3.87	3.57	3.64	3.78	3.78
增值税	6.80	5.17	5.28	5.40	5.81	5.70	5.35	5.52
消费税	0.95	0.85	0.89	1.02	1.16	1.35	1.53	1.50
关税	7.06	8.51	6.52	6.74	8.25	8.20	7.51	7.74
矿产资源开采税	3.60	4.14	2.72	3.04	3.65	3.96	3.89	4.07
统一社会税与保险费	5.96	5.52	5.93	5.35	6.30	6.60	7.09	6.66
其他税收*	1.78	1.73	1.99	1.88	1.71	1.74	1.84	1.82

注：* 其他税收是指综合收益税、财产税和除矿产资源开采税和关税之外的与矿产资源开采相关的税收与支付。

资料来源：GDP 数据源自俄罗斯统计局 2015 年 4 月 2 日公布的数据；政府预算收入数据源于俄罗斯金库公布的数据。

从表 1 的数据可以看出以下几个趋势。首先，俄罗斯总体的税负水平呈下降趋势，从 2007 年的 36.49% 降至 2014 年的 34.42%，且近几年都维持在 33%~35% 的水平，基本与经合组织国家的平均税负水平 34.46%（2013 年）相当，但高于欧亚经济联盟（除俄罗斯以外）30.39%（2014 年）的平均税负水平，同时也高于金砖国家（除俄罗斯之外）28.45%（2014 年）的平均税负水平[1]。其次，企业利润税和消费税占 GDP 的比重变化趋势明显。企业利润税从 2007 年的 6.53% 降至 2014 年的 3.33%，这主要是与 2008~2009 年国际金融危机和税率下调（从 24% 下调至 20%）有关，而消费税的比重上升主要是由政府调高烟酒类产品的消费税税率引起的。最后，

---

[1] Косеннова Ю. Ю., Турбина Н. М., Владимирова С. В., ? К вопросу об изменении налоговой нагрузки в Российской Федерации?, Научный журнал ? Социально-экономические явления и процессы? 2015, №8, стр. 60.

还应注意的是,俄罗斯各产业间的税负水平十分不均衡,俄联邦综合预算中税收收入的规模仍然取决于石油天然气的开采和出口,这一趋势在俄罗斯未完成经济结构转型之前很难有根本性的改变。2007~2014年俄联邦综合预算中与石油、天然气和石油产品相关的税收占GDP的比重变化见表2。

表2 2007~2014年俄联邦政府预算中与石油、天然气和石油产品相关的税收占GDP的比重

单位:%

项 目 \ 年 度	2007	2008	2009	2010	2011	2012	2013	2014
税收收入与转移支付	36.49	36.04	30.88	31.12	34.50	34.97	34.11	34.42
与石油、天然气和石油产品相关的税收和关税	9.27	11.17	8.19	8.64	10.75	11.16	10.66	11.11
其中:								
石油资源开采税	3.22	3.81	2.41	2.74	3.30	3.43	3.31	3.45
天然气资源开采税	0.29	0.24	0.21	0.20	0.25	0.43	0.49	0.52
石油产品的消费税	0.40	0.34	0.38	0.37	0.51	0.59	0.63	0.54
石油出口税	3.46	4.32	3.10	3.61	4.17	4.00	3.53	3.67
天然气出口税	0.91	1.19	1.12	0.42	0.69	0.70	0.72	0.68
石油产品出口税	0.99	1.27	0.98	1.30	1.67	1.82	1.82	2.09
关税(计征对象为从白俄出口到关税同盟之外的原油和某些类别的石油类衍生产品)	—	—	—	—	0.16	0.19	0.16	0.15
其他与石油、天然气和石油产品无关的税收与支付	27.21	24.87	22.69	22.48	23.75	23.81	23.45	23.31

资料来源:笔者根据相关数据整理。

表2的数据进一步说明,石油天然气领域的税收在俄罗斯经济中占有举足轻重的地位,它基本占到了俄联邦政府预算总额的近1/3。

二 2015年俄罗斯税收政策调整的重点

尽管俄罗斯的税收体制经过几轮实质性的重要改革,已基本上实现了与市场要求接轨的目标,但面临新的经济危机,仍然显示出某些不足。首先,

是不同行业和纳税人间的税负水平总体分配不均衡，除了政府预算中税收收入过多地依赖"石油美元"外，中小企业的平均税负偏高。其次，俄罗斯国家和地方税务机构的行政效率都还有较大的提升空间。各种计税的规定和流程经常性的变更，给纳税企业和个人增添了许多额外的负担。最后，各个执法部门，包括出入境管理局、交通局、移民局等部门之间以及联邦和地方的税务监察部门之间，都缺乏有效的信息数据交换平台，这在一定程度上弱化了对违法者惩处的效率。目前，除了要缩减预算（除国防安全支出外，其他部门的联邦预算计划在2015～2017年每年减5%）和提高预算支出效率外，更重要的是要利用税收政策的杠杆吸引投资，提振实体经济，扶持中小企业创新发展，促进产业结构调整，同时加强立法监督，提高税务部门的工作效率。

（一）温和调整税率，促进实体经济发展

根据反危机计划的部署，俄罗斯2015年财税调整的侧重点着力于通过税收手段支持实体经济的发展，特别是刺激中小企业的经济活力。为鼓励发展实体经济，降低企业运营成本，俄罗斯工业和贸易部出台了一系列优惠政策，其中包括：对工业领域能源用户实行优惠，将企业用电价格降低1.7%；年投资额不低于2000万卢布或3年投资额不低于5000万卢布和5年投资额不低于2亿卢布的新工业企业可享受固定资产投资抵免企业利润税的优惠政策，以促进其资本形成并增强企业经济增长的潜力；对国内航空运输和近郊铁路运输企业的增值税在2015～2016年实行10%的优惠税率等。此外，为抵消因通货膨胀给居民生活带来的负面影响，在俄罗斯经济发展部出台的落实社会经济发展专项方案的具体措施中，计划取消反制裁手段，暂时降低或在淡季取消对果蔬产品和某些商品的进口关税。

（二）通过税收手段刺激中小企业的经济活力

俄罗斯中小企业的发展缓慢是制约俄罗斯经济向创新经济转型的重要瓶颈之一。有关数据显示，全俄目前小企业的从业人数超过1700万，其中私

俄罗斯黄皮书

营业主有540万,占30.6%;员工约为1240万,占69.4%。中小企业所创造的产值占俄罗斯国内生产总值的比例仅为20%。① 目前,在经济低迷的形势下,激发中小企业的活力和创新能力是提升经济和增加就业的重要举措。普京于2016年1月参加在莫斯科举行的企业论坛"小企业——国家构想"上表示,中小企业必须成为俄罗斯经济发展的支柱。②

为此,俄罗斯经济发展部2015年专门成立了发展中小企业联邦集团公司,专门为中小企业的发展提供各种各样的支持和服务,提供担保,筹措资金等。而俄联邦的税务部门则针对小企业专门出台了税收优惠的政策,授予各联邦主体自行对新注册成立的创新型小企业实行优惠税率的权力,积极鼓励科技成果的创新,同时加强对税务机关执法的监管。采取的主要措施有:其一,2015~2018年,对符合简化征税和专利税优惠的新注册的创新型小企业进行重点扶持,各级税务部门对其在科研生产和社会领域的各项活动中给予零税率的优惠;其二,扩大纳入专利税制的业务类型,从47项增至63项;其三,对新注册的家政服务公司给予两年的免税期;其四,大幅降低简化征税制中符合6%税率企业的税负,将其下调至1%,并对符合简化征税资格的小型企业实行优惠的强制保险费税率;其五,授权地方下调个别行业的统一暂估收入税税率,从15%降至7.5%;其六,将申请享有专利税优惠税率资质的企业放宽到个人,即专利持有人可以在没有雇用员工的情况下,以个人的名义申请纳入专利税的优惠纳税范畴,这样一来,在专利有效期内,专利持有人可以以私营业主的身份在税务机关申请纳入专利税优惠缴税的范畴,从而降低其创业的成本;其七,降低对经营性中小企业认定的门槛,将销售货物(工程或服务)进款这项指标的上限提高一倍,从而扩大符合认定条件的中小企业数量,使它们能够享受政府提供给中小企业的优惠,参加联邦和地方的扶持项目;其八,着力降低制约中小企业发展的行政

---

① Александр Калинин(президент "Опоры России"), Мало и медленно? http://www.rg.ru/2015/04/14/dola.html.
② 《普京:俄罗斯企业挺住经济困难》, http://sputniknews.cn/russia/20160120/1017769048.html。

壁垒，授权地方检察院对税务、消防、卫生防疫等众多执法部门的执法实施监管，避免出现越权处罚以及干扰企业正常经营活动的行为，同时，检察院必须限期处理企业主对经营执法检查机关的投诉，并将反馈意见告知投诉的企业。

上述这些措施可为中小企业的经营创造良好的环境，进而增加企业的数量和竞争力，扩大它们在俄联邦税收体系中的税收收入份额。俄罗斯经济发展部最新公布的宏观经济统计数据显示，2015年俄罗斯新注册的商业机构数量增加了4%，而新注册的私营小企业数量则增加了2.5%。[1]

（三）法律层面出台新规定保障加强监管和征收力度

在国际油价不断探底、俄罗斯经济指标大幅下滑、财政赤字不断增加的情况下，俄罗斯政府制定了各种应对危机的措施，以确保社会经济的稳定。而税收政策作为宏观经济调控的有效工具，一直是政府改革的重点。为了适应新的经济形势，俄罗斯政府在2015年对与税收有关的法律法规进行了调整，对相关责任主体的权利和义务进行了进一步的细化，主要围绕以下几个方面展开。一是加强税务审计、支付和征税环节的监管，进一步强化纳税人的责任。《横向税务监督法》于2015年正式生效，旨在加强对外资企业的征税监管力度。同时，税务机关加大了对偷税漏税行为的监督和处罚力度，特别是加大了对非法用工逃税的处罚力度。2015年，在《俄罗斯联邦行政违法法典》中新增了对用人单位不签署劳动合同行为的处罚，最高处罚力度达20万卢布。二是进一步细化某些税种的征收规定，出台了新的申报细则，其中明确了申报的期限，对撤单和延期申报加强规范管理，部分税种采用新的申报格式，并对部分税率进行了调整。例如，将企业红利的税率从9%调高至13%。再以房产税为例，将总额低于3亿卢布的普通住宅的边际税率从2%降至0.1%，其他类型的房屋税率为0.5%，而对于总价高于3亿

---

[1] 《Об итогах социально-экономического развития российской федерации в 2015 году》, Министерство экономического развития РФ, Москва, февраль, 2016, http://economy.gov.ru/minec/about/structure/depmacro/2016090201.

卢布的房产以及商业地产则按2%的税率征收。新规在降低税率的同时，缩小了优惠对象的范围。根据规定，各联邦主体在2020年1月前有权自行制定执行新规定的时间表。2015年1月，全俄有28个联邦主体实行了房产税征收的新规。三是将实行专利税收优惠制度的地域实施范围扩大到了市属一级，但对专利申报环节的填报提出了具体要求。四是对强制医疗保险、强制养老保险的缴纳程序做出了更为细化的规定，并加大了有关机构的执法力度。

三 俄罗斯税收体系的现代化建设

俄罗斯税收体系的现代化建设是俄罗斯经济现代化不可分割的部分。在当前的经济形势下，将主要围绕改善俄罗斯境内的营商投资环境、进一步完善税收管理体系、提高税收服务体系质量，以及推动国际化进程来进行。为此，俄罗斯政府批准和实施了一系列与税收体系现代化建设相关的国家项目的"路线图"，旨在简化程序、提高效率、降低成本、扩大优惠、优化结构、促进经济。

（一）以"纳税人"为中心构建现代化税收服务体系

税收服务体系现代化建设的核心是以"纳税人"为中心，提高服务创新意识，切实做好税收征管工作。俄罗斯税务机关烦琐的申报流程和低下的工作效率，一直以来饱受诟病。在严峻的经济形势面前，实现税务机关全面从管理型向服务型转变，是俄罗斯税收征管改革的必然结果。其具体措施主要涉及以下几个方面：一是简化纳税人填写的各种税务报表格式；二是完善税基的核算方式，消除企业利润税税基确定中的障碍；三是简化税务申报流程，鼓励出口退税政策，优化增值税退税办理程序，缩短退税周期，加快周转资金回流；四是加强税务咨询服务建设，降低纳税人的经营风险，专门开展针对中小企业如何享受税收优惠的咨询服务，避免重复征税给企业经营造成损失；五是完善国内转让定价的管理办法，考虑到通货膨胀和卢布贬值的影响，将管控的门槛从10亿卢布的交易额提高至20亿~30亿卢布；六是进一步完善税务纠纷庭前和解机制，在减少监察次数的同时提高税务监察的质量。

总之，构建适应新经济形势的现代化税收服务体系，理顺执法与服务的关系，注重质量和效率的结合，最终提高俄罗斯营商环境的舒适性和为纳税人提供便利性是俄罗斯税务部门近几年工作的重点。力争在维持目前总体税负水平的前提下，提高服务意识和监管质量，强化税收政策对经济发展的刺激作用。

（二）推广电子化报税范围，提高税收管理的现代化水平

俄罗斯税收管理现代化发展的重要方向之一就是全面建设以电子化申报为主体的纳税申报管理系统。在现代电子信息技术的支持下，俄罗斯税务总局在履行"客户为上"这一使命的框架内，按照国家"完善税收管理"项目的路线图，努力构建纳税申报电子化管理系统。目前，俄罗斯税务总局官网上实现在线电子化税收管理的模块有自然人纳税人的个人电子办公室、法人纳税人的个人电子办公室、商业风险评估（自查与防范）、各种税费计算器及其他服务等，基本实现了管辖业务的计算机化和对税收信息的电子化管理。它的实施不仅简化了办事流程，缩短了办理时间，节约了成本，更提高了联邦税收执法的透明度。俄罗斯"完善税收管理"等系列国家项目的顺利实施，使得俄罗斯在世界银行《营商环境报告》中的排名不断攀升，特别是有关"税收"和"企业注册"的指标（见表3）。

表3 2007~2013年俄罗斯在世界银行营商环境报告中的排名

年份	2007	2008	2009	2010	2011	2012	2013
俄罗斯的排名	120	116	124	118	111	92	62
其中：							
"税收"指标排名	134	103	107	94	63	56	49
"企业注册"指标排名	—	—	106	111	100	88	34

资料来源：http://base.consultant.ru/cons/cgi/online.cgi?req=doc&base=LAW&n=183748&div=LAW&dst=100692%2c0&rnd=211977.09605782572778676。

在2015年10月最新公布的该报告中，俄罗斯的排名从第62位又上升至第51位，基本达到了俄罗斯提出的在2018年进入前50名的目标，在金砖国家中遥遥领先。在189个经济体中中国排名第84位，上升6位；巴西为第116位，排名上升4位；印度排在第130位，比去年上升12位；南非排在第73位，下滑30位。①

未来，俄罗斯将进一步加强税务信息网络建设，扩大各级税务部门以及其他执法机关之间纳税人信息数据共享的范围，采用在国家税务总局网站统一注册的文件格式，实现各类申报文件的电子化加密传送，完善所得税征收办法，切实提高税收管理现代化的水平。

（三）携手打击国际逃避税行为，推动税收制度国际化进程

在经济全球化的背景下，资本和劳动力流动密集，数字经济发展迅猛，金融交易手段不断创新，跨境交易频繁，税基侵蚀和利润转移在各国愈演愈烈。跨国企业利用国际税收规则的不足以及各国税制差异和征管的漏洞，逃避征税，甚至达到双重不征税，因数额巨大，给各国造成巨大损失。俄罗斯积极参与在二十国集团（G20）框架下联合打击税基侵蚀和利润转移项目，在境内加强了对外国公司的监管，除了制定更为严格的利润税征收办法，还对跨境交易和金融结算提高了监管要求。从2018年开始，依据签署的多边协议，俄罗斯将按照经合组织制定的统一标准报表自动实现跨国金融交易财务信息的交换。此外，俄罗斯还将逐步修订相关的税收法律，完善转让定价的相关规则，改变集团企业借贷程序，构建针对税基侵蚀和利润转移行为的数据收集和分析指标体系，进一步提高执法透明度。这对推动俄罗斯国内相关的税收制度和税收管理将产生重要影响，也有利于俄罗斯加快本国的税收制度现代化建设。

---

① http://www.cankaoxiaoxi.com/finance/20151028/979042.shtml.

结　语

　　结合俄罗斯当前经济形势，强化税收政策的财税功能和促进经济结构调整是调整税收政策的主要目标。从俄罗斯政府出台的涉及未来税收政策调整的文件可以清晰地看到，俄罗斯政府不会通过提高税负来增加联邦税收，且未来三年税收政策不会有根本性的变革。政府的精力将集中放在应对经济危机上。近期来看，俄罗斯在税收政策方面将以改善投资环境，鼓励非能源产品出口，完善跨境税源管理为导向，集中力量进一步优化国内税制，简化纳税流程，提高税收征管体系的综合服务水平，并且积极参与国际税收管理体系改革，促进国内税收体制与国际制度的接轨，力争在经济下行的重压下保证税源，同时加快税收体系现代化的建设，最大限度地发挥税收在经济发展中的调控作用。

Y.10
国际比较视野中的俄罗斯科技与教育

许 华*

摘　要： 由于政治形势动荡、经济剧烈下滑，以及经费巨幅缩减、科研体制闭塞、教育理念与社会需求脱节等诸多因素，当前俄罗斯的科技研发能力、科技规模和教育水平仅处于国际中等水平。在科技水平下降、大学排名不佳、奖学金锐减、社会包容度低、居住成本较高、社会安全问题突出等原因的共同作用下，俄罗斯教育对外国留学生的吸引力也明显减弱。从近期来看，俄罗斯的科教影响力只能局限在后苏联空间，及少数亚洲或中东国家和地区，难以将影响力辐射到其所寄予厚望的亚洲、欧洲等地，总体处于下滑态势的俄罗斯科技教育显然难以支撑其实现大国雄心和强国梦。

关键词： 俄罗斯　科技创新　教育

苏联曾经是科研和教育强国，拥有一批历史悠久、治学严谨、有较强教学和科研能力的研究机构和高等学府。在基础理论教学和对学生知识、技能及创造力的培养方面，苏联在国际上具有示范效应，培养造就了一大批世界闻名的政治家、科学家、文学家和艺术家，为推动世界文化发展做出了巨大贡献。苏联解体后，由于政治形势动荡、经济剧烈下滑，以及经费巨幅缩减、科研体制闭塞、教育理念与社会需求脱节等诸多因素，当前俄罗斯的科

---

* 许华，中国社会科学院俄罗斯东欧中亚研究所副研究员。

技研发能力、科技规模和教育水平已经不再处于世界领先水平，甚至落后于一些新兴国家。

一 俄罗斯国家竞争力中的科研和教育

在知识经济时代，决定国家竞争力的是各国的科技和教育竞争力，只有真正拥有丰富的高素质人力资源和具备创新能力的国家，才能在国际竞争中立于不败之地。近年来的"全球竞争力报告"数据显示，俄罗斯的综合竞争力仅处于中等水平，不仅远远落后于美国、德国、瑞士等欧美强国，以及日本、新加坡、韩国等亚洲国家，与中国也有较大差距（在上述三年的数据中，中国的名次分别是第29、29、28名）。在俄罗斯的国家竞争力中，教育因素并未发挥重要的促进作用，有关"健康和初等教育"的情况，俄罗斯的排名与其综合竞争力相当，"高等教育和培训"以及"技术设备"的排名状况略好于综合分值，而"创新"是俄罗斯的短板，在国际上属于中等偏下水平[①]（见表1）。

表1 全球竞争力指数中的俄罗斯教育和科技竞争力

年份	总排名	健康和初等教育（排名/分数）	高等教育（排名/分数）	技术设备（排名/分数）	创新（排名/分数）
2012~2013	67	65/5.75	52/4.59	57/4.13	85/3.01
2013~2014	64	71/5.71	52/4.59	59/3.97	99/3.35
2014~2015	53	56/5.97	39/4.96	59/3.97	75/3.54

数据来源：WEF Global Competitiveness Report 2012 – 2013，WEF Global Competitiveness Report 2013 – 2014，WEF Global Competitiveness Report 2014 – 2015。

---

① 在世界经济论坛（WEF）设计的对国家竞争力进行评价的 GCI（Global Competitiveness Index）指数体系中，初等教育和高等教育分别作为主要的支柱指标出现，每个支柱指标又包含若干个分解指标，因此，GCI 指数不仅有助于了解一个国家的综合竞争力，也能反映一国的教育竞争力。值得一提的是，沿用至今的这套指标是由 WEF 于 1996 年进行修订后实行的，与此前的指标体系相比，新指标对教育的重视程度有了极大的提高。指标评定体系的变化也间接说明教育的重要性日益提升。

通过对2014~2015年度GCI评价体系中有关教育和科技指标的进一步细化分析可以发现，尽管苏联是传统的文化大国，教育普及率很高，但是现今的俄罗斯在该项指标上并不突出，其净入学率和质量排名仅属于中游水平（见表2）。

表2　全球竞争力指数（2014~2015年）：俄罗斯初等教育

初等教育质量(排名/分数)	初等教育入学率(排名/百分比)
57/4.2	54/96.2%

数据来源：WEF Global Competitiveness Report 2014-2015。

在"高等教育和培训"指标上，俄罗斯的"中等教育入学率""教育系统质量""数学和科学教育质量"排名比较落后，"学校管理质量"更是居于100名以外，唯一有亮点的是"高等教育入学率"，进入了前20名的位次（见表3）。

表3　全球竞争力指数（2014~2015年）：俄罗斯高等教育

1	中等教育入学率(排名/百分比)	56/95.3%
2	高等教育入学率(排名/百分比)	19/76.1
3	教育系统质量(排名/分数)	84/3.5
4	数学和科学教育质量(排名/分数)	59/4.3
5	学校管理质量(排名/分数)	104/3.7
6	校园互联网接入(排名/分数)	41/5.1
7	科研和培训服务(排名/分数)	59/4.3
8	行政培训(排名/分数)	89/3.8

数据来源：WEF Global Competitiveness Report 2014-2015。

在"创新"指标中，俄罗斯的情况依然不容乐观，无论创新能力、科研机构质量、政府和企业对研发的投入，还是科研人员人数，俄罗斯在国际上的地位都处于中等偏下的水平。其中"每万人申请专利数量"算是对俄罗斯综合能力有所贡献，在国际上位于第41名（见表4）。

表4 全球竞争力指数（2014~2015年）：俄罗斯创新能力

1	创新能力(排名/分数)	66/3.8
2	科研机构质量(排名/分数)	56/4.0
3	公司对研究和开发的投入(排名/分数)	62/3.2
4	校厂联合研发(排名/分数)	67/3.6
5	政府对先进科技产品的采购(排名/分数)	81/3.3
6	科学家和工程师(排名/分数)	70/4.1
7	每万人申请专利数量(排名/分数)	41/7.1

数据来源：WEF Global Competitiveness Report 2014-2015。

二 俄罗斯的科教影响力和吸引力

国家科学技术的进步、高素质人力资源的积累和整体国民素质的提高，需要充分发挥教育，尤其是高等教育在国际竞争中的作用。同时，一国的科技进步和领先的教育水平也会引领世界发展潮流，对其他国家产生强大的吸引力。美国是世界上吸引留学生和科研人员最多的国家，其之所以能成为世界各国仿效、学习的标杆和榜样，在于其科研经费的投入、科技论文的数量、科研成果的水平，以及科研基础设施建设等，在这些方面，美国几乎都保持了领先地位和优势。相形之下，俄罗斯在教育和科技领域的竞争力则还处于亟待加强的境况。

（一）科研成果的国际影响力

在汤森路透发布的"2003~2013最有影响力的科学人才"排行榜中，来自美国研究机构的科学家人数占据绝对优势，而来自俄罗斯的科学家总人数未能入围前十名。[1] 同时，有资料显示俄罗斯的科研著作数量和影响力也

---

[1] The World's most Influential Scientific Minds, Thomson Reuters Web of Science & In Cites Institutions with the highest numbers of Highly Cited Researchers, based on the authors' primary affiliations as listed on their Highly Cited Papers published between 2003 and 2013.

差强人意:2003~2012年这10年,俄罗斯发表的论文数量增长缓慢,从2003年的25573篇增至2012年的26503篇,增长率只有4%,而同期Web of Science数据库收录的论文总量增长了50%。增长缓慢意味着俄罗斯发表的论文数量在全球论文数量中的比例下降,由3%降至2.1%(见图1)。

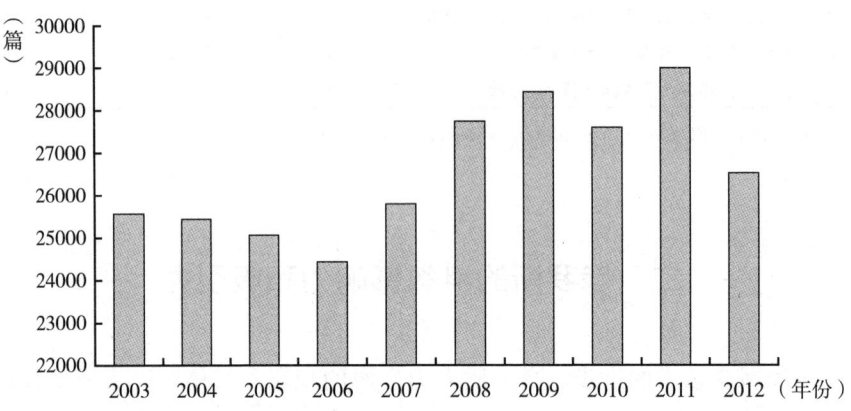

图1 俄罗斯:Web of Science 收录论文数量(2003~2012年)

资料来源:The Research & Innovation Performance of the G20, 2014。

在这10年间,俄罗斯论文的影响因子整体较低,只是在2012年有所上升,但仍比世界各国论文影响因子的平均水平低19%。自然科学是俄罗斯传统的重点研究领域,2008~2012年,俄罗斯在全球自然科学研究中所占的比例充分证明了这点,这五年期间,俄罗斯在全球研究中所占比例最大的三个研究领域是:物理与天文(6.3%),数学(4%),化学(3.5%)。在相对影响因子方面,俄罗斯得分最高的是临床医学(比世界平均水平低20%),紧随其后的是物理与天文,以及农业科学,但两者都比世界平均水平低31%。在这10年,俄罗斯的高频引用论文[①]数量及发展趋势与拥有的科研人员数量不成正比。在基本科学指标方面,2002~2011年,俄罗斯的高频引用论文在全球论文中占比最高的是物理,达到了

---

① 根据汤森路透的界定,高频引用论文是指在同年度同学科领域中被引频次排名位于全球前1%的论文。

5.7%。但是，从全球范围来看，俄罗斯在物理领域的贡献已经沦落到"二流"水平（见图2、图3）。①

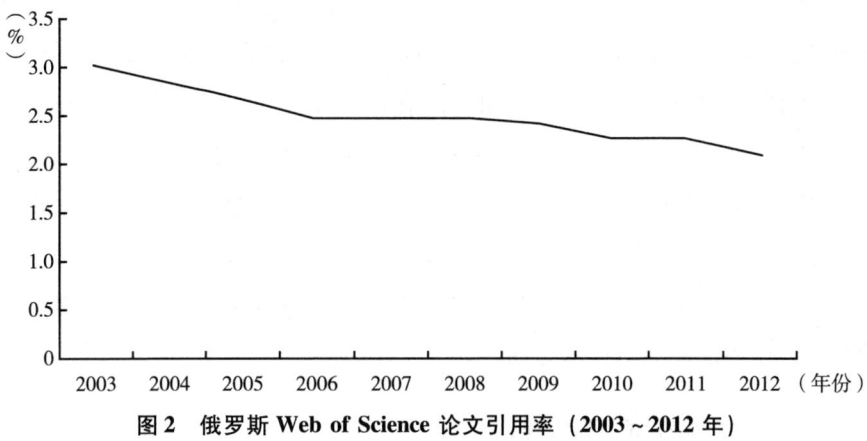

图2　俄罗斯 Web of Science 论文引用率（2003~2012年）

资料来源：The Research & Innovation Performance of the G20，2014。

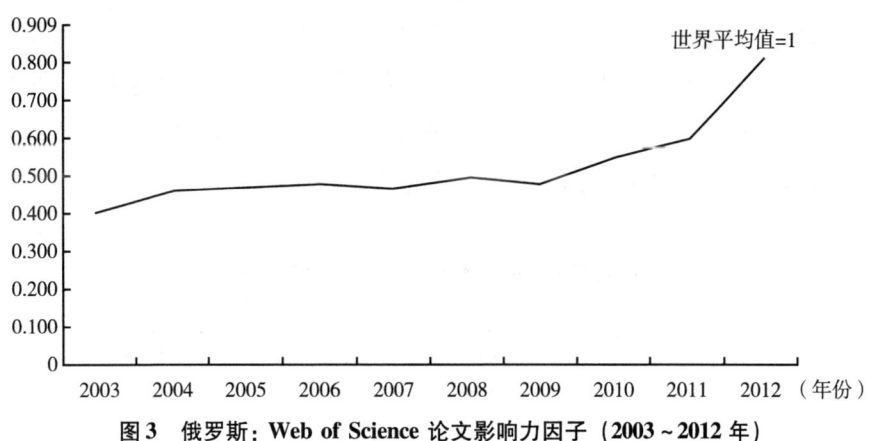

图3　俄罗斯：Web of Science 论文影响力因子（2003~2012年）

资料来源：The Research & Innovation Performance of the G20，2014。

（二）技术创新水平

在科技创新领域，长期居于前列的是美国、日本、德国、瑞士等国，中国、

---

① The Research and Innovation Performance of the G20, March 2014, Thomson Reuters.

韩国、印度等新兴科技国家的创新指数排名呈现稳步上升的态势，而俄罗斯正逐步偏离国际科研舞台的中心位置，科研成果被引用的强度和广度都急需强化。[①]

在国内创新方面，从俄罗斯官方公布的俄罗斯企业在俄罗斯申请专利的数量来看，俄罗斯比同是金砖国家的巴西和印度要高出许多，却大大少于中国的专利申请数量。与欧洲国家相比，俄罗斯的专利数量介于法国和德国之间，高于英国和意大利。2003~2012年，俄罗斯的专利数量增长很快，达到了目前年均25000项的水平。在全球排名前十的技术中，俄罗斯所占比例最高的分别是科学仪器（3.06%）、天然产品（2.63%）、工程仪表（2.21%）。从国内创新与全球专利的比较来看，俄罗斯的科研主要集中在烟草、爆炸物以及消防技术方面。[②]

（三）高等教育国际排行

俄科研机构在基础研究和创新应用中发挥的作用，与其在世界教育体系中的地位之间存在着密切关系。由于评价标准和各指标的比重存在差异，俄罗斯的科技发展和教育水平在不同机构发布的排行榜上位次有所不同，但总的来说，俄罗斯高校在世界大学学术排名、QS世界大学排行和泰晤士高等教育排名等榜单上的表现都不能列入优秀的行列（见表5）。

表5　俄罗斯入围全球最有影响力大学排名榜情况（2015年）

年度世界大学排名 （TOP500）	QS世界大学排名 （TOP500）	泰晤士高等教育世界大学排名 （TOP500）
2所	9所	7所
莫斯科国立大学、圣彼得堡国立大学	莫斯科国立大学、圣彼得堡国立大学、新西伯利亚国立大学、莫斯科国立鲍曼技术大学、莫斯科国际关系学院、莫斯科国立物理技术学院、圣彼得堡彼得大帝理工大学、托木斯克理工大学、托木斯克国立大学	莫斯科国立大学、圣彼得堡彼得大帝理工大学、托木斯克理工大学、喀山联邦大学、国立核能研究大学、新西伯利亚国立大学、圣彼得堡国立大学

资料来源：笔者根据排名表综合。

---

① 2015 Top 100 Global Innovators, November 2015, Thomson Reuters.
② The Research and Innovation Performance of the G20, MARCH 2014, Thomson Reuters.

我们借用俄罗斯在世界大学排行榜（QS World University Ranking）①上的表现来考察俄罗斯高等教育的发展状况及其在世界上的地位。

在 QS 世界大学排行榜中，莫斯科国立大学和圣彼得堡国立大学一度进入过前 100 名和前 200 名的名单，但是这两所大学的名次于 2011 年骤降——分别为第 112 名和第 251 名，此后名次不见改善：2015 年，莫斯科国立大学为第 108 名，圣彼得堡国立大学为第 256 名。不过，两所大学从苏联承袭的在自然科学领域的研究优势依然得到保持，这两所大学在"自然科学"项的排名明显好于其在"社会科学和生命科学"（生物、医学）领域的排名，2007~2011 年，莫斯科国立大学的名次排在第 27~38 名。从评定标准上看，莫斯科国立大学在"教师与学生比"指标上的排名位居前列，2011 年曾排世界第七位。在"用人单位评价"指标中，莫斯科国立大学也取得不错的成绩，排世界第 51 位。

俄罗斯其他高校进入世界前 400 名的只有鲍曼技术大学（第 231 名）和莫斯科国际关系学院（第 289 名）。在"学术声望"这一与高校美誉度紧密相关的指标上，只有 3 所高校列入前 400 名：莫斯科国立大学（第 93 名）、圣彼得堡国立大学（第 244 名）和鲍曼技术大学（位于第 301~350 名区间）。俄罗斯大学在外国学生数量（俄国内第一的莫斯科国际关系学院位居世界第 232 名）和外籍教师数量（莫斯科国立大学和鲍曼技术大学位居第 300~400 名区间）以及教师平均论文引用数量上表现最差，后者进入世界前 400 名的仅 5 所俄罗斯大学（莫斯科国立大学、鲍曼技术大学、俄罗斯国立研究大学高等经济学院、新西伯利亚国立大学以及俄罗斯人民友谊大

---

① 世界大学排行榜（QS World University Ranking）由国际高等教育研究机构 Quacquarelli Symonds（QS）研究制定。QS 世界大学综合排名运用 6 方面的具体指数衡量世界大学，这 6 个指数和它们所占的权重分别是：学术领域的同行评价（Academic Peer Review），占 40%；全球雇主评价（Global Employer Review），占 10%；单位教职的论文引用数（Citations per faculty），占 20%；教师/学生比例（Faculty student ratio），占 20%；国际学生比例（International Student Ratio），占 5%；国际教师比例（International Faculty Ratio），占 5%。2014~2015 年度，世界大学排行榜根据全球逾 6.3 万名学者及 2.8 万家招聘机构的意见，根据大学的学术声望、雇主印象、师生比例、教授论文获引用次数、国际学生和教授人数从 3000 多所大学中列出分值最高的 800 多所。

学），这5所大学的总名次均位列300名开外。①

大学排名与俄罗斯在国际市场上的教育吸引力之间存在着相互作用，经济合作与发展组织数据显示，2005年，在俄罗斯的外国留学生人数约为100000名，在世界上占比3.8%，到了2007年，这一份额则只占2%，这与当年苏联位居全球第二留学生目的地的状况相差悬殊②。俄罗斯不仅不能吸引留学生，本国学者也大量外流。据统计，23000~30000名俄罗斯科研人员在境外长期任职，还有数量与此相近的学者在境外根据协议阶段性地工作。③

三 俄罗斯为增强科教实力采取的措施及其发展前景

经历苏联解体之初的剧烈震荡之后，俄罗斯的政治、经济和社会形势逐渐好转，GDP增幅一度达到7.7%。为了保持经济的可持续增长，俄罗斯政府着力建设创新体系和发展创新型经济，对科研和教育的投入不断增加，设立各种科研基金，鼓励高校开展科研活动，加速高等教育国际化。近年来，俄政府在提升科教实力方面采取的措施主要表现在以下几个方面。

1. 以科学院改革与重组为契机，改革科研管理机制

俄罗斯现行科技体制大致可分为科学院系统、部委研究系统、企业研究机构和高校科研系统，其完备的研究体系和庞大的人员规模一直为人称道，但是各机构的研发能力却良莠不齐。据调查，在俄科研院所和高校中，只有150家科研机构维持着较高的科研能力，70%的俄罗斯专利申请数量和80%

---

① QS World University Ranking 2008 – 2015.
② Всемирный доклад по образованию 2006 г. Сравнение мировой статистики в области образования. Монреаль： Институт статистики ЮНЕСКО，http：//unesdoc.unesco.org/images/0014/001457/145753r.pdf.
③ Салтыков Б. Высшее образование в России： между наследием прошлои современными вызовами/IFRI. Nei. Visions n 29. C. 7, http：//www.ifri.org/files/Russie.

较高引用率的科研成果来自这占比10%的科研机构。①普京在科学和教育委员会的会议上，质疑其余的（90%）科研机构的工作，表示应该认真调查科研机构的效率问题。曾经在经济发展和科技进步领域发挥过引领作用的科学院遭到了俄政府的抨击。科学与教育部部长德·利瓦诺夫公开批评俄罗斯科学院"毫无生气和缺少前景"，政府投入巨大而科研成果产出少。总理梅德韦杰夫也认为，俄罗斯科学院管理体制还停留于20世纪30~40年代，这种管理机制不符合当前俄罗斯科学发展的形势。②

从2013年起，俄罗斯政府大刀阔斧地对科学院进行改革，力图解决科学院及下属科研机构的治理结构和运行机制等问题。改革的主要内容是把俄六大科研机构中的三个——科学院、医学科学院（Российская академия медицинских наук, РАМН）和农业科学院（Российская академия сельскохозяйственных наук, РАСХН）合并为"大科学院"（РАН），其财务管理权限将大为削减，其下属科研院所将与"母体"分离。同时成立一个新的机构——联邦科研机构管理署（Федеральное агентство научных организаций, ФАНО）——来管理3家科学院的原有资产和资金。目前科学院改革已近3年，但科学院与科研机构管理署之间的关系仍未磨合到位，下属各研究机构也处于改革带来的"动荡"之中，俄罗斯政府冀望的通过改革提高科技创新整体效率的战略意图并未实现。③

在2016年1月召开的国家科学与教育委员会会议上，来自科学院、高校、科研中心的各位代表在如何打造"重点研究所""领先中心"，未来哪一种科研机构在国家科学发展中起引领作用等问题上各执一词，在国家科技长期发展规划的问题上未能达成一致，反映出俄科研体系中科技资源配置不

---

① Владимир Путин провёл заседание Совета при Президенте по науке и образованию. 21 января 2016года, http：//kremlin.ru/events/president/news/51190.

② Медведев：система РАН устарела и будет реформирована//Интерфакс. 27 июля 2013 г, http：//www.interfax.ru/russia/315174.

③ Встреча с президентом РАН Владимиром Фортовым. 22 января 2016 года, http：//www.kremlin.ru/events/president/news/51196.

当，各科研机构"封闭""割据"和政令实施不畅的问题依然严重。①

2. 参与国际竞争，积极融入国际教育和学术空间

在《俄罗斯联邦教育服务输出纲要（2011~2020）》中，高等教育国际化（Интернационализация высшего образования）被确定为未来的发展方向之一。在经济全球化和世界信息化的背景下，教育的国际化是不可避免的发展趋势。苏联不承认外国学历，而本国教育资格证书又缺乏国际通行的层次标识，从而导致教育领域出现"封闭""孤立"的状况。如今这一状况随着俄罗斯高等教育体制改革的力度不断增强而被打破。

在独联体之外，俄罗斯努力融入欧洲统一高等教育体系，于2003年加入博洛尼亚进程（Bologna Process）②，希冀以此为基础，在经济、区域内外安全、教育、科技和文化领域与欧洲各国逐步建立统一发展空间。此外，俄罗斯与美国、加拿大关系的发展，以及同巴西、印度和中国双边，包括在金砖国家框架内的多边关系的发展为俄罗斯增强其在世界教育服务市场上的教育体系输出潜能，为俄罗斯教育融入世界教育空间提供了更多的机会。

从1996年的《高等职业教育和大学后职业教育法》，到2012年颁布的《所授文凭、学位和职称获得俄罗斯承认的机构清单》③，俄罗斯逐渐打开大门，与越来越多的国家达成相互认可高等教育毕业证书和学历的协议。与此同时，学制结构和学位制度的改革，即由过去的单一教育学制转变为二级教

---

① Владимир Путин провёл заседание Совета при Президенте по науке и образованию, 21 января 2016 года, http://kremlin.ru/events/president/news/51190.

② 博洛尼亚进程（Bologna Process），是29个欧洲国家于1999年在意大利博洛尼亚提出的欧洲高等教育改革计划，该计划的目标是整合欧盟的高教资源，打通教育体制。博洛尼亚进程的发起者和参与国家希望，到2010年，欧洲博洛尼亚进程签约国中的任何一个国家的大学毕业生的毕业证书和成绩，都将获得其他签约国家的承认，大学毕业生可以毫无障碍地在其他欧洲国家申请学习硕士阶段的课程或者寻找就业机会，实现欧洲高教和科技一体化，建成欧洲高等教育区，为欧洲一体化进程做出贡献。

③ Распоряжение Правительства Российской Федерации от 21 мая 2012 г. № 812 -, утверждении перечня иностранных образовательных организаций и научных организаций, которые выдают документы иностранных государств об ученых степенях и ученых званиях, признаваемые на территории Российской Федерации?

育学制，使俄罗斯的教育体制与欧洲以及世界上大部分国家教育体制进行对接，为各种教育交流，尤其是高等教育和学术交流提供更好的平台。这既有利于俄罗斯学生进入欧美大学进修，也有利于提升俄罗斯教育的吸引力，增加外国生源。

近年来，俄罗斯教育国际化还出现了诸多新形式，包括接受国外高校提供的远程教育，协作办学，设立海外校区，吸引外资创办大学，等等。但是，使用外语授课的合作教学计划，以及教学大纲完全与国际接轨的国际合作研究项目仍为数不多，因此现阶段俄罗斯高校对外合作的主要形式是与外国高校建立双边或多边的项目，与欧洲一流大学合作培养硕士的项目最为普及。上述项目毕业生在结束俄罗斯学习和在外国伙伴高校的学习后可以同时拿到2~3个大学的文凭，此类举措能够提高俄罗斯人力资本和学生的竞争力。[1]

针对俄罗斯科研机构在国际排行榜上排名不佳的问题，俄罗斯的应对之策是努力把本国的科研期刊打进国际评价体系。根据汤森路透的消息，2016年，俄罗斯最具影响力的学术刊物将被纳入其全球科研版图，Web of Science[2]将新增600多份俄罗斯科研期刊。RSCI引入Web of Science标志着俄罗斯科研机构与国际数据库的接轨进入一个新阶段，俄罗斯在国际科研领域的声誉将有望得到提高。俄罗斯教育和科学部部长德·利万诺夫一直是教育国际化的拥护者，他认为"建立一个开放的环境信息是当前国际科学发展的趋势，俄罗斯不能成为例外"，与Web of Science的合作将"把俄罗斯的科研活动带入国际统一的信息空间，在统一的平台上参与科学、教育和文化领域的对话及交流活动"[3]。

---

[1] Проект Концепции экспорта образовательных услуг Российской Федерации на период 2011~2020.

[2] Web of Science是大型综合性、多学科、核心期刊引文索引数据库。SCI（Science Citation Index）即美国《科学引文索引》，创立于1961年。

[3] Бочинин А., Ливанов: все научные организации РФ получили доступ к мировым базам данных. ТАСС. Наука 8 ноября 2015，http：//tass.ru/nauka/2416479.

3. 借力独联体和上合组织，推动区域教育一体化

俄罗斯外交部历时两年制定出《俄罗斯联邦教育服务输出纲要（2011～2020）》，把教育作为软实力外交的重要工具，通过教育服务输出来提高教育体系的竞争力，增强对外部世界的吸引力。该纲要强调指出，未来俄罗斯教育输出的优先方向是独联体国家，如支持侨民，建立欧亚联盟大学，把欧亚联盟打造为地区经济一体化中心，等等，这与俄罗斯外交政策的优先发展方向一致。

在独联体地区，俄罗斯确实拥有得天独厚的优势，如教育价格相对优惠、授课语言熟悉、学校声望高、交通便利等。目前，由俄罗斯推动的"独联体国家网络大学"（硕士培养）已经取得积极的进展。这一计划仿效欧洲的"伊拉斯谟世界项目"（Erasmus Mundus Programme）①，目的在于整合独联体国家的高等教育资源，强化区域合作和校际联系。2008年，俄罗斯人民友谊大学发起一个项目，共有来自8个国家的16所主要高校加入了网络大学，这8个国家分别为亚美尼亚、白俄罗斯、哈萨克斯坦、吉尔吉斯斯坦、摩尔多瓦、俄罗斯、塔吉克斯坦和乌克兰。加入此项目的独联体国家大学生在本国大学完成基础教育后，可前往俄罗斯，如俄罗斯民族友谊大学、莫斯科国立大学、莫斯科国际关系学院以及其他高校进行深造并获得硕士学位。该计划在惠及各参与国的同时，也有助于加强区域内的人文凝聚力和对俄罗斯教育核心地位的认同。

后苏联空间另一重要教育合作项目当属上海合作组织大学，这是在上海合作组织成员国相关高校间建立的非实体合作网络。上海合作组织大学的学生可以取得原院校的毕业证书和相应学位，并同时获得上海合作组织大学统一颁发的毕业证书，这与世界上其他大学联盟有所不同，这种合作模式主要

---

① "伊拉斯谟世界项目"，是欧盟发起的一项高等教育交流计划，该计划旨在加强欧洲高等教育质量，通过与第三国的合作，促进人与文化的对话和理解。它还致力于加强欧盟和第三国的流动，以推动这些国家的高等教育机构人力资源和国际合作能力的发展。项目支持欧洲同世界其他各国的学生交流，欧盟以外的留学生也可申请，其推广的研究生奖学金项目，旨在吸引更多来自世界其他国家和地区的学生、学者到欧盟国家学习和交流，提高欧洲大学的竞争力和知名度。

是基于成员国之间的紧密合作关系以及区域内未来人才战略的需要，主要培养硕士研究生。上海合作组织大学目前正处于起步和探索阶段，各项目院校初期原则上从硕士研究生的培养工作入手，在培养质量得到充分保证之后，再逐步扩大招生规模和学科覆盖面，包括本科生和博士学位研究生等，这一点与独联体网络大学相似。其中，区域学方向的中方项目院校已于 2011 年开始招收首批硕士研究生，并根据双边合作协议，于 2013 年上半年首次实现了与俄罗斯合作伙伴院校的学生互换交流。[①] 不过，上海合作组织大学项目院校都面临着如教学语言、培养经费、生源质量、就业前景、部分院校积极性不高等诸多困难。

俄罗斯是教育和科技潜力巨大的国家，但能否再度成为国际科技和教育竞争领域的强有力竞争者还有待观察。综上所述，俄罗斯的科技创新已经不在国际科研平台上位居前列，其创新能力、科研机构质量、政府和机构对研发的投入等因素都处于国际中等水平。在科技水平下降、大学排名不佳、奖学金锐减、社会包容度低、居住成本较高、社会安全问题突出等原因的共同作用下，俄罗斯教育对外国留学生的吸引力也明显减弱。从近期来看，俄罗斯的科教影响力只能局限在后苏联空间及少数亚洲或中东国家和地区，难以将其影响力辐射到其寄予厚望的亚洲、欧洲等地。与 30 多年前相比，总体处于下滑态势的俄罗斯科技教育水平显然难以支撑其实现大国雄心和强国梦。

---

① 高春霄、王作葵：《上海合作组织大学：打造"教育无国界"》，http：//news. xinhuanet. com/politics/2013 – 09/09/c_ 117292496. htm。

Y.11
经济下行背景下的俄罗斯民生状况

高际香*

摘　要： 民生状况关系国家的稳定和长远发展。本文在对相关数据进行分析的基础上，剖析造成俄罗斯民生状况恶化的深层次原因，评估民生状况进一步恶化的可能性及俄罗斯居民的承受能力，重点关注民生状况对俄罗斯经济发展带来的潜在影响。

关键词： 俄罗斯　经济形势　经济发展　民生状况　经济增长

随着国际原油价格的持续走低及西方制裁的延续，2015年俄罗斯主要经济数据大幅下滑，GDP同比下降3.7%。① 受此影响，俄罗斯民生状况堪忧：居民实际可支配收入下降4%，实际养老金缩水3.8%，这是自2000年之后俄罗斯首次出现居民实际可支配收入降幅超过GDP降幅，特别是直接反映民生状况的指标——零售贸易额和实际工资收入下降幅度，更是分别高达10%和9.5%。

一　2015年俄罗斯民生状况概述

（一）工资收入大幅大面积下降

在居民实际可支配收入中，下降幅度最大的是实际工资收入。2015年，

---

* 高际香，中国社会科学院俄罗斯东欧中亚研究所俄罗斯经济研究室副主任，副研究员。
① 如未做特别说明，本文所有数据来自俄罗斯联邦国家统计局。

居民实际工资同比下降9.5%，与2014年年初相比下降15%。实际工资下降波及绝大部分联邦主体居民。2015年居民实际可支配收入下降的联邦主体有73个，而2009年和2014年则分别只有48个和26个。四个主要部门——加工工业部门、服务行业、燃料动力行业和预算拨款部门实际工资收入均呈现较大幅度的下降，其中预算拨款部门下降幅度最大。因预算支出缩减，其中包括劳动报酬支出的减少，预算拨款部门平均名义工资下降，实际工资下降幅度更加明显：2015年年底预算拨款部门实际工资降至2012年年初的水平，与2014年年初相比下降16%。其他行业的实际工资下降幅度略小：2015年年底服务业实际工资与2010年年初的水平相当，与2014年年初相比下降13.5%；加工工业部门实际工资则降至2011年年底的水平，即2014~2015年年实际工资约下降7%；燃料动力行业实际工资与2014年上半年相比下降12%。

（二）行业间工资收入差距依旧较大

从名义工资看，2015年1~11月工资水平最高的是燃料动力部门，月均工资是社会平均工资的2.1~2.6倍；金融行业月均工资是社会平均工资的2倍；月均工资最低的行业是纺织和服装行业、皮革制造和制鞋行业以及农业部门，以上三个部门的月均工资分别是社会平均工资的47%、53%和58%；教育和医疗行业的平均工资收入分别为社会平均工资的79%和83%。值得注意的是，2015年俄罗斯农村产值同比增加3%，是增长率最高的行业（还有两个行业——资源开采行业和货运行业分别增长0.3%和0.2%），但行业工资水平却未有明显增加。

（三）居民货币收入中，经营性收入占比下降明显，财产性收入增加

2000~2013年，俄罗斯居民收入水平不断提高，居民收入的增加主要源于工资的提高和转移性收入。其中，转移性收入占比在2010年之后大幅增加，2011~2013年均维持在18.3%的水平。2015年与2014年相比，工资

收入在居民货币收入中占比小幅增加,从65.8%增至66%;转移性收入占比基本持平;财产性收入占比增加,从5.8%增至6.6%;经营性收入占比大幅下降,从8.4%降至7.3%。2015年经营性收入在货币收入中所占比重不足2000年的一半(2000年占15.4%)。财产性收入占比增加与俄罗斯股市的良好表现有一定关系,2015年俄罗斯股指累计上涨26.22%(见表1)。

表1 2000~2015年俄罗斯居民货币收入结构

单位:%

年份	工资收入	转移性收入	财产性收入	经营性收入	其他收入
2000	62.8	13.8	6.8	15.4	1.2
2001	64.6	15.2	5.7	12.6	1.9
2002	65.8	15.2	5.2	11.9	1.9
2003	63.9	14.1	7.8	12	2.2
2004	65	12.8	8.3	11.7	2.2
2005	63.6	12.7	10.3	11.4	2
2006	65	12	10	11.1	1.9
2007	67.5	11.6	8.9	10	2
2008	68.4	13.2	6.6	10.2	2
2009	67.3	14.8	6.4	9.5	2
2010	65.2	17.7	6.2	8.9	2
2011	65.6	18.3	5.2	8.9	2
2012	66	18.3	5.1	8.6	2
2013	66.1	18.3	5.3	8.3	2
2014	65.8	18	5.8	8.4	2
2015	66	18.1	6.6	7.3	2

资料来源:Социальное положение и уровень жизни населения России. Стат. сб. М.: Госкомстат России. 1999. 2011. 2013. 2015。

(四)贫困率提高,中产阶级在总人口中占比下降

从贫困率指标看,1992年转轨开始之际,俄罗斯的贫困率高达33.5%,整个1990年代都在20%以上。2000年以来,随着俄罗斯经济增长,居民货币收入增加,贫困人口逐年减少。2003年之后,贫困率降至20%以下,2012年低至10.7%,2013年基本与上年持平,2014年为11.2%。2015年与2014年相比贫困率增加近2个百分点,达13%。通胀因素和大部分人收

入下降导致俄罗斯中产阶级资产大幅缩水。俄罗斯总统国民经济和行政学院的调查数据显示，2015年，俄中产阶级占总人口的比例已从之前的20%降至15%（其对中产阶级的界定标准是三个条件，至少要满足其中两个条件。这三个条件：一是收入不低于地区平均工资，存款足够购买轿车；二是受过高等教育，属于专家和企业家阶层；三是自我感受，如对个人财富的评价、获取权利和尊重的自我感受符合中产标准）。①

（五）居民消费大幅缩减，消费结构呈现"低端化"倾向，储蓄倾向提高

居民消费下降集中体现在零售贸易额的变化上。2015年零售贸易额下降10%，为1970年以来最大降幅。其中食品贸易额减少9.2%，非食品贸易额下降10.7%。收入下降对居民消费行为产生了较大影响。一是居民消费倾向下降。2015年居民的商品和服务消费占收入的比重降至71.2%（2012~2014年分别为74.2%、73.6%与75.3%）。二是消费信贷缩减。2015年居民消费信贷减少了8229亿卢布，这成为抑制消费的主要因素之一。三是高端商品和服务消费大幅缩水。住房消费和汽车消费大幅缩减。2015年前11个月居民住房按揭贷款笔数同比减少32.66%，贷款额度下降35.92%；2015全年汽车销售量萎缩39%；国际旅游数量大幅减少；收入较高家庭雇用保姆和家庭护理的服务消费缩减。四是食品消费在家庭消费中所占比重增加，且低价食品消费增加。2014年居民家庭消费支出中食品支出占比为27%，2015年第二季度达28.8%。在食品消费上，居民甚至不得不减少较为昂贵商品的消费，转而寻找价格较低的替代品。从肉类消费结构变化上可见一斑：居民的肉类消费中，牛肉占比从2006年的28.8%降至2015年的10.9%，鸡肉消费占比从2006年的34.1%增至2015年的42.9%。主要原因是牛肉价格较高，而鸡肉价格相对较低。五是居民甚至缩减了节日消费。每年

---

① 中产阶级群体界定因选取的标准不同差别较大，俄罗斯社会学研究所报告认为，2015年俄罗斯中产阶级占总人口的比重为44%，按瑞士信贷银行的统计方法，俄罗斯中产阶级占比仅为4.1%。

12月一般是消费高峰,但2015年12月俄罗斯居民的日常消费支出相比11月仅增加19.4%,而2012~2014年的同期数据分别为24%、21%和25%。①

在消费缩减的同时,受汇率、利率、通胀水平变化以及对俄罗斯整体经济运行趋势预判的影响,俄罗斯居民的储蓄倾向提高。居民储蓄②占其货币收入的比重达15.4%(2008年为12.3%),为近5年来的最高比例。其中,1.5%用于国债和其他有价证券投资(2014年仅有0.8%),5%作为银行存款,4.2%用于购买外汇,2.5%用于购置不动产,其他约占2.2%。

(六)贫富差距并未加大

俄罗斯贫困率虽然有所提高,但2015年贫富差距却有所缩小。从反映贫富差距的三个指标来看,2015年均呈现贫富差距缩小的趋势。首先,从基尼系数看,2013年和2014年俄罗斯基尼系数分别为0.419和0.416,2015年是0.412。俄罗斯贫富差距低于中国和美国,同期中国为0.47,美国为0.45。③ 其次,从20%最富裕阶层与20%最贫穷阶层的收入差距看,2014年为16倍,2015年降至15.5倍。最后,2015年10%最富阶层掌握30.3%的货币收入,比2014年降低了0.3个百分点(2014年为30.6%),10%最穷阶层掌握1.9%的货币收入,与2014年持平。

二 原因分析

(一)收入下降原因

导致2015年俄罗斯居民收入下降的因素分为直接因素、政策性因素和经济结构因素。

直接因素主要有三个。一是通胀因素。2015年乌拉尔石油价格下挫

---

① http://romir.ru/studies/745_1452632400/.
② 俄罗斯国家统计局的统计标准为:储蓄包括银行存款增量、有价证券投资、个体经营者账户资金变化、消费信贷、不动产置以及居民购买牲畜和家禽的支出。
③ CIA World Factbook.

47.5%,与之高度相关的卢布名义有效汇率下降33.7%,通胀率被推高至15.6%。高通胀不仅侵蚀了居民工资收入的购买力,也使中产阶级的资产大幅缩水。二是失业因素。2015年俄罗斯失业率为5.6%。虽然官方统计的失业率不高,但是隐性失业有所增加。2015年前三季度非全日制工作(一周工作30小时以下)和临时"被放假"的就业人员占8.8%(2014年同期为8.3%)。[1] 三是实体经济盈利水平下降因素。受制于有效需求缩减、成本上升、贷款利率居高不下和国际市场融资困难等投资硬约束的影响,实体经济盈利水平下降,进而减少了居民的经营性收入。

政策性因素也有三个。一是国家削减了预算拨款部门人员的工资。俄罗斯约1/3劳动力在预算拨款部门就业,10%为国有公司就业人员,这部分人员名义工资下降对居民收入下行产生了一定的影响。二是反制裁措施的影响。2015年在欧美没有取消对俄罗斯制裁的情况下,俄罗斯继续推行"以牙还牙"的反制裁措施,禁止从美国、欧盟等国家和地区进口水果、蔬菜、肉类、鱼、牛奶和其他乳制品等,与土耳其发生冲突后,开始限制土耳其食品进口,这在某种程度推高了食品价格(2015年食品价格上涨19.1%),从而也对通胀率产生了一定的推高作用。三是俄罗斯反危机政策的侧重点发生了变化。如果说2008~2009年俄罗斯反危机的侧重点是通过提高工资和增加养老金支撑内需,则2015年政策的重点在于增加投资。2015年上半年,俄罗斯5次降低关键利率,从17%降至11%,目的在于刺激投资。第四季度在国际石油价格大幅下挫,卢布进入新一轮贬值通道后,俄罗斯不再大力干预汇市,几乎任由卢布贬值,也不再加息,关键利率继续保持在11%的水平,对通胀率提高采取了容忍的态度。

当然,导致居民收入下降的根本原因还是俄罗斯能源出口型的经济结构,在国际市场石油价格大幅下挫的背景下,居民收入下降难以避免。

---

[1] Гуревич В. С.,Колесников А. В. Оперативный мониторинг экономической ситуации в России:тенденции и вызовы социально-экономического развития № 2(20)Февраль 2016.

（二）贫富差距缩小原因

贫富差距缩小的主要原因在于政府的转移支付政策对低收入人群的收入水平起到了一定的"托底"作用。2015年居民货币收入中转移性收入占18.1%，甚至比2014年高0.1个百分点。其中对退休人员和多子女家庭给予了较大幅度的支持：2015年养老金月平均为11984卢布，同比提高11.2%；2015年1月起对多子女家庭的补贴提高5.5%。

（三）贫困率上升原因

贫困率上升的主要原因是在通胀高企的状况下政府大幅提高了最低生活保障线。从2015年1月起最低社会保障线提高20.5%，比同期通胀率15.6%高出了近5个百分点，劳动力人口的最低生活保障线为月10455卢布，退休人员为月7965卢布，儿童为月9472卢布。贫困人口最低保障标准的提高，将部分按原来标准不属于贫困人口的人员划入了贫困人口，从而使俄罗斯的贫困率有所上升。

三 2016年民生状况及俄罗斯居民承受能力预判

2016年俄罗斯民生状况还将进一步恶化。判断基于如下几点理由。

一是鉴于目前的国际石油市场价格和制裁因素，2016年俄罗斯经济将继续衰退，在此背景下改善民生状况几乎没有可能。

二是在以乌拉尔石油价格50美元/桶为基础编制的2016年预算草案中，俄罗斯已大幅削减了医疗和教育支出。教育支出占GDP的比重从4.1%降至3.6%；医疗支出占比从3.4%降至占3%。以不变价格计算，2016年教育支出与2012年相比缩减14%，医疗支出缩减20%。2016年以来，石油价格下挫，在30美元/桶上下浮动。鉴于此，有可能在3月底对预算草案进行修订。民生支出被进一步缩减的可能性加大。目前已确定国家公务员薪酬缩减10%。

三是为增加预算收入，俄罗斯政府开始加税。俄罗斯政府将从2016年4月1日开始增加石油产品消费税，同时授权财政部研究对不健康食品征税，恢复"统一社会税"的提议也正在探讨中。加税的其他方案有可能进一步推出。税收增加的部分最终会由消费者承担，无疑会对居民收入产生影响。

但是俄罗斯民生状况的恶化程度还不至于令民众无法承受，贫困率和贫富分化问题也不会特别严重，原因在于以下四个方面。

首先，政府将进一步发挥民生领域的"托底"作用。从2016年1月开始，俄罗斯已把最低月工资标准上调4%，达6204卢布。从2016年2月1日起，养老金将增加4%。鉴于2016年9月将进行国家杜马选举，即使调整预算，养老支出缩减的可能性也不大。

其次，在民生保障领域，俄罗斯政府还有一定的财力保障。截至2016年1月俄罗斯国民财富基金规模为711.5亿美元，相当于GDP的6.8%。根据俄罗斯联邦预算法的规定，国民财富基金主要用于俄罗斯公民自愿养老储蓄金的协同缴费，以及弥补养老基金赤字。虽然目前关于用国民财富基金弥补预算赤字的方式正在商讨中，但不会严重背离国民财富基金设立的初始目标。

再次，城市居民"乡间居所"的食品补充功能尚待发挥。俄罗斯城市发展中产生了一种独特的现象，2/3的城市家庭在郊区拥有居所①。乡间居所大多被当成季节性第二居所使用，是春季到秋季在乡间休闲和从事农业耕作的休憩之所。经济条件好的时候，"乡间居所"的休闲作用较强，经济条件恶化时，其农耕功能就会凸显。苏联解体后的经济危机年代，很多俄罗斯人依靠"乡间居所"地块上种植的土豆、蔬菜和水果度过了食品匮乏、物价飞涨的艰苦岁月。如果俄罗斯民生状况进一步恶化，郊区居所的农耕作用自然会发挥出来，俄罗斯居民不会有食品不足之虞。

最后，俄罗斯存在大量灰色就业。俄罗斯高等经济学校校长库兹米诺夫在盖达尔经济政策研究所建所25周年会议上称，俄罗斯灰色经济占GDP比重为40%～50%，灰色就业约占50%。虽然灰色经济可能造成政府税收损

---

① Т. Нефедова, Российские дачи как социальный феномен, SERO, №15, осень-зима 2011.

失，进而造成政府公共产品供给不足等危害，但灰色就业收入维持居民生活水平的作用不言而喻。

四 民生状况对经济发展的影响

虽然从上述分析可以看出，2016年俄罗斯民生状况严重恶化进而引起社会动荡和政治动荡的可能性较小。但民生状况不佳、消费者信心指数下滑等释放出的内需不足信号会抑制投资从而影响经济发展，这是未来俄罗斯经济发展中的隐忧。实际上民生制约经济发展的问题在2015年已经显现。2015年以支出法计算GDP得出的结果是：内需导致GDP下降5.4个百分点（1995年以来的最低值）；固定资产投资致使GDP下行1.6个百分点；支撑GDP增长的是净出口，其拉动GDP增长6.2个百分点。由此可见，2015年俄罗斯GDP下降3.7%的主要因素是因民生状况恶化导致的内需不足所致。在依靠内需和出口拉动经济增长难有作为的情况下，俄罗斯的政策导向更多偏向于通过投资支持实体经济发展。从2016年3月1日俄罗斯政府推出的反危机计划可以看出其政策导向的变化。2016年反危机计划总金额为8800亿卢布，侧重点是最大限度减轻经济衰退对居民生活的影响，向地方提供财政支持的同时支持面临困难但具有显著增长潜力的行业，如汽车工业、轻工业、农业、住房建设等。除了预算投资外，其他来源的投资规模很大程度上受制于内需。在居民有效需求不足的情况下，其他来源的投资规模会受到影响。从俄罗斯固定资产投资来源结构看，主要投资还是来自预算投资和企业自有资本，资本市场、银行体系和外资对俄罗斯经济的贡献较小。2010~2014年，预算资金在俄罗斯固定资产投资中平均约占18.4%；企业自有资金平均约占44%；银行贷款约占9%；靠发行公司债券吸纳的资金占约0.03%，依靠股票发行吸纳的资金约占1%；外资约占1%。可见，除了预算投资部分，其他来源的投资都会受内需不足制约。由此，民生状况恶化降低内需，影响固定资产投资，在国家支出缩减的情况下，支撑经济增长只能减少进口，经济增长方式将越来越不健康。

Y.12
2015年俄罗斯民众的社会情绪

李 莉*

摘 要： 2015年，俄罗斯民众社会情绪总体上趋于正向。俄罗斯民众对当前国家发展道路、普京执政工作的认同感增强，大国意识复兴、爱国主义情绪高涨，上下阶层基本达成"后克里米亚共识"。同时，俄罗斯民众对经济前景预期的悲观情绪攀升，反美、反西方情绪上扬，但这种社会情绪尚未危及政治稳定和社会认同，因政治、经济需求而发生大规模群体事件的可能性较小。俄罗斯民众当前的社会情绪状况既受到国民性的深刻影响，也与乌克兰危机事件后强国意识和爱国情绪高涨紧密相关。

关键词： 社会情绪　国民性　强国意识　保守主义

社会情绪是一定政治、社会和文化背景下公众群体的价值判断和心理认知，是社会变迁进程中具有动力倾向的核心要素，主导社会舆论空间乃至国家政治议程。国家政治系统的稳定性及运转的有效性，很大程度上取决于能否敏锐地捕捉民众的诉求，获得大部分社会成员的情感和心理认同，形成政治合法性的稳定支撑。对社会情绪的研究和关注能够从底层民意获悉一国的政治稳定性和国家治理的合法性。

2015年，俄罗斯面临西方经济制裁、国际油价下跌等问题，经济结

---

* 李莉，中国社会科学院俄罗斯东欧中亚研究所助理研究员。

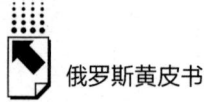

构调整与国家治理模式依然没有有效运转，物价上涨、通货膨胀导致民众生活水平下降。与此相悖的是普京总统的支持率依然高企，普京仍享有非常高的政治威望。俄罗斯两大民调机构的数据显示，普京的支持率高达80%以上。2013～2015年，俄罗斯经济连续三连降，GDP增速从1.3%下降到0.7%，再到-3.7%①左右；而普京个人支持率实现三连升，从46%上升到64%，最终维持在87%～88%。② 总体而言，2015年，俄罗斯民众社会情绪趋于正向，民众对当前国家发展道路、普京执政工作的认同感增强，对经济前景预期的悲观情绪上升，反美、反西方情绪上扬（见表1、表2）。

一 俄罗斯民众对经济前景的悲观预期上升

　　普京在前两个任期内实现了"秩序"、"稳定"和"发展"，俄罗斯民众生活水平得到很大提高，部分地弥合了寡头经济造成的社会上层权力精英与底层民众的分裂，缓解了由此而导致的社会情绪紧张和焦虑。普京第三任期的主要战略目标是致力于促发展、保民生，经济问题是所有工作的核心，而解决社会发展任务和民生问题的基本条件就是恢复经济稳步增长。然而2015年俄罗斯经济形势并不乐观，持续下滑的油价和快速贬值的卢布重创俄罗斯经济，GDP不升反降（下降3.7%③），投资环境持续恶化，外逃资本严重。俄罗斯民众对国家整体状况的评价下滑，对经济危机的悲观预期在逐渐上升。

---

① http：//www.gks.ru//wps/wcm/connect/rosstat_main/rosstat/ru/statistics/accounts/#/2016-02-28.
② Президент всех россиян：Пресс-выпуск：№2983-24. ноября 2015г, http：//www.wciom.ru/2015-11-26.
③ http：//www.gks.ru//wps/wcm/connect/rosstat_main/rosstat/ru/statistics/accounts/#/2016-02-28.

表 1　总体上你是如何评价当前国家状况的*

单位：%

时间	2012年9月	2013年9月	2014年9月	2015年1月	2015年2月	2015年3月	2015年4月	2015年5月	2015年6月	2015年7月	2015年8月	2015年9月	2015年10月	2015年11月	2015年12月
非常好	1	2	2	1	1	1	2	2	1	1	1	1	1	0	1
好	10	12	12	13	12	16	16	18	15	15	11	16	17	12	12
正常	51	53	69	66	68	66	62	65	68	65	67	60	62	63	62
差	30	25	14	12	10	10	12	10	9	12	14	15	14	15	16
非常差	4	4	1	4	4	3	4	2	3	3	4	4	3	5	6
很难回答	4	4	2	4	4	4	4	3	4	4	3	4	3	5	3
社会情绪指数**	28	38	68	64	67	70	64	73	72	66	61	58	63	55	53

注：* Социальные настроения россиян в сентябре: Пресс-выпуск №2956 和 Социальные настроение россиян по итогам 2015года: Пресс-выпуск №3014. http://www.wciom.ru/.
** 社会情绪指数：正向情绪减去负向情绪的差值（-100～100），数值越大情绪指数越趋正向。

表 2 关于经济危机有各种观点你是如何认为的：正在经历最艰难时期、已经过去或是仍将持续*

单位：%

时间	2012年9月	2013年9月	2014年9月	2015年1月	2015年2月	2015年3月	2015年4月	2015年5月	2015年6月	2015年7月	2015年8月	2015年9月	2015年10月	2015年11月	2015年12月
已经度过	27	28	33	11	16	22	25	33	25	27	21	19	24	18	19
正在经受	28	24	19	31	30	30	30	28	23	25	25	23	24	20	22
还将持续	37	36	36	50	46	40	36	31	44	40	44	48	44	52	52
很难回答	8	12	12	8	8	8	9	9	8	8	10	10	8	10	7
社会期望指数**	-38	-32	-22	-70	-60	-48	-41	-26	-42	-39	-47	-52	-44	-54	-55

注：* 根据 Социальные настроения россиян в сентябре: Пресс-выпуск №2956 和 Социальные настроение россиян по итогам 2015 года: Пресс-выпуск №3014 整理而成，www.wciom.ru/.

** 社会期望指数：正向情绪减去负向情绪的差值（-100～100），数值越大情绪指数越趋正向。

由表1可见，2015年关于国家总体状况的评价指数从5月的73下降到12月的53，悲观预期指数上升。

在西方制裁不断加压的情况下，俄罗斯民众对当前国家经济困难及其持续时间有更趋悲观的心理预期。如表2所示，到2015年年底，俄罗斯民众认为经济危机还将持续的人达到52%，社会期望指数下降到-55。人们开始担心经济危机继续升级，家庭生活水平持续下降。舆情显示，2015年俄罗斯民众最为担心的三个问题：首先是经济问题，其次是低工资、低生活水平，最后是高通货膨胀、高物价。①"一半以上受访者认为生活条件和生活水平还会继续变差，西方经济制裁会对食品的价格产生影响。86%的民众认为食品已经上涨或者将要上涨；61%的民众认为近期俄罗斯居民生活水平开始降低、物价上涨以及经济危机；53%的民众认为在未来将会出现食品问题。"②

在整体经济形势严峻的条件下，俄罗斯私有化和市场经济体制的改革并没有获得更多的支持和拥护。在有关"你认为什么样的经济体制是更正确的：是建立在国家计划和分配基础上还是建立在私有制和市场关系基础上"的调查中，2015年的数据显示：选择国家计划经济体制的人占55%，选择私有制和市场经济的人占27%。③这从经济体制的视角解释了为什么在经济形势不好的情况下，普京的强权国家治理反而获得更多民众的支持。

二 俄罗斯民众反美、反西方情绪上升，民族主义和爱国主义情绪上扬

克里米亚并入俄罗斯后，受西方经济制裁的持续影响，俄罗斯民众反美、反西方情绪上升，民族主义、爱国主义情绪上扬。乌克兰危机后，俄罗斯民众认为克里米亚并入俄罗斯带来的是荣誉和复兴的信号，民众对国家领

---

① Пресс-выпуск №3029, http：//www. wciom. ru/2016 - 02 - 26.
② Социальные настроения. Итоги 2014, http：// www. rusrand. ru/2015 - 06 - 11.
③ Предпочтительные модели экономической и политической систем, http：//www. levada. ru/ 2016 - 02 - 26.

导人在克里米亚问题上所采取的应对措施是认同的,是"收复失地"和"大国复兴",普京被赋予了民族英雄的形象。舆情调查"为什么你认为克里米亚应该入俄并请列举原因"时,其中57%的受访者认为克里米亚自古以来就是俄罗斯的领土;20%的人认为是通过全民公投的结果;11%的人指出克里米亚两个世纪以前与俄罗斯及俄罗斯历史有紧密联系;10%的受访者认为230年前俄罗斯曾经占领过克里米亚。① 这一调查再次印证了俄罗斯国民性中固有的扩张意识和领土情结。与此相伴而生的是俄罗斯国内反美情绪高涨。2015年,俄罗斯民众认为美国政府对俄罗斯是友好的占3%,不太友好的占32%,敌对的占59%,说不清的占6%。② 列瓦达的调查数据也显示,71%的俄罗斯民众认为美国在世界上是阴暗的角色,这种反面评价是最近8年以来的最高值。③ 在另外一份关于恐怖主义威胁的报告中,22%的受访者认为恐怖威胁来自美国,13%的人认为来自宗教极端主义,7%的人认为来自乌克兰,3%的人认为来自高加索。④ 两份调查显示,目前俄罗斯民众将美国看作最大的敌人和恐怖威胁,甚至排在宗教极端主义之前。

在多数俄罗斯人看来,俄罗斯眼下面临的困境如卢布崩盘、物价上涨、经济状况恶劣等问题都是西方干涉俄罗斯内政的结果,把经济问题归咎于西方的制裁和打压。西方的目标是给俄罗斯制造麻烦,让俄罗斯陷入困境,挑动民众起来参加街头革命。俄罗斯社会学者认为:"糟糕的经济状况目前尚不足以撼动普京的个人支持率,民众对经济现状的理解是一码事,而总统是另一码事。"⑤ 普京指出:"美国等西方国家总是私下里干涉俄罗斯的内政,

---

① Российско-украинские отношения. Крым наш. Левада-Центр,http://www.levada.ru/2015-11-25.
② Россия и Америка: вчера, сегодня... Завтра? Пресс-выпуск №2917,http://wciom.ru/index.php?id=236&uid=115365/2015-12-03.
③ Враждебность к США в России сохраняется, http://www.levada.ru/2015/10/14/vrazhdebnost-k-ssha-v-rossii-sohranyaetsya/2015-12-03.
④ Террористическая угроза России: новые источники: Пресс-выпуск №2698,www.wciom.ru/2015-06-11.
⑤ Социологи оценили политические риски Путина на фоне краха экономики,http://www.mk.ru/politics/2016-02-03.

企图在俄罗斯周围建立一道几乎并不新的铁幕。针对俄罗斯的遏制政策多年一直存在，没有几百年也有几十年，每当有人认为俄罗斯变得过于强大和独立自主了，就马上启动这些手段。"① 实质上，强调俄罗斯今天的发展困境完全是西方干涉的结果，西方的目的是围追堵截，防止俄罗斯民族复兴的言论，极大地掀起了俄罗斯的民族主义和爱国主义浪潮，触发并挑动着俄罗斯民族心底深处强烈的屈辱感和自尊心。由此可见，"社会挫败感和危机前景的预期转化为对外部敌人——西方国家的指责和对抗，乌克兰危机事件成为社会矛盾的承担者"②。

三 对国家发展道路和普京的认同感增强

2015年，普京总统个人的支持率直线上升，创下历史新高，85%以上的民众对普京工作给予了肯定的评价。这再次说明民众对普京保守主义执政理念和路线具有较强的认可度，在未来一段时间内仍会成为普京执政合法性的社会基础，也是俄罗斯中期政治局势稳定的民意基础。在内忧外患的政治生态下，在"民族主义""爱国主义"情绪的渲染下，俄罗斯民众认为只有普京才能建立一个强大的国家，才能保证俄罗斯人的利益和俄罗斯人的民主价值。2015年11月关于"铁腕"的民调显示："认为我们的民族一贯需要'铁腕'的受访者占32%，在某些情况下（如当前形势）需要将全部权力集中到一个人手里的受访者占39%。"③ 这倒也符合俄罗斯"在危机时刻让渡权力给予国家和政府"的历史传统（见图1、图2、图3）。

---

① Послание Президента Федеральному Собранию，5 декабря 2014 года，http：//www.kremlin.ru/2014-12-05.
② Развитие социальных и политических настроений россиян зависит от конфликта на Украине，http：//www.finam.ru/2015-06-15.
③ 《Сильная рука》и преемственность власти，пресс-выпуски，http：//www.levada.ru/2015/12/03/silnaya-ruka-i-preemstvennost-vlasti/2012-12-03.

俄罗斯黄皮书

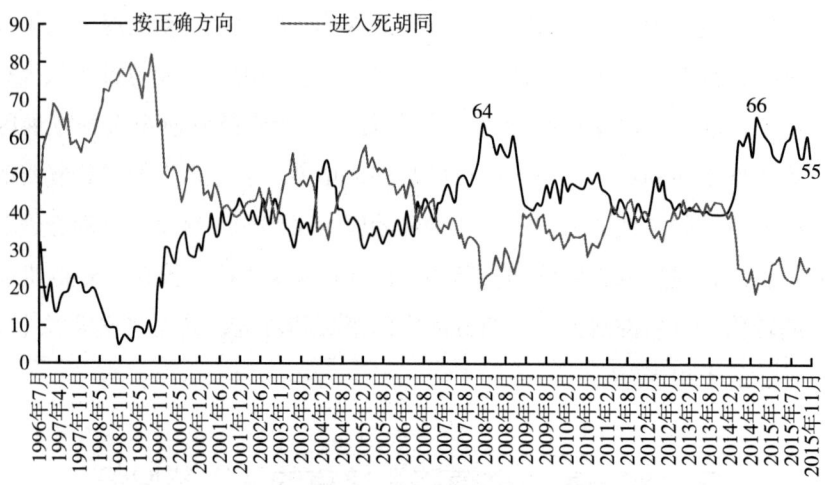

图1　你认为国家事务正沿着正确/不正确道路前进

资料来源：Ноябрьские рейтинги одобрения и доверия，http：//www.levada.ru/2015/11/25/noyabrskie-rejtingi-odobreniya-i-doveriya-3/2015-12-03。

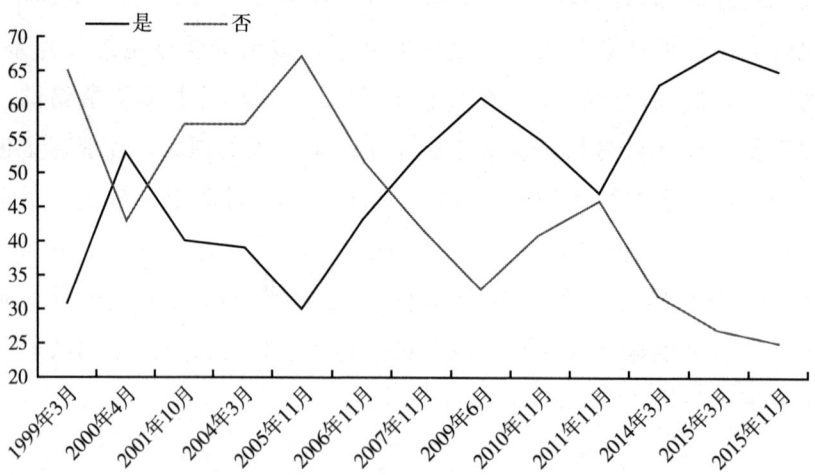

图2　今天的俄罗斯是强大的国家吗

资料来源：Представления о нынешней России и ожидания от будущего，http：//www.levada.ru/2015/11/30/predstavleniya-o-nyneshnej-rossii-i-ozhidaniya-ot-budushhego/2015-12-03。

2015年俄罗斯民众的社会情绪

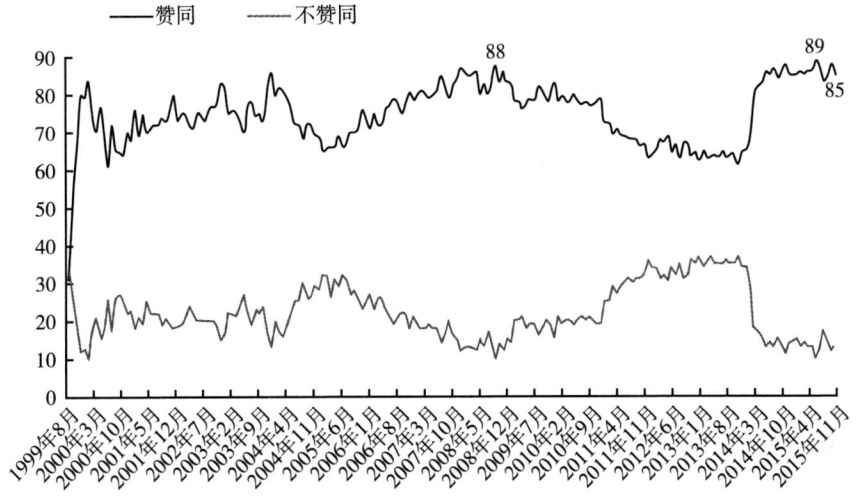

图3　整体上你是赞同/不赞同普京的工作

资料来源：Ноябрьские рейтинги одобрения и доверия, http：//www.levada.ru/2015/11/25/noyabrskie-rejtingi-odobreniya-i-doveriya-3/2015 – 12 – 03。

图1～图3显示，俄罗斯大部分民众认为国家正在沿着正确的发展道路前行。2015年的数值基本处于55%～66%，说明俄罗斯民众对普京国家治理模式和发展道路有很强认同感（见图1）。俄罗斯强国主义意识上扬，特别是在克里米亚并入俄罗斯之后，2015年的数值基本在65%以上（见图2）。民众对普京个人支持率达到历史新高89%，且全年在85%～89%高位波动（见图3）。民调数据直观地说明普京保守主义发展道路仍有较强民意基础，在今后一段时间内保守主义仍然是俄罗斯主流的社会政治思潮，也是被社会普遍接受的一种政治价值取向。它主张加强国家权威和民族意识，反对照搬西方的经验，强调历史传统、国家发展道路的独特性以及爱国主义精神。特别是乌克兰危机后，这种保守思潮更多地带有主动和自发的意味。"保守主义思想不在于阻止向前、向上的运动，而是阻止向后和向下运动，阻止向混乱的黑暗和落后状态的回归。"[①] 保守主义反对革命、混乱和无序，

---

① Послание Президента Федеральному Собранию. 12 декабря 2013 года，http：//www.kremlin.ru/2013 – 12 – 13。

俄罗斯黄皮书

主张渐进和改良式的发展道路。这一立场得到俄罗斯大部分民众和上层精英的赞同,俄罗斯中期政治稳定有较强的民意和社会基础。

四 俄罗斯中期政治稳定可以预期,发生大规模群体性事件的可能性较小

从俄罗斯政治生态和社会情绪的客观环境来看,中期政治稳定是可以预期的。社会稳定取决于政治秩序的合法性,是指政治系统使民众产生和坚持现存政治制度是社会最适宜制度之信仰的能力,需要公民、制度和文化三个方面的配合,富有吸引力的社会共有价值对于有效引导和管理社会情绪非常重要。一个国家政治系统能够有效地进行运转,敏锐地捕捉民众的诉求,就容易得到大部分社会成员的认同,因而能够保持社会稳定。媒体作为第四权力在社会生活中的作用越来越大,更多地影响政治进程和国家意志。而互联网的兴起为国家管理舆情和社会情绪提出了新挑战。近年来,俄罗斯政府在管理、引导和控制媒体方面采取了多项措施,如收购电视台、出台相关法律(如网络管理法)、加强对非营利组织资金来源的管控。通过主流媒体进行积极正面的宣传,防止西方对俄罗斯社会的渗透,预防群体性事件和消极情绪的蔓延。通过全俄人民阵线和群众的联系来搭建权力与民众对话的平台,及时了解社会情绪和民众诉求。

2015年,俄罗斯政治生态较为平稳,反对派几乎没有大的作为。一方面,由于普京对反对派的打压、排挤和对社会管控能力有所提升,使反对派对政治体系基本不再产生威胁;另一方面,反对派领袖和激进分子也失去了大部分民意基础,特别是在爱国主义风潮的裹挟下,反对派几乎失去了合法话语权。危机时期市民阶层革命的意愿并不强烈,危机期间这些社会群体的脆弱性增加。20世纪90年代的动荡带给俄罗斯民众的苦难记忆尚未忘却,激进革命带来的经验教训是应该有更多的理性主义、克制和妥协。反对派更多情况下提出的是一种希望,"乌托邦"式的希望,一个空洞的"没有普京的时代前景",但是并没有提出有效的、建设性的替代方案,而普京似乎能

比其他人提供更多的确定性。

另一舆情调研机构的数据同样证明了这一点,当回答"在你生活的城市/农村,因生活水平下降而发生群体行动的可能性"问题时,2015年8月数据显示,认为很可能不会发生的受访者达到76%,而回答很可能会发生的受访者占17%;在回答"如果发生了这样的群体行动,你个人打算参与否"的问题时,80%的受访者表示可能不会参与,13%的受访者表示可能会参与。在回答"在你生活的城市/农村,因为政治需要而发生抗议行为(游行、集会、罢工)的可能性有多大"的问题时,2015年8月的数据显示,认为"很可能不会发生"的受访者达到79%,认为很可能会发生的受访者占15%;对于"如果因政治需求而发生了抗议行动,你个人打算参加与否"的问题,回答"很可能不会参与"的受访者占比高达84%,回答"很可能会参与"的受访者占10%。①

上述两大舆情机构的数据显示,俄罗斯因政治或经济原因而发生大规模群体性事件、抗议或游行示威活动的可能性并不大,即便发生了该类群体性事件民众参与意愿也不强烈。因政治需要而发生抗议行为的可能性较经济问题还要小,参与意愿也更弱些。俄罗斯的历史亦是如此,历史上多次改革、动乱和革命,最后的结果往往是国家主义的强化。俄罗斯"父权制"思想意识根深蒂固,当受到外界条件的刺激时,俄罗斯民众往往让渡权力给国家,寻求政治强人或民族英雄的庇护。

结　语

2015年,俄罗斯社会情绪总体趋于正向,保守主义仍是主流政治思潮,中期政治稳定可以预期。克里米亚并入俄罗斯联邦及随后西方的经济制裁,客观上将俄罗斯整个社会被动地团结起来,各阶层、各党派的立场空前一

---

① Протестный потенциал:август 2015,http://www.levada.ru/2015/09/15/protestnyj-potentsial-avgust-2015/2015－12－03.

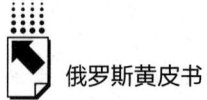
俄罗斯黄皮书

致,反对派几乎销声匿迹。俄罗斯历史上形成的对西方世界价值观念本能的抗拒心理,力图维护大国形象、重返世界大国舞台等因素,导致西方制裁让俄罗斯民族主义情绪高涨。面对的外部压力越大,俄罗斯民族情绪的反弹力度越大,对国家和权威的依赖感则更强。外部世界的压力更可能演化为俄罗斯民族内部团结的动力,上下一致,共同克服困难。这种国民性正是俄罗斯权威体制得以存在和发展的肥沃土壤,是影响社会情绪的深层因素,也是俄罗斯社会运行与国家发展的特殊性。但是,这种外部压力下的社会稳定同时也存在脆弱性和时效性的风险。

一方面,2015 年俄罗斯社会情绪保守主义占据上风,并附带有民族主义的色彩,但民族主义常常是一把双刃剑。民族主义不仅表现为政治意识形态,更表现为一种公共文化和一种替代性的政治宗教形式。① 民族主义经常伴随着消极、非理性的社会情绪,民族主义对于俄罗斯来说也是一种可怕的力量。爱国主义高涨可能转化成爱国主义狂热,过高估计自己的力量和过低评价风险性。"当乌克兰危机被成功地调解甚至冻结时,这个因素可能会更快地弱化。这样在持续经济危机的背景下,对外政策在民众意识中会很快被当前物质状况的恶化所替代。"②

另一方面,通过对社会舆情数据的考察与分析,可以做出基本判断:克里米亚的政治资本还会持续发酵。虽然目前俄罗斯的经济状况非常糟糕,但持续尖锐、冲突的对外政策在一定时间内维持了总统的支持率居高不下,并且消解部分国内矛盾,使俄罗斯上下层阶层基本达成"后克里米亚共识"。正如俄罗斯社会学者指出的,在老百姓眼里,经济问题是一码事,普京是另一码事。但不可否认经济问题、民生问题仍然是稳定的关键。普京在最近一期国情咨文中也强调了俄罗斯的经济形势相当严峻,应该对西方制裁可能加强和延期,

---

① [英]安东尼·史密斯:《民族主义·理论·意识形态·历史》,叶江译,上海人民出版社 2011,第 3、39 页。
② Развитие социальных и политических настроений россиян зависит от конфликта на Украине,http://www.finam.ru/2015-06-15.

原料价格下降周期延长，资金储备使用完毕等客观问题有所预期和准备。① 这些因素都极有可能会成为影响稳定的潜在因素。"如果经济状况持续恶化，可能会动摇俄罗斯精英的信心。他们公开表达不满的可能性不大，但未来可能会转向消极怠工。"②

经历过20世纪90年代苦难且尚对此记忆犹新的俄罗斯民众，仍对当前社会状况和个人生活有较强的克制力和忍耐力，但这是一种面对西方打压，被动和消极的反抗，带有些悲壮色彩和自我牺牲精神。如果俄罗斯长期处于政治体制退化、经济发展停滞的状态，俄罗斯的社会情绪可能转化成社会稳定的潜在威胁。

---

① Послание Президента Федеральному Собранию, 3 декабря 2015 года, http：//www.kremlin.ru/2016－02－26.
② Настроения российских элит после Крыма, 15 ноября 2015г, http：//www.levada.ru/2015－11－15.

Y.13
危机条件下俄罗斯人的日常生活

马 强*

摘　要： 2015年，经济危机已经深刻地影响了俄罗斯民众的日常生活。这种影响主要体现在物质生活方面，物价升高、收入降低让民众的物质生活水平下降，对低收入群体影响更大。危机引发了负面和不满的社会情绪，但是多数俄罗斯民众仍保持着稳定的社会心理和对危机的忍耐力。面对危机，多数民众相信总统普京能带领他们走出困境，同时，越来越多的俄罗斯人希望通过自己的力量度过危机。危机条件下，多数俄罗斯人并不想通过积极甚至极端的方式为自己争取利益，目前看来，经济危机引发社会抗议运动和政治危机的可能性较小。

关键词： 经济危机　俄罗斯　日常生活

回首2015年的俄罗斯，危机绝对是关键词。这一年，俄罗斯遭遇了苏联解体以来的第三次经济危机①：从内部看，俄罗斯资源出口型的经济结构在国际油价下跌的环境下面临困境；从外部看，乌克兰危机以及收回克里米亚以后的西方制裁让俄罗斯经济雪上加霜。年终岁末，"危机"成为俄罗斯政商界、学界、媒体盘点俄罗斯过去一年的焦点，危机条件下的俄罗斯成为研究俄罗斯的学者共同的话题。当我们关注国家经济势态、政治走向等

---

* 马强，中国社科院俄罗斯东欧中亚研究所俄罗斯政治社会文化室助理研究员。
① 前两次经济危机发生在1997~1998年、2008~2009年。

"国计"的同时,危机条件下俄罗斯人的"民生"也理应进入我们的视野,因为俄罗斯人在经济危机之下日常生活和社会心态发生了变化,民众对危机的态度可能会对社会秩序和政局产生影响。因此,我们需要解答如下问题:危机之下,俄罗斯人的日常生活受到怎样影响?俄罗斯人如何度过危机?危机是否会激发社会矛盾,从而引起俄罗斯政治和社会危机?关于这些问题,俄罗斯科学院社会学研究所发布的调查报告《俄罗斯社会:在危机和制裁下的一年》[1](以下简称《报告》)通过调查数据对此进行了深入的分析和解读。同时,结合本人在俄罗斯的亲身经历以及对俄罗斯民众的访谈,可以对调查报告的数据做出更为深入的诠释,以求对危机条件下俄罗斯人的日常生活进行更为全面和立体的呈现。

一 危机对俄罗斯人日常生活的影响

此次经济危机从2014年开始,一直延续到2015年。2015年岁末,逐渐从"克里米亚之春"集体兴奋中清醒过来的俄罗斯民众已经能明显感受到危机的存在。大多数俄罗斯人(约60%[2])认为俄罗斯处于危机状态,这个数字自2014年以来持续增长,2015年年末,已经增长10%。在2015年一年,人们就已经强烈地感受到了危机的影响,认为"自己未受危机影响"的受访者从2015年3月的17%已经下降到10月的9%。在危机之中,2/3的俄罗斯民众(69%)认为如今的生活变得更差,表现为以下方面:社会经济水平下降、就业环境不佳(51%~63%);医疗制度和居住状况变差(33%~38%);社会失序,社会道德、社会公平、腐败等问题丛生(35%~36%)。从以上数据中我们可以发现,危机对日常生活的影响主要

---

[1] РОССИЙСКОЕ ОБЩЕСТВО:ГОД В УСЛОВИЯХ КРИЗИСА И САНКЦИЙ. Институт социологии Российской академии наук. Москва. 2015г.《报告》中的数据是根据大规模社会调查得来,样本量为4000个,为分布在各个联邦主体城乡的18岁以上的受访者,涵盖了基本的社会和职业群体。本文出现的数据,如没有特殊说明,皆出自此报告。

[2] 2015年3月为64%,2015年10月为59%。

体现在物质生活方面，民众感受最为深切的就是收入降低、失业率升高，物价水平提高，这些因素进一步造成贫困人口增加，社会不平等加剧。

（一）物质生活水平下降

俄罗斯民众认为自己处于危机状态，其最重要的因素是物价上涨（64%）和收入减少（27%）。在物价水平方面，联邦统计局个人消费价格指数的数据显示，相比2014年，2015年所有商品和服务的价格上涨了11.5%。在个人消费分类（COICOP）中，食物和非酒精饮料价格上涨21%，烟酒价格上涨13.9%，服装和鞋的价格上涨11%，住房公共事务（水、电、煤气等）价格上涨10.9%，日用品价格上涨17.2%，医疗价格上涨17.6%，交通价格上涨11.9%，通信价格上涨3.3%，休闲和文化生活价格上涨19.6%，教育费用价格上涨9.6%，宾馆和饭店价格上涨11.1%[①]。其中，与民众日常生活密切相关的食物、日用品、医疗等商品和服务的价格上涨了20%左右。面对物价的上涨，多数俄罗斯家庭都紧缩开支。与此同时，居民收入也开始缩减。2015年，认为收入减少的民众增加了7%。在俄罗斯，有3/4的民众依靠工资收入。根据俄罗斯统计局发布的消息，2015年俄罗斯人平均工资收入为33925卢布，比2014年增长4.6%[②]，但去除物价因素，2015年俄罗斯人实际可支配收入与2014年相比下降4%[③]。工资水平的下降和物价的上升使得俄罗斯民众物质生活水平的下降已经是不争的事实。在满意度调查中，只有14%的民众对目前的物质生活表示满意。当然，不同的社会群体的满意度不同，对危机更为敏感的是低收入群体，如没有高学历的工人、退休人员和乡村居民。在2015年年底，我所接触的俄罗斯市民中，绝大多数人认为危机影响自己的生活就是物价上涨和收入降低，但日

---

① Федеральная служба государственной статистики: Информация о социально-экономическом положении России - 2015 г, http://www.gks.ru/bgd/free/B15_00/Main.htm.

② 《报告》的调查结果为，2014年个人月平均收入为19909卢布，2015年秋季为21230卢布。虽然与联邦统计局的数据有出入，但是个人收入在绝对值上增长是相同的。

③ 在绝对值上，俄罗斯人的收入，个人和家庭的平均收入在危机这一年并没有下降，甚至还有一些上升，但是收入的增长并没有赶上通货膨胀的水平。

常生活所需的最基本的粮食、面包和蔬菜价格并没有大幅上涨，工资和退休金还增加了一些，目前的物质生活水平的下降仍在承受的范围之内。

（二）社会不平等加剧

危机改变了俄罗斯的社会结构，最为突出的表现为贫困阶层扩大。按照俄联邦统计局公布数据，2013年俄罗斯贫困人口数量的比例为10.8%[1]，而2015年，贫困人口的数量已占全部人口的15.1%。根据官方的统计数据，俄罗斯的贫困人口在两年之内增长了近5%。《报告》指出，还有一些人虽然没被列为贫困人口，但这部分人已经生活在最低生活水平线以下了，在2015年，贫困的人口占俄罗斯人的1/4[2]。2014年以来，有一部分人滑入贫困阶层，这部分人大概占俄罗斯人口的3%，有400万~450万人，他们受危机影响最大，其社会心态最为失衡，其中，80%的人对现状表示愤怒。

经济危机以来，贫困人口增长的最大因素是就业无法得到充分保障。在2015年，俄罗斯能够提供3450万个就业岗位，这比2014年减少了82.9万个，减少了2.4%。根据国家统计局公布的数据，按照国际劳工组织的统计方法，在2015年，有440万人失业，占劳动力的5.8%，比2014年增长7.4%[3]。虽然俄罗斯失业率并不高，但是很多劳动者的权益得不到保障，比如面临着长期的无薪休假、劳动时间缩短，这种非失业的状态也影响了劳动者的收入。如果在两年前，有40%的劳动者无法保证自己的劳动权益，2015年有60%的劳动者面临这样的困境。面对就业状况不佳、劳动权益无法得到保证的状况，中产阶层和贫困阶层的境遇也有不同。相比于贫困阶层，中产阶层更有韧性。经济危机之中，中产阶层也面临着就业与失业的问题，中产阶层的就业率急剧下降，但相比贫困阶层，中产阶层在劳动力市场

---

[1] ФСГС РФ. Краткосрочные экономические показатели Российской Федерации，http：//www. gks. ru/wps/wcm/connect/rosstat_main/rosstat/ru/statistics/publications/catalog/doc_1140080765391.

[2] 有贫困风险的人群占7%，低收入群体占46%，高收入群体占22%。

[3] Федеральная служба государственной статистики：Информация о социально-экономическом положении России-2015 г，http：//www. gks. ru/bgd/free/B15_00/Main. htm.

有优势,就业有保障,3/4 的职员和经理在失业之后很快就能找到新的工作。目前,中产阶层的失业率只有 2%,而贫困阶层失业率是 7%,超过 40% 的人在 2015 年 10 月前还没有重新找到工作。经济危机让俄罗斯各个社会阶层都受到了冲击,但是程度有所不同。危机之中生活有保障的富裕阶层和中产阶层拥有的财产、不动产(如别墅、份地、仓库)和积蓄并无变化,对于他们而言,财产、不动产和存款会最大限度地保证他们拥有稳定的物质生活。因此,不同收入的群体对目前制度的满意度也不同,收入较高的俄罗斯人对目前制度的满意度较高,生活没有保障的俄罗斯人对目前的制度颇为不满。低收入群体认为,目前的制度体系是以维护富裕阶层为基础的,贫困阶层更能感受到危机带给自己的负面影响。

正如上文所述,危机之中不同阶层在就业、收入、财产方面有着不同境遇,说明危机加剧了社会不平等,这种不平等已经成为多数俄罗斯人的共识。《报告》显示,82% 的俄罗斯人将不平等视为最为严重的社会病,9% 的受访者认为自己就陷入这种不平等中不能自拔,只有 3% 的民众认为俄罗斯没有很严重的社会不平等。社会不平等是近年俄罗斯改革的结果,而经济危机加剧了社会不平等的趋势和进程。在俄罗斯民众的意识中,这种不平等体现在日常生活的各个方面:收入、医疗、工作地点、居住条件、子女教育等。就工资收入而言,2015 年,官员的日平均工资收入为 10.01 万卢布,是俄罗斯人平均工资的 3 倍。越来越多的俄罗斯人开始警觉,几年来自己收入减少,而财富都集中到最富裕的 10% 的人那里。如今,富人和穷人之间的矛盾成为社会最主要矛盾(37%),而政权和民众之间的矛盾(32%)、官员与普通公民的矛盾(25%)、劳资矛盾(22%),也与收入和分配不均造成的社会不平等相关。

在俄罗斯民众的价值观念中,平均主义和集体主义曾是主流的价值观,到现在也有着深刻的影响。危机带来物质生活水平的下降固然可怕,但是最为危险的是危机造成社会不平等的加剧。在"不患寡而患不均"的思维下,社会不平等会引起俄罗斯民众更大的不满,富裕阶层、中产阶层和贫困阶层差距的加大会影响危机条件下民众的社会心理,特别是危机之中滑入贫困阶层的人认为自己生活境遇很悲惨，对目前的境遇和体制极为不满。这些都是经济危机带来的隐含的不稳定因素，在2016年选举之前，这种危机的局面将会是执政党面临的最大现实问题。

二 危机条件下的社会心理

2015年，俄罗斯民众对危机条件下的社会现实多有不满，负面的社会心理状态、社会情绪开始占主流并开始扩散。2015年年末，有着正面心理情绪和负面心理情绪的民众各占一半。在正面情绪中，多数人认为生活还很平静和稳定（45%）；而在负面情绪中，惊慌和恐惧的情绪是主流，占28%；极端情绪（愤怒而有攻击性）只占10%。这与苏联解体以后俄罗斯前两次危机（1998年、2009年）的社会心理状态颇为不同：1998年，有一半的民众（51%）认为俄罗斯已经处于灾难的状态，民众的心理状态低到谷底，所有人都陷入挫败的情绪之中，甚至有1/5的民众有极端的负面情绪（愤怒、暴怒、具有攻击性）；2009年，有67%的民众认为俄罗斯处于危机状态，达到了近年来的峰值。在2015年，虽然民众负面的社会心理占主流，但是并没有达到崩溃的程度。在调查中，仍有两成多（22%~23%）的民众认为俄罗斯现在的状况还好，认为俄罗斯处于灾难状态的受访者不到一成（8%~9%）。在经济衰退、收入降低、生活水平降低、社会差距扩大的经济危机之中，为什么还有近1/4的俄罗斯民众认为目前的社会状况还好，有近一半的俄罗斯民众面对危机表现得很平静呢？解析这个问题，也许从俄罗斯独特的社会现实和文化传统着手，会让我们更为深入地认识此次经济危机并准确地评估其对俄罗斯人日常生活的影响。

首先，危机并没有撼动日常生活的基础。从社会心理的影响因素入手分析，危机对民众生活影响比较大的是物质生活方面，更为具体的是衣食和休闲生活，在这些方面，商品和服务的品质变低了。物质生活品质的降低并没有完全让人们感到无望和失落，因为还有一些因素并没有因危机受到影响：健康、安全、教育、家庭关系、朋友关系、表达政治观点的可能性等，所有

这些要素都构成了人们生活稳定性的价值。对此，社会学家季霍诺娃（Наталья Тихонова）解释道：这是俄罗斯人"独特的价值体系"，对于大多数人而言，"更为重要的是家庭，朋友，孩子，生活不比别人差，诚实地生活，即关注自己的小世界"，"在传统文化中，自己的生意、职业和财富具有负面的价值"，"如果家庭还一切顺利，周围的人也和他们一样生活艰辛，他们就能承担起生活的重担"。① 在我访谈的多数俄罗斯人中，大家普遍有相似的认识："现在生活是艰苦了些，收入变少、物价上涨，但是有家人和朋友的陪伴，没有战争和骚乱，生活还很平静，这些就够了，危机总能过去的。"俄罗斯文化受东正教伦理的影响很大，在生活价值观上，轻视物质生活，重视精神生活。危机只是降低了俄罗斯民众的物质生活水平，但并没有撼动其精神生活的价值基础。

其次，危机对俄罗斯民众物质生活的影响还是在可以忍受的范围内。《报告》调查显示，在危机状态下可以忍受的事项多是西方制裁带来的影响，可见，西方制裁的条款对于俄罗斯民众日常生活影响甚小。忍受度从高到低依次是：拒绝西方国家的食品，拒绝西方的日用品（家具、服装、日用品和电器等），拒绝去欧盟国家、美国旅游和商务出差，拒绝用外币存款，拒绝使用以 VISA 和 MASTER 为支付体系的信用卡；而在不可忍受的事项中，多是与个人基本物质生活相关，不可忍受度从低到高依次是：拒绝自由使用网络和一些社交网站，提高退休年龄，临时失业，提高税率，近年不再提高工资和退休金。目前，俄罗斯民众的社会心理还保持在平稳的状态，说明目前危机对物质生活的影响还在可以忍受的范围内。著名的社会学家科尔什科夫（Михаил Горшков）认为，"从 20 世纪 90 年代开始，俄罗斯人已经有了应对危机的经验，面对这场危机，表现出了忍受力。社会之中积累着对危机生活的忍受力，这种忍受力可以承担所有物质生活带来的问题，要保持在一定的心理水平上。评价当前的生活为'还可以和平常一样'的人

---

① Жить стало хуже, но не страшнее: социологи РАН выяснили, как долго кризис сможет испытывать терпение россиян, http://www.kommersant.ru/doc/2862379.

群是稳定的，这说明，俄罗斯危机带来的第一次冲击已经过去，人们开始习惯了新的环境"。另外，目前对危机的较高忍受力还来自与以往危机的比较，我的一位朋友谈道："20世纪90年代末的危机，有半年的时间没有发工资和退休金，我们有的时候甚至都饿肚子。而现在，都说是危机，我没有感觉到。现在不仅退休金照常发，还涨了一些，商店里什么都有，能吃饱，衣服什么的也都有，不再需要什么了。"

再次，认为危机的源自国外也是俄罗斯民众能忍受危机的重要原因。《报告》指出，关于危机的根源，有3/4的受访者（75%）认为来自国外，只有24%的受访者认为危机的根源在国内。认为"危机源自国外"的受访者涵盖了各个年龄层和各收入水平的群体、族群，这基本是俄罗斯民众对本次危机根源的共同认识。持这种观点的人中，一半的受访者（55%）认为当今世界局势不稳定、不平静①，另外，多数人认为美元和欧元汇率上升（67%）、石油价格的下降（60%）是导致俄罗斯经济危机的直接原因。而这些因素都是外部的、不可控的因素。季霍诺娃指出："民众不会将物价上涨的责任归罪于俄罗斯政府，而是认为这是石油价格下降和汇率变化导致的。这些因素像天气一样无法调节。所以，大多数人（将近85%）认为政府的方针是正确可靠的。"以往，俄罗斯民众都将危机和国内问题联系在一起，存在公平正义的问题，而现在这些问题已经退居第二位，处于第一位的是外部的威胁以及对抗外部威胁的成就，表现为民众恐惧的感受和为祖国感到骄傲的情感。同时，2015年秋季，俄罗斯主流媒体大肆宣传危机已经触底反弹，生活会好起来的，越来越多的俄罗斯人开始有相似的认识。用科尔什科夫的话说："外部的敌人累积了负面的情绪，这是对外部世界社会心理的一种模式。"事实上，目前的俄罗斯政府和媒体将主要的问题和威胁转嫁到外部，将危机的责任推给"国际上的恶势力"，而不是政府、执政者、贪污受贿者。在这种"爱国主义动员"的模式下，多数俄罗斯民众还能容忍当前的困境，甚至不惜降低物质生活的标准。但问题在于，对

---

① 持这种观点的人在俄对叙利亚展开军事行动和巴黎恐怖事件之后有明显上升。

危机的忍耐力究竟能持续多久。民众的忍耐力并不是无限的，按照季霍诺娃的判断，这种忍耐力还能持续一年半的时间，按照现在的态势发展下去，在一年半的时间里，俄罗斯民众大规模的反对运动不会出现，但以后如何，则尚未可知。

最后，对国家和领导人的信任也是民众面对危机的社会心理基础。上文已经指出，大多数俄罗斯民众认为危机的根源来自国外，总统和政府的威信并没有受到挑战。对普京的信任度在危机条件下并没有受到影响，"克里米亚之春"以后，普京的支持率一直居高不下，到2015年仍维持在75%以上。民众对于普京施行的各种措施的支持率为57%[1]，而物质条件较好的阶层对普京执政措施的支持率更是达到60%以上。同时，俄罗斯政府、国家杜马、联邦委员会、地方领导人的信任度和支持率在危机之中也获得了不同程度的提升。危机之中，国家与社会关系呈现出大部分民众团结在政权周围的特点。到了2015年，除了总统，其他政府机构的支持率又降了下来。这个很好理解，在垂直的政权体系中，下级会将信任和支持让渡给上级，根据调查数据，地方自治机构的信任度是最低的，因为民众每天都和这些机构打交道，这些机构的低效、腐败显露无遗。而对于上层政权机构，民众关注他们的工作只是通过媒体的报道和宣传。在政权之外，民众对于社会和政治组织的信任度不高，如工会和政党在信任榜上都位列榜尾；对一些非营利组织和法律维权组织的信任度很低。俄罗斯民众对军队一直保持着很高的信任度（65%），能够与总统和军队信任度相当的是东正教会，现在具有较高信任度的是"总统、军队和东正教会"，这不禁让人联想起俄罗斯"东正教、专制政体和人民性"三位一体的政治格局，这样的政治体制或者政治思想仍有益于在如今危机条件下会保持社会稳定。

总之，危机条件下，俄罗斯人还保持着稳定的社会心态，危机并没有改变俄罗斯人的生活基础和价值体系。俄罗斯民众认为现在面临的问题是世界性的，并不是俄罗斯独有的，危机是来自国外的认识让他们有着很强的忍受

---

[1] 部分支持部分不支持的民众为34%，只有9%的民众表示不支持。

力。同时，危机条件下俄罗斯民众对普京政权更为信任和支持，这也是保持稳定心态的重要因素。

三 俄罗斯民众应对危机的策略

据《消息报》报道①，2016年2月，调查机构Nielsen公布了2015年1~11月居民购买日常生活用品和食物（FMCG Fast Moving Consumer Goods）的情况。结果显示，在2015年，70%~80%的俄罗斯人表示在危机的条件下会缩减日常生活用品的支出。有趣的是，在购买力普遍疲软的2015年，薯片和葵花籽的销量却增长得很快，分别为7%和12%。俄罗斯人对葵花籽的兴趣已经让其市场价格在一年之中上涨11.7%。Nielsen的分析师解释道，这种现象与危机之下人们的休闲方式改变有密切联系：俄罗斯人为了节省支出，减少了去影院的次数，而是选择在家里看电影；去饭店和餐馆聚餐变为在家里招待客人。在我所接触的俄罗斯人中，都因经济危机而不约而同地缩减开支，很多家庭取消了新年出国或者旅游度假的计划，购买衣物和日用品更关注的是价格而不是品牌和品质。面对危机，除"节流"之外，俄罗斯人也努力"开源"。对于城市的市民而言，1/4的人会找临时工作或再找一份工作以补贴家用，这是适应危机状态下新的社会—经济生活环境的方式。住在农村和小镇的居民越来越依靠庄园经济，或自己种植获得食物以补充生计（26%）或者将自己的农产品拿来交易（6%）。2015年秋季，庄园经济收入已经增长到17%。而在一年以前，这个比率才是10%。

"克里米亚春天"的兴奋逐渐退去之后，表示为"国家强大"而埋单的俄罗斯人逐渐减少。在2014年5月，拒绝为祖国贡献一切的俄罗斯人占56%，准备为国家"勒紧裤带"的人占44%；一年半过去了，这两类人的比例已经相应变为62%和38%。青年人中间愿意为了国家而牺牲自我的比

---

① В кризис растет потребление семечек и чипсов//Известие. 3 февраля 2016，http：//izvestia.ru/news/603042.

率更少,他们不像老一辈人更倾向于认为国家利益高于个人利益。以前革命歌曲里唱过的"只要我亲爱的祖国繁荣昌盛,我就没有别的奢望"①,如今,这种爱国主义情怀也在改变。大多数俄罗斯人(88%)认为,国家应该保护所有人的私人利益。无条件为国家和自己的民族贡献力量现在已经不再是俄罗斯人所遵守的价值和观念,这在很大程度上和政府不作为、官僚化和腐败相关。另外,个人对国家的依赖性也逐渐在减弱。有一半的俄罗斯人认为自己是"个人幸福的铁匠",能够自己去争取权益(52%)。还有将近一半的人(48%)将自己的生活与命运交于外部的环境,认为生活不是自己能左右的。由于苏联时代夸大国家的作用和"平均主义"的价值观,在这些因素的影响下,现在俄罗斯社会中大部分人认为自己的生活需要来自国家方面的支持(55%),追求一种"和其他人都一样"的生活(58%)。但这种价值观逐渐在消逝,这种变化的趋势实际是一场悄悄发生着的"社会革命":如果在四年前,"自给自足"的俄罗斯人的比重还远低于"依赖国家"的俄罗斯人,而今天这两部分人的比重已经接近。"自给自足"的俄罗斯人增长很快,这些人对俄罗斯社会的影响会更明显。科尔什科夫指出:"危机带来的积极变化就是'自给自足'公民的增长。45%的受访者相信,他们自己能支撑自己和家庭,不需要各方的资助。在2011年,'自给自足'的公民只有34%,66%的民众认为'没有国家的支持,他们的生活将不会持续下去'。现在,虽然'自给自足'的民众还是相对少数,但是他们将会成为社会的主流。这些俄罗斯人有着富有生气的生活方式,更有活力的形象,更具公众影响力,更有交往的积极性。"

面对危机,俄罗斯民众能否采用抗争的方式来为自己争取权益,引发社会冲突,进而产生社会危机和政治危机?调查显示,89%的俄罗斯人表示可以采用积极的方式,如罢工和游行来维护自己的权益。但这并不表示这些俄罗斯人将会付诸行动,大多数俄罗斯人并不想直接和社会、国家发生冲突。危机引发的失业、降薪等问题是最为敏感和尖锐的,而面对自己的劳动权益

---

① Жила бы страна родная - и нету других забот.

受到侵害，无论是诉诸法律或者找工会组织，还是组织罢工，都不是当今俄罗斯人的选项。面对劳动权受到侵害，70%的人选择消极的方式，或者和老板谈判（32%），或者找其他的工作（27%），或者什么都不做；很少人（只有24%）主张采用积极的方式维护自己的权利，其中，只有6%的受访者表示会为维护自己的权益去参加反对派的行动——示威、游行和绝食[①]。不到3%的受访者准备通过参加政党来维护自己的权益，不足2%的受访者表示会通过工会组织，只有2%的民众表示为了维权要举行罢工。总之，认为通过社会和政治运动的形式来争取自己权益的俄罗斯民众是少数[②]。研究结果显示，在危机条件下，俄罗斯社会公民团结的趋势非常弱，人们不认为集体形态的自组织更好。大多数人都认为，度过危机要指望政府，首先要指望总统。他们相信，总统是不会让俄罗斯经济崩溃的，或会更倾向于个人的自我调整。

如果我们要评估抗议运动爆发的可能性，就要从抗议群体的构成来看。在2015年，具有抗议意愿的群体发生了变化[③]。如果说2011~2012年社会运动浪潮的主力"波洛特广场的反对者"主要由中产阶级，即城市的市民和白领构成，进行的是"毛皮大衣革命"。那么，2014~2015年，具有抗议意愿的群体分散在所有俄罗斯各地和最广泛的职业群体之中。在地域分布上，从中心城市向外围扩展；在社会阶层上，从中产阶层转向在危机中受到损害的社会底层。在2015年，低收入群体的抗议情绪最强烈[④]，此外，年轻人和工人反抗意愿也比较强烈。如今，俄罗斯民众抗议情绪增长的原因"不再是对诚实的选举的需求"，而是集中为经济原因，即危机之下民众收入下降、物价上升过快、卢布贬值，以及政治-经济危机下的诸多没有解决

---

① 这个比率比2009年经济危机的比率要低，当时表示要"上街"的俄罗斯人比率为11%。
② 另外，通过罢工进行反抗也不具备可操作性，2007年修改劳动法后，无论是劳动者团体还是工会都不能召集这种反抗行动，举行罢工是非常困难的事情。
③ Центр экономических и политических реформ, Протест - 2016：Спровоцируют ли выборы в Госдуму акции недовольствавластью？http：//cepr.su/2016/01/08/prtst2016/.
④ 月收入低于5000卢布的群体，准备抗议的占37%；收入为5000~8000卢布的群体，准备抗议的占29%；而收入为8000~10000卢布的群体，准备参加抗议的占27%。

的社会问题。对普京当局而言，最为危险的就是政府不能解决积累起来的社会矛盾。支持统一俄罗斯党的社会基础是中等收入的群体，中等收入群体贫困化会降低该党的声望。

从目前的情况来看，大多数民众和研究者都认为俄罗斯国内在近期不会发生大的动乱，俄罗斯民众面对危机的反应将会是平静的。随着2016年杜马选举的临近，民众的反抗情绪会成为政党斗争的武器。如果长久以来积累起来的社会问题得不到解决，始终不能摆脱危机状态，民众的忍耐力耗尽，将会引起巨大的抗议声浪。临近2018年总统选举，这股抗议浪潮或将会对现政权提出挑战。

结　语

2015年12月29日，顿河畔罗斯托夫高尔基剧院正上演着一场新年歌舞秀。歌舞秀开场，主持人向观众祝贺新年。女主持人假装愁眉苦脸地说道："现在经济危机，让我怎么迎接新年呢？"她的搭档机智地回答道，"我们生活中不只有危机，我们还有歌舞和戏剧，危机不会夺走新年的快乐！"台下观众响起了热烈的掌声。也许这就是多数俄罗斯民众的心声，持续了一年多的经济危机已经对俄罗斯人的日常生活产生了影响，但俄罗斯人仍保持了相对稳定、理性、平静的社会心态和情绪，危机并不是生活的一切，许多最珍贵的东西并没有被危机吞噬。命运多舛的俄罗斯人在苏联解体以后已经经历了三次经济危机，俄罗斯人似乎已经学会了与危机打交道，学会如何积极地度过危机，这让俄罗斯人即使在严重的危机面前仍保有持续的忍耐力和乐观的精神。

乌克兰危机和克里米亚危机以来，俄罗斯在政治上受到孤立，在经济上受到西方国家的制裁，国际石油价格持续下降，卢布汇率持续低迷，这些因素让俄罗斯经济一蹶不振，俄罗斯遭遇了严重的经济危机。"俄罗斯崩溃""俄罗斯经济危机将会引发政治危机"等言论甚嚣尘上。实际上，这些论断是通过数据和模型推理出来的：GDP的负增长引发就业不足、社会保障不足、民众生活水平降低，从而引发民众不满和抗议，形成反对现政权的浪潮，最终会带来政治危机。也许这些结论是符合理性的推理和逻辑，但是它不符合俄罗斯的现实。把经济危机放回到俄罗斯总体社会事实之中，从俄罗斯社会现实和文化中来评估这场危机带来的影响，我们得到的数据和信息足以让我们做出另外的结论。因此，在国别研究、国际问题研究中，应该尊重他者社会的现实，在异文化的脉络中小心求证，才能做出较为客观和贴切的判断。

乌克兰问题

Y.14 "明斯克协议"与乌克兰危机的前景

张 弘*

摘 要： 明斯克协议是在欧盟、俄罗斯和乌克兰三方斡旋下，乌克兰政府与东部民间武装签署的政治协议，旨在实现乌克兰东部地区的军事停火、政治改革和民族和解。本文首先按照事件发生的顺序回顾了明斯克协议产生、修改和执行的过程；其次，比较分析了2014年9月签署的明斯克协议与2015年2月签署的新明斯克协议的差异，以及产生变化的原因；最后，笔者分析了目前阻碍新明斯克协议执行的内外因素，并在结论中指出，乌克兰政局稳定与否是执行明斯克协议，并最终解决乌克兰危机的关键。大国关系和外部约束是落实执行新明斯克协议的必要条件。

---

* 张弘，中国社会科学院俄罗斯东欧中亚所副研究员。

"明斯克协议"与乌克兰危机的前景

关键词： 乌克兰危机　冲突　明斯克协议　俄罗斯　美国　欧盟

明斯克协议（Minsk Protocol）是乌克兰问题三方联络小组同乌东部民间武装①代表在白俄罗斯首都明斯克签署的政治协议，旨在实现停火和政治解决乌克兰东部的武装冲突。乌克兰政府与东部武装组织一共签署过两个《明斯克协议》。第一次明斯克协议在2014年9月19日达成，在俄罗斯与欧安组织代表的见证下，乌克兰当局与东部民间武装达成了包括全面停火、撤出重武装、交换俘虏、设置30公里宽的安全区等9项内容在内的备忘录。但是，由于双方缺乏必要的互信和行动路线图，该协议没有得到有效遵守，在停火协议签署不久很快就沦为一纸空文。在国际社会的斡旋之下，冲突双方在2015年2月20日再次签署解决乌克兰东部冲突的《关于执行明斯克协议的行动计划》，这就是我们今天所说的新明斯克协议。相较第一次明斯克协议，新明斯克协议在内容上更为严密，不仅规定了实现停火的步骤，还规定了政治解决东部冲突地区的具体方法和时间表。明斯克协议对于解决乌克兰危机具有重要意义，是国家社会和冲突双方在经历多次博弈后达成的危机解决方案。

一　从明斯克协议到新明斯克协议

从2014年9月签署的明斯克协议到2015年2月签署的新明斯克协议，冲突

---

① "东部武装"是中国媒体对于目前战斗在乌克兰东部顿涅斯克州和卢甘斯克州的亲俄武装组织的称呼，也有媒体称为"乌克兰东部民间武装"。自2014年5月开始，部分俄罗斯媒体和该组织自称为"顿涅茨克自治共和国和卢甘斯克自治共和国"，但未获乌克兰政府的承认。乌克兰政府和议会会将该组织视为非法武装组织，并将政府军对其的军事行动称为"反恐行动"。目前联合国和欧安组织在这个问题上的立场较为模糊。在解决乌克兰东部冲突的谈判中，乌克兰政府和欧安组织实际上已经承认其对话地位。在2014年9月和2015年2月签署的两份明斯克协议中签字的东部武装代表扎哈琴科和普洛特尼茨基没有任何称谓。详见欧安组织网站（http://www.osce.org/ru/home/123258?download=true）和俄罗斯总统网站（http://kremlin.ru/supplement/4804.）公布的明斯克协议和新明斯克协议的文本。

双方博弈的内容没有发生太大变化，依然为权力和安全。但是，乌克兰政府与东部武装力量的对比却已经发生巨大的变化，政府军在军事上遭遇到极其困难的局面，东部武装不仅扩大了控制区，而且还将大量的政府军包围起来，一旦政治和谈失败，政府军就可能面临被消灭的危险。美国国会威胁将向乌克兰直接提供进攻性军事援助，乌克兰东部冲突存在着失控可能。在德法两国的积极斡旋之下，乌克兰、俄罗斯、德国和法国四方在法国诺曼底举行会谈，最终达成了进一步向东部武装组织让步的新协议，这份新协议主要具有以下特点。

1. 新协议是重要的停火协议，旨在避免冲突的扩大和失控

乌克兰危机之后，政府军在2014年8月和2015年2月曾经两次尝试以军事手段解决东部武装问题的努力都遭到失败，乌克兰政府军在与俄罗斯的志愿兵和东部武装组织的冲突中未能达到预期目的。2014年5月至8月，政府军曾经向东部的顿涅茨克市派出大量的军队，发动了强大的军事攻势。但在2014年8月的冲突中，东部武装不仅突破了政府军的包围和进攻，而且向南部扩大了实际控制区。到了2015年1月，第一次明斯克协议实际上已经被破坏，冲突双方重新在乌克兰东部和东南部展开激烈的战斗，政府军与民间武装之间争夺顿涅茨克机场的交火再次升级。顿涅茨克机场在乌克兰东部交战地区具有重要战略地位，也是在乌克兰具有政治意义的标志性建筑。乌东部武装2014年4月占领了该机场，乌军在7月底将其夺回。此后东部武装对驻守机场的乌军不断发动攻击，但机场一直处于政府军控制之下。进入2015年1月以后，东部武装加强了对机场的争夺，动用了火箭炮、迫击炮和坦克等重武器。

双方战火再起，不仅在顿涅茨克机场，而且还有向乌克兰东南部蔓延之势，东部武装试图借机打开通往克里米亚半岛的陆路通道。乌克兰政府军在南部的战斗中遭遇巨大的损失，据俄罗斯《独立报》转引东部武装组织的信息，在2015年1月的杰巴利采沃冲突中，乌克兰政府军约8000人被东部武装包围，其中死亡人数超过3000人。① 乌克兰官方虽然否认这个骇人的

---

① ДНР: В дебальцевском котле погибли около 3 тыс. украинских военных, http://vz.ru/news/2015/2/19/730443.html.

伤亡人数,但是随后的授勋活动中显示,乌克兰国防部为参加此次战役的军人授勋活动中有 136 人为阵亡后追授,此外,乌克兰国防部与总参谋部在授勋人数上还有 450 人的差异。①

通过两年的军事冲突,政府军和东部武装都认识到,无法在军事上完全消灭对方,任何军事上的胜利都需要在人员和经济上付出沉重的代价和损失。尽管俄罗斯支持东部武装的政治诉求,但并没有直接公开介入。经过两年的多次反复冲突,乌双方逐渐进入了一种僵持阶段,在军事上形成了某种均势。在俄罗斯不直接介入的前提下,双方都无法在短期内取得压倒性的优势。2015 年 2 月,在顿涅茨克国际机场的争夺战中,政府军与东部武装组织都付出了沉重的伤亡代价。在东部武装强大的地面火力攻击下,政府军在 2 月 22 日宣布被迫放弃国际机场的标志性建筑物——机场塔台。此外,政府军成功地阻击了东部武装在争夺乌克兰南部军事重镇马里乌波尔市和东部战略重镇杰巴利采沃的进攻,双方在这两个城市进行了激烈的巷战,损失都很惨重。联合国人权事务高级专员办公室 2015 年 12 月 9 日在日内瓦发布的一份最新报告显示,自 2014 年 4 月中旬以来,乌克兰冲突已导致至少 9098 人死亡,另有 20732 人受伤。② 这也反证了政府军逐渐恢复了战斗力,在战争中与东部武装组织形成了军事上的均势。新明斯克协议的达成是乌克兰政府与东部武装组织在军事上的一个妥协,也为政治解决东部危机提供了安全上的保障。

新明斯克协议的第一条和第二条明确规定了停火的时间和保障条件。从当地时间 2015 年 2 月 15 日午夜零点起,在乌克兰的顿涅茨克州和卢甘斯克州实施全面停火。新协议规定,冲突双方不仅要撤出所有重型武器,而且还要将军事缓冲区的范围从第一次明斯克协议的 30 公里扩大到至少 50 公里 (31 英里)。新协议明确了重武器的种类和停火线位置,这里包括将冲突双

---

① Рік потому: як виходили з Дебальцевого by В'ячеслав Шрамович, BBC Укра? на, http://www.bbc.com/ukrainian/society/2016/02/160120_ debaltseve_ vj_ anniversary_ vs.
② 《联合国: 去年 4 月以来乌克兰冲突死亡人数逾 9000》, 中新社联合国 12 月 9 日电, http://sports.chinanews.com/gj/2015/12-10/7664038.shtml。

方经常使用的100毫米以上口径的火炮后撤70公里，而9A52-4旋风-S、BM-27飓风、BM-30龙卷风多管火箭炮系统和圆点-U战役战术弹道导弹系统需要后撤140公里。此外，新协议更加细化了欧安组织的监督方法，在新协议的第三条中明确规定了欧安组织采取有效监督、核查停火制度及重型武器撤出的方式，欧安组织将从撤军的第一天起执行并使用一切必要的技术手段，如卫星、无人驾驶飞机、无线电定位系统等。①

2. 新协议是解决危机的政治路线图和时间表

在2014年9月签署的明斯克协议和在2015年2月签署的新明斯克协议中，各方都认识到实现停火和政治解决危机的必要性。在2014年9月签署的明斯克协议中只是笼统地指出了消除危机需要解决的主要问题，没有规定双方如何行动和时间表。

首先，2014年9月达成的明斯克协议规定了冲突双方为实现政治和解需要承担的任务和责任。为了达成停火，乌克兰政府向东部武装组织做出了一些政治承诺，包括在明斯克协议（以下简称"协议"）的第三条中规定，乌克兰政府将通过《关于在顿涅茨克州和卢甘斯克州部分地区实行自治的临时性法律》，也就是通过"特殊地位法"来实现向地方政府下放权力的政治改革。"协议"第六条规定，禁止乌克兰政府调查和处罚东部冲突的参与者。在第九条中规定，根据乌克兰法律《关于在顿涅茨克州和卢甘斯克州部分地区实行自治的临时性法律》（"特殊地位法"），乌克兰政府承诺将在东部地区提前举行地方选举。第十二条规定，乌克兰政府承诺保证参与政治磋商的东部人员的个人安全。

其次，"协议"还规定了欧安组织在监督停火方面的职责和方法。其中包括东部武装组织的责任和监督停火的组织及方法。在"协议"的第一条中首先规定，冲突双方立即停止使用武力。第二条中赋予欧安组织监测和核查双方停火情况的权力。在"协议"的第四条中规定，欧安组织国家将在

---

① 新明斯克协议内容详见欧安组织网站，http：//www.osce.org/ru/cio/140221？download = true。

乌克兰与俄罗斯之间的边境地区建立安全区，并对两国边境地区进行长期有效的监测。第五条规定，冲突双方无条件地释放所有人质和非法拘禁人员。众所周知，从乌克兰东部冲突开始，双方都俘获了对方不少的军事人员。其中比较典型的案例是东部武装俘获的乌克兰直升机飞行员萨夫琴科，这位31岁的乌克兰政府军女飞行员被控于2014年6月杀害了两名俄罗斯记者，目前被扣押在俄罗斯沃罗涅日的拘留所。俄方称萨夫琴科伪装成难民进入俄罗斯时被识破而被羁押。但乌克兰政府方面称，她很可能是被亲俄武装绑架后挟持进入俄罗斯的，并要求"无条件放人"。[①]"协议"第十条规定，东部武装承诺从东部地区撤出非法武装团体和军事装备，以及外来的战斗人员和雇佣兵。自2014年12月起，乌克兰政府与东部武装进行了交战以来的第一次大规模交换战俘行动，政府军方面释放了222名民间武装人员，交换了150名被俘军人。[②]

最终由于缺乏互信，导致第一份明斯克协议最终搁浅。事态的发展证明，在缺乏必要的政治互信和共识情况下，乌克兰政府与东部武装不可能实现撤军和建立军事安全区，"协议"沦为一纸空文。围绕撤出外来的武装部队和装备、在乌克兰与俄罗斯边境建立安全区，以及通过地方自治法案和提前举行地方议会选举等问题，双方陷入了口水战。在第一次明斯克协议达成后，冲突双方只是实行了短暂的停火。

在监督停火问题上也是矛盾重重，欧安组织既未能在停火线地区取得完全的监测权，也无法在乌克兰与俄罗斯边境地区建立所谓的安全区，更未能获得对两国边境的控制权。在短暂的停火期间，乌克兰政府军和东部武装组织都积极补充人员和军事装备。2014年9月16日，乌克兰议会很快批准了明斯克协议要求的两个法律，议会表决通过了《关于在顿涅茨克州和卢甘斯克州某些地区实行地方自治的临时性法律》，简称"特殊地位法"。这个

[①] 有关萨夫琴科事件的信息详见维基百科俄文网，https：//ru.wikipedia.org/。
[②] На востоке Украины провели обмен пленными по схеме 222 на 150 – источник, http://www.unn.com.ua/ru/news/1421504-na-skhodi-ukrayini-obminyali-222-boyovikiv-na-150-polonenikh-dzherelo.

"特殊地位法"规定:"2014年12月7日在实行该法的地区提前举行地方议会选举;地方自治机构可参与对地方检察院和法院领导人的任命;中央政府和其他中央执行权力机构可以同相应的地方自治机构签署关于某些地区经济、社会和文化发展的协议;国家对某些地区的社会经济发展每年给予预算支持;国家将保障在社会生活和私人生活中使用俄语或其他任何语言的权利;地方政权可以组建民警队伍,可以加强和深化某些地区地方自治机构与俄罗斯联邦行政区单位之间的睦邻关系。"① 乌克兰议会表决通过另外一个配套的法律是《不得迫害和惩罚顿涅茨克州和卢甘斯克州事件参与者法》,该法案保证乌克兰司法机关不再追究参与顿涅茨克州和卢甘斯克州事件的人的刑事和民事责任,但犯有重罪者除外。②

从法律文本上看,乌克兰议会基本上完成了第一次明斯克协议要求的法律修订,同时也为这些法律实施设定了明确的军事和政治条件。该法律明确规定,只有在东部地区实施新的议会选举之后,法律才可以生效。乌克兰政府为实施这些宪法改革设立的条件包括:东部民兵解除武装和撤离俄罗斯志愿者;乌克兰政府恢复对边界的全线控制;按照乌克兰法律在东部举行公正、自由和民主的地方选举。时任波罗申科总统顾问的议员托缅科在2014年11月对乌克兰媒体表示,在扩大地方自治权的宪法修正案通过之前,地方选举不可能举行。只有在宪法修正案明确了地方政府权力之后,选民才可能就地方议会的权力进行授权投票。③ 由于东部武装组织和政府根本无法在撤军和解除武装上达成一致,第一次明斯克协议因此搁浅。

2015年2月签署的新明斯克协议中进一步细化了解决危机的政治路线图和时间表。乌克兰政府军在与俄罗斯支持的东部武装进行的军事行动中未能获得有利的博弈资源,不得不在新明斯克协议中做出进一步的妥协。2015年2月,

---

① 《乌克兰议会通过东部某些地区特殊地位法》,新华网基辅,http://news.xinhuanet.com/world/2014-09/16/c_1112506752.htm。
② 同上。
③ У Порошенко решили отложить проведение местных выборов, http://www.unian.net/politics/1008552-u-poroshenko-reshili-otlojit-provedenie-mestnyih-vyiborov.html。

乌克兰政府在新明斯克协议中进一步满足了东部武装的政治要求，特别是明确规定了政治解决危机的行动路线图和时间表。例如乌克兰议会承诺在2015年年底前完成宪法修订，以及将东部地区的"特殊地位法"由临时性法律转变成永久性法律。东部武装还提出尽快举行三方联络小组会议，就宪法改革问题与中央政府进行政治对话。新明斯克协议绕开了克里米亚半岛归属问题，在保证乌克兰其他领土完整的前提下，实际上几乎完全满足了东部地区提出的所有要求。新明斯克协议不仅是冲突双方军事斗争的结果，也是乌双方在国际社会巨大压力之下达成的政治妥协。如果按照这个文本执行下去，乌克兰的国家体制将由单一制国家转变为联邦制国家。作为联邦主体的地方自治共和国有权决定地方政治、经济、公共安全、教育和文化等方面的政策，具有较大的自主权。

在执行新明斯克协议问题上，乌克兰国内各派政治力量的立场分歧较大，总统波罗申科和总理亚采纽克希望加快司法改革实现和平解决东部冲突的计划，也因此承受了巨大的内部政治压力。议会中的民族主义政党激进党、祖国党和自助党在修宪和扩大地方自治权问题上立场强硬，批评总统和政府出卖国家主权，认为扩大东部地区地方自治的行动有可能威胁国家的领土完整和统一。2015年8月31日，议会一读通过了总统波罗申科提交的宪法修正案，总统波罗申科领导的波罗申科联盟党和总理亚采纽克领导的人民阵线党在投票中支持宪法改革，而议会中执政联盟的祖国党、激进党和自助党则拒绝参加投票。激进党领导人奥列格·利亚什科说："这条道路不是指向和平，而是指向分权。这完全是个相反的进程，迫使我们丧失领土。"[1] 根据现行的乌克兰宪法第十三章第156条规定：在对宪法中第一章"总纲"、第三章"选举和全民公决"和第十三章"宪法修改"进行修改时，必须由总统提议，或者由不少于2/3的议员联合提议，才能够启动修宪程序，并且需要获得不少于议会2/3以上议员投票的支持，最后由总统提请举行全民公决进行表决。[2]

---

[1] 《乌克兰反"分权"示威变骚乱 一新兵死亡百人伤》，新华网，http://news.xinhuanet.com/world/2015-09/02/c_128188234.htm。

[2] 见乌克兰议会网站公布的乌克兰宪法文本，http://rada.gov.ua/uploads/documents/27396.pdf。

议会通过宪法修正案一事还引发乌克兰激进的民族主义政党"自由党"和国民自卫军战斗营"亚速"在议会外广场举行大规模示威活动,造成维持秩序的一名军人死亡和数名警察受重伤。在乌克兰危机之后,极端民族主义政治力量不仅经常发动街头暴力抗议,而且由这些民族主义志愿者组成的内务部战斗营战士也参加示威活动,这些不完全受政府掌控的战士携带武器上街抗议实际上已经成为政府权威和社会稳定的威胁。极端民族主义政治力量,及其领导下的志愿者战斗营热衷于通过街头示威向政府施压,使波罗申科总统在推动宪法改革和对乌克兰东部武装组织进行政治和解问题上顾虑重重。

3. 明斯克协议是维护人道主义的协议

明斯克协议不仅是停火协议和政治妥协产物,还是避免人道主义危机的协议。在冷战之后,大国在调节地区冲突时不仅关注公正性和合法性,而且还十分重视人道主义。2014年4月起爆发的乌克兰东部冲突造成了数量较大的人员死亡和国际难民潮。特别是在2014年7月,马来西亚航空公司客机MH17航班在乌克兰东部上空被导弹击落后,欧盟国家领导人承受了巨大的国内政治压力,德法等国领导人纷纷要求俄罗斯不要直接介入乌克兰东部冲突,而应共同应对特殊的人道主义危机。国际社会在调停乌克兰东部冲突的过程中,都十分关注人道主义局势。

第一份明斯克协议第八条规定,双方承诺改善东部地区的人道主义局势。新明斯克协议第七条规定,双方承诺建立进入冲突地区的安全通道和运输、保存和分发人道主义援助的国际机制。从2014年5月开始的武装冲突不仅造成冲突双方军人的大量死伤,还给当地约300万普通居民带来巨大的灾难。联合国人权事务观察团代表菲欧娜弗莱泽尔在2016年3月3日发布的报告称,在乌克兰东部冲突地区生活着将近300万居民,2014年4月至2016年2月,政府军与东部武装持续两年的武装冲突造成30211名平民伤亡,其中9167人死亡,21044人受伤。[①] 2015年11月13日,联合国儿童基

---

① ООН: за почти два года в Донбассе пострадало больше тридцати тысяч человек, http://www.golos-ameriki.ru/content/tb-monitoring-un-human-rights-ukraine/3218072.html.

金会还发表通报表示，乌克兰受冲突影响地区的供水和供暖系统由于受到破坏可能停止运转，当地约70万儿童及更广泛人口的生命将受到冬季酷寒天气的威胁。①

首先，避免人道主义危机扩大是两份明斯克协议中的主要内容之一。冲突各方为了争取国际支持和本国民意，纷纷要求释放被扣押人员，释放战俘和被困平民也是乌克兰危机谈判中的一个重要内容，乌克兰政府和俄罗斯因此多次呼吁在冲突地区为贫民建立可以撤离的人道主义通道。新明斯克协议第六条基本上满足了俄罗斯提出的战俘交换计划，确定了"一切换一切"的彻底交换原则。2014年6月10日，波罗申科在当选总统后迅速责成强力部门在东部建立人道主义通道，为希望离开冲突地区的普通居民提供便利。俄罗斯方面还多次呼吁东部武装为被困的乌克兰政府军开放人道主义走廊，允许他们离开军事区。普京在2014年8月向东部武装呼吁，希望他们允许被困军人回到亲人身边。普京表示："我呼吁民间武装力量为被包围的乌克兰士兵开辟人道主义走廊，以避免无意义的伤亡。民间武装应为他们提供无阻碍地离开军事区、与自己家人团聚的机会，让他们回到自己的母亲、妻子和孩子身边，并尽快为战争中受伤的人员提供医疗救助。"② 在新明斯克协议的框架下，东部武装与政府军在2015年2月6日再次同意建立一条人道主义通道，以便从交战区的城市杰巴利采沃撤离被困的平民。随后在2015年2月21日夜晚，乌克兰政府军和反政府武装多次进行了战俘交换，共有139名政府军士兵和52名反政府士兵获释。在随后的8月、9月和10月，乌克兰政府军与东部武装多次展开规模较大的战俘交换活动。

其次，周边大国从多方面救助乌克兰东部居民，以帮助他们恢复正常的工作和生活。西方国家与俄罗斯在解决乌克兰东部政治地位上的立场存在严

---

① 《儿基会：乌克兰东部供暖受到影响 70万儿童面临冬季酷寒的威胁》，联合国网站，2015年11月13日，http://www.un.org/chinese/News/story.asp?NewsID=25110。

② Путин призвал "ополчение Новороссии" открыть гуманитарный коридор для украинских военных, http://www.vedomosti.ru/politics/articles/2014/08/29/putin-prizval-opolchenie-otkryt-gumanitarnyj-koridor-dlya。

重分歧，但各方在援助乌克兰难民问题上都给予足够的热情。持续两年的战争给顿涅茨克州和卢甘斯克州的基础设施造成巨大的破坏，供电、取暖和供水系统遭到巨大的损害。2014年3月，欧盟委员会宣布了一揽子援助乌克兰的计划，其中包括给予乌克兰难民以人道主义援助。欧盟呼吁乌克兰政府和东部武装遵守国际人道主义法，欧盟外交和安全政策高级代表阿什顿与欧盟负责国际合作、人道主义援助的委员格奥尔基耶娃在2014年10月3日发表联合声明。声明说，欧盟意识到近期该区域的平民伤亡渐增，对居民区的持续炮击令人无法接受。欧盟呼吁乌克兰冲突各方保护平民和人道主义工作者的安全，确保人道主义机构向冲突地区提供援助的渠道畅通。① 此前，该处一名工作人员在顿涅茨克办公室门口被炸身亡。除了欧盟向乌克兰政府提供人道主义援助以外，俄罗斯也向乌克兰东部地区派出定期的人道主义车队，运送必需的物资和食品。加拿大、日本、捷克、波兰等国也纷纷向乌克兰提供不同形式的财政援助和人道主义援助。2015年1月，中国宣布向乌克兰提供5000万元人民币的无偿援助，资金将用于应对突发事件等优先项目。② 在乌克兰政府宣布暂停向东部冲突地区提供公共服务之后，俄罗斯开始定期向该地区派出人道主义车队，向当地居民免费发放食物，维持东部武装控制区内的公共体系运作。此外，俄罗斯还接纳了大量乌克兰难民，据俄罗斯卫星网2015年5月报道，俄罗斯已收到约35.6万乌克兰人的难民身份申请，其中约32.5万人已获得批准，俄罗斯临时设立难民安置点安置了约2.5万名乌克兰公民。③

最后，联合国人道主义事务协调办公室做出了努力。乌克兰选举过程中，联合国人道主义事务协调办公室行动部门负责人约翰·金说，联合国在

---

① 《欧盟呼吁乌克兰冲突各方尊重国际人道主义法》，新华网，2014年10月3日，http://news.xinhuanet.com/world/2014-10/04/c_1112710279.htm。
② Подписано Соглашение о технико-экономическом сотрудничестве между правительствами Украины и КНР，http://www.kmu.gov.ua/control/uk/publish/article?art_id=247905698&cat_id=244843950。
③ 《联合国赞赏俄罗斯在乌克兰难民问题上的工作》，俄罗斯新闻网，2015年5月26日，http://sputniknews.cn/society/20150526/1014885259.html。

乌克兰危机之后加大了在冲突地区的援助力度，但遭遇了来自中央政府和东部武装制造的双重阻碍。2014年10月开始，乌克兰政府就停止了对东部冲突地区的公共服务，暂停发放退休金和限制公共开支。时任乌克兰副总理格罗伊斯曼表示，民众获得社会保障金的唯一方法是离开民间武装控制区。[①] 随后，乌克兰政府又宣布将停止向民间武装控制区域提供财政补助，以防这些钱被用于资助民间武装。[②] 联合国人道援助行动负责人约翰·金多次呼吁乌克兰政府紧急解决联合国向东部地区运送关键的援助物资与服务所面临的行政障碍。他指出："最近限制跨越接触线向非政府控制区的供水量影响到了当地人的健康，乌克兰现行法律禁止向非政府控制区运送急需的商业供应是不可接受的。"[③] 他同时对一项建议中的法律将禁止向非政府控制区输送水和电力深表担忧。东部武装方面则从2014年7月开始要求联合国和国际非政府组织对其进行正式登记。联合国以国际法为由拒绝登记之后，东部当局暂停了国际援助机构4个月的行动，并将绝大多数国际人道主义机构驱逐出了这些地区。

一方面是乌克兰东部存在着严重的人道主义问题，另一方面在新明斯克协议努力下，国际组织和各国政府在努力克服这些困难。明斯克协议的人道主义作用是大国在乌克兰进行地缘政治博弈中进行的有限合作，对维护地区安全和人道主义精神具有积极的作用。

二 执行新明斯克协议的难点和问题

从2014年9月和2015年6月举行的两次首脑会晤看，明斯克协议为解决乌克兰东部冲突提供了框架性的文件，明确了政治和解和利益妥协的行动

---

① 《乌政府拒绝民间武装提出的向其控制区发养老金的要求》，中新网，2014年11月13日，http://www.chinanews.com/gj/2014/11-13/6773179.shtml。
② 同上。
③ 《人道行动负责人：乌克兰人道援助行动严重受阻》，联合国网站，2015年12月11日，http://www.un.org/chinese/News/story.asp?NewsID=25295。

方向。但是，认真执行明斯克协议，最终和平解决危机还存在着许多不确定性，关键取决于内外两个主要因素。

1. 乌克兰国内政治条件尚不稳定，可能直接影响明斯克协议的执行

自乌克兰独立以来，寡头一直是主导乌克兰经济发展和政治稳定的核心力量。他们或者通过资助政党和政治家参与国家政策制定，或是选择直接参与政治，在政府或者议会中担任重要的部长或领导人职务。如何恢复总统的权威性是乌克兰临时政府克服危机和实现东部军事停火的主要任务之一。2014年6月，乌克兰提前举行总统选举，亲西方的政治家波罗申科顺利赢得大选，解决了国家权力真空的状态和政权的合法性危机。

首先，效率偏低的政府治理水平阻碍了明斯克协议的执行力，基辅政权对待明斯克协议的态度和立场影响着和平计划实施的速度。乌克兰的政治稳定是解决乌克兰危机的基础条件之一。自乌克兰危机爆发以来，特别是在政权更迭以后，相对平衡的政治格局被打破，亲西方政党第一次完胜亲俄政党。时任总统亚努科维奇及其领导的亲俄政党——地区党瞬间土崩瓦解。特别是在克里米亚被并入俄罗斯以后，亲西方政党和民族主义力量相互融合，成为乌克兰政局中的主导力量。

2014年10月，乌克兰提前举行了国家议会选举。在此次议会选举中，亲西方政党和民族主义政党受到选民的普遍支持，过去在乌克兰政治版图中处于边缘地位的极端民族主义政党在此次选举中迅速崛起。克里米亚被俄罗斯兼并，东部地区存在严重的武装冲突。政府军在4~8月进行的军事清剿行动遭遇了强大的"俄罗斯志愿者"[①] 反击。乌克兰的民族主义政治力量自行组织了十余个"战斗营"，在地方政府和寡头的资助下，这些战斗营成为东部武装力量的主力部队。这些自发组建的军事部队并不受乌克兰国防部领

---

① 有关"俄罗斯志愿者"的最权威解释来自普京总统，他在2014年12月18日举行的记者会上称："在与东部地区参战的是俄罗斯志愿者，不是雇佣军。" http：//ria.ru/world/20141218/1038941954.html；俄罗斯驻联合国代表丘尔金在2014年8月28日公开表示，乌克兰境内有俄方人员，没有人试图隐瞒这一点，但是这些人是志愿者，利用自己的时间前往乌克兰支援民间武装，新华网，2014年8月30日，http：//news.xinhuanet.com/world/2014-08/30/c_126935163.htm。

导,而是听命于各自政治组织的领导人。美国和一些东欧国家为这些战斗营提供了军事装备和人员培训。这些志愿者战斗营中比较具影响力的有"顿巴斯营""赫尔松营""第聂伯-1""米洛特沃涅茨营"等。

2014年乌克兰危机之后,乌国内政治格局碎片化趋势进一步加强,在2014年10月举行的议会选举中,亲西方的五个小党联合起来,共同组成了执政联盟力量,由人民阵线党领导人——亚采纽克担任总理。突如其来的政权更迭不仅造成乌克兰国内政治危机和族群矛盾升级,还使原来重要的工业中心和能源中心意外地沦为战场,以美国为首的西方国家通过IMF向乌克兰提供了大量的商业贷款,并为之附加了严苛的财政和税收条件。为了持续地获得IMF和世界银行贷款,亚采纽克政府不得不采取紧缩公共开支的财政政策,并取消以往企业优惠税收政策。严峻的东部安全形势和糟糕的经济状况导致亚采纽克政府面临着巨大的政治压力。选民不仅对经济局势不满意,还对新政府进行的反腐败行动提出批评。持续的经济衰退和失效的反腐行动使得选民逐渐失去了对亚采纽克的信任,亚采纽克领导的人民阵线党的支持率一落千丈。

其次,碎片化的政党体系导致新明斯克协议存在很大的不确定性。议会中执政联盟内部团结的问题也困扰着政府和议会。从2014年10月举行的议会选举之后,波罗申科联盟与人民阵线党组成的执政联盟内部矛盾逐渐暴露出来,总统的波罗申科联盟与总理的人民阵线党在权力分配和经济改革计划上越来越难以达成一致,处于第3~5位的三个更小政党——祖国党、激进党和自助党不放过每一次在媒体的上镜机会,在民生、反腐败和政治改革等议题上向总统波罗申科和总理亚采纽克施压,不考虑执政联盟的整体利益和改革计划,更不考虑国家深刻的经济危机和安全压力。2015年10月举行的地方议会选举结果显示,由于乌克兰主要政党力量不仅没有被整合,反而更加分散,没有一个政党能够获得超过20%的得票率。波罗申科联盟的支持率从2014年10月国家议会选举中的31.2%下降到19.84%,前总理季莫申科领导的祖国党的支持率则从5.68%蹿升至18.13%,亲俄的地方政党"我们的故乡"获得了10.14%的选票,成为此次地方议会选举的黑马,同样亲俄的"反对党联盟"获得了9.07%的支持，激进党获得了5.6%的选票。激进民族主义政党"自由党"则在地方议会选举中落败，仅获得3.74%的支持率。由于严格执行IMF和世界银行要求，亚采纽克政府执行了极端紧缩的财政和货币政策，导致经济连续两年大幅衰退，货币贬值幅度达170%，通货膨胀率超过40%。糟糕的执政业绩也让亚采纽克领导的人民阵线党民调支持率从2014年的21%跌到2015年年末的不足2%。乌克兰政坛自2015年以来，一直传言亚采纽克政府可能提前下台，但是在复杂的国内和国际形势面前，乌克兰政府不得不同意IMF苛刻的贷款条件，缺乏经济自主权。因此，无论哪个政党上台执政，都难以逆转局势。亚采纽克得以长期担任总理职务，是因为没有人愿意冒险承担这个责任。2015年下半年开始，国际组织和乌克兰政府纷纷预期经济将会好转，甚至可能在2016年实现2%的正增长。于是，政府总理职位开始具有吸引力，执政联盟内部对于政府的立场开始分化，各种质疑和指责不断来自执政联盟内部的波罗申科联盟、祖国党和激进党。2015年9月4日，波罗申科联盟请来的格鲁吉亚前总统萨卡什维利在接受乌克兰"第五频道"电视台采访时首先发难，指责亚采纽克政府被寡头控制，而总理亚采纽克对寡头的犯罪行径视而不见。①9月14日，前总理季莫申科指责亚采纽克政府改革不利，应让这个"不专业的、腐败的"政府下台，并由"有尊严的、道德的、诚信的、专业的人士"组建新政府、建设国家。②

最后，政治文化的恶化导致国家机器空转。

政治文化作为一个明确的概念被提出并成为政治学研究中的一个独立对象是从20世纪50~60年代开始的。1956年，美国学者埃尔·阿尔蒙德在《比较政治体系》中首先使用了政治文化概念，用来指称支配人们政治行为的各种主观因素。政治文化体现的是一种主观价值范畴，主要是人们对于政

---

① Саакашвили: Яценюк действует в интересах Коломойского и других олигархов, http://www.pravda.com.ua/rus/news/2015/09/4/7080100/.
② Тимошенко выступила за отставку правительства Яценюка , Зеркало недели. Украина, http://zn.ua/POLITICS/timoshenko-vystupila-za-otstavku-pravitelstva-yacenyuka-187628_ html.

治生活的政治价值取向模式，政治的认知、感情、态度、价值观等政治心理层次的诸要素，其中还包括政治理想、信念、理论、评价标准等政治思想意识表现形式。

作为一种政治价值观认知的政治文化直接影响着参与者的政治行为。政治文化的质量优劣也会影响国家机器的运作，具体到乌克兰政治中，就是总统、政府与议会的关系直接影响国家治理的质量。乌克兰议会在2014年2月23日决定，将政治体制由总统议会制改为议会总统制。根据现行的乌克兰宪法，议会中过半数的多数党拥有优先组阁权，根据乌克兰现行宪法规定，只有得票率超过5%的政党才有资格参与议会比例制选区议员的席位。某些政党虽然未能进入议会，但是他们擅长在议会大楼或基辅市内的主要广场上发动街头政治，试图通过流血事件来绑架民意。特别是在执行新明斯克协议过程中，当波罗申科向乌克兰议会提交宪法修正案的时候，极端民族主义政党——"自由党"的支持者采取了激进的街头抗议方式来表达政治意愿。在包围议会大楼之后，示威者又与警察爆发了激烈的冲突，造成一名警察死亡，数人受重伤。乌克兰的部分政党之所以不愿意在议会中进行对话，而偏好于使用暴力手段和政治威胁就是政治文化恶化的结果。街头政治泛滥反映出乌克兰政治文化的恶化，人民不仅对国家体制和政府的信任度极低，还可能藐视司法的权威性，选择通过违法手段来获得利益的做法本身就是在破坏政治秩序和稳定。

乌克兰民族主义政党的街头政治绑架了政府和议会，在一定程度上阻碍了国家机器的运转。政府和议会为顾及少数政治力量的立场，不得不加大沟通力度并采取慎重处理政策。不能将政党利益服从于国家利益和法律规定。2015年12月18日，在网络上曝出加入乌克兰国籍的格鲁吉亚前总统萨卡什维利与内务部部长阿瓦科夫吵架的视频。双方在总统波罗申科主持的改革会议上不断互爆粗口，指责对方腐败，阿瓦科夫一怒之下还将玻璃杯砸向萨卡什维利，并让对方滚出乌克兰。2016年2月16日，执政联盟内部党派矛盾公开化，总统波罗申科公开要求亚采纽克政府向议会辞职。但在对亚采纽克政府不信任投票中，由于不信任投票未达到需要的半数以上的226票，亚采纽克政府得以继续留任。据波罗申科联盟议员穆斯塔法称,拥有127个议席的波罗申科联盟内部发生变故,仅有97名议员支持倒阁,其余约30名议员临阵脱逃。① 前总理季莫申科领导的祖国党次日宣布退出议会执政联盟。季莫申科在解释这一决定时说:"议会中从未有过亲欧联盟,有的只是影子联盟,他们组建政府,执掌国家,致使人民生活濒于崩溃的边缘。"② 她还呼吁其他政党的议员也退出该联盟。随后,乌克兰自主党也于2月18日宣布退出执政联盟,从而使该联盟失去议会多数地位,乌当局执政地位再次面临严峻考验。根据乌克兰宪法,如果执政联盟剩下的成员——波罗申科联盟和总理亚采纽克的人民阵线——不能在未来30天内组建起新的多数执政联盟,就必须提前举行议会选举。

乌克兰政局的不稳定直接影响到政府和议会执行明斯克协议的行动,直接影响到议会能否按时通过宪法修正案,以及政治改革政策的延续性。假设目前的议会党团不能克服政治危机,那么乌克兰将再次进入一个至少半年的政治动荡期。乌克兰2016年的经济发展和政治改革计划都将被迫搁浅,极端主义政治力量和乌克兰民族主义的志愿者战斗营都可能成为国家政权稳定的威胁。在欧盟和俄罗斯干预下达成的新明斯克协议能否得到执行直接影响着乌克兰危机的未来走向。

2. 大国关系的不确定性

乌克兰危机爆发以来,政治危机和武装冲突已经远远超出乌克兰国内的范畴,成为俄罗斯与以美国为首的西方国家博弈的主战场。有关乌克兰的外交、军事、社会和经济一体化等多项议题,俄罗斯与西方都存在着巨大的分歧。特别是在波罗申科就任总统以后,乌克兰更加离不开西方国家在经济上提供的贷款,依赖于欧盟和美国与俄罗斯在外交上的斡旋,在安全上依赖于北约国家提供的资金和培训支持。生活在顿涅茨克州和卢甘斯克州冲突地区

---

① Найем:Депутатов БПП использовали,http://www.pravda.com.ua/rus/news/2016/02/7099256/.

② 《季莫申科的祖国党宣布退出乌克兰议会执政联盟》,新华网,2016年2月17日,http://news.xinhuanet.com/world/2016-02/17/c_128728356.htm。

的俄罗斯族居民在政治上排斥亲西方政党,在经济上依赖于俄罗斯的人道主义援助,在军事上离不开俄罗斯的志愿者。在 2014 年 10 月举行的议会选举中,亲俄政党的"反对派联盟"在顿涅茨克州和卢甘斯克州的选区赢得了超过 30% 的决定性优势。①

正是在欧盟的斡旋下,乌克兰与东部武装组织成功地实现了停火,逆转了军事行动中的劣势,避免了政府军控制区的扩大。2015 年 2 月,正是在德法两国的积极运作下,通过"诺曼底四方会议"的模式成功地避免了东部冲突失控的局面。大国关系,特别是俄罗斯与以美国为首的西方国家之间的关系已经成为影响乌克兰危机未来前景的关键性因素。乌克兰政府与东部武装达成的明斯克协议和新明斯克协议依靠的是外部大国的干预和国际组织的监督。叙利亚危机升级和"伊斯兰国"恐怖袭击为打破俄与西方关系僵局提供了很好的契机。2015 年 9 月,在欧洲难民危机和法国恐怖袭击事件之后,俄罗斯在叙利亚打击"伊斯兰国"恐怖组织的行动使得其与西方关系明显转暖,双方不仅在打击恐怖主义方面找到了许多共同语言,而且在乌克兰问题上的对话越来越频繁。欧盟内部要求改善与俄关系的呼声越来越多,法国明确表示希望在 2016 年夏天推动解除对俄制裁。与此同时,美国和欧盟加大了对乌克兰政府的政治压力,要求其推进搁浅的修改宪法进程,为彻底解决东部地区冲突创造法律条件。美国国务卿克里在 2015 年 12 月 15 日再次造访莫斯科时表示,新明斯克协议落实后西方就会取消针对俄罗斯的制裁,西方和俄罗斯的关系就可以恢复正常。② 美国此时释放这一信号,表明越早执行新明斯克协议对解除俄罗斯制裁越有利。

在克里访问莫斯科不久,普京在 12 月 26 日任命了前议长格雷兹洛夫担任乌克兰问题联络小组俄方代表。格雷兹洛夫在 1 月 17 日接受俄罗斯《生意人报》的采访时称:"乌克兰危机的解决并未陷入僵局。尽管一些参与者乐于宣称乌克兰危机解决陷入僵局,但我们对明斯克和平协议实现的前景持

---

① 乌克兰中央选举委员会,http://www.cvk.gov.ua/。
② 《克里称新明斯克协议落实后西方将取消对俄制裁》,新华网,2015 年 11 月 3 日,http://news.xinhuanet.com/world/2015-11/03/c_1117017623.htm。

乐观态度。"① 大国关系的缓和为政治解决乌克兰东部冲突提供了良好的氛围,各方对政治解决东部地区冲突的信心正在恢复。乌克兰和欧安组织官员表示,在俄罗斯前国家杜马主席格雷兹洛夫的推动下,乌克兰政府与民间武装组织已于2016年1月13日达成新的停火协议。

小 结

目前看,从2014年9月的明斯克协议到2015年2月的新明斯克协议,乌克兰经历了痛苦和艰难的两年,实现民族和解和政治妥协是和平手段解决乌克兰危机的唯一手段。各种迹象都显示,俄罗斯与西方关系存在缓和的迹象,但必将经历一个漫长和反复的过程。可以肯定的是,没有解决乌克兰危机的最优方法,只有切实推进明斯克协议才符合各方最大利益,才能避免更多的死亡和流血。

---

① 《乌问题联络小组俄方代表:危机解决未陷僵局持乐观态度》,环球网,2016年1月18日,http://world.huanqiu.com/exclusive/2016-01/8401415.html。

Y.15 "脱俄入欧":独立后乌克兰历史政策的变化(1991~2013)

周国长*

摘　要： 1991年乌克兰独立以来，基辅政府就希望通过干预历史政策来形成新的历史论述进而影响国民的历史意识和历史记忆，以便建立新的国家认同和文化认同。历史政策不仅在中小学的历史教育中争夺年轻一代的心灵，而且也通过公共纪念活动，特别是纪念苏联时期的历史悲剧事件，构建自我认同，摆脱俄罗斯历史—文化的影响，为乌克兰加入欧盟提供文化上的认同。但这种历史政策因乌克兰东西部地区的文化形态差异以及基辅政府将它高度政治化而未能取得成功。

关键词： 乌克兰　历史政策　脱俄入欧　俄罗斯

随着苏联解体和原加盟共和国纷纷独立，各国的精英阶层开始创建自己本民族国家的神话，对历史教科书进行重构，以摆脱苏联时期的历史观，将本民族国家的历史从苏联时期共同的历史—文化空间中分离出来，为本民族的独立发展和树立自身的合法性而努力构建一套具有强烈民族主义色彩的历史叙事，将本国的历史"民族化"（национализация）。这一过程的实施本身也就意味着政治主权和文化的独立。

---

* 周国长，博士，中国社会科学院俄罗斯东欧中亚研究所助理研究员。

基于上述逻辑，大部分原苏联加盟共和国的政治—文化精英在本民族的历史叙事中，都主张否定沙俄和苏联的历史，强调沙俄和苏联政权对本民族的压迫。因此，后苏联时期独联体地区各国的历史政策从来不是一个简单的历史学者书写本民族历史的专业问题，而是与现实政治紧密相关的。特别是在与本民族国家在苏联时期的历史及其悲剧性事件问题上常常与俄罗斯产生巨大的争议，彼此又因为国际政治、经济利益、意识形态的冲突而在这些问题上纠缠不清。① 这其中尤以乌克兰与俄罗斯的历史之战为甚。事实上，对乌克兰的政治精英和文化精英而言，历史政策的核心就是"去俄罗斯化"，将乌克兰历史从俄国—苏联史中脱离出来，通过民族主义的历史叙事，重新建构乌克兰国家的历史记忆，并且在日常的公共生活中强化和标识，以塑造国民的国家认同和文化认同。

历史政策（историческая политика）是指执政的政治—文化精英通过权力干预历史进而影响它的论述和书写，是有意为之的，目标明确的意识形态工程。② 对于1991年独立之后的乌克兰的执政精英而言，通过历史政策干预历史论述可以帮助他们同内部反对派斗争、在民族建设问题上达到某种目的，甚至可以帮助他们在国际关系中占据某种道德优势。

一 1991~2004年的历史政策

1991年乌克兰独立之后，在由原来的社会主义制度向资本主义制度转

---

① 2009年，俄罗斯学者根据亚美尼亚、阿塞拜疆、白俄罗斯、格鲁吉亚、哈萨克斯坦、吉尔吉斯斯坦、拉脱维亚、立陶宛、摩尔多瓦、乌兹别克斯坦、乌克兰和爱沙尼亚12国用本国语言书写的187本中学历史教科书及辅导用书进行分析，指出后苏联时期除了亚美尼亚和白俄罗斯的中学历史教科书与俄罗斯的教科书有较小的差异外，余下10国的历史教科书在阐释本民族历史的时候，都在重新建构自己的民族神话，并且对苏联时期的诸多历史事件与俄罗斯产生截然不同的评价和观点，认为俄罗斯是其一切灾难的根源。参见：Данилов А. А.，Филиппов А. В. и др. Освещение общей истории России и народов постсоветских стран в школьных учебниках истории новых независимых государств. М.：Государственный Клуб. 2009. С. 5 – 12.

② 参见：Миллер А. История, историческая политика и политизация истории в Польше, Украине и России // http：//www. rodon. org/society – 081219132551；2016. 1. 26.

轨的过程中，乌面临着三方面的困难：一是在政治上，从本国的现实出发，建立民主政治体系，完善现代国家治理；二是在经济上，以私有化为基础完善市场经济体制，并努力融入国际经济体系；三是在意识形态方面，需要通过一切物质和非物质的资源，重新建构民族国家认同和文化认同。

上述三者之中，民族国家认同和文化认同对当时乌克兰的政治—文化精英而言显得尤为任重而道远。因此，在1991年乌克兰独立之后，基辅政府为了团结全社会以及在大众的思想中确立新的国家象征和标识，开始从乌克兰的历史和文化中挖掘资源。1992年，乌克兰政府采用了1917～1920年乌克兰人民共和国的蓝黄两色旗为国旗，国徽则是弗拉基米尔大公时期基辅国家的标志——三叉戟，象征乌克兰民族悠久的历史及其发展的连续性，也是乌克兰国家观念复兴和为民族独立而战的标志。[1] 此后，国旗和国徽被1996年的乌克兰宪法所确认。

语言、标识、历史是身份认同建构的三要素。对乌克兰社会而言，前两者有比较统一的意见，而在历史问题上，特别是"乌克兰民族是否有自己独立的历史"这一问题上，独立之初的乌克兰社会舆论却有着巨大的分歧。1993年，时任总统列昂尼德·克拉夫丘克就直言："乌克兰是一个没有历史的民族。"他的这一论点遭到了具有民族主义情绪的知识分子的猛烈批评。[2] 乌克兰历史学家P. 西蒙年科（Симоненко）提出了针锋相对的意见，认为乌克兰国家"有权利恢复自己的历史，恢复乌克兰民族在自己领土上的历史意识。当人们谈论乌克兰历史的进程时，它的主要对象就是乌克兰人民——从它的起源到现代的主权国家"[3]。1993年，乌克兰科学院历史研究所出版了15卷本的《乌克兰人民史》。

1994年库奇马执政之后，他吸取了前任克拉夫丘克的教训，任命职业

---

[1] Пометун Е. И, Гупан Н. Н. История Украины. 11 класс. 2011. С. 242.

[2] Бомсдорф Ф, Бордюгов Г. (ред.) Национальные истории на постсоветском пространстве II. М. : Фонд Фридриха Науманна, АИРО - XXI, 2009. С. 118.

[3] Касьянов Г, Миллер А. Россия. Украина как пишется история, Диалоги - лекции - статьи. М. РГГУ, 2011. С. 40.

历史学家在政府中担任要职，负责历史政策的制定，同时他本人还将历史政策作为对外政策的工具。他任命历史学博士德米特里·塔巴奇尼科（Дмитрий Табачник）为乌克兰总统办公厅主任；任命历史学博士伊万·库拉斯（Иван Курас）为内阁副总理，专门负责乌克兰政治和民族研究所历史学博士瓦列里·斯摩里（Валерий Смолий）为乌克兰历史研究所所长。这两个研究机构在 1990 年代不仅是历史学科发展和研究的中心阵地，而且也通过制定和实施国家公共政策，特别是在教育领域对社会大众的公民意识施加影响，对巩固乌克兰国家的合法性发挥了重要作用。

基于上述考量，乌克兰的政治和文化精英认识到，历史政策的主要目标是通过共同的历史记忆来增强文化的认同感和国家的凝聚力。诚如亨廷顿所言："文化认同的核心即我们是谁的问题。"不同民族的人们用"祖先、宗教、语言、历史、价值、习俗和体制来界定自己"，并以某种象征物作为标志来表示自己的文化认同，如旗帜、十字架、新月形、头盖等。① 因此，对乌克兰的政治—文化精英而言，他们不可避免地要重新创建和恢复乌克兰的民族神话（национальная мифология）、② 象征和传统。

1980 年代末期，乌克兰部分历史学家就开始尝试对历史政策进行修正。1989 年 2 月，乌克兰共产党中央委员会制订了一个"关于乌克兰苏维埃社会主义共和国历史学科的发展和研究纲要"的计划。纲要中规定苏维埃乌克兰史作为一个独立的学科要从苏联史中脱离出来，并在大中小学开设相关的课程。1990 年 7 月，乌克兰共产党中央委员会批准了这一方案。③ 根据该方案，将出版乌克兰史学家经典史学著作、编著新的乌克兰历史教科书和讲义，数量多达 150 余部。

随着苏联解体和乌克兰独立，乌克兰史逐步从苏联历史叙事的框架中脱

---

① 〔美〕塞缪尔·亨廷顿：《文明的冲突与国际秩序的重建》，新华出版社，2002，第 6 页。
② 民族神话，它是指一国历史上相对稳定、相互联系并相辅相成的对社会具有重要精神和文化意义的历史事件、象征、习俗，是一国历史进程中的文化标志。
③ Аймермахер К., Бордюгов Г.（ред.）Национальные истории в советском и постсоветских государствах. М.: Фонд Фридриха Науманна, АИРО－ХХ, 2003. С. 212.

"脱俄入欧"：独立后乌克兰历史政策的变化（1991~2013）

离出来。从 1992 年开始，乌克兰教育部开始在大中小学的课程设置中开设乌克兰史课程，而不再是学习苏联史。显而易见，乌克兰的政治—文化精英明白，一个多民族国家的乌克兰要获得国家认同，必然需要借助于民族主义观念。这一认识也得到了乌克兰高层领导的认可。1993 年秋季，乌克兰教育部针对大学的乌克兰史教材制定了一个新的纲要，提出要在"科学民族主义"（Научный национализм）指导下编写大学乌克兰史教科书。新编教科书主要强调乌克兰的民族特性，它与当时大部分接受了苏联中小学历史教育的大学生的世界观发生冲突，因而当时部分大学教授拒绝使用这一充斥着"政治算计，同时还混杂着以民族主义为外衣而残留马克思列宁主义的历史决定论"的教材。① 除此之外，共产党员、退伍军人以及东部地区的行政官员也反对这一版本的历史教科书。

1996 年，乌克兰教育部制定了新的基础教育发展纲要。其主要原则是理解乌克兰国家存在和发展及其在世界历史上的特殊性和自我意识。课程设置主要有乌克兰文学、乌克兰历史和地理、乌克兰文化艺术等。类似的改革思想也在中小学历史教育中实施开来。它的主要目标是：第一，培养学生的历史思维，理解历史进程中的多样性和复杂性，掌握历史知识和技能，适应公共生活；第二，灌输爱国主义；第三，积极做好参加乌克兰国家建设的准备，继承和发展乌克兰文化及其精神价值。② 为了实现上述目标，中小学的历史课程设置为两门：乌克兰史和世界历史。毋庸置疑，一个独立的乌克兰国家需要在年轻一代中形成新的历史记忆，在世界历史坐标下了解乌克兰历史与文化在欧洲的独特性与价值。③ 因此，中学历史教科书中的《乌克兰史》和《世界史》课程主要是培养年轻一代的民族自豪感、民族认同感和爱国主义。

---

① Виттковски, Андреас. Пятилетка без плана. Украина. 1991 – 1996. Формирование национального государства, экономики, элиты. К., 1998. С. 38.
② Аймермахер К., Бордюгов Г. (ред.) Национальные истории в советском и постсоветских государствах. М.: Фонд Фридриха Науманна, АИРО – XX, 2003. С. 214.
③ Н. Яковенко. Шкільна історія очима істориків – науковців: Матеріали Робочої наради з моніторингу шкільних підручників історії України. К.: Олени Теліги, 2008. С. 7.

这个课程设置实施两年后，遭到了社会舆论和部分大学教授的批评，认为中小学的历史教育中将历史课程设置为世界历史和祖国历史（乌克兰史）加大了学生的负担，同时也没有达到培养乌克兰国家认同的目的。

为此，乌克兰科学院历史研究所与德国的历史学家联合召开了名为"乌克兰的历史教学：国际对话（关于乌克兰官方不同版本的历史教科书）"的国际学术会议。① 这次会议的核心议题是探讨中学教科书的编写原则和标准。同时，与会学者就乌克兰历史中的文明起源问题，基辅罗斯国家与乌克兰历史书写的民族叙事等问题展开了讨论。当时担任乌克兰科学院历史研究所副所长的 С. 库利奇茨基（Кульчицький）出席了大会，并就乌克兰教育部、乌克兰科学院、乌克兰教育科学院制定的中小学历史教学大纲做了主旨发言，提出将祖国历史放在世界历史背景下来阐释"乌克兰历史的事件、现象和因果联系"。② С. 库利奇茨基的主张得到了乌克兰著名历史学家尤里·梅齐克（Мыцык）的支持，他认为"学校、电视、广播、电影，它们的主要目标就是培养民族意识"，而中学历史教育在其中发挥着至关重要的作用。③ 显而易见，新的历史政策和历史教科书标准旨在对中小学生灌输民族主义思想和爱国主义传统，以统合乌克兰国家因为地域、历史和宗教信仰导致的差异，建立共同的国家认同。

1998 年，С. 科济茨基主编的《10~11 年级乌克兰史》④ 教科书面世，这册教科书与以前的乌克兰史中学教科书相比，对 20 世纪上半期的诸多历史事件有完全不同的评价。教科书中颠覆了苏联时代的神圣教义，将 1917~1920 年的俄国革命称为俄罗斯与乌克兰的战争。"战争始于 1917 年 12 月 17

---

① Українська історична дидактика: міжнародний діалог (фахівці різних країн про сучасні українські підручники з історії). К.: Генеза, 2000.

② Українська історична дидактика: міжнародний діалог (фахівці різних країн про сучасні українські підручники з історії). К.: Генеза, 2000. С. 227–232.

③ Аймермахер К., Бордюгов Г. (ред.) Национальные истории в советском и постсоветских государствах. М.: Фонд Фридриха Науманна, АИРО-XX, 2003. С. 214.

④ 这册教科书本文中引用的是 2013 年的版本。参见：Козицький А. (ред.). Історія України. 10–11 класи. Матеріали до підручника для учнів загальноосвітніх шкіл. Львів: Видавництво «Астролябія», 2013.

日在彼得格勒的布尔什维克政府——人民委员会给乌克兰最高拉达政府下达的最后通牒。""1932~1933年的大饥荒是对乌克兰民族的种族灭绝,乌克兰在大饥荒中的死亡人数超过350万。"① 教科书问世后,遭到乌克兰东部和南部地区部分中学历史教师和大学教授的驳斥,认为教科书中充斥着谎言。同样,部分来自东部地区的最高拉达议员们也对Ф. 土尔琴科（Турченко）主编的10年级教科书②表示了不满,并上书最高议长莫罗兹,要求禁止该教科书进入中学课堂。然而,这些批评意见并没有被采纳,科济茨基和土尔琴科主编的中学历史教科书得到乌克兰教育部的认可,成为标准教材,得到了推行。

表面上看,1990年代历史政策的核心辩题是如何制定中学历史教科书标准,换言之,就是如何书写和论述乌克兰历史。但其内在的本质,却是党派斗争和争权夺利的工具。乌克兰最高拉达中的民族主义政党一直要求将20世纪苏联治下的乌克兰历史上的悲剧事件描述为"邪恶的莫斯科对乌克兰的迫害",这一传统从彼得大帝、叶卡捷琳娜二世、斯大林到1986年的切尔诺贝利事件一脉相承。③ 而左翼团体以及东部地区的政党势力则无意于将苏联治下的乌克兰描述为极权主义体制下的受害者。因此,他们常常遭到右翼——民族主义政党就苏联时期乌克兰的历史问题发起的挑战。不仅如此,民族主义者还指责他们是极权主义的余孽——列宁主义和斯大林主义的继承人,他们要对昔日乌克兰的历史悲剧负责。一旦遇上议会大选和政治危机时刻,民族主义政党就会对乌克兰在苏联时期的历史问题进行发酵,大肆渲染,作为攻击左翼政党的话题。左翼团体以及东部地区的政党在民族主义政党的攻击下,不得不承认20世纪乌克兰的历史悲剧是斯大林主义的罪行,

---

① Козицький А. (ред.). Історія України. 10－11 класи. Матеріали до підручника для учнів загальноосвітніх шкіл. Львів: Видавництво «Астролябія», 2013. C. 26, C. 108.
② Турченко Ф. Г. Новітня історія України. Частина перша. 1917—1945. 10 клас: Підручник для серед, загальноосвіт. шк. Вид. 2 － е, К. : Генеза, 1998.
③ КАСЬЯНОВ Г. В. ИСТОРИЧЕСКАЯ ПОЛИТИКА В УКРАИНЕ И ГОЛОДОМОР. Миллер А. И. Сборник научных трудов. Центр социал. науч. － информ. исслед. ïññëåä, 2013. C. 290.

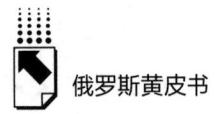

并且愿意承担相应的责任,尝试以民族叙事的方式书写乌克兰历史。① 1998年,库奇马总统下令把每年11月的最后一个星期六设定为乌克兰大饥荒纪念日,并于2003年在第58届联合国大会上呼吁与会国家支持乌的倡议,对1932~1933年大饥荒的死难者给予尊重,很大程度上都是迫于当时议会选举和总统选举的压力,为争取西部选民的选票而做出的决策。

二 2005~2010年的历史政策

2004年"橙色革命"之后,乌克兰的历史政策发生了剧烈的改变。新上台的尤先科政府积极对历史政策和历史记忆施加自己的影响。原因有以下几个方面。其一,尤先科本人亲西方,他改变了库奇马时期乌克兰在欧盟和俄罗斯之间保持平衡的外交政策,希望通过作为一种现实的国际政治工具的历史政策,特别是乌克兰在苏联时期的悲剧事件博得国际社会和国际舆论的同情,取得对俄罗斯的道德优势,进而为乌克兰迈入欧盟提供道义上的支持。其二,尤先科的幕僚及其支持者们,特别是境外的乌克兰侨民、国内的民族主义者希望能够保持乌克兰文化的独立。尤先科和支持者们相信,恰恰是由于乌克兰民众缺乏民族认同而造就了社会的解体以及政治上缺乏统一。因此,尤先科希望通过积极地干预历史政策和历史记忆,重塑乌克兰的国家认同,同时也在社会的危急时刻,给政治反对派,特别是亲俄的亚努科维奇领导的地区党施加强大的道德压力。

出于上述目的,尤先科从2005年执政开始,就有针对性和系统地运用权力干预历史政策,通过文化民族主义和19世纪的非历史主义的浪漫主义策略,恢复和强化了乌克兰国家历史进程中基于英雄主义和受难者为核心的历史记忆。尤先科的历史政策主要包括两个方面:其一,强调乌克兰历史上的英雄主义和抵抗,例如第二次世界大战时期乌克兰民族主义组织和乌克兰起义军的活动;其二,强调乌克兰的历史悲剧,例如1932~1933年的乌克

---

① Голодомор и строительство нации: http://polit.ru/article/2009/11/23/golodomor/.

兰大饥荒。前者被视作反抗暴政追求国家独立的象征，它代表着乌克兰的英雄气概，后者则是民族悲剧——受难者的形象。事实上，这两个历史事件都被以非常极端的形式表现出来，它们不仅引发了乌克兰民众的争论，而且也在国际社会引起了激烈的政治辩论。

基于上述逻辑，从 2005 年开始，尤先科政府开始将大饥荒是乌克兰人民受难史的观点转变为一项现实的极具政治化的历史政策。它主要有如下内容：一是通过立法的方式将大饥荒是种族灭绝的观点合法化，任何公开否认大饥荒的行为将承担刑事责任；二是向国际社会和国际组织发出呼吁，希望它们承认大饥荒是斯大林主义针对乌克兰的种族灭绝；三是建立大饥荒死难者纪念碑和受难者名册，组建国家记忆研究所；四是出版有关 1932～1933 年大饥荒的相关学术著作和档案。①

2005 年 7 月 11 日，尤先科在总统令中明确指出："乌克兰国家安全局、国家档案委员会向民众开放大饥荒和大镇压时期的档案，同时与学术机构合作，对大饥荒开展研究；克里米亚自治共和国和塞瓦斯托波尔自治市也须向公众开放大饥荒死难者的档案。"② 在政府的推动下，大量有关 1932～1933 年大饥荒的档案材料被解密出版。③ 基于这些档案材料，乌克兰国家电视广

---

① Про додаткові заходи щодо увічнення пам'яті жертв політичних репресій та голодоморів в Україні，http：//zakon2. rada. gov. ua/laws/show/1087/2005；Про вшанування жертв та постраждалих від голодоморів в Україні：http：//zakon2. rada. gov. ua/laws/show/1544/2005.

② Про додаткові заходи щодо увічнення пам'яті жертв політичних репресій та голодоморів в Україні，http：//zakon2. rada. gov. ua/laws/show/1087/2005.

③ Даниленко В. Розсекречена пам'ять. Голодомор 1932 - 1933 років в Україні в документах ГПУ - НКВД. Издательство：Стилос，Киев，2007；Піріг Р. Я. （упор.）Голодомор 1932 - 1933 рр. в Україні. Документи і матеріали. К.：Вид. дім "Києво - Могилянська академія"，2007. Лозицький В. С. （упоряд.）Голодомор 1932 - 1933 років в Україні：злочин влади - трагедія народу. Документи і матеріали. Київ：Генеза，2008.；Боровик В. Ф. （гол. редкол.）та ін. Херсонщина. Голодомор. 1932 - 1933：Збірник документів. Херсон：ВАТ «ХМД»，2008. Шитюк М. М.，Назарова К. В. Голодомор 1932 - 1933 років в Україні в сучасній історіографії（1986 - 2009 роки）. Миколаїв，2012. Збірник документів：Розкуркулення，колективізація，Голодомор на Дніпропетровщині（1929 - 1933 роки）. Дніпропетровськ：Герда，2008. Даниленко В. М. （упор.）Голодомор 1932 - 1933 рр. в Україні за документами ГДА СБУ：Анотований довідник. Львів：ПП Добрий друк，2010.

播公司制作了纪录片《20世纪乌克兰大饥荒：种族灭绝的手段》（Голодомор Україна XX століття：Технологія геноциду）。与此同时，尤先科政府还组建了乌克兰国家记忆研究所和政治镇压受难者文献数据库，将70万受难者的名字存入文献数据库。

对普通乌克兰人而言，斯大林治下的1932～1933年的大饥荒事件之所以受到关注，与他们在20世纪所经历的创伤体验有关。20世纪乌克兰经历了三次大饥荒（1921～1922年、1932～1933年、1946～1947年），经历了两次世界大战，追求独立建国的运动也被周边大国所扼杀，这给乌克兰人带来了外在和内在的创伤体验。对于乌克兰民族而言，关于大饥荒的悲剧性事件，首先要了解和保存真相，记住遇难者和亲历者的苦难经历，不至于因为亲历者的逝去或权力的刻意操纵而被社会忘却。因而大饥荒的纪念中有人们啃树皮，简单的婚礼等象征性的仪式。此外，大饥荒的纪念仪式也表明，过去苦难经历所遗留下来的记忆和创伤并没有真正过去，它还出现在当下，真切地进入人们的现实生活。回忆过去，是为了未来。更确切地说，是为了不让它再发生。大众通过公共历史纪念日活动、图片展览、学术讲座等活动将大饥荒这一特殊的悲剧事件重新内化为一种文化认同。2008年为大饥荒死难者纪念年，在乌克兰的高校、中小学进行了数百场以大饥荒为主题的公共纪念活动，其形式有讲座、图片展览、修建死难者纪念碑等。

然而，一方面，尤先科及其支持者认为大饥荒关涉追寻历史真相、恢复历史正义、以防止悲剧的再次发生；另一方面，他们还将它当作国际政治的工具，当成乌克兰政府向国际社会声讨苏联及其继承者俄罗斯的铁证。2005年11月4日，尤先科强调指出，乌克兰政府和外交部要"采取行动，让国际社会和国际组织承认大饥荒是针对乌克兰的种族灭绝政策，并写入相关的国际法"①。显而易见，尤先科政府已经将历史政策作为外交手段，通过大饥荒的悲剧性历史事件来博取国际社会的同情和认可，进一步摆脱俄罗斯的影

---

① Про вшанування жертв та постраждалих від голодоморів в Україні: http://zakon2.rada.gov.ua/laws/show/1544/2005.

响以更快地融入西方,所以这一问题成为乌俄之间外交交锋的一个热点。

2006年4月,在独联体国家外长会议上,乌外长塔拉修克建议把承认1932~193年大饥荒是对乌克兰人民的种族灭绝行为列入日程,被俄外长拉夫罗夫以"苏联时期集体化的后果应该由历史学家来分析"为由拒绝。塔拉修克就此抱怨说,俄一方面"试图确立其作为苏联法定继承国的地位,另一方面却拒绝为它所继承的那个国家犯下的罪行承担责任"[1]。此后乌克兰和俄罗斯双方就大饥荒的定性问题(是不是针对乌克兰人的种族灭绝)在国际社会和国际组织中进行了一系列针锋相对的斗争。2008年,欧安会理事会做出决议,谴责了1932~1933年的大饥荒,但没有提种族灭绝。乌克兰代表在向联合国大会提出大饥荒是针对乌克兰的种族灭绝的提案的时候,遭到俄罗斯代表的反对,最终没有送与大会表决。当年,俄罗斯总统梅德韦杰夫和乌克兰总统尤先科还就大饥荒问题彼此发动了舆论战。11月,梅德韦杰夫在一次讲话中指出大饥荒是苏联时期我们共同的灾难,并不是针对某个民族的种族灭绝,饥荒的原因是干旱、征粮和强制集体化。基辅的主要目的在于"通过这一事件进一步靠近北约"[2]。因此,梅德韦杰夫拒绝前往基辅参加大饥荒的纪念活动。

尤先科时期历史政策的另外一个核心议题就是重新肯定性评价第二次世界大战时期乌克兰民族主义组织和乌克兰起义军。

2007年6月是二战时期乌克兰起义军总司令罗曼·舒赫维奇诞辰一百周年纪念,尤先科授予其"英雄"称号,并发行了纪念乌克兰民族主义组织和乌克兰起义军的邮票。2010年1月,尤先科在自己总统任期快要结束的时候,授予班杰拉"乌克兰英雄"称号。在授予班杰拉"乌克兰英雄"称号的时候,尤先科在基辅国家歌剧院发表演讲,强调"这是数以万计的爱国主义者的期待"[3]。

---

[1] 刘俊燕:《俄罗斯与乌克兰就1932~1933年饥荒问题的外交博弈》,《世界纵横》2008年第10期,第38页。

[2] http://obozrevatel.com/news/2008/11/14/204146.htm。

[3] http://www.qwas.ru/ukraine/nru/Prezident-prisvo-v-Stepanov-Bander-zvannja-Geroi-Ukra-ni/。

此后，凡是在乌克兰历史上抵抗外国干涉或追求国家独立的政党、武装力量和个人都得到表彰。其中就包括乌克兰中央拉达、乌克兰人民共和国、西乌克兰共和国、乌克兰国家（盖特曼斯科罗帕茨基）、乌克兰民族主义组织、乌克兰起义军等。不仅如此，尤先科还呼吁地方当局以乌克兰民族主义组织和乌克兰起义军英雄的名字来命名街道、学校和广场。

事实上，尤先科重新评价乌克兰民族主义的历史政策引起了国内外舆论的巨大争议。首先是乌克兰东部和南部地区居民严重不满，他们上街抗议政府授予班杰拉"乌克兰英雄"称号。对东部的居民而言，肯定乌克兰起义军则是否定他们父辈在二战时期的功勋，否定他们的历史记忆。

同样，授予班杰拉和舒赫维奇"乌克兰英雄"称号的举动也引起波兰的强烈抗议，原因在于班杰拉领导的乌克兰起义军于二战时期在波兰东部沃伦地区实施了大规模的屠杀，当时有数万波兰人遭到杀害。波兰总统卡钦斯基指责乌克兰总统尤先科授予"乌克兰民族主义组织"领导人"乌克兰英雄"称号是颠倒历史是非的行为。卡钦斯基认为，这种现象说明"政治利益高于历史真相"[①]。2010年2月22日，欧安会对尤先科颁布的法令表示遗憾，并希望新的领导人重新考虑这些决定，信守保持其对欧洲价值观的承诺。

不再是以国家叙事为核心，而改为以民族叙事为主调，忽视了东部地区与俄罗斯的特殊联系以及共产党人、苏联时期退伍军人以及左翼团体的历史观。因此，它并没有强化东西部乌克兰的国家认同，反而围绕历史人物和历史事件发生了诸多的冲突。2006~2007年，乌克兰民族主义分子在利沃夫树立班杰拉的雕像时，便遭到了当地波兰人社团的抗议。2007年10月，敖德萨的乌克兰民族主义者推翻了市政广场上的叶卡捷琳娜二世的雕像，竖起了班杰拉的雕像，但很快就遭到了当地亲俄人士的泼墨。这些冲突也表明，

---

① 《波兰总统指责乌克兰将历史罪人封为人民英雄》：http://world.huanqiu.com/roll/2010-02/710727.html。

尤先科政府运用权力来干预历史政策意图形成共同的历史记忆的策略并没有取得成功。

三 亚努科维奇时期的历史政策

2010年乌克兰总统选举中，亚努科维奇作为总统候选人和地区党领袖，他的票仓主要是东部和东南部讲俄语的乌克兰人和俄罗斯人。他在竞选中向俄语居民承诺给予俄语第二国语的地位，并且在历史政策中，对前任尤先科的政策做出修正。他试图避免处理那些极具争议性的历史话题，尽可能保持历史政策的连续性和多元性。2013年5月9日，他在胜利日的讲话中指出，政府应该设法让东乌克兰和西乌克兰达成历史和解，双方之间应该妥协，开展对话。①

对于1932～1933年的大饥荒，亚努科维奇政府也采取了"冻结这一历史事件"的策略。基辅政府不再组织大规模的纪念活动，以免因为历史问题与俄罗斯交恶。2010年5月17～18日，俄罗斯总统梅德韦杰夫正式出访基辅，访问的过程中，他参观了乌克兰大饥荒纪念碑。同时，新政府对待乌克兰起义军的评价也发生了变化。政府在卢甘斯克、敖德萨等地建立了乌克兰民族主义组织和乌克兰起义军受害者纪念碑。同时在乌克兰的东部和南部各城市巡回展出了乌克兰民族主义组织——乌克兰起义军在沃伦屠杀波兰人、犹太人的展览。

尽管如此，在每年11月最后一周的星期日，西部乌克兰民众仍会自发地纪念大饥荒。人们可以品尝饥荒期间吃过的树皮做的菜肴。其他的象征性举动还诱发了"没有庆祝的婚礼""未成长的人才""从未举行的会议"等。2012年11月23日被定为大饥荒纪念日，2000人聚集在基辅的乌克兰大饥荒纪念碑前，纪念大饥荒的死难者。

毋庸置疑，亚努科维奇再次回到了库奇马时代矛盾的历史政策，希望在

---

① Виступ Президента на урочистостях з нагоди 68-ї річниці Перемоги у Великій Вітчизняній війні，http：//www.president.gov.ua/news/27615.html.

共同的国家叙事体系下增强乌克兰人的国家认同。但事实上,亚努科维奇的历史政策并没有填平东部乌克兰和西部乌克兰的集体记忆的鸿沟进而形成价值和文化共识。最终,因他暂停签署与欧盟联系国协定而引发了乌克兰的政治危机,国家再次陷入动荡不安之中。

结　论

自乌克兰独立以来,基辅政府就希望通过干预历史政策形成新的历史论述进而影响国民的历史意识和历史记忆,最终建立新的国家认同和文化认同。历史政策不仅致力于在中小学的历史教育中争夺年轻一代的心灵,而且也试图通过公共纪念活动,特别是纪念苏联时期的历史悲剧事件,构建自我认同,摆脱俄罗斯历史—文化的影响。但是从其实施的结果来看,较之东欧的波兰、德国等国家,乌克兰的历史政策是失败的,原因主要有以下两点。

第一,从历史、种族和社会心理来看,乌克兰社会从来不是一个同质社会。乌克兰东西部地区因为历史、宗教和地缘的影响,有不同的文化形态。西部地区长期受奥匈帝国——波兰的统治,受天主教的影响,认为自己是欧洲文明的一部分。东部地区则长期受俄罗斯文化、东正教的影响,认为自己是欧亚文明的一部分。诚如亨廷顿所言,乌克兰是处于"文明断层线"上的国家。因此,乌克兰独立之后,历届基辅政府历史政策的核心是"去俄罗斯化",并且在民族主义叙事的历史书写中强调构建乌克兰民族认同。为了论证现代乌克兰国家是历史演进的必然,乌克兰的政治—文化精英在历史叙事中采取了以下论述的图式:乌克兰文明的起源——基辅罗斯国家——加利西亚-沃伦大公国——立陶宛-波兰时代——哥萨克黄金时代——盖特曼时期——1917~1921年的民族复兴——苏联时期——乌克兰独立。[①] 这种历史论述方式与东部地区俄语居民的历史记忆和历史知识有极大的差异,这不

---

① Касьянов Г. «Национализация» истории в Украине // Историческая политика в XXI веке: Сборник статей. М.: Новое литературное обозрение, 2012. С. 218 - 221.

仅未能弥合东西部民族双方的分歧，反而进一部分裂了乌克兰社会。

第二，历史政策被当作争权夺利的工具，高度政治化。从1989～1990年开始，历史就被当作政治辩论的工具。在乌克兰西部民族主义情绪的感染下，大众在国内的游行示威中，做出了大量的拆除苏联时期标志的举动，例如拆除列宁像。库奇马执政的后期，迫于政治反对派的压力，不得不对具有争议性的历史问题做出不同于俄罗斯和苏联时期的论述与评价，以便符合民族主义者和西部选民的诉求，并将其当作议会竞选和总统竞选的工具。到尤先科执政后，历史政策则高度地政治化，被当作国内政治斗争和国际政治的工具。2006年11月，乌克兰最高拉达投票，"承认1932～1933年的大饥荒是针对乌克兰的种族灭绝"。但是这一举动遭到了近半数议员的回避与沉默，450个议席中只有234人参加投票。① 显而易见，针对1932年的大饥荒的定性问题，乌克兰国内不同社会团体和政党有不同的意见。为了将大饥荒是种族灭绝的观点强行贯彻下去，尤先科甚至修改法律，凡是"不承认1932～1933年乌克兰大饥荒为种族灭绝的人和团体"都要受到法律的制裁，如果政府工作人员也否认大饥荒，则要开除其公职。尤先科的讲话遭到了地区党和乌克兰共产党的反对，在他们看来，这只是尤先科打压持不同政见者的工具。地区党代表塔拉斯·佐尔诺维尔（Тарас Чорновіл）认为："引入刑事责任无助于国家的统一。"② 同时，历史政策也成为尤先科反对共产主义苏联和俄罗斯的工具。2009年11月，尤先科在伊万诺夫州—弗兰科夫斯克州参观共产主义受害者博物馆时指出："共产主义的标志是屠杀的象征，乌克兰国民应该清除共产党污垢，放弃带有共产党标志的纪念物和偶像，并把这些魔鬼式的标志扔进历史垃圾堆。"针对那些试图为斯大林体制进行辩白和怀疑大饥荒的人，尤先科声明："乌克兰不允许恢复后共产主义和亲帝国主义的力量。"③ 事实

---

① 张弘：《社会转型中的国家认同——乌克兰的案例研究》，《俄罗斯东欧中亚研究》2010年第6期，第4页。

② Ющенко узаконил голодомор：http://izvestia.ru/news/330038.

③ Ющенко предложил отправить идолов коммунизма на свалку истории：https://lenta.ru/news/2009/10/11/idols/.

上，尤先科实施的这些历史政策具有非常强烈的政治目的，就是要通过将历史事件政治化来打压国内的政治反对派和共产党等左翼团体，同时树立一个"俄罗斯的敌人形象"。诚如纪念碑协会所言："历史正在逐渐成为实现当代政治目的工具和人们手中的棍棒，从本质上讲，这种历史已经无关乎人民亲身经历过的历史悲剧，也完全无关乎过去。"① 因此，尤先科的这些举措无益于强化乌克兰国民的历史共识与身份认同。反而自尤先科执政后，乌克兰东西部地区居民围绕极具争议性的历史问题产生了更为激烈的冲突。这种冲突不仅表现在历史认知上，而且还在重大公共历史纪念活动中发展成了流血事件。

① Дюков А. Примирения между правдой и ложью, между фальшивками и архив - ными документами быть не может // http：//www. inosmi. ru/translation/241032. html.

区域合作组织

Y.16
欧亚经济联盟：理论与现实

张聪明*

摘　要： 本文简要讨论了俄罗斯主导欧亚经济联盟进程的动因，认为俄罗斯的历史记忆、民族心理和文化特征是其力主建立欧亚经济联盟的深层原因；地缘政治因素是俄罗斯推进一体化的外部理由；经济利益则是俄罗斯推进一体化的现实动因。作者认为，正因为欧亚经济联盟事关俄罗斯的根本利益，所以弄清楚俄罗斯在欧亚经济联盟建设进程中的主导作用也就显得理所当然。最后，从中俄战略合作关系的角度审视俄罗斯主导的区域经济一体化与中国提出的"一带一路"倡议的关系，讨论了二者"对接"的相关问题。

关键词： 俄罗斯　区域经济一体化　欧亚经济联盟　"一带一路"　对接

---

* 张聪明，中国社会科学院俄罗斯东欧中亚研究所战略室副主任，研究员。

20世纪80年代以来,区域经济一体化作为世界范围内最具活力的经济现象,获得了迅速的发展。

从20世纪30年代开始,学界出现了"经济一体化"(Economic Integration)的说法。经济一体化是指国家间通过签署条约或协议,采取某些措施协调彼此之间的经济贸易政策,以促进经济的共同发展。也就是通过政府间协商缔结条约,建立起一个多国的经济联盟。在这个联盟的范围内,商品、资本和劳务能够自由流动,不存在任何贸易壁垒,并拥有一个统一的机构来监督条约的执行和实施共同的政策及措施。

20世纪五六十年代,学界有了区域一体化的一般概念,一体化被定义为伙伴国家之间逐步加强经济合作联系、结合成为范围更大的区域经济实体的过程。作为一个过程,区域一体化是指一定区域内的民族国家自愿与其邻国交往、融合、结合,以便在让渡部分主权的同时获得解决它们之间某些冲突的途径。在这个过程中,相邻的国家签订协议,以便通过共同的制度和规则提升相互间的合作。协议的内容可以涉及经济、政治和环境诸领域。这些协议虽然通常都重在政治经济利益,但通过商业利益往往也能实现更广泛的参与国追求的社会政治和安全目标。

将"一体化"的两个要点"区域"和"经济"结合起来,就是所谓"区域经济一体化",即世界上某一区域内两个或两个以上的国家或地区,在一个由政府授权组成并具有超国家性的共同机构下,通过制定统一的对内对外经济政策、财政与金融政策等,消除国别之间阻碍经济贸易发展的障碍,实现区域内互利互惠、协调发展和资源优化配置,最终形成一个政治经济高度协调统一的有机体的过程。

"区域经济一体化"按一体化的程度高低,由低至高有优惠贸易安排、自由贸易区、关税同盟、共同市场、经济联盟、完全经济一体化;按参与者的发展水平,可分为发达国家之间的、发展中国家之间的、发达国家与发展中国家之间的区域经济一体化;20世纪八九十年代,还出现了一种国际性区域经济合作的新现象,即相邻国家的部分区域组合在一起开展区域经济合作,即"次区域经济一体化"。

1991年12月苏联解体后，在独联体框架下，以俄罗斯联邦为主导，经历了一个复杂的寻求区域经济一体化的过程。几经调整和反复，在该地区终于组建了由俄（罗斯）、白（俄罗斯）、哈（萨克斯坦）三国作为发起国的欧亚经济联盟。

一　俄罗斯主导建立欧亚经济联盟的动因

（一）历史记忆、民族心理和文化特性是俄罗斯推进一体化的深层原因

1. 帝国精神使俄罗斯有为拯救世界甘愿承受苦难的民族气质

俄罗斯历史上是一个帝国。按照学者施展的说法，"所谓帝国，就其根本而言首先是个心理结果——帝国是对一种文明的道德理想的追求与认同，以一个世界历史的使命作为自己存在的意义与理由。帝国之存续的根本理由是其对一种宗教的道德使命的承当"。

公元1054年，欧洲的基督教会正式分裂。东方教会自认正宗，自称正教。与天主教相比，东正教有着更强的神秘主义传统，它反对以理性作为理解和衡量世界的根本尺度，却对上帝创世的神秘意图有着一种深刻的信仰，坚信人类终将通过弥赛亚（救世者）获得拯救，而人类获得拯救的途径毫无疑问是东正教信仰。与此相联系，俄罗斯人相信，信奉东正教的俄罗斯帝国是属于人类的帝国，俄罗斯民族是负有拯救世界之使命的弥赛亚民族。这就意味着，俄罗斯这个弥赛亚民族将以耶稣基督为榜样，通过自己的苦难而帮助全人类获得救赎。

2. 深刻的不安全感是俄罗斯帝国的持久忧患

与苦难相伴生的，是俄罗斯民族性格中深刻的不安全感。这种不安全感首先来源于它的地缘结构。俄罗斯民族起源于东欧大平原，周围没有任何可以用来御敌的自然屏障，在历史上屡遭外敌入侵。13世纪开始的来自东方的蒙古人的进攻和统治，其后波兰—立陶宛人的挑战、威胁和伤害，给俄罗

斯人留下了深刻的历史记忆。这种历史记忆的民族心理后果就是深深的不安全感。民族的苦难意识和不安全感相互叠加，促使俄罗斯在16世纪开始了大规模的对外扩张：俄罗斯民族力图用广阔的战略纵深来克服自然屏障阙如的不足，以便获得足够的安全感。也就是说，俄罗斯的精神气质、地缘结构、历史记忆，都促使它追求做一个大国。这一追求，曾经以苏联的70年存在获得了历史性的实践。

众所周知，苏联是一个超级大国。作为一个大国，苏联曾经与法西斯德国做过生死博弈，以巨大的代价获得了卫国战争的胜利，同时借着第二次世界大战后的时势，将自己的影响力向西、向东大规模扩展，形成了所谓世界社会主义阵营。亚欧大陆，一时红遍。西边的东欧社会主义国家，东边的中国等国家，都深受苏联的影响。虽然后来中苏反目，但苏联在东欧地区的影响力曾长期存在，首屈一指的就是苏联发起成立并主导的经互会。

经互会曾是世界上贸易额仅次于欧共体的区域经济一体化组织。虽然经互会对各成员国之间的经济交流起到了促进作用，但实际上它主要是苏联从经济上控制其他成员国的一种有效手段。只不过在与美国和西欧的竞争中，苏联终于败下阵来，它所主导的经互会也就无疾而终了。

3. 依然要走区域一体化的路

苏联解体将近25年了。在1/4世纪的时间里，俄罗斯重新从苏联的幕后走上历史的前台，其精神气质从苏联时代的共产主义追求重新回归到东正教信仰，弥赛亚使命意识有所复活。救世情怀、不安心态、历史经验、现实境况，无一不促使俄罗斯寻求重新向外发展的机会和方式。只不过在当代世界，全球化和一体化已经不再用武力扩张来开路，代替过去武力征服和殖民统治的是合作的意向和互利互惠的协议和条约。因此，俄罗斯也要走区域一体化的路。

（二）地缘政治因素是俄罗斯推进一体化的外部理由

苏联解体以来，俄罗斯从一个超级大国变成一个仍具有重大核潜力的地区大国，其地缘战略空间大幅缩小。苏联解体使俄国300多年扩张所获得的地缘政治成果几乎化为乌有，俄罗斯的出海通道也受到钳制。同时，俄罗斯周边的地缘政治环境处于非常不稳定的状态。

一方面，面对严峻的地缘政治环境，俄罗斯虽然曾经有俄格战争的军事行动，目前正在介入乌克兰危机，并在领土空间上小有收获，但遭到了国际社会的普遍反对和西方国家的制裁。另一方面，通过和平交往及谈判协议，从经济关系上保持和强化在区域内的主导地位，应该是符合世界潮流的积极作为。由俄罗斯主导实施后苏联空间区域经济一体化，有益于国家地缘政治利益，是与以民族主义和新欧亚主义为代表的当代俄罗斯主流意识形态的地缘政治主张相一致的国家战略选择。

（三）经济利益是俄罗斯推进一体化的现实动因

从经济利益来看，独联体地区，尤其是中亚地区是俄罗斯的资源进口地、能源通道区、商品出口区、劳动移民来源地。

1. 俄罗斯在独联体地区尤其是中亚地区存在重大经济利益

首先，俄罗斯可以从中亚获得资源利益。中亚国家有丰富的自然资源，包括石油、天然气、铀矿、钨矿、黄金等。众所周知，俄罗斯也是自然资源丰富的国家，中亚资源对俄罗斯的意义主要在于加工技术的出口以及原料的再加工。比如，哈萨克斯坦的铀矿选矿和开采技术与俄罗斯相比还有很大差距，俄罗斯凭借技术优势就能参与相关的合作。

其次，俄罗斯可以借助中亚地区实现能源出口多元化。能源是俄罗斯的重要资源，能源出口是俄罗斯最重要的经济活动。为了追求能源出口利益最大化，俄罗斯向来重视能源出口的多元化。而中亚国家恰好有助于俄罗斯能源出口的多元化。一方面，俄罗斯广泛参与了中亚能源领域的经济活动，无论上游还是下游，都有俄罗斯能源公司存在，俄罗斯就像中亚能源的一个"大股东"；另一方面，俄罗斯可以利用中亚的石油和天然气输出管道将本国的油气输往欧洲和亚太地区。

再次，中亚是俄罗斯工业产品和民用商品的销售市场。目前中亚国家对于商品的技术含量要求并不太高，俄罗斯产品在此有一定的竞争力，正在日

益成熟的、具备巨大潜力的中亚市场已成为俄罗斯工业产品的重要销售市场。俄罗斯向中亚出口的主要产品是粮食、机械、交通运输设备、原材料等。

最后,俄罗斯从中亚国家获得劳动力补给。相对于其广阔的领土幅员,俄罗斯人口不足,而且有下降的趋势,劳动适龄人口也严重不足。俄罗斯要实现经济现代化,通过创新实现经济发展,没有可靠的劳动力补给是难以想象的。与此形成对照的是,中亚国家有大量的剩余劳动力。无论从历史联系还是从移民自身的素质(语言、技术、文化等)来说,俄罗斯都愿意接受来自中亚国家的劳动人口,实际上,来自中亚的劳动"移民"已经构成俄罗斯外来劳动力的主流。2009年,来自独联体国家的"移民"占到当年进入俄罗斯的"移民"总量的93%,其中来自中亚国家的人口超过一半,占到50.3%。

中亚劳动"移民"不仅能给俄罗斯带来经济利益,还能推动俄在中亚的地缘政治利益的实现,维护边境地区的稳定,扩大俄罗斯在整个地区的影响力。

2. 传统的经济联系有助于俄罗斯通过推进一体化实现其在后苏联空间的经济利益

该地区的国家曾经都是苏联的加盟共和国。在当时的历史环境中,根据各自的自然条件和资源禀赋,在计划经济体制下,依据统一的国家地域生产力布局原则,按照原材料产地指向和技术中心指向,在不同的加盟共和国配置了不同的经济部门和产业,各个加盟共和国之间分工协作,逐渐形成了专业化协作基础上的互相依赖和互相补充的关系。这种加盟共和国相互之间的经济联系日益紧密,到苏联解体前夕,各加盟共和国经济总量的3/4与俄罗斯相关。

苏联解体后,原来计划经济体制下形成的各加盟共和国之间分工协作的经济关系遭到了破坏,这成为该地区国家经济一段时期遭遇严重困难的主要原因。在新的历史环境中,这种旧有的历史渊源和经济联系,在一定条件下可以成为俄罗斯推动区域经济一体化、实现其在后苏联空间经济利益的有利因素。

总之,基于民族国家的历史记忆、民族心理和文化特性,充分考虑当代国家地缘政治境况,从现实的经济利益出发,俄罗斯有足够的理由积极推进后苏联空间的区域经济一体化进程,最终建成欧亚联盟。

二 从哈萨克斯坦的倡议到俄罗斯的主导

(一)从"独唱"到"三重奏"

"欧亚联盟"的设想最早由哈萨克斯坦总统纳扎尔巴耶夫于1994年提出。当时,纳扎尔巴耶夫访问俄罗斯,他在莫斯科大学发表演讲时表示,应首先由俄罗斯、哈萨克斯坦、白俄罗斯、吉尔吉斯斯坦和塔吉克斯坦组成欧亚联盟,然后吸收亚美尼亚和乌兹别克斯坦加入。后来,随着俄罗斯对外政策的变化,先后建立过的类似组织有俄白联盟,俄、白、哈、乌(克兰)统一经济空间,欧亚经济共同体等,但未能取得实质性进展。

2011年10月3日,俄罗斯总统普京在俄罗斯《消息报》上发表了一篇名为《欧亚新的一体化方案:未来诞生于今天》[①]的署名文章,他在该文中提出,要在目前已经建立的俄、白、哈关税同盟和2012年1月1日启动的统一经济空间的基础上组建欧亚经济联盟,然后建立起集政治、经济、军事、文化为一体的超国家联合体——欧亚联盟。

普京总统首次对他所提倡的欧亚一体化的性质做了说明,并展望了欧亚一体化未来的前景。普京说,欧亚联盟不是要恢复苏联,也不同于独联体;欧亚联盟要成为当代多极世界中的一极,成为连接欧洲与亚太的桥梁和纽带;欧亚联盟在关税同盟和统一经济空间的基础上建立,应成为推动和扩大一体化进程的核心;欧亚联盟是一个开放性的组织;欧亚联盟的建立将借鉴

---

① Путин В. Новый интеграционный проект для Евразии—будущее, которое рождается сегодня. Известия. 5 октября. 2011.

欧盟的发展经验。

此后，哈萨克斯坦总统纳扎尔巴耶夫和白俄罗斯总统卢卡申科都对此做出了回应。作为欧亚联盟构想的最早提出者，纳扎尔巴耶夫说，那些认为欧亚联盟的成立是苏联还魂的看法是恐怖幻觉。他说："2005年，我与时任俄总统普京在索契提出打造关税同盟。……这个过程将于2015年完成，届时我们将着手建立欧亚经济联盟。"白俄罗斯总统卢卡申科也表示，建立一体化联盟是有利于世界稳定的正确一步。①

（二）从自由贸易区到欧亚联盟

1. 自由贸易区

1993年9月24日，在莫斯科举行了第十三次独联体国家元首和政府首脑理事会，会上各国首脑草签了《经济联盟条约》，决定参照欧洲一体化的模式分阶段推进独联体一体化。

1994年4月15日，独联体国家在莫斯科举行第十五次国家元首和政府首脑理事会，各国首脑签署了《关于建立自由贸易区的协议》，拟取消关税，并逐步向关税同盟过渡，但此后许多独联体国家并没有批准这一协定。

2. 关税同盟

虽然自贸区落空，但区内次区域一体化却有所发展。

1995年1月6日，俄罗斯与白俄罗斯签署关税联盟协议。② 1995年1月20日，哈萨克斯坦加入该联盟；1996年3月29日，吉尔吉斯斯坦加入；1999年2月，塔吉克斯坦加入，最终成为五国关税联盟。

2000年10月10日，俄罗斯、白俄罗斯、哈萨克斯坦、吉尔斯基斯坦和塔吉克斯坦五国总统在阿斯塔纳签署了《成立欧亚经济共同体声明》，将关税联盟改组为欧亚经济共同体。摩尔多瓦、乌克兰和亚美尼亚成为该组织

---

① 李新：《普京欧亚联盟设想：背景、目标及其可能性》，《现代国际关系》2011年第11期。
② Соглашение о Таможенном союзе между Российской Федерацией и Республикой Беларуси от 6 января 1995 года, http: //www.tsouz.ru/Docs/IntAgrmnts/Dogovor_ 06011995.aspx.

的观察员国。2006年2月，乌兹别克斯坦正式加入欧亚经济共同体，2008年10月，乌（兹别克斯坦）又申请退出该组织。

之后，国际市场高油价时代来临，俄罗斯经济借此获得快速发展，为俄罗斯加快推进欧亚一体化进程提供了物质基础。俄罗斯开始推动在欧亚经济共同体框架内，由俄、白、哈三个条件成熟的国家率先建立关税同盟。2007年10月6日，在欧亚经济共同体框架下，俄、白、哈三国签署了《关于建立统一关境和建立关税同盟的协定》①。2008年的美国次贷危机和2011年的欧洲主权债务危机成为俄罗斯推进地区一体化进程的有利国际经济背景。2009年，关税同盟最高机构制定了关税同盟的发展阶段及在其基础上建立统一经济空间的日程。2009年11月，俄、白、哈三国签署了《海关法典》②，从2010年1月1日起，俄白哈关税同盟正式成立。

2011年7月，三国取消了相互间的海关，关境的取消使得关税同盟取得实质性进展。2011年10月，关税同盟决定开始进行有关吉尔吉斯斯坦加入关税同盟的谈判。

3. 统一经济空间

所谓统一经济空间就是在关税同盟的基础上实现商品、资本和劳动力等生产要素在成员国间自由流动而形成的统一市场。2011年11月18日，白俄罗斯、哈萨克斯坦和俄罗斯三国元首发表宣言，从2012年1月1日起建立统一经济空间。2011年12月19日，欧亚经济委员会最高理事会发布第9号决议，称从2012年1月1日起建立统一经济空间的国际协定生效，同时，开始实施的国际协定还涉及相关的宏观经济、预算和竞争政策，劳动力市场、资本、商品及劳务的结构改革，在能源、交通和通信领域实行统一规则

---

① Договор о создании единой таможенной териитории и Таможенного союза от 6 октября 2007 года, http：//www.tsouz.ru/Docs/IntAgrmnts/Pages/D_sozdETTiformTS.aspx.

② Договор о Таможенном кодексе Таможенного союза от 27 ноября 2009 года, http：//www.tsouz.ru/Docs/Pages/mgs4proekt.aspx.

等。这是2015年1月1日建立欧亚经济联盟的基础。①

2012年1月1日,俄、白、哈三国统一经济空间正式启动,并成立了负责一体化进程的超国家机构——欧亚经济委员会,总部设在莫斯科,该委员会替代原有的关税同盟委员会,作为欧亚一体化的最高协调机关,全面负责关税同盟和统一经济空间的工作。不过,在2012年1月1日统一经济空间启动到2015年1月1日欧亚经济联盟成立的三年时间里,生产要素在区域内实际上并没有实现完全的自由流动。

4. 欧亚经济联盟

2012年5月,在欧亚经济共同体国家元首峰会上,欧亚经济共同体国家元首商议,计划将于2015年1月1日前签署建立欧亚经济联盟的协定。2014年5月29日,由俄罗斯、哈萨克斯坦、白俄罗斯三国国家元首组成的欧亚经济委员会最高理事会会议在阿斯塔纳举行,三国元首共同签署了《欧亚经济联盟条约》。之后,亚美尼亚于2014年10月10日、吉尔吉斯斯坦于2014年12月23日先后签署加入欧亚经济联盟的协议,并分别于2015年1月和5月正式加入欧亚经济联盟。另外,塔吉克斯坦是候选国。欧亚经济联盟于2015年1月1日正式启动。

目前来看,欧亚经济联盟的实践成果并不显著,加上其主导国俄罗斯面临复杂而严峻的经济形势,西方制裁尚未取消,国际能源价格大幅下挫且回升无期,本币巨幅贬值,通胀严重,失业率上升,国际收支恶化,GDP大幅下降,俄自顾尚且不暇,推动欧亚经济一体化的动力目前看来比较弱。欧亚经济联盟的发展前景如何,尚须观察。

三 欧亚经济联盟的组织机构及职能

相关条约规定,欧亚经济联盟的事务由超国家机构进行管理。

联盟组织结构分为欧亚经济联盟最高理事会、欧亚经济联盟政府间理事

---

① Евразийская экономическая интеграция: цифры и факты. 2013.

会、欧亚经济委员会和欧亚经济联盟法院四个层级。

（1）欧亚经济联盟最高理事会是欧亚经济联盟的最高机构，由联盟成员国国家元首组成；最高理事会的决议和命令在协商一致的基础上形成；欧亚经济联盟最高理事会每年至少召开一次会议，如遇紧急情况，可由任一成员国或最高理事会主席发起，召开政府间理事会紧急会议；最高理事会会议由最高理事会主席主持；欧亚经济联盟最高理事会决定联盟活动中的原则性问题。

（2）欧亚经济联盟政府间理事会由欧亚经济联盟成员国政府总理组成；政府间理事会的决议和命令在协商一致的基础上形成；政府间理事会根据需要召开会议，每年不少于 2 次；如遇紧急情况，可由任一成员国或政府间理事会主席发起，召开政府间理事会紧急会议；政府间理事会会议由政府间理事会主席主持。

（3）欧亚经济委员会为欧亚经济联盟超国家常设机构，全权负责欧亚经济一体化事务的执行和管理工作，设在莫斯科；主要职责为保证联盟运转与发展，负责经济一体化各领域规则的制定；欧亚经济委员会工作范围包括：关税与非关税调节，海关监管，技术监管，防疫、动植物检疫措施，记录及分配进口关税，制定与第三方的贸易制度，外贸及相互间贸易的统计，宏观经济政策，竞争政策，工、农业补贴，能源政策，自然垄断，国家及市政采购，相互间服务贸易及投资，交通运输，货币政策，知识产权，金融市场（银行、保险、外汇市场及股票市场），其他领域；欧亚经济委员会由理事会和联席会议组成，理事会对欧亚经济联盟的一体化进程即欧亚经济委员会的活动进行总体管理和领导，理事会由成员国副总理组成；联席会议成员由最高理事会任命，为期 4 年；联席会议的决议、命令和提案在投票（票数超过联席会议总人数 2/3 视为通过）和协商一致的基础上形成。

（4）联盟法院是欧亚经济联盟的常设法律机构，设在明斯克；其目标为保证成员国及联盟机构的条约、联盟框架内的国际条约、联盟与第三方签署的国际条约及联盟机构的决议实施的一致性；每个成员国派出 2 名法官组

成联盟法院，法官任期为10年。

不过，按照条约规定，俄白哈三国将在2025年前实现商品、服务、资本和劳动力的自由流动。因此，2025年以前的欧亚经济联盟还处于共同市场阶段。

值得指出的是，欧亚经济联盟与欧盟有所不同。欧亚经济联盟并未决定使用同一的货币、建立统一的中央银行，各成员国也没有进一步让渡使用宏观经济政策干预本国经济运行的权利。

至于未来从欧亚经济联盟向类似欧盟的欧亚联盟过渡，目前还只是一个设想。

四 欧亚经济联盟与"一带一路"的对接

欧亚经济联盟的组建及其运行，必然涉及与地区周边国家和组织的关系。有意思的是，也正是在这一时期，中国提出了开发丝绸之路经济带和海上丝绸之路的倡议，这一倡议中的丝绸之路经济带可能覆盖的国际空间之一部分正好与欧亚经济联盟的国际空间重合，这自然就产生了欧亚经济联盟与丝绸之路经济带的关系问题。

如何处理二者的关系呢？

现在典型的说法是要实现二者的"对接"，俄罗斯与中国也就"对接"问题达成共识。2015年5月8日，中国国家主席习近平在莫斯科同俄罗斯总统普京举行会谈，一致同意推进丝绸之路经济带建设同欧亚经济联盟建设"对接"。两国元首商定，将中方丝绸之路经济带建设同俄方欧亚经济联盟建设对接，挖掘合作潜力和优势，扩大两国在能源、农业、高铁、航空、航天、金融投资领域、基础设施建设、远东开发等方面的合作，扩大两国教育、文化、卫生、旅游等人文领域合作，继续办好青年友好交流年、媒体交流年活动，积极加强两军交流。

在"一带一路"倡议提出的两年时间内，俄罗斯对中国"一带一路"倡议的态度从最初的猜疑、担心、消极应对到肯定、支持和主动参与，有一个逐步转变的过程。

从知识界来看，瓦尔代国际辩论俱乐部最近发布了《面向大洋：欧亚经济联盟一体化与中国丝绸之路经济带计划》的报告，指出俄罗斯的态度转变是基于对地区发展前景的全面认知和深入思考，欧亚联盟与"一带一路"实现战略对接是俄中关系的新起点。

从官方层面看，中俄双方已达成一系列共识，并签署相关文件。除了"对接"共识，2014年5月签署了《中俄全面战略协作伙伴关系新阶段的联合声明》，提出双方将寻找丝绸之路经济带项目和即将建立的欧亚经济联盟之间可行的契合点。2015年3月，俄罗斯成为亚投行的第三大股东。2015年5月，中俄签署了《中华人民共和国与俄罗斯联邦关于丝绸之路经济带建设和欧亚经济联盟建设对接合作的联合声明》。2015年7月，在上合组织乌法峰会期间，中俄达成共识，由欧亚经济联盟经济委员会与中国商务部就"经贸伙伴关系协定"开展谈判，并将上合组织作为"一带一盟"对接的平台。①

根据已有的条件，有学者分析，"对接"可以在战略层面、制度层面和优先领域三个层面进行，②但我们还是可以对双方的"对接"做一些审慎的分析并据此做出谨慎的判断。

第一，关于"对接"的理解。俄罗斯使用的词сопряжение，直译的意思是"连接在一起，使结合起来；连接，共轭，耦合"。但《现代汉语词典》的解释是"指两个或两个以上航行中的航天器（航天飞机、宇宙飞船等）靠拢后结合成一体；泛指互相接触、沟通"。所以，如果我们将"一带一盟"的"对接"理解为像两个航空器靠拢并结合成一体那样紧密合作，那可能是有问题的；但如果理解为"互相接触、沟通"，那当然是毫无疑问的。所以，就"对接"来说，我们应该有一个冷静客观、从容淡定的态度，

---

① 李建民：《一带一盟对接是中俄两国的理性和顺势选择》http：//news.dayoo.com/guangzhou/201601/26/139995_46374134.htm。
② 李建民：《一带一盟对接是中俄两国的理性和顺势选择》http：//news.dayoo.com/guangzhou/201601/26/139995_46374134.htm。

不能有过分的期待，否则，热望一旦遭遇挫折，容易伤及合作的信心。提倡冷静面对"对接"，还有对接主体、对接内容与对接的制度平台等方面的考虑。

第二，关于"对接"的主体。欧亚经济联盟是一个国际法意义上的国家联盟，有条约，有组织机构，还有司法机构，而"一带一路"只是中国政府提出的一个"倡议"。这就是说，"对接"的主体属性有很大差异。差异的消除，对中方提出的要求是将倡议硬化为国际法主体，这显然是不可能的；当然，如果是说中国和欧亚经济联盟在某些方面、某些问题上谋求"对接"，这当然是完全可能的，但那已经是国家与国家联盟的关系，而不是一个国家的一项倡议与一个国家联盟的"对接"；对欧亚经济联盟的要求是它们做出一个同样属性的倡议或计划，这个当然是有可能的，但目前尚未看到这方面的动向，尤其是欧亚经济联盟的主导者俄罗斯正面临严峻的经济形势，西方制裁未除，本币深度贬值，国际能源价格暴跌，在近期由俄罗斯主持一个计划来适应于"一带一路"的对接，可能性不大。当然，由欧亚经济联盟的经济委员会与中国商务部就"经贸伙伴关系协定"开展谈判，这是可以的，但这是一国的政府部门与一个国家联盟的机构之间的"对接"，这与欧亚经济联盟与"一带一路"的"对接"不是一回事。

第三，上合组织能否成为"一带一盟"对接的平台？上海合作组织是由中国、俄罗斯、哈萨克斯坦、乌兹别克斯坦、吉尔吉斯斯坦和塔吉克斯坦于2001年6月15日在中国上海宣布成立的永久性政府间国际组织，这与欧亚经济联盟在主体格位上倒是相匹配，问题是，上海合作组织的宗旨是加强成员国之间的互相信任与睦邻友好，鼓励成员国在政治、经济、科技、文化、教育、能源、交通、环保和其他领域的有效合作，联合致力于维护和保障地区的和平、安全与稳定，建立民主、公正、合理的国际政治经济新秩序。可以看到，上合组织对内主要是促进成员国之间的合作，在与外部的关系上主要是安全合作，并不涉及经济合作，这与欧亚经济联盟的宗旨和"一带一路"的属性与追求并不十分契合。同时，无论是欧亚经济联盟还是上合组织，都有一套议事的法定规则，而"一带一路"的优势恰恰在于议题灵活、手段多样。在这样的差异之下，要在上合组织的框架下展开并实现欧亚经济联盟与"一带一路"的"对接"，问题不会少。

另外，欧亚经济联盟与"一带一路"涉及许多国家和地区，是非常复杂的国际空间，"对接"的风险就更不用说了。

Y.17
2015年逆势而生的欧亚经济联盟

刘 丹[*]

摘 要： 2015年1月1日欧亚经济联盟的正式成立是欧亚一体化进程中的重大事件。欧亚经济联盟的建立是欧亚地区经济一体化的逻辑结果，它的发展受到诸多复杂因素的影响。主导国俄罗斯的经济下滑直接影响成员国的经济状况；联盟成员国合作暂时有限；美国和西方对独联体地区事务的介入使欧亚经济联盟面临复杂外部环境；该组织在独联体地区扩员面临挑战。在面临诸多问题的同时，欧亚经济联盟拓展与外部世界的联系：谋求与欧盟关系的发展；积极对接丝绸之路经济带；拓展同亚太国家关系。该组织与外部世界的关联态势直接影响欧亚经济联盟的发展前景。

关键词： 欧亚经济联盟 俄罗斯 一体化 丝绸之路经济带

2015年，独联体地区的形势有三个关键点，一是乌克兰危机引发的一系列问题持续发酵，构成了该地区形势的宏观背景；二是俄罗斯经济持续衰退，在西方制裁下雪上加霜，美国与北约对俄罗斯的防范进一步加强，俄罗斯采取向东转的应急策略；三是2015年1月1日，欧亚经济联盟逆势而生。由俄罗斯主导的欧亚经济联盟是独联体地区经济一体化的重要支撑，它的诞生和发展对独联体地区一体化关系重大。本文重点阐述欧亚经济联盟的现状、面临的问题，以及对该联盟的前景进行展望。

---

[*] 刘丹，中国社会科学院俄罗斯东欧中亚研究所副研究员。

一 欧亚经济联盟的建立

2015年1月1日,由俄罗斯、白俄罗斯和哈萨克斯坦组成的欧亚经济联盟正式成立,这是欧亚一体化进程中的重大事件。1月2日,亚美尼亚加入联盟。8月12日,吉尔吉斯斯坦和哈萨克斯坦两国总统在吉度假胜地伊赛克湖通过电视共同宣布开放吉哈海关,这标志着吉尔吉斯斯坦正式成为欧亚经济联盟全权成员国。欧亚经济联盟的建立并不是一蹴而就的,它的产生发展经历了四个步骤,其发展基本路线图是自由贸易区、关税同盟、统一经济空间、欧亚经济联盟。

2014年5月29日,负责俄罗斯、白俄罗斯和哈萨克斯坦三国一体化进程的欧亚经济委员会最高理事会会议在哈萨克斯坦首都阿斯塔纳举行,俄罗斯总统普京、白俄罗斯总统卢卡申科和哈萨克斯坦总统纳扎尔巴耶夫签署了《欧亚经济联盟条约》。欧亚经济联盟的根本目标是:为成员国经济发展创造条件,提高人民生活水平;努力形成统一的商品、服务、资本和劳动力市场;全方位的现代化,全方位的合作;在经济全球化的条件下提高民族经济竞争力。远期目标是:2016年建立统一的药品市场,2019年之前建立共同的电力市场,2025年之前建立统一的石油、天然气和石油产品市场,2025年前建立起调控金融市场的超国家机构。[①]

根据条约,欧亚经济联盟的各项工作有序展开。2015年12月22日,欧亚经济委员会执委会批准了欧亚经济联盟统一天然气市场构想。2016年1月20日,俄国家杜马批准药品和医疗器械在欧亚经济联盟流通规则的协定,联盟其他成员国已于2015年分别批准该协定。虽然俄没有按时批准,联盟统一药品市场未能按照预期于2016年1月1日起运行,但是可以预期,统一的药品市场不久将会形成。欧亚经济联盟正按着预定的目标逐步推进,尽管它将会面临许多问题,尤其因为它是在乌克兰危机背景下建立的。

---

① Евразийский экономический союз. Годовой отчет. С. 29.

二 欧亚经济联盟面临的问题

首先,从联盟内部的发展来看,俄罗斯经济下滑影响成员国经济状况,欧亚经济联盟成员国合作暂时有限。

由于石油价格暴跌和西方制裁,联盟中处于主导地位的俄罗斯正面临经济困境。俄罗斯联邦统计局公布的经济数据表明,2015 年俄罗斯国内生产总值与上年相比下降了 3.7%,全年通胀率为 12.9%。[①] 俄罗斯经济总量占欧亚经济联盟经济总量的 80% 以上,俄经济衰退不可避免地会影响到联盟其他国家,对联盟一体化进程产生不利影响。俄罗斯难以成为联盟的"供血者",为亚美尼亚、吉尔吉斯斯坦和白俄罗斯提供金融和经济方面的援助。经济的困境使俄罗斯难以成为带动其他成员国发展的经济引擎,相反可能需要借力于其他成员国,为其摆脱经济困境创造条件。

俄罗斯、哈萨克斯坦都是高度能源型经济,白俄罗斯经济也高度依赖外部需求,因此在外部条件不利的情况下,这些国家的经济容易受到冲击。2015 年哈货币坚戈贬值严重,通胀率达到 13.6%。[②] 当年 8 月正式入盟的吉尔吉斯斯坦受到的冲击更大,经济增长持续下滑,货币索姆也有较大幅度的贬值。在联盟内部成员国经济整体低迷的严峻形势下,新生的欧亚经济联盟的发展并不乐观。

欧亚经济联盟成立后,联盟内最高权力机构——欧亚经济最高理事会、欧亚政府间理事会、欧亚经济委员会、欧亚经济联盟法院等超国家机构的建立使得成员国不得不让渡一部分主权。对于俄罗斯而言,将体量单薄的区域伙伴拉入一体化机制,其地缘政治动机要大于经济价值。白、哈对一体化的政治内涵难以接受,哈在这方面尤为坚决。在签订《欧亚经济联盟条约》时,俄白曾试图将国际合作、共同国籍、移民政策、签证、出口管理、边界

[①] 俄罗斯联邦统计局,http://www.gks.ru/。
[②] 俄罗斯联邦统计局,http://www.gks.ru/。

安全等内容加入条约，均遭到哈方拒绝。对于在欧亚经济联盟框架内发行统一和超国家货币的问题，哈方排除了可能性。纳扎尔巴耶夫说："如果欧亚经济联盟规则没有得到执行，哈萨克斯坦拥有充分权利退出欧亚经济联盟，哈任何时候都不会加入损害哈独立的组织。"①

其次，美国和西方国家对独联体地区事务的介入使欧亚经济联盟面临复杂的外部环境。

欧亚经济联盟的外部阻力主要来自西方国家。美国倡导的"大中亚计划"，欧盟出台的"东部伙伴关系计划"，都是具有明显地缘政治意义的项目，目的在于把原苏联地区国家拉向西方阵营，削弱俄罗斯在欧亚地区的影响力，力阻俄罗斯"恢复帝国"。2015年5月21~22日，欧盟东部伙伴关系峰会在里加举行，会议讨论了欧盟与东部伙伴关系国近年来关系的发展、乌克兰局势和欧盟改革等问题，确定了下一步欧盟与东部邻国发展关系的原则，与会的28个欧盟成员国和6个东部伙伴关系国会后签署了《里加宣言》，对此俄罗斯反应强烈。

2013年年底乌克兰危机爆发以来，俄罗斯同西方进入了新的博弈。乌克兰是东部伙伴关系的核心国家，也是对俄罗斯极为重要的国家，乌克兰成为俄罗斯与西方的角力场。随着2014年3月与6月乌克兰先后与欧盟签订准成员国协定的政治和经济部分，俄罗斯已经很难阻止乌克兰西去的步伐。而失去独联体第二大国乌克兰这个市场，俄罗斯主导的欧亚一体化进程将大打折扣。更为实质性的是，无论从历史渊源、地缘状况，还是民族心理上来说，乌克兰都是俄罗斯最后的底线，俄罗斯绝不希望看到乌克兰被纳入西方的轨道。乌克兰的西向选择使俄罗斯遭受最大的地缘政治失败，即使克里米亚回归也无法弥补这一缺憾。②

由此可见，西方一直没有放弃对独联体地区事务的介入，这必然与居于

---

① 《哈总统称有权退出欧亚经济联盟》，http://kz.mofcom.gov.cn/article/jmxw/201409/20140900717905.shtml。

② ЧернегаВ. Н. Украинский урок. Россия в глобальной политике. № 4, 2015 г, http://www.globalaffairs.ru/number/Ukrainskii - urok - 17645。

该地区主导地位的俄罗斯发生碰撞,导致欧亚经济联盟的外部环境复杂化。

最后,欧亚经济联盟在独联体地区扩员面临挑战[①]。

欧亚经济联盟是以独联体地区为平台发展起来的,是独联体地区一体化的重要依托。目前来看,美国等西方国家积极介入该地区,削弱俄罗斯在该地区的影响力是导致该地区不稳定的外部因素;亚美尼亚和阿塞拜疆之间对纳戈尔诺-卡拉巴赫归属的争端、摩尔多瓦德涅斯特河左岸问题、乌兹别克斯坦和塔吉克斯坦的水资源之争,这些独联体内部成员国之间诸多悬而未决的问题是构成该地区发展障碍的内部因素。乌克兰危机中,克里米亚并入俄罗斯引起该地区国家的高度关切,尽管它们对此表态极为克制,但仍难以消除对俄的警惕和忧虑。毫无疑问,乌克兰是俄罗斯推进欧亚经济联盟最关键的伙伴,乌克兰庞大的内部市场和更具潜力的多元经济能赋予欧亚经济联盟以实质性的意义。但乌克兰危机使俄乌关系跌至冰点,更使联盟吸纳乌克兰的全部努力宣告破产,俄罗斯的一体化战略失去了最重要的力量支撑。格鲁吉亚和摩尔多瓦与乌克兰一样,已同欧盟签订了联系国协定,西向倾向明显;乌兹别克斯坦对俄罗斯存有戒心,近期不会加入;土库曼斯坦奉行中立政策,早已在2005年退出了独联体;阿塞拜疆执行独立外交,偏重西方;唯有塔吉克斯坦表示过入盟兴趣。

在面临困境的情况下,欧亚经济联盟通过加强与外部世界的联系来解决和推进其发展问题。

三 欧亚经济联盟外向拓展与对接

欧亚经济联盟如何协调与外部世界的关系,是影响其发展前景的重要因素。目前该组织优先考虑发展与欧盟的关系、对接丝路经济带和发展同亚太地区国家的关系。

---

① 文中所说的"独联体地区",其范围包括除波罗的海三国之外的12个原苏联加盟共和国,比"独联体"这一组织所含国家的范畴要广。"独联体"这一组织成员国有变化,而"独联体地区"所含国家的范围没有变化。

第一，寻求与欧盟关系的发展。

在乌克兰、摩尔多瓦和格鲁吉亚与欧盟签订了联系国协定后，俄罗斯一直寻求与欧盟对话。俄外长拉夫罗夫多次表达希望欧亚经济联盟与欧盟合作的愿望。特别是在 2015 年 5 月欧盟与东部伙伴签署了《里加宣言》后，俄罗斯又重申了这一立场：俄方准备与欧盟和独联体成员国开展建设性合作，在营造共同和不可分割的安全环境基础上构建从大西洋到太平洋的统一经济和人文空间。① 俄罗斯学者甚至认为，虽然在西方制裁俄罗斯的情况下谈欧盟和欧亚经济联盟的合作是奇怪的事情，但是新的基础往往建立在危机之时。② 加强对话而不是对抗，建立合作关系目前是它们最好的选择。俄罗斯一直未放弃与欧盟建立自贸区的远景目标，俄罗斯希望欧亚经济联盟能成为多极世界中的一极，在欧洲和迅速发展的亚太地区之间发挥桥梁作用。③ 可以说，谋求与欧盟发展关系，是俄罗斯、欧亚经济联盟与外部经济组织对接中最主要的目标。

2015 年 11 月，欧盟委员会主席容克致信俄罗斯总统普京，建议一旦乌克兰停火得以落实，就加强欧盟与俄罗斯主导的欧亚经济联盟之间的贸易往来。俄罗斯对此反应冷淡，认为将发展双方关系与执行明斯克协议挂钩的提议不切实际。④ 2016 年 1 月 1 日，酝酿已久的欧盟乌克兰自由贸易区协定正式生效。欧乌自贸区建设的目标是在未来 10 年内，逐步取消双方之间的关税，双方互相开放市场的进程将会采取向乌方倾斜的不对等原则。根据协定，2016 年，欧盟将对 90% 从乌克兰进口的产品取消关税，乌方则取消 70% 从欧盟进口产品的关税。此外，乌克兰还将统一其与欧盟的产品标准，

---

① 《欧盟东部伙伴关系通过〈里加宣言〉》，http://world.huanqiu.com/hot/2015-05/6509328.html。
② В. Н. Чернега. Украинский урок. Россия в глобальной политике. № 4, 2015 г, http://www.globalaffairs.ru/number/Ukrainskii-urok-17645.
③ Владимир Путин: Новый интеграционный проект для Евразии — будущее, которое рождается сегодня//Известия, 3 октября 2011.
④ 《容克建议加强欧盟与欧亚经济联盟贸易关系》，http://china.huanqiu.com/News/mofcom/2015-11/8036902.html。

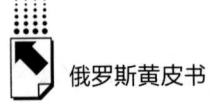
俄罗斯黄皮书

以适应欧盟市场的要求。与此同时,欧盟将对俄制裁措施延长至2016年7月底。不过欧盟内部制裁俄罗斯并不是以同一个声音发出的,老欧盟国家有意愿在乌克兰危机问题上同俄罗斯达成妥协,法国基于反恐问题上的考虑希望得到俄罗斯的协助,德国则希望在经济上同俄罗斯长期保持良好关系。而新欧盟国家,尤其是波兰、爱沙尼亚、拉脱维亚和立陶宛等国对俄罗斯的不信任感很深,坚决反对在乌克兰问题上与俄罗斯进行磋商。波罗的海各国和中欧国家担心,欧盟高官以及西欧国家可能准备放松对俄罗斯的制裁,换取后者在中东问题上的合作。①

2015年12月31日,俄罗斯总统普京签署新版《俄罗斯联邦国家安全战略》,表达了俄希望增进与欧盟、欧洲国家的互利合作,支持欧洲一体化进程,主张在欧洲—大西洋地区建立集体安全开放体系。② 在俄美、俄欧关系僵局尚未缓解的背景下,这一表述展现出俄愿与美欧"破局"的姿态。③ 2016年1月,欧盟常驻俄罗斯代表乌沙茨卡斯表示,无论制裁还是反制裁,欧盟与俄罗斯仍将是贸易、能源以及其他领域的重要伙伴;俄罗斯与欧盟2015年的贸易额比俄罗斯与欧亚经济联盟其他国家的贸易额要多。④

在俄欧关系问题上,双方都表现出缓和的意愿和迹象,随着俄罗斯与欧盟关系逐渐缓和,欧亚经济联盟和欧盟的对接也会逐步完善。

第二,与丝路经济带的对接。

2015年5月8日,中俄在莫斯科发表《关于丝绸之路经济带建设和欧亚经济联盟建设对接合作的联合声明》。根据联合声明,俄方支持丝绸之路经济带建设,愿与中方密切合作,推动落实该倡议。中方支持俄方积极推进欧亚经济联盟框架内的一体化进程,并将启动与欧亚经济联盟经贸合

---

① 《容克建议加强欧盟与欧亚经济联盟贸易关系》,http://china.huanqiu.com/News/mofcom/2015-11/8036902.html。
② Стратегиянациональной безопасности Российской Федерации, http://www.kremlin.ru/acts/bank/40391/page/5。
③ 《俄罗斯出台新版国家安全战略》,《人民日报》2016年1月2日。
④ 《欧盟常驻俄罗斯代表:无论制裁还是反制裁俄罗斯与欧盟仍然为重要伙伴》,http://sputniknews.cn/russia/20160114/1017686406.html#ixzz3yyuhlVVE。

作方面的协议谈判。双方将通过双边和多边机制,特别是上海合作组织平台开展合作。在联合声明中,三者首次从政治、经济、地区层面被结合在一起。

俄罗斯最初并不认同中国提出的"一带一路"构想,这主要是出于对中国在该地区影响力上升的担心。俄罗斯认为,中国经济影响不断扩大,将渗透到中亚这一俄罗斯传统利益区,中国的丝绸之路经济带与俄罗斯主导的欧亚经济联盟是竞争关系。随着两国关系的发展以及国际环境的变化,俄罗斯的态度发生了转变。俄罗斯学者也认为,中俄在该区域进行建设性合作有其外部和内部原因,外因是美国为削弱中俄影响力给两国带来很多压力,内因是在发展经济和促进政治稳定、地区安全方面中俄都有共同的利益。[1]

双方在声明中表示,将加强在以下优先领域中的地区合作:扩大投资贸易合作,优化贸易结构;促进相互投资便利化和产能合作,实施大型投资合作项目,共同打造产业园区和跨境经济合作区;实施基础设施共同开发项目;在有共同利益的领域制定共同措施,协调并兼容相关管理规定和政策;为在区域经济中发挥重要作用的中小企业发展创造良好环境;促进金融领域的合作;推动区域和全球多边合作。[2]

无论是丝绸之路经济带、上合组织还是欧亚经济联盟,都不针对第三国,所涉及项目以经济合作为主,属于和平开发。丝绸之路经济带建设可以有效带动沿线国家,尤其是上合组织各成员国的基础设施建设和整体经济的全面发展。丝绸之路经济带建设是中俄共同利益所在,不仅会带动俄罗斯远东地区的发展,而且与俄罗斯主导的欧亚经济联盟相辅相成,成为欧亚国家间扩大经贸的增长点。中俄当前的一些合作项目,例如油气管道、莫斯科—北京高铁计划等,都可以同丝绸之路经济带建设有机结合起来;在与哈萨克斯坦关系方面,积极推进中哈"光明之路"新经济政策与丝绸之路经济带

---

[1] Т. В. Бордачёв. Новое евразийство. Россия в глобальной политике. №5, 2015 г, http://www.globalaffairs.ru/number/Novoe-evraziistvo-17754.
[2] 《中华人民共和国与俄罗斯联邦关于丝绸之路经济带建设和欧亚经济联盟建设对接合作的联合声明》, http://news.xinhuanet.com/2015-05/09/c_127780866.htm。

战略对接；与白俄罗斯积极发展中白工业园项目。目前，中白工业园项目成为丝绸之路经济带和欧亚经济联盟框架下中白的标志性项目。迄今为止，华为、中兴通讯、中联重科、招商局集团、圆通速递等8家企业已经正式入驻中白工业园，另外，烽火通信、福马机械、中信建设、吉利控股等13家企业已签署入驻工业园的意向协议。

欧亚经济联盟与丝路经济带的对接目前在官方文件中体现得最为明确。对接协议的达成，表明中俄在欧亚地区的合作迈出了关键的一大步。对于丝绸之路经济带与欧亚经济联盟对接的意义，普京认为，这两大发展战略的对接有助于加强双方在高科技、交通和基础设施等领域的合作，特别是有助于推动俄罗斯远东地区的发展，这也是在促进欧亚地区一体化方面迈出的关键步伐，同时还将给亚洲、欧亚地区乃至欧洲带来发展机遇。①

第三，拓展与亚太地区国家关系。

加强同亚太国家各个层面的互利合作关系，是俄罗斯外交的优先方向。乌克兰危机的一个衍生效应就是加速了俄罗斯转向亚太的步伐及节奏。2015年6月19日，普京在第19届圣彼得堡国际经济论坛全体会议上发表演讲时说："未来几十年，亚太地区将是世界经济增长的最大动力源，这种趋势不可逆转。加强同亚太地区国家的伙伴关系是加快俄远东发展的最重要途径。"② 俄罗斯重新崛起的一个关键点就是要用东部地区的资源来完成俄罗斯现代化的重任，亚太国家的资金、技术及市场是开发俄罗斯东部所需要的，俄正在这个地区为吸引投资、建立新产业创造更加自由的条件，俄罗斯和欧亚经济联盟在亚太地区积极寻求发展合作。

与此同时，许多亚洲国家表现出了对欧亚经济联盟的兴趣，已有近40个国家表示有意与该组织建立自贸区。2015年5月29日，欧亚经济联盟与越南政府正式签署自贸区协议，这是欧亚经济联盟与单个国家签署的首份自

---

① 《普京：欧亚经济联盟与丝绸之路经济带对接将带来巨大发展机遇》，http://world.people.com.cn/n/2015/0620/c157278-27186116.html。
② 《普京：亚太地区是世界经济最大发展动力源》，http://news.xinhuanet.com/2015-06/20/c_127934425.htm。

贸区协议。该协议的签署将加强彼此间的经贸联系，促进双方贸易额的增长，而且该协议也有助于欧亚经济联盟加入亚太地区一体化进程。根据该协议，欧亚经济联盟成员国与越南之间将通过降低或减免协议商品名录中大部分商品的进口关税来实现商品贸易的关税自由化。与此同时，各方还将对一系列较为敏感的商品实行关税保护。[①] 2015年10月中旬，欧亚经济联盟最高理事会通过决定，开始与以色列就自由贸易区进行谈判。2015年11月23日，新加坡和欧亚经济联盟将启动全面的自由贸易协定谈判程序，这有望帮助新加坡企业获取进军欧亚地区、开拓当地庞大市场的商机。2015年11月23日，俄罗斯总统普京在出席德黑兰第三届天然气出口国论坛峰会时称，俄罗斯领导的欧亚经济联盟将研究与伊朗建设自由贸易区的可能性。2016年年初，伊朗表达了在解除制裁后与俄罗斯和欧亚经济联盟发展联系的强烈愿望。2016年1月，哈驻泰国大使叶辛巴耶夫在与泰国商务部部长阿布拉基会谈时，讨论了关于在东盟和欧亚经济联盟合作框架内两国开展合作的可能，泰方表示希望与欧亚经济联盟签署自贸区协议。

2015年12月3日，普京总统在年度议会国情咨文中提议就建立上合组织、欧亚经济联盟和东盟经济伙伴关系启动磋商。普京还表示，2016年，欧亚经济联盟成员国与东盟成员国将在保护投资、提升贸易便利化等领域展开合作，在平等基础上互相打开资本和服务市场，俄方欢迎外国投资者来俄罗斯投资。[②] 可以看出，欧亚经济联盟与亚太地区国家的对接是在比较对等基础上体现了双方的意愿。

综上所述，欧亚经济联盟的建立虽然是欧亚地区经济一体化的逻辑结果，但是它的发展受到诸多复杂因素的影响。它的未来不仅仅取决于主导国俄罗斯的经济发展、成员国之间的利益协调，更重要的是该组织与外部世界关联的态势。

---

① 《欧亚经济联盟与越南签署自贸区协议》，http://finance.huanqiu.com/cjrd/2015-05/6518951.html。

② Послание Президента Федеральному Собранию, http://www.kremlin.ru/events/president/news/50864.

Y.18
从乌法峰会透视俄罗斯对上海合作组织的态度与政策

吕 萍*

摘 要: 2015年7月10日召开的上海合作组织乌法峰会是该组织发展道路上的重要转折点。乌法峰会通过了《上海合作组织至2025年发展战略》,并正式启动了吸收印度和巴基斯坦为正式成员的程序,向完成首次扩员迈出重要一步。轮值主席国俄罗斯对上合组织的态度和政策在乌法峰会上得到了充分体现。因乌克兰危机受到西方制裁,俄罗斯转而倚重上合组织以避免被国际社会孤立,发展与欧亚地区国家的经济合作。俄罗斯为此改变了以往对在上合组织框架内经济合作的消极态度,支持借助上合组织平台实现欧亚经济联盟与丝绸之路经济带倡议的对接,积极推动上合组织扩员,同时仍将安全领域合作作为上合组织的优先方向。

关键词: 上海合作组织 乌法峰会 俄罗斯 上合组织扩员

俄罗斯是上海合作组织2014~2015年的轮值主席国。担任上合组织主席国的这一年也是俄罗斯因乌克兰危机连续受到西方多轮制裁的一年。在西方的制裁下,外交上,俄罗斯在国际上被西方国家孤立;经济上,卢布贬

---

* 吕萍:中国社会科学院俄罗斯东欧中亚研究所俄罗斯外交研究室助理研究员。

值，国家经济遭受沉重打击，国际石油价格的持续走低更是令其每况愈下的经济雪上加霜。在西向道路被堵死的情况下，"向东转"，将欧亚地区作为外交优先发展方向，在欧亚地区寻找新的经济增长点，成为俄罗斯突破西方外交封锁和摆脱经济困境的必然选项。有学者因此称俄罗斯进入了"新的欧亚时期"。在这一背景下，利用现有的、俄罗斯能够发挥主导作用的国际机制以改变其所面临的严重的外交和经济困局，对俄罗斯来说是最佳的也是最便利的选择。上合组织无疑是这方面的首选。

在担任主席国的一年中，俄罗斯非常重视上合组织的工作，共主持举办了 80 多项活动，并起草制定了《上海合作组织至 2025 年发展战略》。2015 年 7 月 10 日，上合组织成员国元首理事会第十五次会议在俄罗斯乌法市举行，这是俄罗斯任主席国期间举办的最后一次，也是最重大的一次会议。俄罗斯对西方的态度、对上合组织态度的转变以及相关的外交政策都在乌法峰会上得到了充分体现。

一 乌法峰会的成果

2015 年 7 月 10 日，上海合作组织成员国元首理事会第十五次会议在俄罗斯乌法市举行。乌法峰会是上合组织发展道路上的一次具有里程碑意义的会议，决定了该组织未来的构成轮廓和发展方向。峰会的成果主要有以下几个方面。

首先，乌法峰会通过了《上海合作组织至 2025 年发展战略》（以下简称《发展战略》）。

《发展战略》对当今世界和上合组织地区的形势进行了分析，确定了上合组织未来 10 年的发展目标，即增强成员国之间的互信和睦邻关系、确保地区安全、深化经贸和投资以及在重要联合项目上加强合作、扩大文化人文联系、逐次落实组织的开放性原则、加强与联合国及其他国际组织的合作以提高上合组织的威望、巩固组织的制度基础。为了实现以上目标，《发展战略》规定了上合组织成员国在政治、安全、经贸、人文、信息、媒体和国际合作等各个领域发展的未来任务：在上合组织地区实现和平、稳步发展、经济增长和繁荣，增强互信和睦邻友好关系，使上合组织作为一个综合性的、不形成军政联盟或经济一体化同盟的地区组织；经济上要创造条件加强贸易和投资协作，规划和落实联合基础设施项目，加强实业家委员会和银行联合体之间的合作，使成员国形成对丝绸之路经济带倡议的共同立场，视其可为上合组织经济合作创造有利条件的工具；应对安全挑战，建立安全空间，推动与联合国及其他国际组织的合作，完善上合组织的法律规范基础，提高工作效率，强化与观察员国和对话伙伴国的合作。《发展战略》还对上合组织在经贸、人文、安全、信息等领域中的合作做了详细说明。

除了《发展战略》，乌法峰会还通过了一系列对于上合组织未来发展具有重要意义的文件。批准了《上海合作组织成员国打击恐怖主义、分裂主义和极端主义2016~2018年合作纲要》，签署了《上海合作组织成员国边防合作协定》，发表了《上海合作组织成员国元首关于应对毒品问题的声明》，通过了《关于世界反法西斯战争暨第二次世界大战胜利70周年的声明》。

峰会最后还通过了《上海合作组织成员国元首乌法宣言》（简称《乌法宣言》）。《乌法宣言》对峰会的成果进行了总结，明确了上合组织成员国的优先任务为以《上海合作组织至2025年发展战略》为基础，共同打击地区和全球性安全威胁，深化经济和人文合作，并明确表达了对解决乌克兰危机的看法，即在严格遵守公认的国际法准则和原则基础上采取政治和外交手段解决各类地区冲突，主张各方在全面和无条件履行2015年2月12日明斯克协议基础上尽快在乌克兰恢复和平，同时反对未经联合国安理会授权的经济制裁。《乌法宣言》还重申了对中国关于建设丝绸之路经济带倡议的支持。

其次，乌法峰会正式启动了接纳印度和巴基斯坦为上合组织成员国的程序。

巴基斯坦2006年提出加入上合组织的申请，印度也于2010年申请加入。2005年7月5日，在阿斯塔纳举行的第五次上合组织峰会给予巴基斯坦、伊朗、印度观察员国地位。2010年6月，上合组织塔什干峰会批准了《上海合作组织接受新成员条例》，2012年6月7日的第十二次北京峰会上同意接收阿富汗为上合组织观察员国、土耳其为上合组织对话伙伴国。2014年9月11日至12日，上合组织第十四次峰会在塔吉克斯坦首都杜尚别举行，会议通过了《给予上海合作组织成员国地位程序》和《关于申请国加入上海合作组织义务的备忘录范本》修订案，为"扩员"进行了制度准备。乌法峰会正式启动了接收印度和巴基斯坦为成员国的程序。这是上合组织自成立以来首次接纳新成员，是该组织发展历程中的重大事件，标志着上合组织进入了全新的发展阶段。此外，乌法峰会将白俄罗斯的地位由对话伙伴国提升为观察员国，并同意阿塞拜疆、亚美尼亚、柬埔寨和尼泊尔成为对话伙伴国。此前上合组织的观察员国有蒙古国、印度、巴基斯坦、伊朗、阿富汗，对话伙伴国有白俄罗斯、土耳其、斯里兰卡。

乌法峰会规划了上合组织未来10年的发展方向，开启了扩员大门。这些措施决定了该组织今后的发展走向和基本形态，上合组织的性质将随着组织的扩员而发生改变。乌法峰会因此成为上合组织发展历程中的重要拐点。

二 俄罗斯对上合组织态度的转变

对比《上海合作组织成员国元首乌法宣言》和2014年的《上海合作组织成员国元首杜尚别宣言》（简称《杜尚别宣言》）可以看出，《乌法宣言》中有关成员国经济合作的陈述明显较《杜尚别宣言》中的相关陈述内容更详细，篇幅也更长。从中可以看出，随着乌克兰危机的久拖不决、西方对俄罗斯的连续制裁，俄罗斯对上合组织的态度较之以前有了很大不同。这种转变主要体现在经济方面。

上合组织成立的初衷是解决中国与后苏联国家之间的边界问题和打击三股势力，随着组织的发展，经济合作渐渐被提上日程。早在2003年上合组织即制定了《上海合作组织成员国多边经贸合作纲要》（以下简称《纲要》），规定了组织的短期、中期和长期任务。

短期任务是积极推动贸易投资便利化进程。成员国将共同制定落实《纲要》所必需的多边协议和各国法律措施清单，确定其制定顺序和办法；

在现代化的组织和技术水平上建立和发展经贸投资的信息空间；确定共同感兴趣的经贸合作优先领域和示范合作项目并付诸实施。

中期内（2010年前）的任务是共同努力制定稳定的、可预见的和透明的规则和程序，在上海合作组织框架内实施贸易投资便利化，并以此为基础在《上海合作组织宪章》和《上海合作组织成员国政府间关于区域经济合作的基本目标和方向上，以及启动贸易和投资便利化进程的备忘录》所规定的领域内开展大规模多边经贸合作。因此，上合组织将制定共同规划和方案，并建立优先发展方向支持体系以加强区域经济合作。

长期内（2020年前），上海合作组织成员国将致力于在互利基础上最大效率地利用区域资源，为贸易投资创造有利条件，以逐步实现货物、资本、服务和技术的自由流动。

从《纲要》为上合组织确定的短期、中期和长期任务可以看出，推动贸易投资便利化进程，开展大规模多边经贸合作，最终在上合区域内实现货物、资本、服务和技术的自由流动，是上合组织经济合作领域的最终目标。然而，事实却是上合组织的多边经济合作多年来一直踯躅不前，远未达到既定目标。由于经济实力不足，俄罗斯无力对中亚国家的经济发展提供足够的资金支持，但却担心中国在中亚的"经济扩张"会动摇自己在中亚国家的影响力，继而取代其在中亚地区的主导地位，因此对中国提出的各项经济合作倡议都态度消极，甚至是抵制。没有俄罗斯的支持，上合框架内的多边经济合作自然推动力不足，我国与上合组织中亚成员国的合作也多在双边框架内进行。俄方的态度严重制约了上合组织框架内多边经济合作的发展。

乌克兰危机发生之后，西方的制裁使俄罗斯的经济遭遇寒冬。随着"向东转"外交政策的推进，俄罗斯将上合组织视为外交重心转向欧亚的重要依托，开始以建设性的姿态看待上合组织框架内的经济合作。在乌法峰会上，普京在发言中明确指出进一步深化上合组织框架内的贸易和经济合作具有特别意义，主张各成员国联合起来对抗世界经济和金融危机，以克服各种各样的限制和障碍。同时普京也表示，俄罗斯愿意为落实欧亚经济联盟和丝绸之路经济带倡议的对接展开密集工作。普京在发言中还对构建上合组织统一交通系统的前景表示乐观，主张充实上合组织能源俱乐部的具体任务，推动务实合作，并表示俄罗斯将参与上合组织开发银行和特别账户的成立工作。

自上合组织成立以来，俄罗斯对上合框架内的经济合作向来态度消极，促使其转变态度的原因是当前其所面临的外交和经济困局。

1. 防止政治上被国际社会孤立

克里米亚并入俄罗斯之后，西方将俄罗斯踢出了 G8 集团（G8 会议原定于 2014 年 6 月在索契召开），原计划于 2014 年 6 月举行的俄—欧峰会也被取消。在 2014 年 11 月举行的二十国集团布里斯班峰会上普京受到孤立。俄罗斯 2015 年 5 月举办的胜利日阅兵遭到西方国家的一致抵制。被西方主导的国际组织孤立后，寻求在上合组织、金砖国家等非西方国际平台中发挥作用，是俄罗斯突破西方外交封锁、避免被国际社会边缘化的重要途径。与此同时还可向西方展示俄罗斯在外交上的成功，表明俄罗斯并未被国际社会完全边缘化，仍具有国际影响力。

2. 提振国家经济的需求

乌克兰危机发生后，西方对俄罗斯实施了严厉的经济制裁，卢布大幅贬值，同时国际油价不断下跌，俄罗斯的经济发展陷入困境。寻找新的经济增长点，缓解西方制裁所带来的严重后果，提振萎靡不振的国内经济，是俄罗斯当前的迫切任务。而借助上合组织，在上合组织框架内展开经济合作是其便利选择。同时，通过上合框架内的经济合作俄罗斯还可以获得中国的资金支持，搭乘中国经济快速发展的便车，由此化解俄罗斯的经济困境。

西方的制裁使俄罗斯不得不加大"向东转"的力度，也使俄罗斯重新评估上合组织对俄罗斯的意义，修正以往在态度和政策上的偏颇。

三　俄罗斯对上合组织的政策

俄罗斯是上合组织 2014～2015 年的轮值主席国。普京在就俄罗斯担任上合组织轮值主席国的讲话中对俄罗斯任主席国期间的主要任务、上合组织的优先发展方向，以及俄罗斯的相关主张做了说明。从普京的几次讲话和在

乌法峰会上的发言,以及《上海合作组织至2025年发展战略》中可以清晰看出俄罗斯对上合组织的政策。

1. 主张上合组织框架内的经济合作,尤其是多边合作

从乌法峰会可以看出,俄罗斯改变了对在上合组织框架内经济合作的消极立场,转而倡导成员国在经济领域展开合作,尤其是多边合作。俄罗斯将启动多边经济项目列为其担任上合组织轮值主席国期间的优先任务之一,主张"启动大型多边经济项目,首先在交通、能源、科技、和平利用太空领域建立为项目活动提供财政支持的优化机制"。①《乌法宣言》中也写明:"成员国将继续加强海关、交通、能源、工业、电信、农业、科技、环保和卫生防疫等领域的多边合作,继续准备《2017~2021年上合组织进一步推动项目合作的措施清单》。成员国将促进贸易投资便利化,鼓励创新成果应用,开展中小企业间合作。"

俄罗斯支持中国的丝绸之路经济带倡议,将上合组织作为欧亚经济联盟与"一带一路"对接合作的平台。普京在乌法峰会的发言中指出,习近平赴莫斯科参加俄胜利日阅兵期间与俄罗斯签署了欧亚经济联盟与"一带一路"对接的联合声明,声明中明确写明将通过双边和多边机制,特别是上海合作组织平台开展合作。《乌法宣言》中也指出:"成员国支持中华人民共和国关于建设丝绸之路经济带的倡议,认为上合组织成员国相关主管部门开展相互磋商和信息交流具有重要意义。"

2. 依然确保将地区安全视为上合组织的根本任务

普京在2014年就俄罗斯担任上合组织轮值主席国发表的讲话中指出,上合组织的优先任务依旧是确保地区安全、打击恐怖主义、极端主义和贩毒。② 一年的主席国任期结束之时,俄罗斯这一态度没有改变。普京在乌法

---

① 《俄罗斯2014~2015年担任上合组织轮值主席国的优先任务》,http://cn.sco-russia.ru/infographics/20140915/1013200219.html。
② 《俄罗斯联邦总统弗拉基米尔·普京就俄罗斯2014~2015年担任上合组织轮值主席国发表讲话》:俄罗斯驻华大使馆网站,2014年9月17日,http://www.russia.org.cn/chn/2735/31301476.html。

峰会的发言中明确指出,"上合组织工作优先方向之一依然是保障组织空间和外部世界的安全",因此打击恐怖分子和极端分子,每年举行反恐演习仍是上合组织的首要任务。乌法峰会上批准和签署的重要文件中有三份都涉及安全领域的合作,即《上海合作组织成员国打击恐怖主义、分裂主义和极端主义2016~2018年合作纲要》《上海合作组织成员国边防合作协定》《上海合作组织成员国元首关于应对毒品问题的声明》,这足以说明俄罗斯对确保地区安全的重视。

3. 积极推动上合组织扩员

俄罗斯在上合组织的扩员问题上一直态度积极。由于各成员国在扩员问题上意见不一,尤其是中国和俄罗斯各持己见,虽然2006年就有国家提交了加入上合组织的申请,但上合组织一直没有启动扩员程序,而是在不断完善有关扩员的相关机制。

俄罗斯主张上合组织扩员主要基于以下考虑。

首先是为了防止中国在上合组织中占据主导地位。由于自身的经济实力限制,俄罗斯无法向其他中亚成员国提供经济发展所需的资金援助,而作为世界第二大经济体的中国恰恰能够满足这些国家的需求。中国在中亚的经济存在,以及与中亚成员国之间不断扩大的双边经济合作令俄罗斯为自己在上合组织中的主导地位担忧,也使其对中国在中亚的"经济扩张"心存疑虑。为了制衡和牵制中国,俄罗斯积极推动上合组织扩员,2008年就建议成立专门的专家小组讨论上合的扩员问题。中国对此则持反对态度,认为上合组织各项机制尚不完善,扩员不宜过早。上合组织的扩员进程因中俄两国意见相左而进展缓慢。直至2014年杜尚别峰会通过了《给予上海合作组织成员国地位程序》和《关于申请国加入上海合作组织义务的备忘录范本》修订案,上合组织才最终启动了扩员的制度准备。印度和巴基斯坦的加入有利于俄罗斯在上合组织内部保持力量均衡,巩固其在组织内的地位。

其次是扩大上合组织影响力,使其成为能够与以美国为首的西方相抗衡的又一极。扩员后上合组织区域将拥有世界一半以上的人口,成员国总GDP将达到世界经济总量的1/5,这将扩大上合组织在欧亚大陆和国际上的影响力，也能够提升上合组织在解决地区和国际事务中的分量。为此俄罗斯还极力主张吸收伊朗加入上合组织。在 2015 年 6 月召开的上合组织外长理事会上，拉夫罗夫表示要在乌法峰会上通过决议提升伊朗的地位。但根据上合组织的规定，处于国际制裁中的国家不能加入。因此，俄罗斯一直积极推动伊朗核问题的解决，力争早日解除对伊朗的国际制裁。在乌法峰会的新闻发布会上，拉夫罗夫再次明确表明了这一点。时任上合组织秘书长梅津采夫亦多次表示，一旦联合国安理会取消对伊朗的制裁，上合组织将立即审议伊朗成为正式成员国的申请。2016 年 1 月 16 日，伊朗核问题全面协议开始执行，针对伊朗的国际制裁被解除。伊朗外交部随即表示制裁的解除为伊朗加入上合组织铺平了道路。

四　俄罗斯对上合组织政策的特点

俄罗斯对上合组织的政策均是以自身利益为出发点，充分反映了其对上合组织的利益诉求。俄罗斯对上合组织的政策具有以下特点。

1. 反西方色彩浓厚

俄罗斯一直反对以美国为首的西方在国际事务中奉行的单边主义，力主建立一个多极世界。被西方制裁后，为避免在国际社会被孤立，俄罗斯将上海合作组织和金砖国家视作发挥其国际影响力的依托，积极推动这两大组织的发展，努力将上合组织打造为可与西方保持均势甚至是对抗的"非西方组织""非西方一极"。

上合组织成员国均为非西方国家，俄罗斯力邀伊朗加入更凸显了上合组织的非西方化。莫斯科国际关系学院东亚研究中心主任亚历山大·卢金认为，待伊朗解除制裁后加入上合组织，从正式成员国、观察员国和对话伙伴国来看，上合组织将成为正在形成的多极世界中的重要的非西方组织。欧亚经济联盟将力求在经济上与欧盟并驾齐驱，而上合组织则将在政治—意识形态上与西欧并行。为此上合组织应当做出重大改变，从一个协调中俄在中亚地区协作的组织转变为一个更加广阔的一体化机构；组织内的非西方大国应当在平等的基础上协调各自的利益,并尽可能形成针对西方的共同立场。而伊朗加入后则会成为中国和俄罗斯保持独立、抵制西方打压的伙伴。① 俄罗斯国内各界都对将上合组织打造为与西方相抗衡的国际组织寄予厚望。如俄罗斯外交部亚太合作司一秘德米特里·利茨凯认为,印度加入上合组织后将形成中国—俄罗斯—印度战略"三角",有利于抵御地区外力量利用三国之间的矛盾在本地区制造事端,防止发生"颜色革命",确保地区稳定,促进多极世界体系的确立。②

2. 依托上合组织推进外交政策"向东转",视上合组织为俄罗斯"大欧亚"战略的一个重要支撑

俄罗斯国内关于"向东转"的表述存在着前后矛盾、表述不一的现象,包括官方的相关说明。例如,在 2015 年 6 月 18 日举行的圣彼得堡经济论坛上,俄罗斯第一副总理舒瓦洛夫说俄罗斯并不追求"向东转",仅是与该方向上的国家发展贸易,同时保持与西方的贸易关系。但俄罗斯国际事务委员会主席科萨切夫却说俄罗斯"向东转"不是临时措施,而是一种"有意识的选择"。"经常有人问我,这一转向是不是一种临时现象,是不得已的措施,是对我们现在与西方关系中出现麻烦的反应。我的回答是——不,这不是一时现象,不是某种行情,而是我们有意识的选择。我们非常清楚,亚洲是目前世界上最具发展活力的地区。"③ 而俄罗斯经济发展部部长乌留卡耶夫又说:"人们说俄罗斯经济为了应对这个(西方对俄罗斯的经济制裁)而'向东转',这是不对的。我们不向任何方向转。我们只是想有更牢固的发展基础。两条腿站着总比一条腿站着要可靠和稳当。这只是在修正不平衡。"④ 不论俄罗斯国内如何界定其外交政策向亚洲方向的倾斜,俄罗斯开

---

① Александр Лукин: Шанхайская организация сотрудничества: в поисках новой роли, 9 июля 2015, http: //www. globalaffairs. ru/valday/Shankhaiskaya – organizatciya – sotrudnichestva – v – poiskakh – novoi – roli – 17573.

② Дмиртий Лицкай: Шанхайская организация сотрудничества на пороге расширения/ Международная Жизнь, Апрель 2015.

③ Внешняя торговля России 2015: идем на Воток!, 29. 12. 2015, http: //ria. ru/ny2016 _ resume/20151229/1350935820. html.

④ Улюкаев: Россия не переориентируется на Восток, 1. 02. 2016, http: //www. rg. ru/2016/02/ 01/vostok – site. html.

始重视与亚洲国家的经济合作是不争的事实。

俄罗斯有着浓厚的欧洲情结，向西还是向东是俄罗斯纠结了几百年的问题。"向东转"在受西方制裁之前就已开始，西方制裁加快了这一进程。此前俄罗斯一直在推动其"大欧洲"经济战略，即形成一个西起里斯本东至符拉迪沃斯托克的统一经济空间。2010年11月普京在访问德国时就向默克尔提出过这一想法，出访前还在德国《南德意志报》发表文章，就俄罗斯与欧盟建立新型经济合作模式提出建议，呼吁建立覆盖全欧洲的经济共同体。其主要内容包括：第一，建立一个从里斯本到符拉迪沃斯托克的和谐经济共同体，最终形成一个统一的欧洲大陆市场；第二，俄欧实施共同的产业政策，建立战略产业联盟，在欧洲大陆掀起一波工业化新浪潮；第三，在欧洲能源供应方、消费方和中转方之间确立平等与平衡的关系，建立统一的能源综合体；第四，通过双方的密切合作，确保欧洲的科技教育水平处于世界领先水平；第五，俄欧实施互免签证制度，并消除俄罗斯加入世贸组织的障碍。① 但是，默克尔并未做出积极反应。俄罗斯外长拉夫罗夫2013年10月在比利时皇家国际关系研究所发表题为《欧洲在变革时代中的作用》的演讲，也宣扬了俄罗斯的大欧洲理念。俄罗斯在2013年的《俄罗斯联邦外交政策构想》中也说明：作为"欧洲文明的一个不可分割的有机组成部分"，俄罗斯的主要任务是推进建立一个"从大西洋到太平洋的统一经济和人文空间"。

俄罗斯的"大欧洲"战略未能得到欧洲的积极响应。乌克兰危机发生后，与西方关系的急剧恶化进一步打断了俄罗斯的"大欧洲梦"，国家经济因受制裁而一蹶不振，精英们也再次对西方感到失望。俄罗斯决定"向东转"，以此摆脱经济上对欧洲的单一依赖。2012年9月，俄罗斯特意在符拉迪沃斯托克举办亚太经合组织峰会，普京在发言中说俄罗斯是"亚太地区不可分割的一部分"，突出强调俄罗斯的欧亚身份。俄罗斯学术界很多学者

---

① 《俄罗斯提出俄欧经济合作新构想》，http：//paper.people.com.cn/rmrb/html/2010-11/27/nw.D110000renmrb_20101127_2-03.htm。

也认为"俄罗斯的外交政策发展进入了一个新的欧亚时期",① 俄罗斯应当从此定位于"欧亚",转而实施"大欧亚"战略。在这一背景下,上合组织是俄罗斯转向欧亚的天然平台,借力上合组织推动其外交政策"向东转"无疑是俄罗斯的最佳选择。

3. 政治上和经济上都体现出对中国的防范心理

俄罗斯国内普遍认为,中国之所以反对上合组织扩员,尤其是反对经济体量巨大的印度加入,是为了保持自己在组织内的主导地位和影响力不受动摇。而俄罗斯则希望通过扩员,尤其是印度的加入,与中国在上合组织内形成三足鼎立、相互制约的局面,以此制约中国凭借经济实力主导中亚事务。扩员可以实现俄罗斯在上合组织中的利益最大化,即既能借助上合组织抵制西方制裁,又能通过扩员在上合组织框架内抑制中国的影响力,在与中国进行经济合作、获得中国雄厚资金的同时制约中国的经济活动。

经济方面,虽然俄罗斯对上合框架内的经济合作态度有所转变,但对中国的疑虑仍未消除。俄罗斯依然担心中国在中亚地区的经济扩张,认为中国一直将中亚和俄罗斯看作其产品的销售市场,主张投资、服务、技术和商品自由流动都是为了实现在中亚的经济扩张,继而获取其经济快速发展所必需的能源和矿产。从俄罗斯在乌法峰会上的相关表述中可以明显看出,俄罗斯仍在防范中国在中亚实现经济一体化。如普京在乌法峰会的发言中特别强调,"在保障粮食、交通、能源和金融安全领域发展合作很重要";在《乌法宣言》中提到"成员国将加强海关、交通、能源、工业、电信、农业、环保和卫生防疫等领域的多边合作","将不断深化文化、科技、教育、旅游、体育、卫生、应对传染病威胁等领域的合作",可以看出,俄罗斯虽然赞同上合组织成员国发展经济合作,但很少提到"贸易"方面的合作。在《上海合作组织至2025年的发展战略》中则更为直白地说明,要将上合组织作为一个综合性的、不形成军政联盟或经济一体化同盟的地区组织加以完

---

① Тимофей Бордачёв: Новая повестка для России и Евразии, 29 июня 2015, http://www.globalaffairs.ru/global-processes/Novaya-povestka-dlya-Rossii-i-Evrazii-17555.

善。与此同时，普京所主张的合作方向多为俄罗斯的优势所在，尤其主张在能源、交通、基础设施建设领域发展合作，而开展此类合作可使俄罗斯获得更多收益。中国有关建立上海合作组织开发银行的提议迟迟得不到响应亦是俄罗斯顾及本国利益所致。

乌法峰会为俄罗斯任上合组织轮值主席国的身份画上了句号。俄罗斯当前对上合组织的态度与政策在峰会上得到了充分展示。在西方尚未释放取消经济制裁信号的情况下，尽管俄罗斯的"向东转"外交政策未能收到预期效果，但正如俄罗斯经济发展部部长乌留卡耶夫所说的，"两条腿站着总比一条腿站着可靠和稳当"，俄罗斯仍将两条腿走路，继续推动其欧亚战略，发展与欧亚地区国家之间的经济合作，以此改变以往经济上对欧洲的过度依赖。上合组织也依然是俄罗斯走向东方、走向亚太的重要依托。

2015年12月3日，普京在联邦议会发表国情咨文时特别建议协同欧亚经济联盟的伙伴与上合组织及东盟成员国就建立经济合作进行磋商，以便发挥俄罗斯的"新技术优势，在国际市场形成主导作用"。2015年12月31日，普京批准了新版《俄罗斯联邦国家安全战略》。该版《俄罗斯联邦国家安全战略》中第88条说明俄罗斯要加大与国际组织中伙伴的协作，其中就包括上合组织。第92条则专门说明俄罗斯对上合组织的态度："俄罗斯认为增强上合组织的政治和经济潜力，推动组织框架内有助于加强中亚地区互信和伙伴关系的具体措施，发展与上合组织成员国、观察员国及伙伴国的协作，包括以对话和双边合作形式进行的协作具有重要意义。俄罗斯非常重视与有意以正式成员身份加入上合组织的国家展开工作。"这些都表明，俄罗斯将对上合组织持建设性态度，对上合组织实行较之以往更为积极的政策。

中俄关系

Y.19
2015年的中俄关系

柳丰华*

摘　要： 2015年，在中俄合作内在动力持续增强、西方制裁继续促使俄罗斯强化"东进"外交的形势下，中俄关系获得全面而快速的发展。两国在政治、经济、能源、人文、军事安全与国际事务等方面的合作日益扩大，其中宣布"一带一盟"对接合作、共同维护二战胜利成果、达成高速铁路合作项目、签署苏-35战斗机供应合同等，尤其显示出中俄关系的战略水平。两国若能将"一带一盟"对接合作由政治共识转化为实际行动，将为实现中俄共同发展目标做出重大的贡献。

关键词： 中俄全面战略协作伙伴关系　"一带一盟"对接合作　中俄经贸合作

---

* 柳丰华，中国社会科学院俄罗斯东欧中亚研究所俄罗斯外交研究室主任、研究员。

俄罗斯黄皮书

2015年，在中俄合作内在动力持续增强、西方制裁继续促使俄罗斯强化"东进"外交的形势下，中俄关系获得全面而快速的发展。

一 中俄全面战略协作伙伴关系不断拓宽和深化

两国领导人会晤频繁，共同引导中俄战略协作向更高水平发展。在与西方关系对立的形势下，俄罗斯加大"东进"外交力度，重点发展中俄关系，以改善其国际处境。中俄关系不存在政治障碍，而且两国都致力于扩大相互战略合作。2015年5月，习近平主席访问莫斯科，两国元首共同发表《关于深化全面战略协作伙伴关系、倡导合作共赢的联合声明》。声明不仅阐述了两国在政治、经济、外交和人文等领域的协作方向，而且反映了双方维护国际安全和国际关系准则、处理乌克兰危机及其他国际问题的共同立场。两国还发表《关于丝绸之路经济带建设和欧亚经济联盟建设对接合作的联合声明》，表示将通过发展两大工程建设的对接合作（以下简称"一带一盟"对接合作），加强区域经济一体化。[1] 如果说前一个声明主要显示了中国对俄罗斯的政治和经济支持，那么后一个声明则主要反映了俄方对中方倡议的支持。"一带一盟"对接合作虽然还只是两国政府的政治共识，实施起来困难很多，但是不能不说这是中俄战略协作扩大的一个极其重要的领域，对双方都有重大的意义。9月，普京总统访问中国，双方签署数十项合作协议。此外，习近平主席与普京总统还在金砖国家领导人会晤、上海合作组织峰会、二十国集团峰会、亚太经合组织峰会等国际场合举行会谈。12月，梅德韦杰夫总理对中国进行正式访问，双方签订多项合作文件。中俄两国领导人一再重申继续深化双边关系是本国外交的优先方向，普京总统批准的《俄罗斯联邦国家安全战略》强调中俄全面战略协作伙伴关系是维护全球与地区稳定的关键因素[2]。两国领导人的友好交流

---

[1] 《关于丝绸之路经济带建设和欧亚经济联盟建设对接合作的联合声明》，http://news.xinhuanet.com/world/2015-05/09/c_127781619.htm。

[2] Стратегиянациональной безопасности Российской Федерации, Утверждена Указом Президента Российской Федерацииот 31декабря 2015 г. №683, http://www.scrf.gov.ru/documents/1/133.html#。

增进了中俄互信，他们对中俄关系的顶层设计促进了双方战略协作的持续快速发展。

适逢二战胜利70周年，维护二战胜利成果、警示世人维护来之不易的和平，成为中俄两国2015年外交协作的重要方面。习近平主席作为主宾出席纪念俄罗斯卫国战争胜利70周年庆典，普京总统出席中国抗日战争胜利70周年纪念活动，是两国共同举办的二战胜利70周年系列纪念活动的最重要组成部分。在东欧，一些国家因为与俄罗斯的关系意识形态化或者与俄发生严重冲突，通过美化法西斯主义来反对俄罗斯。在日本，由于战后军国主义余孽没有被彻底根除、当前政治右倾化以及世界霸权国乐于利用中日矛盾遏制中国崛起等，日本公然歪曲侵华历史、美化军国主义罪恶。如果对这种否认、歪曲、篡改二战历史的图谋和行径不予抵制，任其混淆年轻一代视听，将使历史正义得不到伸张，使历史悲剧得不到鉴戒，后果不堪设想。中国和俄罗斯捍卫二战胜利成果和历史观，不仅是维护历史正义，而且有利于促进世界和地区的和平。

贸易是2015年中俄关系中唯一的从主要数量指标看有所下降的领域，但是具体的分析仍然显示出中俄贸易的诸多积极成分。2015年中俄贸易额大幅降低，降幅高达28.6%，为680.65亿美元[①]。究其原因，主要在于国际能源价格下降、西方对俄罗斯经济制裁、俄经济陷入衰退、中国进行经济调整等。尽管没有实现两国元首确定的2015年中俄贸易额达到1000亿美元的目标，但是两国贸易的实际商品数量是增长的，中国继续保持俄罗斯第一大贸易伙伴地位。为促进双方贸易增长，中国商务部与俄罗斯经济发展部签署了《关于促进双边贸易的谅解备忘录》，该文件规定双方共同采取以下举措：扩大相互市场准入；推动两国跨境电子商务；扩大服务贸易；加大金融支持；提升贸易便利化水平等。如果这些举措，特别是中俄贸易自由化、便利化计划得以实行，将为两国贸易的复苏乃至跨越式发展创造有利

---

① 数据来源于中国海关总署网站，http://www.customs.gov.cn/publish/portal0/tab49666/info784215.htm，2016年1月13日发布。

的条件。

中俄能源合作继续发展，取得一些重要成果。2015年5月，双方签署中俄西线管道输气基本条件协议，并积极商谈西线天然气管道项目。6月，中俄东线天然气管道项目中国境内管线开工，进展顺利。中俄天然气管道项目的启动是在欧盟制裁俄罗斯、减少从俄进口能源的形势下，俄实施天然气出口市场多元化政策和中国长期实行天然气进口渠道多元化方针的成果之一。同时，由于受到西方经济制裁，俄罗斯能源企业不能从西方获得投资和油气田钻探技术设备，俄对中国投资其能源开采领域的需求空前增长，并为此提供了必需的政治和法律条件。9月，中国石油化工集团公司与俄罗斯石油公司签署共同开发俄境内油气框架协议。中国企业投资入股俄罗斯能源公司，有利于俄方增加油气开采量，在能源价格下行的形势下保持其国际市场份额。此外，中俄两国在电力、煤炭、核能、可再生能源、能源技术装备和工程服务领域的合作也不断扩大。当然，在当前国际石油价格下跌、国际经济和俄罗斯经济都不景气的形势下，中俄能源合作并不是没有问题的，比如，俄罗斯方面还在考虑推迟中俄西线管道对华供气起始时间。但只要双方本着互谅、互利、合作的原则，就能解决类似的问题，把既定的合作项目做成、做好。

双方投资合作不断发展。高速铁路项目是中俄创新投资领域的突出表现。2015年5月，中俄两国签署莫斯科—喀山高铁合作形式和融资模式备忘录，中方表示将向该项目投资数十亿美元。这是一个双赢的合作项目，中国向俄罗斯出口高铁技术，俄罗斯还能从中国获得资金支持。同时，两国决定发展在航空、高新技术、基础设施等领域的大项目合作，其中共同制造宽体远程飞机等大型合作项目已经启动。

中俄军事安全与军事技术合作继续扩大。2015年5月，中俄两国在地中海举行"海上联合—2015"军事演习，这是双方首次在该海域举行联合军演。8月，中国和俄罗斯又在日本海海域举行"海上联合—2015"军事演习。这些例行军演增进了中俄两军的互信，展示了中俄两国共同应对安全威胁的决心和能力。2015年两国国有防务企业签署多项合作协议，其中包括先进重型直升机项目合作框架协议。据俄罗斯媒体报道，2015年11月，中国与俄罗斯签署关于供应24架苏-35战斗机的合同，合同总额约为20亿美元①。中国是该型号战斗机的第一个进口国。

双方成功举办"中俄青年友好交流年"。在2014~2015年"中俄青年友好交流年"框架内，两国举办了600多项活动，内容涉及教育、科技、文化、卫生、体育、广电和新闻出版等多个领域，双方直接或间接参与活动的人次达数亿。"中俄青年友好交流年"活动促进了两国青年往来和互信，巩固了彼此友谊。

中俄两国在国际事务中保持密切的协作。在中国和俄罗斯的积极斡旋下，中、俄、美、英、法、德六国与伊朗达成历史性的核协议。在俄罗斯对叙利亚"伊斯兰国"展开空袭之后，中国对俄应阿萨德政府请求在叙实施反恐军事行动一事表示了政治支持。中俄两国共同推动上海合作组织发展，7月，该组织做出启动接受印度和巴基斯坦加入程序的决议。双方在推进世界多极化、加强联合国在国际事务中的核心作用等方面一如既往地保持协调与合作。

二 中俄全面战略协作关系动力强劲

首先，目前中国和俄罗斯都面临美国的战略压力，这种外来压力促使中俄互相接近，并加强战略协作。美国将快速崛起的中国作为战略遏制的首要对象，加强对华军事遏制和经济围堵。美国继续向亚太地区增兵，在关岛扩建军事基地并计划部署"萨德"导弹防御系统。强化与日本、韩国、菲律宾、澳大利亚等盟国的双边与多边军事合作，在中国周边构建防务合作网络。在南海增加对华海上和空中巡逻侦察活动，袒护与中国有领海争议的菲律宾、越南等国，在钓鱼岛问题上为日本撑腰打气。在美国的公开支持下，

---

① Иван Петров, Крылья на экспорт, Китай стал первой страной, которой РФ поставит новейшие истребители Су-35, http://www.rg.ru/2015/11/19/su35-site.html.

2015年9月,日本国会参议院不顾在野党和民众的强烈反对,强行通过新安保法相关法案,日本政府随后公布允许日本行使集体自卫权的新安保法。美国为了使日本成为其更有力遏制中国的马前卒,不惜为这个至今仍未深刻反省其侵略亚洲邻国历史的国家重新军事化甚至发动战争解禁松绑,从而给亚太地区安全造成严重隐患。10月,美国与日本、澳大利亚等11个国家达成《跨太平洋伙伴关系协定》,在打造一个美国主导的、排除中国的亚太地区贸易体系方面有所得逞,美国营建这一体系的主要动机就是遏制中国在该地区经济影响的扩大。

在欧洲,美国除了部署反导系统以谋求对俄罗斯的战略防御优势之外,还利用乌克兰危机实施对俄军事政治遏制与经济制裁。加强北约驻东欧前沿军事部署,以北约的名义频繁组织针对俄罗斯的陆上或海上联合军演,对俄施加军事压力。继续向乌克兰提供武器援助,以此增加俄罗斯军事介入乌东部冲突的人员伤亡代价。与欧盟及德、法等欧洲国家急于平息乌克兰冲突的立场不同,美国似乎更愿意利用乌这道"流血的伤口",达到遏制俄罗斯,同时也使欧俄长期失和的目的。美国宣布延长对俄罗斯经济制裁,并敦促欧盟采取同样的行动。美国的遏制政策并没有使俄罗斯在乌克兰问题上屈服,普京政府以强化"东进"外交、加强中俄战略协作等策略来化解俄在西线的困境,甚至通过军事介入叙利亚冲突方式给美国制造麻烦,迫使美在有关国际问题上正视俄的作用和声音。

其次,中俄两国在广泛的领域都有共同的利益或者相似的立场。政治上,两国都愿意在维护各自主权、领土完整、安全,防止外来干涉,自主选择发展道路,保持历史、文化、道德价值观等核心问题上相互支持。经济上,两国资源禀赋和产业结构互补,中国的资本和技术同俄罗斯的资源进行合作,能有效地促进各自的经济社会发展。外交上,两国在世界多极化、国际战略平衡、亚太地区安全以及朝核、伊核等国际问题上立场一致或相似,具有协作基础。在能源、航空航天、交通基础设施建设、金融、农业等各个领域也都有合作需求。正是基于上述广泛的共同利益,中俄战略协作伙伴关系不断扩展和深化,而双方合作的丰硕成果进一步加强了彼此睦邻友好。不能否认，乌克兰危机发生后的国际局势加快了中俄接近的步伐，但是也要看到，在此之前中俄关系已经达到高水平，早已处在"历史最好时期"。

三 结语

2015年中俄关系延续了2014年的加速发展态势，取得了显著成果，深化了战略协作与睦邻友好。两国启动"一带一盟"对接合作，给中俄战略协作伙伴关系注入新的动力。双方应放眼长远，克服困难，努力把中俄两国领导人确定的"一带一盟"对接合作共识付诸实施，以造福两国人民。

2016年是中俄两国建立战略协作伙伴关系20周年和签署《中俄睦邻友好合作条约》15周年，双方将以更加丰硕的合作成果来纪念两大外交事件，证明战略协作与睦邻友好关系的正确性。鉴于2015年习近平主席与普京总统达成的中俄关系"三个不变"——双方坚持巩固和深化中俄全面战略协作伙伴关系的方针不会变，致力于实现两国共同发展振兴的目标不会变，携手捍卫国际公平正义和世界和平稳定的决心不会变——的重要共识，基于前述中俄关系的共同利益，有理由认为，中俄全面战略协作伙伴关系前景良好。

Y.20
2015年中俄经贸合作新进展

郭晓琼*

摘　要： 2015年，在结构弊病积重难返、西方对俄制裁延期、国际油价低位徘徊等多种因素叠加的影响下，俄罗斯经济陷入深度衰退，中俄双边贸易也受到严重的冲击，贸易额大幅下降。然而，贸易额的萎缩并不代表中俄经贸合作水平的下降。2015年，中俄两国在能源、金融与投资、高科技与装备制造、电子商务等领域的合作均取得了显著成果。

关键词： 中俄经贸合作　贸易结构　能源合作　投资合作

一　2015年中俄贸易发展现状

（一）双边贸易额显著下降

根据俄联邦海关总署的数据，2015年，中俄双边贸易额为635.52亿美元，同比下降28.1%，中俄双边贸易额在俄罗斯对外贸易总额中的占比为12.1%，中国是俄罗斯第一大贸易伙伴。其中，俄罗斯对华出口额为286.06亿美元，同比下降23.7%，俄罗斯自华进口额为349.46亿美元，同比下降31.3%。[①] 根据中国海关统计数据，2015年，中俄双边贸易额为

---

* 郭晓琼，中国社会科学院俄罗斯东欧中亚研究所副研究员、博士。
① Федеральная таможенная служба. Внешняя торговля Российской Федерации по основным странам за январь – декабрь 2015 г, http://www.customs.ru/index2.php?option=com_content&view=article&id=22580&Itemid=1976.

680.65亿美元，同比下降28.6%，中国对俄出口额为348.01亿美元，同比下降35.2%，中国自俄进口额为332.64亿美元，同比下降20%。2014年，俄罗斯为中国第九大贸易伙伴，2015年，俄罗斯被越南、新加坡、英国、泰国、印度、巴西、荷兰超过，在中国主要贸易伙伴中只排到第16位（见表1）。

表1 2015年中国与主要贸易伙伴贸易概况

	进出口（亿美元）	出口（亿美元）	进口（亿美元）	与上年相比增长（%）		
				进出口	出口	进口
美国	5583.85	4096.48	1487.36	0.6	3.4	-6.5
中国香港	3443.34	3315.67	127.67	-8.3	-8.7	1.2
日本	2786.64	1356.77	1429.87	-10.8	-9.2	-12.2
韩国	2758.99	1013.8	1745.18	-5.0	-1.0	-8.2
中国台湾	1885.60	449.04	1436.55	-4.9	-3.0	-5.5
德国	1567.98	691.75	876.22	-11.8	-4.9	-16.6
澳大利亚	1139.79	403.36	736.42	-16.7	3.0	-24.6
马来西亚	973.59	440.59	533.00	-4.6	-4.9	-4.2
越南	958.18	661.42	296.75	14.6	3.8	49.1
新加坡	796.68	521.12	275.56	-0.1	6.5	-10.6
英国	785.38	596.02	189.36	-2.9	4.3	-20.2
泰国	754.77	383.08	371.69	3.9	11.7	-3.0
印度	716.36	582.54	133.82	1.5	7.4	-18.2
巴西	715.97	274.3	441.66	-17.3	-21.4	-14.5
荷兰	682.7	594.77	87.92	-8.1	-8.4	-5.9
俄罗斯	680.65	348.01	332.64	-28.6	-35.2	-20

资料来源：http://www.customs.gov.cn/publish/portal0/tab49666/info784215.htm。

（二）双边贸易结构

中国自俄罗斯进口的商品主要为能源和原材料等初级产品，这主要是基于俄罗斯的资源禀赋。2014年，中国自俄罗斯进口的前五大类商品为矿产品、木及制品、化工产品、机电产品、活动物和动物产品。第一大类商品为矿产品，进口额为152.58亿美元（见表2），同比下降了32.5%，矿产品在中国自俄罗斯进口商品总额中的占比从2014年1~9月的79.6%降至72.2%。相比之下，化工产品和机电产品的进口占比有所上升，与上年同期相比，2015年1~9月，化工产品在中国自俄罗斯进口商品总额中的占比从3.6%增至4.8%，机电产品从2.8%增至3.9%。

表2 2015年1~9月中国自俄罗斯进口前十类商品

商品类别	贸易额（亿美元）	占比（％）
矿产品	152.58	72.2
木及制品	16.28	7.7
化工产品	10.03	4.8
机电产品	8.33	3.9
活动物和动物产品	7.47	3.5
纤维素浆和纸张	6.24	3.0
塑料、橡胶	3.11	1.5
贱金属及制品	2.80	1.3
植物产品	1.07	0.5
食品、饮料、烟草	0.93	0.4

资料来源：中国商务部：《2015年1~9月俄罗斯货物贸易及中俄双边贸易概况》，http：//countryreport.mofcom.gov.cn/record/view110209.asp? news_ id =47037。

在中国对俄出口的主要商品中，机电产品出口额仍占首位，2015年1~9月，中国对俄出口机电产品总额为12037亿美元，机电产品出口占比从2014年1~9月的44.7%上升至47.3%。其次是纺织品、玩具、家具、杂项制品、鞋靴、伞、皮革制品、箱包等劳动密集型产品，但这类商品在中国对俄出口商品中占比下降，从2014年1~9月的23.7%降至21.4%（见表3）。

表3　2015年中国对俄罗斯出口前十类商品

商品类别	贸易额(亿美元)	占比(%)
机电产品	120.37	47.3
纺织品及原料	24.04	9.5
贱金属及制品	19.68	7.7
家具、玩具、杂项制品	14.88	5.9
化工产品	13.24	5.2
鞋靴、伞等轻工制品	11.82	4.7
塑料、橡胶	11.56	4.5
运输设备	10.03	3.9
植物产品	6.02	2.4
光学、钟表、医疗设备	5.35	2.1

资料来源：《2015年1~9月俄罗斯货物贸易及中俄双边贸易概况》，http://countryreport.mofcom.gov.cn/record/view110209.asp? news_id=47037。

（三）贸易额下降的主要原因

2015年中俄双边贸易额大幅下降，这是多种因素共同作用、相互叠加的结果。从俄罗斯对华出口看，俄罗斯对华出口商品中能源及资源类产品约占80%。导致俄对华出口下降的主要因素是国际大宗商品（尤其是能源类产品）价格的大幅下跌，而出口的实物量并没有出现明显下降，有些商品出口数量甚至还有所增长。例如，2015年矿物燃料、矿物油及其蒸馏产品、沥青物质对华出口6560万吨，同比仅下降了0.2%；矿砂、矿渣及矿灰对华出口789万吨，同比增长18.1%；木及制品对华出口1635万吨，同比增长5.2%；木浆及其他纤维状素浆出口141万吨，同比增长13.7%；镍及其制品对华出口19.5万吨，同比增长160%等。从俄罗斯自华进口看，进口额下降是由于进口量下降，而造成这种下降的主要原因有两方面：一是俄罗斯经济大幅衰退，需求萎缩，2015年俄罗斯进口额整体下降36.4%，自华进口额下降的幅度为31.3%，仍低于俄罗斯进口整体下降的水平；二是本币贬值不利于进口，2015年卢布贬值导致中国商品在俄罗斯市场失去价格优势。

俄罗斯黄皮书

二 2015年中俄经贸各领域合作新进展

（一）能源合作

中俄两国的资源禀赋和经济发展模式决定了能源合作是中俄经贸合作中的重要领域。近年来，中俄能源合作稳步推进。进入2015年，国际油价继续下行，西方制裁也仍在持续，俄罗斯对中国资金和市场的需求更加强烈，在此背景下，中俄两国在上游勘探开发、中游管道建设及下游油气产品精炼及化工方面的合作均取得了新的突破。

1. 石油领域

2015年，中俄两国在石油领域的合作稳步推进，取得了一系列新成果。

在原油贸易方面，中国自俄原油进口实物量不断增长。根据海关信息网的统计，2015年1~10月，中国自俄进口原油3371.8万吨，与上年同期相比增长29.3%，超过2014年全年中国自俄原油进口实物量。① 2014年，按照原油进口实物量统计，俄罗斯为中国原油进口第三大来源国，排在前两位的分别为沙特阿拉伯和安哥拉。2015年1~10月，俄罗斯对华原油出口实物量超过安哥拉，成为中国原油进口的第二大来源国。②

在上游勘探开发方面，2015年9月3日，中国石油化工集团公司（以下称"中石化"）与俄罗斯石油公司签署《共同开发鲁斯科耶油气田和尤鲁勃切诺—托霍姆油气田合作框架协议》。根据协议，"中石化"有权收购俄罗斯石油公司下属的两家油气公司（东西伯利亚油气公司和秋明油气公司）49%的股份，这两家油气公司分别拥有尤鲁勃切诺—托霍姆油气田和鲁斯科

---

① 根据海关信息网的统计，2015年1~10月，中国自俄进口原油3371.8万吨，价值142.8亿美元，上年同期中国自俄进口原油2607.3万吨，价值206.64亿美元。2014年中国自俄进口原油3310.7万吨，价值250亿美元。http：//www.haiguan.info/OnLineSearch/TradeStat/StatComSub.aspx?TID=1.

② http：//www.haiguan.info/OnLineSearch/TradeStat/StatComSub.aspx?TID=1.

耶油气田的开发许可证。上述两个油气田均属于俄罗斯石油公司重点经营地区，因此该项协议的签署有利于中俄双方在这两个油气田的勘探开发合作中降低项目运营风险。

在下游炼化和精深加工合作方面，2015年9月3日，"中石化"与俄罗斯西布尔控股股份公司签署战略合作协议，未来将探讨扩大贸易合作的潜在可能，并寻求在天然气加工及化工项目中的合作机会。此外，"中石化"还与西布尔控股股份有限公司签署了战略投资协议，根据协议，"中石化"将购买西布尔控股股份有限公司的部分股份，成为其战略投资者。2015年12月13日，该协议获得俄罗斯政府批准，西布尔控股股份有限公司将其20%的股份出售给"中石化"，股权收购分两阶段完成。第一阶段，"中石化"先收购西布尔控股股份有限公司10%的股份，12月17日，股权交割完成，"中石化"为股权收购支付13.38亿美元；第二阶段，"中石化"将在未来3年内完成剩余10%的股权收购，收购价格暂未确定。对于中方而言，与以往直接购买原油及石油产品相比，同俄方合资办厂、相互参股等合作模式有利于降低运营风险，双方持续的伙伴关系也可以保证产品来源的长期性。

此外，2015年12月17日，中国石油天然气集团公司（以下称"中石油"）与俄罗斯天然气工业股份公司（以下称"俄气"）签署了《中国石油天然气集团公司与俄罗斯天然气工业股份公司石油合作谅解备忘录》。根据该备忘录，双方将共同研究在俄罗斯和第三国开展涵盖勘探、开发、油气产品销售、工程技术服务、装备贸易等领域的合作，该协议的签署进一步拓展了双方的合作领域，中俄两国能源合作不断向着全方位多领域迈进。

2. 天然气领域

中俄东线天然气管道建设顺利进行。中俄东线天然气合作协议签署后，2014年9月1日，俄罗斯境内段"西伯利亚力量"管道开工建设；2015年6月29日，中国境内段管道建设也正式开工，中国段的开工标志着这条重要能源通道建设的全线启动。2015年12月17日，在中俄两国总理的共同见证下，"中石油"与"俄气"签署《中俄东线天然气管道项目跨境段设计和建设协议》，该协议确定了中俄东线天然气管道跨境段的设计与施工工作程序，并对施工期间的工程质量和环境保护提出要求。在此基础上，"中石油"与"俄气"还签署了《中俄东线跨境段"通信协议"》《自俄罗斯远东向中国供应天然气项目工作计划书》《天然气发电项目工作计划书》三个文件，对项目的实施做出具体规划。

中国丝路基金投资亚马尔液化气项目。亚马尔液化气项目是在俄罗斯亚马尔南坦别伊气田基础上建设液化天然气工厂的项目，计划年产1650万吨液化天然气和120万吨凝析油，项目计划分三期建设，每期液化天然气年产能550万吨，首期将于2017年投产。亚马尔项目是俄罗斯北极地区第一个大型凝析气田开发和液化天然气生产一体化项目，该项目主要股东为俄罗斯诺瓦泰克公司（持股60%），法国道达尔公司（持股20%），"中石油"（持股20%）。2015年，在卢布贬值、欧美制裁等因素的影响下，亚马尔液化气建设项目遭遇融资困难。在此背景下，2015年9月3日，中国丝路基金与诺瓦泰克公司签署框架协议，购买亚马尔液化气项目9.9%的股权。至此，中国在这项全球最大的液化天然气项目中持有的股份增至29.9%。该项目也成为丝路基金成立以来首单对俄投资，这充分表明丝路基金致力于在中俄能源合作及中俄战略协作伙伴关系建设中发挥积极的作用。

（二）金融与投资合作

金融与投资合作是中俄经贸合作的重要组成部分，它为中俄两国经贸合作的扩展和深化创造了良好的条件。近年来，中俄经贸合作的水平不断提升，大型项目和高科技项目将逐渐成为未来合作的重点，这也对两国金融和投资合作提出了更高的要求。2015年，中俄两国在金融与投资领域的合作中取得了显著的成果。

第一，两国间相互投资规模不断扩大。从中国对俄直接投资情况看，2014年中国对俄直接投资额为7.94亿美元，截至2014年年底，中国对俄累计直接投资83.8亿美元，同比增长10.5%；2015年上半年，中国对俄直接投资额为3.3亿美元；截至2015年上半年，中国对俄累计直接投资87.1

亿美元，比上年同期增长 11.9%①。俄罗斯对华投资规模相对较小，但在经济不断下滑的前提下，俄罗斯对华投资仍有所增长。截至 2014 年年底，俄罗斯对华累计直接投资 9.11 亿美元，同比增长 4.7%；2015 年上半年俄罗斯对华直接投资额为 789 万美元，与上年同期相比增长 29%，截至 2015 年上半年，俄罗斯对华直接投资累计 9.19 亿美元，与上年同期相比增长 5.5%②。

第二，投融资合作为大项目的落实提供资金保障。2015 年 5 月，习近平主席访俄期间，中俄双方签署了价值 320 亿美元的 32 份合作协议，其中包括中国为莫斯科—喀山高铁建设项目融资 3000 亿卢布（约 60 亿美元）。2015 年 9 月 3 日，中俄两国决定成立"俄罗斯远东农工产业发展基金"。该基金初始资本为 130 亿卢布，俄罗斯远东发展基金出资 13 亿卢布，亚太粮食产业发展基金③出资 117 亿卢布，为中俄在远东地区的农业合作项目及农产品生产企业提供资金保障。2015 年 9 月 3 日，由于亚马尔液化气项目遭遇融资困难，中国丝路基金收购了该项目 9.9% 的股权，丝路基金还为该项目提供了约 7 亿欧元的贷款，用于为该项目的建设提供资金。

第三，两国就金融与投资领域的务实合作展开深度交流。2015 年 6 月 18 日，中国国务院副总理张高丽与俄罗斯第一副总理舒瓦洛夫共同出席中俄投资合作委员会第二次会议，中俄双方就扩展与深化投资、金融领域的合作展开探讨。2015 年 10 月 15 日，中俄金融联盟在哈尔滨成立。中俄金融联盟是非营利的、开放式跨境金融合作组织，旨在为联盟内成员搭建联络、讨论及信息交流的非正式平台。目前，中俄金融联盟由 35 家金融机构组成。

---

① Министерство экономического развития РФ. По итогам первого полугодия 2015 года объем накопленных китайских прямых инвестиций в экономику России превысил 8 миллиардов долларов，http：//economy. gov. ru/minec/press/news/2015020910.

② Министерство экономического развития РФ. По итогам первого полугодия 2015 года объем накопленных китайских прямых инвестиций в экономику России превысил 8 миллиардов долларов，http：//economy. gov. ru/minec/press/news/2015020910.

③ 亚太粮食产业发展基金由中国产业海外发展协会、中国国际经济合作投资公司、亚粮资本控股有限公司等 6 家单位发起，于 2015 年 10 月在北京成立。亚太粮食产业发展基金成为国内第一家专门面对"一带一路"的粮食产业发展基金。

第四，两国政府间财金合作密切。2015年11月9日，中国保险监督管理委员会与俄罗斯联邦中央银行签署《中俄保险监管合作谅解备忘录》，中俄双方将开展保险市场信息交换，建立相互协作机制，加强投资项目项下的保险监管和业务合作，这些举措对中俄经贸与投资合作具有积极意义。2015年12月17日，中国人民银行行长周小川与俄罗斯联邦中央银行行长纳比乌琳娜签署《中国人民银行与俄罗斯联邦中央银行合作谅解备忘录》，积极落实两国元首关于深化双边金融合作的重要共识。与此同时，中国财政部副部长史耀斌与俄罗斯联邦财政部副部长斯托恰克也签署了《中华人民共和国财政部与俄罗斯联邦财政部财金领域合作谅解备忘录》。

第五，两国金融机构合作不断深入。2015年5月习近平主席访俄期间，中国国家开发银行分别与俄罗斯储蓄银行、对外贸易银行和开发与对外经济活动银行三家金融机构及俄罗斯电信业领军企业"MTS"公司签署金融合作协议，共同支持中俄经贸合作项目和远东地区发展。2015年12月17日，中俄总理第二十次定期会晤期间，中国国家开发银行与俄罗斯开发与对外经济活动银行签署协议，中方将向俄方提供100亿元人民币贷款，期限为5年。

第六，本币结算业务不断发展。乌克兰危机之后，俄罗斯有意加快"去美元化"进程。进入2015年，中俄两国企业间以本币结算的数额增长迅速，开设人民币账户的俄罗斯企业数目明显上升。2015年3月17日，莫斯科交易所金融衍生工具市场启动人民币/卢布期货交易。中俄两国能源合作中也开始使用本币结算。"俄气"自2015年年初开始以人民币结算向中国出口石油。此外，在未来的天然气合作中，两国也有意使用本币结算，逐步降低美元对中俄贸易的影响。

（三）高科技与装备制造合作

2015年，中俄两国在高科技与装备制造领域的合作收获颇丰。目前，中俄两国研究机构正在实施的科研项目超过30个，在新材料、节能环保技术、信息通信、生物制药、船舶运输、宽体客机等领域的高科技合作正在有序进行。

在交通运输领域,中国积极参加俄罗斯高铁、铁路升级改造等基础设施建设,2015年6月18日,中国中铁股份有限公司与俄罗斯铁路股份公司签署莫斯科—喀山高铁项目勘察设计合同,标志着中俄高铁合作项目迈出实质性的一步。

在航空航天领域,2015年5月8日,中俄两国签署协议,中俄双方共同实施苏霍伊商用飞机融资租赁项目,支持苏霍伊超级喷气飞机SSJ-100在中国分销。该协议的签署标志着俄罗斯商用飞机首次进入中国航空市场。

在军技合作方面,中俄两国合作成果显著。2015年11月,中俄签署苏-35军售合同,俄罗斯将对华出售24架苏-35战机,合同总价为20亿美元。中俄还签署了俄罗斯对华出口S-400远程地空导弹系统的协议。

此外,中俄双方还就高科技及装备制造领域的创新合作积极展开交流。2015年7月7日,中国以主宾国身份参加了第六届"俄罗斯国际创新工业博览会",中方有130多家企业参展。

(四)电子商务合作

中俄跨境电子商务虽然起步较晚,但发展迅速。目前,中国已成为俄罗斯跨境电商的第一大商品来源国,在俄罗斯销售前五名的外国网站中,中国阿里巴巴旗下的全球速卖通和淘宝网位居第一和第三。俄罗斯用户占速卖通总用户数的15%,在阿里巴巴的批发业务中,俄罗斯成为继中国和美国之后的第三大市场。

2015年,中俄电子商务合作取得可喜成就,中国电商企业积极布局俄罗斯市场。2015年6月,速卖通在俄罗斯成立分公司。2015年6月,京东"全球售"俄语网站正式上线,该网站在商品销售的同时,还提供30日退换货等售后服务。此外,京东还将支持其在当地进行俄语客服服务。2015年8月,京东集团与黑龙江省对外经贸集团签订战略合作框架协议。根据协议,京东将借助绥芬河综合保税服务区和俄罗斯境内的"中国名优商品展销中心"两大平台,将绥芬河口岸作为全国跨境电子商务的重要口岸,打通中俄跨境贸

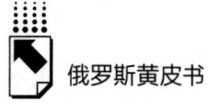

易进出口流程，为中俄两国商户提供跨境销售平台和端到端的服务方案[1]。此外，2015年9月，俄罗斯最大搜索引擎"Yandex"在上海设立中国代表处，协助中国商家到俄罗斯市场拓展业务。在中国电商销售平台上，俄罗斯商品销售业快速增长。2015年，在卢布贬值效应下，俄罗斯商品价格优势明显，俄产面粉、蜂蜜、啤酒、果汁等绿色食品在中国电商平台上销售火爆。

三 发展趋势

（一）贸易额萎缩不代表中俄经贸合作水平下降

2015年，中俄双边贸易额在卢布贬值、油价下跌等因素的影响下出现较大降幅，但实际上，中俄双边贸易额下降的幅度小于俄罗斯对外贸易额整体下降的幅度。根据俄罗斯海关总署的数据，2015年，俄罗斯对外贸易总额下降34%，其中，出口额下降31.8%，进口额下降38%；与此相比，中俄贸易下降28.1%，其中，俄对华出口下降23.7%，俄自华进口下降31.3%；中俄贸易在俄罗斯对外贸易总额中的占比从2014年的11.3%增至2015年的12.1%，中俄贸易几乎相当于俄罗斯与独联体国家贸易额的总和。[2] 值得注意的是，中俄两国经济合作的基础仍然坚实，导致贸易额大幅下降的主要因素是国际大宗商品价格下跌、卢布贬值等外在因素，从中俄贸易的实物量看，矿砂、木材等重要商品的交易量仍在增长。因此，中俄双边贸易额萎缩并不代表中俄经贸合作水平在下降。

（二）大项目投资在经贸合作中发挥引擎作用

乌克兰危机之后，面对西方制裁、卢布贬值、油价下跌等一系列负面影

---

[1] 《京东布局远东跨境电商》，http://tech.sina.com.cn/i/2015-08-26/doc-ifxhcvrn0582891.shtml。
[2] 2015年，俄罗斯与独联体国家贸易额为655.68亿美元，占俄罗斯对外贸易总额的12.5%，中俄贸易额仅略低于这一水平。

响，俄罗斯经济严重下滑，资金短缺成为俄罗斯经济发展的巨大障碍，也正因为此，中俄合作中的一些大项目先后取得突破性进展，俄罗斯希望通过与中国的合作降低欧美制裁效应，助力本国经济复苏。投资合作在中俄经贸合作中的引擎作用逐渐增强，如在中俄东线天然气合作项目、亚马尔液化气项目等能源合作项目中，投资为项目建设及落实提供了重要保障。近年来，随着俄罗斯"向东转"力度的加强，俄罗斯政府允许中国投资者参股甚至控股俄境内的一些能源项目，这充分表示了俄方与中国深化投资合作的决心。此外，在中国对俄投资额不断扩大的同时，投资领域也逐渐趋向多元化，从最初的能源、原材料、林业等逐步扩展到基础设施建设、高科技、装备制造业、农业等领域。如中国参与投资建设俄罗斯莫斯科—喀山高铁项目，为支持和深化农业合作，中俄两国共同建立俄罗斯远东农工产业发展基金，这些都是中俄投资合作领域不断扩展的最好例证。

（三）能源合作开启上中下游全方位合作的时代

　　能源合作历来是中俄经贸合作的重点方向，2015年12月17日两国总理共同签署的《中俄总理第二十次定期会晤联合公报》提出，将能源合作视为双边关系中的战略领域①。近年来，中俄能源合作迅速发展，不断取得新突破。中俄两国能源合作除了最初的油气产品的双边贸易之外，在上游油气田勘探开发、中游油气管道建设和下游油气产品精炼化工的合作全面展开。2013年4月，李克强总理在访问俄罗斯时提出了上下游一体化、风险共担、利益共享的能源合作新构想，得到了普京总统的赞许。2014年，在俄罗斯经济形势恶化、油气企业资金紧张的背景下，俄政府对外国投资进入油气上游领域的限制有所放松。2015年，中俄能源合作开启上下游全方位合作新时代。在上游，"中石化"收购俄罗斯石油公司下属两家油气公司49%的股份，参与尤鲁勃切诺—托霍姆和鲁斯科耶两个油气田勘探开发项

---

① 《中俄总理第二十次定期会晤联合公报》，http://news.xinhuanet.com/politics/2015-12/18/c_1117499329.htm。

目；在中游，中俄东线天然气管道建设正顺利进行；在下游，"中石化"收购西布尔控股股份有限公司20%的股份，与俄方开展在天然气加工及化工项目中的合作。

（四）科技创新与装备制造业合作成为新的增长点

近年来，中俄在科技创新领域的合作亮点频现，两国加强在联合研发、创新成果产业化等领域的合作无疑将成为中俄经贸合作未来的主攻方向之一。中俄两国元首及总理会晤对科技创新领域的合作高度重视。2015年5月8日，两国元首发布的《关于深化全面战略协作伙伴关系、倡导合作共赢的联合声明》提出："在落实《2013～2017年中俄航天合作大纲》方面密切合作，特别是火箭发动机、电子元器件、卫星导航、对地观测、月球研究和开发及深空探测等优先方向。推进远程宽体客机、重型直升机等民用航空制造领域重点项目合作。加强通信与信息技术领域的交流与合作。建立有效的创新合作机制，在共同实现中俄科学家高科技研发成果产业化领域确定有前景的项目。"目前，俄罗斯经济面临严峻的结构性危机，中国经济也正处于结构调整的关键时期，中俄两国在科技创新领域的合作对推动两国结构调整具有积极意义，该领域的合作也将成为推动中俄经贸转型升级的内生动力。

产能和装备制造业的合作在中俄经贸合作中也意义重大。产能合作是近年来中国外交的"新名片"，产能合作能够通过产业转移的方式将中国过剩的产能输出到国外，对中国而言，消化了过剩的产能，对合作国而言，则吸收了中国的优质产能参与其基础设施及现代化建设，这对合作双方都是互利共赢之举。中国参与莫斯科—喀山高铁项目就是中俄产能合作的最佳案例，未来中俄在产能和装备制造业领域的合作将成为两国合作新的增长点。

（五）丝绸之路经济带与欧亚经济联盟对接

2013年9月，习近平主席在哈萨克斯坦纳扎尔巴耶夫大学演讲时，首次提出共同建设丝绸之路经济带的战略倡议。2014年2月，习近平主席出席索契冬奥会开幕式,俄方公开回应将积极响应中方提出的建设丝绸之路经济带和海上丝绸之路的倡议。2015年5月8日,中俄双方共同发表《关于丝绸之路经济带建设和欧亚经济联盟建设对接合作的联合声明》,声明中提出:"双方将共同协商,努力将丝绸之路经济带建设和欧亚经济联盟建设相对接,确保地区经济持续稳定增长,加强区域经济一体化,维护地区和平与发展。"[1] 这一联合声明的发表标志着丝绸之路经济带与欧亚经济联盟战略对接的开始。目前,对于丝绸之路经济带与欧亚经济联盟对接的具体规划尚未形成,中俄双方已启动对话机制,就开辟共同经济空间开展协作进行讨论。在未来的对接过程中,如何处理好中国倡导的丝绸之路经济带与俄罗斯主导的欧亚经济联盟之间的关系,如何在竞争中合作及共同发展将成为中俄战略协作伙伴关系中的重要课题,丝绸之路经济带与欧亚经济联盟的成功对接也将继续推动中俄经贸合作深化发展。

---

[1] 《关于"丝绸之路经济带"建设和欧亚经济联盟建设对接合作的联合声明》,http://news.xinhuanet.com/2015-05/09/c_127780866.htm。

Y.21
国际油价暴跌及其对中俄能源合作的影响

徐洪峰*

摘　要：2014年以来国际石油价格经历了新一轮深度调整。本文系统分析国际石油市场供需基本面、石油库存、亚洲新兴经济体汇市和股市波动、美元走强、国际金融市场投机等对国际油价暴跌的影响。将目前国际油价置于国际油价演变的长周期中，通过总结1861年至今150余年国际油价的变动规律，对当前油价水平做出评价，对未来油价走势做出预判。在综合分析各种影响因素和经济指标的基础上，提出此轮国际油价调整的短期和中期平衡点。此外，还分析了叙利亚危机对国际油价的可能影响。最后，探讨了国际油价深度调整背景下中俄能源合作的新机遇。

关键词：　国际石油价格　油价预判　叙利亚危机　中俄能源合作

2014年6月以来，在多重因素共同影响下，国际原油期货价格经历了断崖式暴跌。以纽约商品交易所的WTI原油期货价格为例，WTI原油期货自2014年6月12日的最高价每桶107美元，暴跌至2016年1月20日的最低价每桶27美元，跌幅75%左右。国际原油市场其他主要期货品种，如北

---

* 徐洪峰，中国社会科学院俄罗斯东欧中亚研究所副研究员。

海布伦特原油、迪拜原油、米纳斯原油等均经历了与 WTI 原油类似的价格暴跌和深度调整过程。

一 国际油价深度调整原因的综合分析

2014 年至今的国际油价深度调整由多重因素共同造成：既有国际石油市场供给和需求基本面因素，也有国际石油库存高企、亚洲新兴经济体汇市和股市巨幅波动、美元走强及国际金融市场投机、伊朗核问题和解及美联储加息预期等短期原因。

（一）供给面因素

一方面，美国致密油产量大幅增加。自 2013 年第一季度至 2015 年第二季度，全球石油产量由日均生产 8983 万桶，增加到日均 9552 万桶，日均增加 569 万桶；美国石油产量由日均生产 1168 万桶增加到 1504 万桶，日均增加 336 万桶，占同期全球石油产量增量的 59% 左右。[1] 在美国 2014 年和 2015 年的石油总产量中，致密油产量占一半左右，由此可见，美国致密油产量的快速增加，是全球石油供给增加的重要原因。[2] 2006 年 1 月至 2015 年 9 月，美国致密油产量由日均 37 万桶增加到日均 448 万桶左右，15 年间产量增加超过 10 倍（见图 1）。[3]

另一方面，石油输出国组织（OPEC）并未如历史惯例进行"限产保价"。在 2014 年 6 月至今的此轮国际油价深度调整中，为了保持自身市场份额，再加上自身成本优势，对油价下跌有较强承受力，欧佩克并没有采取

---

[1] U. S. EIA, International Energy Statistics, http：//www.eia.gov/cfapps/ipdbproject/iedindex3.cfm？tid＝50&pid＝53&aid＝1&cid＝ww, CG9, US, &syid＝2013&eyid＝2015&freq＝Q&unit＝TBPD.

[2] 米军、徐洪峰等：《国际石油价格波动与俄罗斯经济增长》，《欧亚经济》2015 年第 5 期。

[3] U. S. EIA, International Energy Statistics, http：//www.eia.gov/cfapps/ipdbproject/iedindex3.cfm？tid＝50&pid＝53&aid＝1&cid＝ww, CG9, US, &syid＝2013&eyid＝2015&freq＝Q&unit＝TBPD.

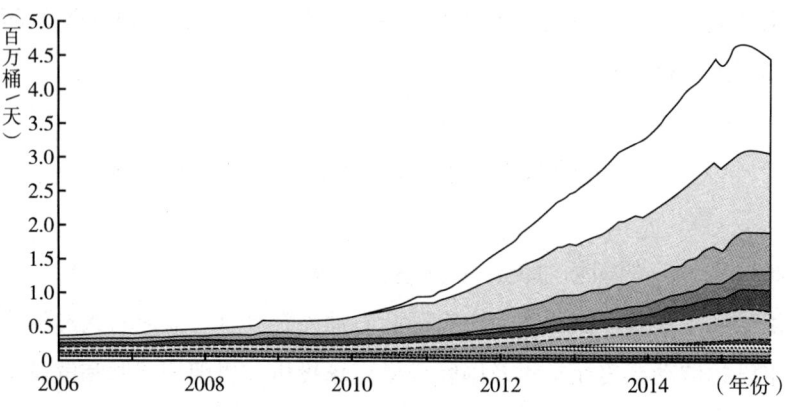

图1 2006年1月至2015年9月美国致密油产量

注：U. S. EIA，不同颜色代表美国不同致密油产量。

资料来源：U. S. EIA, International Energy Statistics，http：//www.eia.gov/cfapps/ipdbproject/iedindex3.cfm? tid=50&pid=53&aid=1&cid=ww, CG9, US, &syid=2013&eyid=2015&freq=Q&unit=TBPD.

"限产保价"措施。2013年第一季度至2015年第二季度，欧佩克整体的石油产量稳定在日均3600万桶左右，在个别季度略有下降。在此期间，石油输出国组织石油产量的增加主要来自伊拉克和沙特阿拉伯，主要减产国家是利比亚、科威特和阿尔及利亚。2013年第一季度至2015年第二季度，伊拉克和沙特阿拉伯的石油产量分别从日均307万桶和1115万桶增加到405万桶和1201万桶；而同期利比亚石油产量则从日均144万桶锐减至50万桶。从总体看，伊拉克和沙特阿拉伯的石油产量增加基本被利比亚、科威特以及阿尔及利亚的产量下降所抵消，欧佩克虽然在此轮油价暴跌中并没有如历史惯例减产稳价，但其石油产量总体也没有明显增加（见图2）。①

（二）需求面因素

全球经济增长乏力导致石油需求增加有限。一方面，中国、俄罗斯、巴

---

① U. S. EIA, International Energy Statistics，http：//www.eia.gov/cfapps/ipdbproject/iedindex3.cfm? tid=50&pid=53&aid=1&cid=ww, CG9, US, &syid=2013&eyid=2015&freq=Q&unit=TBPD.

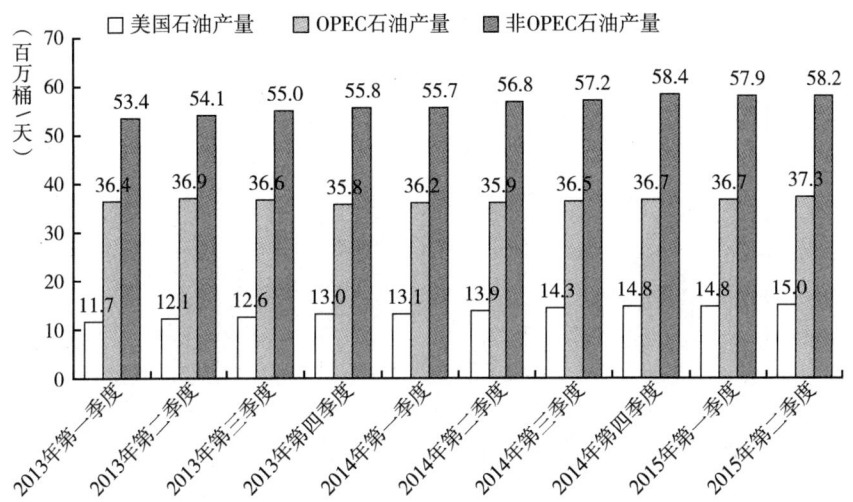

图2 2013年第一季度至2015年第二季度美国及OPEC、非OPEC石油产量

资料来源：U.S. EIA, International Energy Statistics, http://www.eia.gov/cfapps/ipdbproject/iedindex3.cfm?tid=50&pid=53&aid=1&cid=ww,CG9,US,&syid=2013&eyid=2015&freq=Q&unit=TBPD.

西、印度和南非等新兴经济体的PMI多数挣扎在荣枯线以下。2015年11月，上述五国的PMI分别为47.2、49.1、47、51.2、52。① 这些新兴经济体经济增速放缓导致其石油需求增加有限。另一方面，美、欧、日等发达经济体经济复苏存在不确定性。2015年11月，美国、欧元区和日本的PMI分别为50.2、52、51，略高于荣枯线。② 发达经济体经济复苏的不确定性使其石油需求量大幅减少。

（三）全球石油库存高企增加石油供给预期，加大油价下行压力

受低油价影响，自2014年以来，全球石油库存持续快速增加，从2014年1月的41.3亿桶增加到2015年3月的43.3亿桶左右（见图3），高企的石油库存增加了石油市场的供给预期，加大油价下行压力。

---

① http://pmi.caixin.com.
② http://pmi.caixin.com.

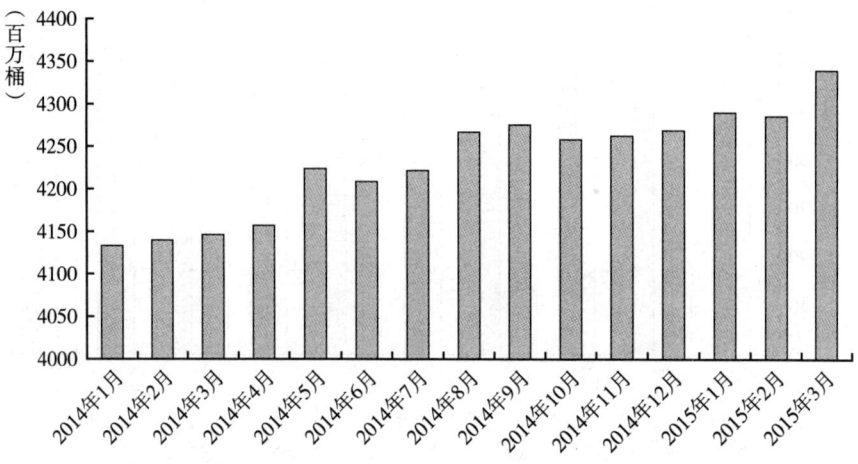

图3 2014年1月至2015年3月全球石油库存

资料来源：U. S. EIA, https：//www.eia.gov/cfapps/ipdbproject/iedindex3.cfm? tid = 50&pid = 5&aid = 5&cid = all, &syid = 2014&eyid = 2015&freq = M&unit = MBBL。

（四）以中国为代表的亚洲新兴经济体汇市和股市巨幅波动影响国际石油市场

2015年8月初，中国央行进一步放开人民币汇率管制，导致人民币汇率中间价大跌。美元对人民币汇率自2015年8月11日的1∶6.20升至8月13日的1∶6.39，人民币贬值3.1%。① 人民币贬值引发其他与中国有密切贸易往来的亚洲新兴经济体的货币贬值，2015年8月亚洲货币贬值2.4%，创下2008年之后最大单月跌幅。人民币贬值和中国PMI下滑，造成8月中国股指暴跌。2015年8月28日，中国上证指数跌至最低2850点，相比2015年6月12日的5178最高点，跌幅45%左右。② 由于对中国经济增速的预期悲观，全球股市，尤其亚洲国家股市也随之暴跌，2015年8月亚洲国家股市下跌8.7%，创下2011年之后最大单月跌幅。以中国为代表的亚洲新兴

---

① http：//finance.sina.co.cn.
② http：//finance.sina.co.cn.

经济体汇市和股市巨幅波动,使国际原油市场对全球经济预期更加悲观,从而导致国际油价进一步下行。

(五)美元持续走强及国际金融市场投机

美元走强及国际金融市场投机对国际油价的影响主要通过两种机制:一是国际原油多数以美元计价,美元与油价二者之间存在反向互动关系,美元升值则油价下跌;二是美元和石油均是国际市场重要投资品种,美元走强会导致包括原油、黄金、白银在内的其他投资品价格下跌。2014年年初至2015年年底,美元指数(DINI)最大涨幅27%,黄金最大跌幅24%,白银最大跌幅37%,WTI原油最大跌幅66%左右。①

除上述影响国际石油市场的主要原因外,诸如伊朗核问题和解②、美联储加息预期③及印度尼西亚可能重新加入欧佩克等其他因素,通过各自的传导机制影响国际油价,推动国际油价深度调整。

二 作为评价和预判国际油价重要参考的百年油价规律④

国际油价自2014年6月的最高点每桶107美元,暴跌至每桶30美元左右,虽然从短期看油价跌幅巨大,但是,如果将当前油价置于之前154年国际油价变动的长时期演变中进行分析,当前国际石油价格并非极端低价,而是大致处于国际油价的历史平均水平(见图4)。

---

① http://finance.sina.co.cn.
② 国际能源署预计,2016年年中西方对伊朗石油禁运最终解除,届时伊朗石油生产将日均增加30万桶左右。U.S. EIA,"Short - term Energy Outlook", September 2015.
③ 美联储加息预期会推动美元进一步走强。
④ 此部分数据综合引用WIND和BP国际油价的历史数据和处理数据(WIND处理数据以2012年美元计价;BP处理数据以2014年美元计价)。其中,原始油价数据:1861~1944年依据美国平均原油价格;1945~1983年依据沙特阿拉伯拉斯坦努拉公布的阿拉伯轻质原油价格;1984~2014年依据布伦特原油价格。

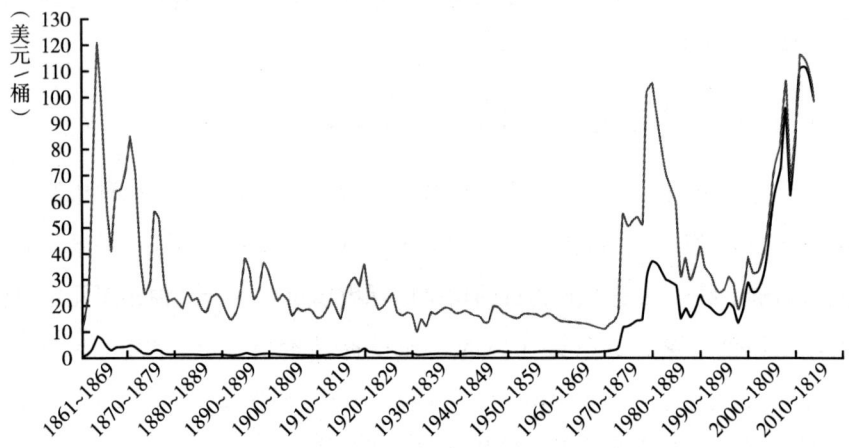

图4　1861年以来国际油价变动情况

注：下方曲线以当时货币计价、上方曲线以2014年美元计价。
资料来源：BP, Statistical Review of World Energy, http：//www.bp.com/content/dam/bp/pdf/Energy-economics/statistical-review-2015/BP-statistical-review-of-world-energy-2015-full-report.pdf。

首先，在此前的154年间（1861~2014年），如果以2012年美元计价，国际油价低于每桶40美元的共有119个年份，超过总年份的3/4，也就是说，低于40美元/桶的价格是之前154年期间国际石油价格的常态。

其次，在之前的154年间，国际石油平均价格仅为每桶33美元。其中，国际油价大部分集中在每桶15~35美元，如果将目前每桶30美元的国际油价置于历史油价走势中，目前的石油价格略低于历史均价。

再次，在之前的154年间，有四次超过每桶100美元的极端高油价，这四次极端高油价均是由于当时主要石油产出国发生战争，使得全球石油供给预期锐减。第一次是美国内战（1861~1865年），此次内战使1864年的油价高达每桶118美元；第二次是两伊战争（1980~1988年），此次战争使1980年的国际油价达到每桶103美元；第三次是伊拉克战争（2003~2010年），伊拉克战争发生数年间，国际石油价格持续上涨，2008年达到每桶104美元；第四次是利比亚战争（2011年），2011年的利比亚战争以及持续至今的"阿拉伯之春"使国际石油价格一路攀升，从2011年开始，连续三年达到每桶110美元以上，国际油价在2011年、2012年和2013年分别高达每桶114美元、112美元和119美元。①

历史上四次推高国际油价突破每桶100美元的战争，均有两个共性：一是发生在世界主要石油生产国；二是属于全国范围的大规模战争或动乱。美国、伊朗、伊拉克、科威特、利比亚以及"阿拉伯之春"波及的沙特阿拉伯、阿尔及利亚均是世界重要石油产出国，除美国外，其余国家均为欧佩克成员国，其石油产量变动对国际石油价格会起到相当程度的影响。②

最后，在1861~2014年的154年间，低于15美元/桶的极端低油价主要有两种情况。一是经济衰退造成石油需求减少。1892年、1933年的极端低油价均由经济衰退造成。而1915年、1945年和1946年的极端低油价则分别因为一战和二战导致全球经济低迷、石油需求减少。二是新增可观石油供给。例如，1892年的极端低油价除了当时经济衰退的因素外，还源于美国和俄罗斯原油生产的增加，以及印尼苏门答腊岛开始生产原油。1910年和1911年的极端低油价主要源于美国得克萨斯州发现新油田。因为经济大萧条，1933年的国际石油价格低至每桶11.9美元，除了当时经济大萧条的因素外，还因为在美国的东得克萨斯发现新油田，增加了原油供给预期。此外，在1952年以及1960~1972年的十余年间，国际石油价格一直在低于每桶15美元的极端低价位运行，之所以如此，一定程度上是因为中东以外其他地区的原油产量快速增加以及当时美国的石油产量大幅增加。③

低于每桶15美元的极端低油价多数源于经济衰退导致石油需求减少、新增规模可观油田导致原油供给增加等供需基本面的变动，因此低油价持续

---

① 徐洪峰：《百年油价历史数据可以作为预测国际油价的重要参考》，《财智研究》2015年11月5日，http://pmi.caixin.co。
② 徐洪峰：《百年油价历史数据可以作为预测国际油价的重要参考》，《财智研究》2015年11月5日，http://pmi.caixin.co。
③ 徐洪峰：《百年油价历史数据可以作为预测国际油价的重要参考》，《财智研究》2015年11月5日，http://pmi.caixin.co。

时间往往相对较长，这是因为改善供需基本面需要一定时间，油价回升速度较慢，短时期回升幅度相对有限。① 根据历史经验数据，国际油价下探到每桶30美元以下的可能性较大。

三 国际油价趋势预判：在致密油边际成本下限达到中期平衡

探讨国际油价未来走势可以分为短期和中期两种情况。

（一）短期：国际油价将继续探底，但下跌空间有限

在推动国价油价下行的综合因素作用下，再加上短期市场的恐慌情绪，国际油价将下探到30美元以下。但是，从2016年年底开始，在多重因素影响下，国际油价极有可能将稳步回升。

首先，2016年全球石油库存增加预期放缓，国际油价下行压力减轻。2015年下半年，全球石油库存增加有所放缓，日均增加150万桶左右。美国能源信息署预测，到2016年，全球石油库存增加将进一步放缓，日均增加80万桶左右。②

其次，2016年全球石油消费预期将稳步增加。美国能源信息署预测，2016年全球石油及其他液体燃料的需求将继续稳步增加，日均增加140万桶左右。需求增加的主要原因在于，2016年全球经济状况向好，预计2016年世界实际GDP增长2.8%，比2015年增加0.4个百分点。2016年全球石油消费增加仍然主要来自非OECD国家，尤其是中国和美国的石油消费增长，预计中美两国2016年石油消费日均增加量分别为30万桶和10万桶。值得注意的是，2016年，随着欧洲经济复苏，预计OECD国家的石油和其他液体燃料消费量将达到2010年以来的最高点，日均消费4640万桶左右，

---

① 徐洪峰：《百年油价历史数据可以作为预测国际油价的重要参考》，《财智研究》2015年11月5日，http://pmi.caixin.co。
② U. S. EIA, "Short – term Energy Outlook", December 2015.

日均增加约10万桶。①

最后,2016年全球石油供给增加预期大致与2015年持平。2016年非OPEC国家的石油供给增加大致与2015年持平,日均增加130万桶左右。受低油价影响,美国致密油和加拿大油砂油产量的增加均开始减缓。2016年OPEC国家的原油供给大致与2015年持平,日均增加80万桶左右,其中主要来自伊朗被解除制裁后的产量增长。2016年第二季度对伊朗的石油制裁可能结束,2016年下半年伊朗原油生产可能逐渐恢复,预计2016年伊朗原油产量日均增加30万桶左右。②

此外,2016年全球原油剩余产能较低,存在油价反弹的可能性。2015年全球原油剩余产能日均150万桶,2016年全球原油剩余产能预期有所增加,日均220万桶左右,其中,剩余产能主要集中在沙特阿拉伯。③按照通常标准,当国际原油剩余产能低于日均250万桶时,原油市场供应趋紧,会出现国际油价反弹的可能性。

(二)中期:国际油价在致密油边际成本的下限区域达到较为稳定的供需平衡

致密油产量大幅增加是2014年至今国际油价下跌的关键原因之一。全球致密油生产已经从2005年的1亿桶左右,增加到2014年的15亿桶左右,④致密油产量的大幅增加必然加剧全球石油供求失衡,加大国际油价下行压力。⑤

但同时,2014年至今国际石油价格的深度下探,也对以美国为主的全球致密油商业化生产提出了严峻挑战。目前美国、阿根廷和加拿大是全球仅有的三个实现致密油商业化生产的国家,其中,美国的致密油产量占全球致

---

① U. S. EIA, "Short – term Energy Outlook", September 2015.
② U. S. EIA, "Short – term Energy Outlook", September 2015.
③ U. S. EIA, "Short – term Energy Outlook", December 2015.
④ 数据来源:U. S. EIA.
⑤ 米军、徐洪峰等:《国际石油价格波动与俄罗斯经济增长》,《欧亚经济》2015年第5期。

密油总产量的90%左右。与传统油井相比，致密油的生产成本较高，美国致密油和加拿大油砂油的保本价格在每桶50~80美元（见图5）。如果国际石油价格继续下探，则目前多数致密油和油砂油企业将收不抵支，面临亏损倒闭的风险。

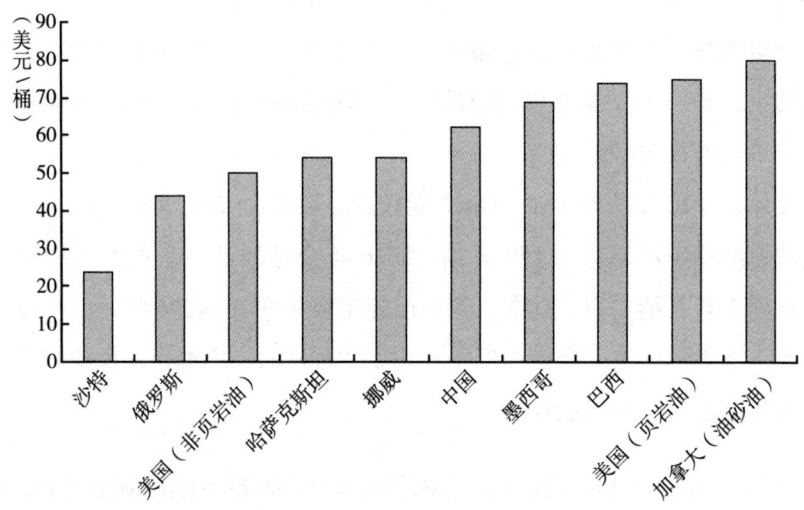

图5　主要石油输出国石油生产成本

资料来源：U.S. EIA。

根据美国能源信息署的预测，由于低油价的影响，自2015年5月到2016年8月，美国原油产量预计将持续下降。预计当WTI价格低于每桶60美元时，美国致密油钻探和钻完井数量会降低。2015年下半年，美国致密油产量预计日均下降15万~30万桶，加上其他石油生产因为低油价减产，预计到2016年年底国际石油供需将逐渐走向新的平衡。

如果使全球石油供需实现再平衡，必须通过较低油价迫使部分致密油生产企业停产或关闭，通过降低致密油产能，使全球石油供应与需求达到较为稳定的平衡。目前美国和加拿大致密油和油砂油的成本为每桶50~80美元，未来致密油企业可以通过技术进步和提高生产效率来降低生产成本，因此，未来致密油企业的边际成本有可能在目前生产成本的基础上，降低至每桶40～70美元。另外，鉴于未来三年全球石油需求的缓慢回升以及致密油企业可以通过金融手段增强对低油价的抵御能力，在不考虑突发地缘政治事件等不可预期情形的前提下，自2016年第四季度开始的三年时间内，国际油价将在致密油边际成本的下限区域，即每桶35～55美元区间达到较为稳定的供需平衡。在这样的价格区间，部分致密油产能将会由于收不抵支退出市场，与增长乏力的国际石油需求增长相匹配实现供需再平衡。

四 叙利亚危机对国际油价的影响有限

受俄罗斯空袭叙利亚"伊斯兰国"极端组织消息刺激，国际石油价格曾经短期反弹。但是，俄美两国的地缘战略和现实利益决定了叙利亚危机的程度和持续时间相对有限。叙利亚危机将会在美俄互相让步的情况下逐步降温，最终走向政治解决，国际石油市场所担忧的叙利亚危机"外溢效应"不会出现。国际原油价格将再次回归原油市场本身，更多反映市场供需基本面的变化。

（一）俄罗斯直接军事介入叙利亚危机短期推动国际油价回升

自俄罗斯2015年9月30日直接军事介入叙利亚危机、启动空袭叙利亚境内的"伊斯兰国"极端组织之后，美国WTI原油期货价格在接下来的10天时间内持续反弹。从9月29日的收盘价每桶44.85美元，最高达到10月9日的每桶50.89美元，涨幅超过13%。除了其他因素的影响，俄罗斯直接对叙利亚"伊斯兰国"发动空袭是当时油价短期反弹的重要因素之一。

虽然地处中东，但叙利亚并非石油输出大国，在西方制裁之前，叙利亚日产原油37万桶，仅占全球原油总产量的0.4%，日均出口原油不到15万桶，石油产品甚至需要从国外进口。[①] 但是，叙利亚却是全球最重要的石油

---

① 2011年，叙利亚日均生产石油36.9万桶、全球日均生产石油8853.2万桶。

输出枢纽之一,在地理位置上,叙利亚临近连接地中海与红海的交通枢纽,如果叙利亚危机升级,苏伊士运河(日均输送石油及其制品220万桶)和苏伊士—地中海输油管道(日均输送石油150万桶)有可能受到影响。此外,叙利亚东部毗邻伊拉克北部的石油重镇、北部接壤土耳其,而土耳其的杰伊汉港则是欧洲两条重要输油管道——巴库—第比利斯—杰伊汉(日均输送原油120万桶)和基尔库克—杰伊汉(建设能力日均输送原油165万桶)的终点。

除叙利亚本身外,中东几个重要石油输出国组织成员国——沙特阿拉伯、伊朗、伊拉克、科威特等,均与叙利亚国内局势有着千丝万缕的联系,再加上石油出口大国俄罗斯在叙利亚直接军事介入,使国际石油市场一度担心叙利亚危机可能发生"外溢效应",进而影响国际石油供给,这种市场情绪成为2015年9月30日至10月10日国际油价短期反弹的重要推动因素之一。

(二)俄美两国的地缘战略和现实利益决定了叙利亚危机的程度和持续时间相对有限

叙利亚危机发展至今,在一定程度上,已经成为俄罗斯与以美国为首的西方国家之间的代理人战争,但是,俄美两国的地缘战略和现实利益决定了两国在叙利亚介入的程度和持续时间相对有限。

第一,从地缘战略方面看,中东地区当前并非俄美两国的战略重心。

进入后冷战时代以来,经济竞争逐步取代军备竞争,成为美俄等世界大国竞争的主题。随着中日韩印等亚太新兴经济体的崛起,亚太逐渐取代欧洲大西洋地区,成为世界经济增长的引擎。在这一全球政治和全球经济深刻转变背景下,奥巴马在2009年年初上任伊始,即提出"重返亚太",将亚太地区作为美国全球地缘的战略重心[①],在包括中东在内的其他地区总体奉行战略收缩和战略稳定政策。从俄罗斯方面,普京政府同样将亚太地区作为仅

---

① 孙哲、徐洪峰:《奥巴马政府战略重心东移对美俄关系的影响》,《美国研究》2013年第1期。

次于独联体地区的地缘区域予以重点关注,提出"俄罗斯的太平洋战略"、成为新的"欧洲太平洋国家"等,希望通过参与亚太地区的一体化进程,带动俄罗斯远东和西伯利亚地区的发展。与冷战时代相比,中东在俄罗斯总体地缘战略中的地位大大下降,并非俄罗斯的战略重心。

第二,现实利益方面,美俄两国当前面临的首要问题均是发展国内经济,长期深入介入叙利亚危机并不符合两国的现实利益。

奥巴马上任以来,美国经济复苏乏力,美国民意并不支持再次深度卷入一场中东战争。此外,奥巴马任期仅剩不到一年,奥巴马政府不太可能在叙利亚进一步深度介入,使美俄矛盾升级失控。俄罗斯方面,如果要保持并扩大在叙利亚的影响力,俄罗斯需要持续不断向叙利亚提供军事和经济支持,但是在国际油价持续走低影响本国油气出口收入、因乌克兰危机遭受西方制裁、卢布大幅度贬值、国内通货膨胀严重等背景下,普京政府并不具备长期、深入介入叙利亚危机的真实意愿和能力。

(三)叙利亚危机对国际油价的持续影响有限

虽然俄罗斯在叙利亚境内的军事空袭在短期推动了国际油价小幅反弹,但是,通过军事空袭获得与美国和欧洲在叙利亚和乌克兰问题上的谈判筹码,应该是俄罗斯的主要目标,一旦俄罗斯的这一目标获得部分满足,俄罗斯随之也会做出部分妥协,叙利亚危机和乌克兰危机将会在美俄互相让步的情况下逐步降温,最终走向政治解决,国际石油市场所担忧的叙利亚危机"外溢效应"不会出现,对石油输出国组织原油供给减少的预期将不复存在。

国际原油价格的变化同样反映了原油市场对叙利亚危机走势的看法,在经历10天左右的小幅反弹后,国际油价很快再次回归到原油市场本身,更多反映市场本身供需基本面的变化。从2015年10月12日起,受俄罗斯空袭叙利亚"伊斯兰国"极端组织消息刺激的国际油价小幅反弹基本结束,开始了新一轮下跌调整,美国WTI原油期货价格从10月9日的最高每桶50.89美元,再次一路持续探底。

此外，受国际石油价格一路走低刺激，2014年是自2008年以来全球石油库存增加最多的一年，日均增加80万桶左右。① 2015年，随着国际油价继续下探，国际石油库存也一路持续增加，2015年第一季度全球石油库存日均180万桶，第二季度全球石油库存日均230万桶，较第一季度多出28%。② 国际能源署2015年6月的报告显示，主要工业化国家的原油储备足以满足93天的使用，国际原油储备充足将极大缓和叙利亚危机对国际油价的短期冲击。

五 国际油价深度调整背景下中俄能源合作机遇

中国目前是全球第二大原油进口国，是俄罗斯第三大原油出口伙伴国，国际油价下跌总体将会增加中国在中俄能源合作中的主动性和优势地位。具体来讲，国际油价下行将对中俄能源合作产生以下几个方面的影响。

（一）中俄原油交易价格下降：中国原油进口成本降低，可以分步骤增加国家石油储备

由于中俄原油贸易合同均采取与国际原油价格挂钩浮动的定价公式，因此，当国际原油价格下跌时，中国自俄罗斯进口的原油价格随之相应下调。2014年6月至2015年10月，虽然中俄原油贸易数量有所上升，但原油交易价格下降，使中俄原油贸易总额下降，换言之，购买同等甚至更多数量的俄罗斯原油，中国付出较少的货币，进口成本降低。

根据国际能源署和美国能源信息署的分析预测，虽然自2015年下半年国际原油需求出现反弹，但由于国际原油供给减缓需要一段时间，未来数月内国际原油价格仍将继续下行，目前国际原油价格尚未见底。美国能源信息

---

① U. S. EIA, https：//www.eia.gov/cfapps/ipdbproject/iedindex3.cfm? tid = 50&pid = 5&aid = 5&cid = all, &syid = 2014&eyid = 2015&freq = M&unit = MBBL.

② U. S. EIA, "Short – term Energy Outlook", September 2015；U. S. EIA, "Short – term Energy Outlook", December 2015.

署预测，当国际原油价格探底后，美国 WTI 原油期货将在每桶 54 美元（2016 年）左右达到较为稳定的供需平衡。

从历史数据看，目前每桶 30 美元左右的国际原油价格接近每桶 33 美元的国际石油历史均价，短期国际油价或将继续最后探底，但下跌空间已经有限。中国可以利用此次国际油价深度下探的合适时机有步骤抄底，设定合理价格区间，分批购买国际原油，其中包括增加从俄罗斯的原油进口数量，增加本国的石油储备，包括国家战略储备和商业储备。

（二）俄罗斯对华出口原油意愿增强：中国在中俄石油谈判中地位增强，可以适时解决中俄能源合作中的价格谈判障碍

此轮国际原油价格深度调整的一个根本原因是国际原油供需失衡，为了与致密油生产商、与非 OPEC 石油出口国家争夺市场份额，沙特阿拉伯、伊拉克等主要石油输出国组织成员国持续增加产量，使国际原油供过于求的失衡局面进一步加剧，导致国际油价持续下跌，进入恶性循环。

面对国际油价暴跌，俄罗斯没有能力与石油输出国组织协调立场、通过降低产量遏制价格下跌。为了保持本国在国际原油市场的出口份额，俄罗斯只有保持甚至提高产量。在此背景下，俄罗斯向石油需求相对强劲的亚太地区尤其向中国增加原油出口的意愿大大增强。

虽然目前中国经济增速放缓，但是，由于可观的经济总量以及特殊阶段的能源消费结构，中国目前已经成为世界第二大原油进口国、俄罗斯第三大原油出口伙伴国。在俄罗斯急于寻求原油出口多元化、为本国原油寻找需求稳定而强劲的市场时，中国无疑成为较优选择。

国际原油从供不应求到供过于求的根本转变以及国际原油价格从高位到相对低位的深度调整，使中俄双方在能源谈判中的地位发生转变：当中国在国际原油市场上有了价格更低、数量更多的原油进口选择时，在中俄能源合作中就掌握了更多的谈判筹码，具备了更强的议价能力。中国相关油气企业可以充分利用此次有利时机，适时推进解决长期困扰中俄能源合作的价格谈判障碍。

（三）俄罗斯对华转让上游油气资产积极性增加：参与俄罗斯油气上游领域出现难得机遇，中国油气企业可以利用时机加快"走出去"

普京政府对于本国油气勘探开发上游领域一直严加把控，外资介入的机会少、门槛高。但是，自2014年以来，由于国际油价下跌造成俄罗斯油气企业资金紧张、乌克兰危机导致美国和欧盟等西方国家对俄罗斯的能源企业进行全方位经济制裁，再加上俄罗斯本国油气产业发展战略调整的需要，普京政府对中资进入俄罗斯油气上游领域参与油气田勘探开发的态度出现转变，对中国油气企业持欢迎态度。

普京政府对中资企业参与俄罗斯上游油气勘探开发态度的转变，直接促成了中石油参股万科尔油田、中国华信能源参股贝加尔项目、中石化入股东西伯利亚石油公司和秋明石油公司、中石油和丝路基金参股亚马尔液化气公司等合作意向，实现了中俄能源上游合作的突破。

近几年为了进一步提高俄罗斯国有能源企业的生产和管理效率，俄罗斯政府开始考虑在保持政府绝对控股的前提下，适度增加国有能源企业私有股份的比重。在当前国际油价大跌、油气出口收入锐减情况下，引进非国有资本预期会缓解本国能源行业的资金紧张，俄罗斯政府有可能会加快这一政策的实施进度，这为中国能源企业以参股、并购等形式介入俄罗斯上游油气领域提供了良好机会。根据历史经验，俄罗斯对外资参与本国油气领域的政策多变，因此，中国油气企业应抓住目前难得机遇，加快"走出去"步伐，通过参股、并购等形式，积极介入俄罗斯上游油气市场。

（四）俄罗斯对华油气设备进口需求增加：中国油气装备制造和工程技术服务具备明显价格优势，可以抓住时机打入规模可观的俄罗斯市场

俄罗斯油气装备和技术服务的对外依赖度一直较高，国际油价下跌使俄罗斯油气企业利润减少、投资和运营资金紧张。这种情况促使俄罗斯一方面加快本国油气装备和技术服务的"进口替代"，另一方面也转而向其他国家寻求价格更低的油气装备和技术服务。

目前中国的油气装备制造和工程技术服务虽然整体水平不高，但在海上天然气勘探开发、致密油、测井、物探、大型炼厂工程建设等领域具备一定的技术和研发优势。此外，中国的油气设备和技术服务与美欧能源企业相比，具有明显的价格优势，这为中国油气装备制造和工程技术服务打入规模可观的俄罗斯市场提供了良好契机。

北极大陆架、致密油、深水油田，以及西伯利亚远东难开采油气田是未来数年俄罗斯油气勘探开发的重点。乌克兰危机发生后，美国和欧盟等西方国家联合对俄罗斯难开采油气田所需的先进勘探开发技术和服务实施出口禁令，使俄罗斯在先进油气设备和技术服务方面陷入了资金紧张和技术封锁的双重困境。在此情况下，中国能源企业可以凭借技术竞争力和价格优势，加大与俄罗斯在油气装备制造和工程技术服务领域的合作，打入规模可观的俄罗斯油气装备和技术服务市场。

（五）俄罗斯油气企业资金紧张：推动中俄油气贸易本币结算，甚至为未来的"石油人民币"打开窗口

油气出口收入历来是俄罗斯财政收入的主要来源。俄罗斯52%的联邦预算收入、超过70%的出口收入均来自油气出口。国际油价大跌再加上美欧对俄罗斯油气企业实施融资制裁，使俄罗斯油气收入预期大幅度减少，资金压力进一步加大。在此背景下，中国可以适当加大对俄罗斯油气企业的融资支持[1]，一方面通过融资贷款的形式，带动两国油气设备及相关技术服务的进出口贸易；另一方面通过融资合作，可以推动两国油气贸易的本币直接结算。

目前中国是全球第二大原油进口国，俄罗斯是世界第二大原油出口国，中俄两国的原油贸易在世界原油贸易总量中占有很大的份额，可观的贸易量可以在一定程度上增加国际原油贸易的话语权和规则制定权。可以从中俄双边原油贸易开始尝试，逐步扩大人民币在国际原油贸易结算中的比重，甚至为未来可能的"石油人民币"打开机会之窗。

---

[1] 徐洪峰、王海燕：《乌克兰危机背景下美欧对俄罗斯的能源制裁》，《美国研究》2015年第3期。

附 录

Y.22
Краткое содержание «Доклада о развитии России (2016)»

После вступления России в новое столетие самым сложным годом для внутренней и внешней ситуации стал для нее 2015 г. За последние более чем десять лет под влиянием международной экономической конъюнктуры, внутренних структурных проблем, а также санкций западных стран, Россия столкнулась с самыми серьезными экономическими трудностями. Однако, уровень жизни населения хотя и стал снижаться, но внутриполитическая и социальная стабильность сохранялись. В то же время в области международных отношений Россия явно демонстрировала стиль великой державы. В Сирии [российская] воинская группировка, действующая против террористической организации «Исламское государство», добилась успехов, которые привлекли к себе внимание всего мира. Хотя отношения России с США и Европой не улучшались, но контакты на определенном уровне все же сохранялись и диалог поддерживался. Отличительной особенностью внутренней и внешней ситуации в России в условиях затруднительного экономического положения в 2015 г. стали стремление к политической стабильности и прорывы [в работе российской] дипломатии.

Политический аспект: в России продолжает сохраняться стабильная политическая и социальная ситуация, президент В. В. Путин сохраняет высокий престиж, в стране чтят традиционные ценности. На фоне продолжающегося экономического спада, уровень поддержки президента В. В. Путина находится на высоком уровне, не снижаясь. Социальная стабильность не подверглась [деструктивному] воздействию. Исходя из предварительных прогнозов, на предстоящие в 2016 г. выборы в Думу значительного влияния со стороны деструктивных процессов оказано не будет. С известной долей вероятности, правящая политическая партия и поддерживающие власть социально – политические силы одержат на выборах уверенную победу. Наряду с этим еще более почитаемыми в обществе стали «государственность, сплоченность и православие» — ядро концепции традиционных российских ценностей. Продолжающиеся боевые действия Вооруженных сил России в Сирии и их интенсификация окажут влияния на социально – политическую стабильность в России и выборы в Думу в 2016 г. Социальная стабильность в России определяется социально – экономическим положением в стране и его влиянием на уровень жизни населения, общественно – политическими настроениями, а также выбранной элитами политической ориентацией, отношением между центром и местами, внешними факторами и т. д.

Экономический аспект: Россия — страна со специфической рыночной экономикой. С одной стороны, здесь продолжает улучшаться сама рыночная экономическая система, а с другой — продолжает культивироваться монокультурная экономика с тенденцией монополизации, роль государства [в экономике] растет. С конца 2014 г. в связи с неблагоприятной конъюнктурой международного энергетического рынка, а также вследствие [особенностей] структуры экономики России, экономический рост стал заметно замедляться. Западные санкции, введенные против России на фоне украинского кризиса, добавили проблем

и так попавшей в затруднительное положение российской экономике. Цены на товары росли, уровень жизни населения заметно снижался, в обществе в какой-то мере стали проявляться настроения недовольства. ВВП России в 2015 г. снизился на 3,7%. По сути, к затруднительному положению, в котором оказалась российская экономика, в большей степени привели собственные проблемы структурного характера, нежели международная рыночная конъюнктура и западные санкции.

Международный аспект: В период после вступления в новое столетие, 2015 г. стал для России в области внешней политики одним из ключевых. В сфере международной деятельности и дипломатических манёвров это также был блистательный и одновременно чрезвычайно сложный год. На фоне украинского кризиса и присоединения Крыма отношения между Россией и западными странами практически зашли в тупик. Запад продолжал применять против России коллективные санкции. В этих условиях в 2015 г. Россия реализовала ряд стратегических планов: начал работу Евразийский экономический союз, торжественно отпраздновано 70-летие Победы в Великой Отечественной войне, проведены саммиты ШОС и БРИКС, введены войска в Сирию и т. д. В 2015 г. самыми яркими моментами в международном аспекте стали высоко поднятое знамя борьбы против терроризма и ввод российских войск в Сирию для борьбы с ИГИЛ. Надо сказать, что ввод российских войск в Сирию — удачная дипломатическая тактика. Ее результатом стали заработанные на международной арене очки, перевес в политическом отношении, внутренняя политическая стабильность, рост престижа В. В. Путина.

Украинский вопрос в 2015 г. постепенно стал забываться, но эта проблема все ещё далека от решения. 11–12 февраля 2015 г. лидеры Германии, Франции, Украины и России подписали так называемые Минские соглашения-2, но их подписание не привело к решению украинского вопроса, а по факту оказалось лишь попыткой заморозить вооруженные столкновения на востоке Украины. Решение украинского вопроса затягивается надолго, Украина не вступит в НАТО или ЕС, она также не сможет участвовать в тех процессах интеграции, у руля которых стоит Россия. Украина по – прежнему останется лишь фигурой на шахматной доске, за которой играют Россия и Запад.

Российско – китайские отношения в 2015 г. продолжали свое здоровое развитие, самыми значимыми событиями здесь стали — совместное празднование 70 – летия Победы в Великой Отечественной войне и в Антияпонской войне китайского народа, подписание совместной Декларации о сотрудничестве в области сопряжения Экономического пояса Шелкового пути и Евразийского экономического союза, а также стыковка стратегий «один пояс, один союз», которая рассматривается как новое имеющее огромное значение событие. В 2015 г. отмечалась 15 – я годовщина подписания «Российско – китайского договора о добрососедстве и сотрудничестве», а также 15 – летие учреждения ШОС. Принимая во внимание сложность ситуации в области региональной безопасности и сложности экономического положения, [мы прогнозируем, что] российско – китайское сотрудничество будет приобретать все большее значение не только для обеих сторон, но и для регионального развития и укрепления стабильности в целом. У нас есть все основания надеяться, что российско – китайское сотрудничество продолжит здоровое развитие.

Y.23
俄文摘要

Стремление к политической стабильности и прорывным [действия российской] дипломатии в контексте затруднительного экономического положения

Ли Юнцюань

Аннотация: После вступления России в новое столетие самым сложным годом в плане внутренней и внешней ситуации в стране стал 2015 г. За последние более чем десять лет под влиянием международной экономической конъюнктуры, внутренних структурных проблем, а также санкций западных стран, Россия столкнулась с самыми серьезными экономическими трудностями. Однако, уровень жизни населения хотя и стал снижаться, но внутриполитическая и социальная стабильность сохранялись. В то же время в области международных отношений Россия явно демонстрировала стиль великой державы. В Сирии [российская] воинская группировка, действующая против террористической организации «Исламское государство», добилась успехов, которые привлекли к себе внимание всего мира. Хотя отношения России с США и Европой не улучшались, но на определенном уровне сохранялись контакты и поддерживался диалог. Отличительной особенностью внутренней и внешней ситуации в России в условиях затруднительного экономического положения в 2015 г. стали стремление к политической стабильности и прорывы [в работе российской] дипломатии. Российско‐китайские отношения в 2015 г. продолжили здоровое и устойчивое развитие; углубление двустороннего сотрудничества в различных областях имеет чрезвычайно глубокое и долгосрочное значение не только для обеих стран, но и для регионального сотрудничества.

Ключевые слова: Россия, политическая стабильность, экономический кризис, военная дипломатия, российско‐китайское сотрудничество.

Об авторе: Ли Юнцюань — директор Института России, Восточной Европы и Центральной Азии КАОН, главный научный сотрудник.

Анализ политической ситуации в России в 2015 г.

Пан Дапэн

Аннотация: В 2015 г. российская политика по‐прежнему стояла перед проблемой ответа на вызовы, порожденные кризисом, и вопросом сохранения [политической] стабильности. Начиная с сентября 2015 г. Россия вступила в период подготовки к новым выборам, и для того, чтобы «Единая Россия» по итогам выборов в Государственную Думу в 2016 г. сохранила свое [фактически единоличное] однопартийное руководство, команде В. В. Путина необходимо активизировать работу [по всем направлениям] политической деятельности. Путинское правительство строго контролирует использование внесистемной оппозицией возможностей НКО, деятельность организаций, занимающихся развитием Интернет‐пространства как публичной сферы, а также и инициированные ими массовые мероприятия, строго контролирует механизм функционирования

политических партий и работу Думы. В 2015 г. путинское правительство оказалось перед очередным вызовом — влиянием экономического спада на политическую стабильность и угрозой государственной безопасности со стороны международного терроризма. Россия по-настоящему нуждается в проведении важнейших реформ, и единственное, с чем необходимо определиться в первую очередь, — это с выбором модели экономического развития, способной обеспечить наращивание собственной конкурентоспособности, и это явно не модель догоняющего развития.

Ключевые слова: российская политика, выборы в Государственную Думу, политическая стабильность, путь развития.

Об авторе: Пан Дапэн — заведующий Отделом исследований российской политики, общества и культуры Института России, Европы и Центральной Азии КАОН, главный научный сотрудник.

Обзор и анализ экономической ситуации в России в 2015 г.

Чэн Ицзюнь

Аннотация: За долгие годы российская экономика накопила огромное количество проблем, а в 2015 г. в условиях двойного давления — ухудшения международной рыночной конъюнктуры и введения западных санкций, — просела еще раз. Произошло снижение инвестиций, потребления и экспорта в целом, рост экономики лишился поддержки, экономические показатели подъема отраслей повсеместно уменьшились, наблюдается высокий уровень инфляции, уровень жизни народа очевидно снизился. Согласно статистическим прогнозам, ничего утешительного российскую экономику в будущем году по-прежнему не ожидает, но в краткосрочной перспективе серьезные риски не актуализируются. Из-за спада народного хозяйства принятый Федеральным правительством ряд стратегических планов развития, определяющих средне- и долгосрочную перспективу, был свернут. Несомненно, подвергнутся корректировке и программы, касающиеся внешнеторговой деятельности. Однако в настоящее время российское правительство активно разрабатывает экономическую модель нового типа, предполагающую необходимость регулирования экономической структуры и выстраивания новой производственной политики. Возможно, что в таком случае национальная индустрия России получит новый шанс для развития.

Ключевые слова: Россия, экономический спад, энергоресурсная зависимость, регулирование структуры, национальная индустрия

Об авторе: Чэн Ицзюнь – заведующий Отделом российской экономики Института России, Европы и Центральной Азии КАОН, главный научный сотрудник.

Российская дипломатия в 2015 г.

Лю Фэнхуа

Аннотация: В 2015 г. российская дипломатия продолжила проводить в жизнь политику, сохраняя особенность, характерную и для 2014 г.: красный свет Западу, и зеленый — Востоку. Запад сохранял в отношении к России враждебно-неприязненный настрой, во внешней политике Россия наращивала динамику «разворота на Восток» и прилагала серьезные усилия для скорейшего создания Евразийского экономического союза. Наносимые Россией авиаудары по [террористам] ИГИЛ в Сирии привели к тому, что российское влияние в Сирии и на Ближнем Востоке расширилось, а внимание Запада переключилось с украинского кризиса на ситуацию в

Сирии. Вместе с тем, к неблагоприятным последствиям следует отнести обострение российско-американских противоречий и ухудшение отношений с Турцией. В обновленном документе «О стратегии национальной безопасности Российской Федерации» отражены три современных тренда развития внешней политики России: первый, — готовиться к долгосрочному противостоянию с Западом в военном, политическом и психологическом аспектах, однако надежду на потепление отношений не терять; второй, — несмотря на экономический спад и западную политику сдерживания, не только ни ослаблять мечту о великодержавной России, а наоборот, укреплять ее, стать «одной из лидирующих мировых держав»; третий, — продолжать проводить политику «разворота на Восток», целенаправленно формировать незападный мир.

Ключевые слова: российская дипломатия в 2015 г., авиаудары в Сирии по ИГИЛ, обновленный документ «О стратегии национальной безопасности Российской Федерации».

Об авторе: Лю Фэнхуа — заведующий Отделом российской дипломатии Института России, Европы и Центральной Азии КАОН, главный научный сотрудник.

Изложение послания Президента В. Путина Федеральному собранию РФ 2015 г. и комментарии к нему

Ли Чжунхай

Аннотация: В Послании Федеральному собранию 2015 г. В. В. Путин сосредоточил внимание на трех важнейших темах: антитерроризм, экономика и жизнь народа. В области антитеррористической [борьбы] В. В. Путин подчеркнул справедливый характер российских антитеррористических действий, и стремление оставаться [в этой борьбе] на высоких нравственных позициях. В. В. Путин подчеркнул высокую эффективность российских антитеррористических операций, и выразил надежду получить от международной общественности понимание и поддержку. Президент В. В. Путин высказался за создание единого международного антитеррористического фронта, таким образом изыскивая удобную возможность для улучшения отношений с Западом. В социально - экономической сфере В. В. Путин обозначил пять магистральных направлений: первое, изменение структуры экономики; второе, поддержка некоторых отраслей, особенно отраслей, оказавшихся в зоне риска; третье, поддержка людей с низкими доходами и наиболее уязвимых категорий граждан; четвертое, сбалансированность бюджета; пятое, улучшение делового климата. В сфере жизни народа В. В. Путин указал, что российское правительство должно принять все необходимые меры для дальнейшего роста численности населения, улучшения условий образования и здравоохранения, обеспечения [максимально благоприятных] условий для долгосрочного развития страны. Внутрироссийские и международные оценки Послания Президента Федеральному собранию не были однозначными.

Ключевые слова: В. В. Путин, послание Федеральному собранию, антитерроризм, экономическая политика, социальная политика.

Об авторе: Ли Чжунхай - главный научный сотрудник Института России, Европы и Центральной Азии КАОН, заместитель главного редактора журнала «Российские, европейские и центрально - азиатские исследования».

俄罗斯黄皮书

По – прежнему холодные: российско – американские отношения в 2015 г.

Хань Кэди

Аннотация: В 2015 г. и российская, и американская внешняя политика были отчасти скорректированы, обе стороны провели сближение, но отношения между странами по – прежнему отмечены небывалым похолоданием, без признаков каких – либо подвижек в сторону потепления. США сохранили и расширили экономические санкции против России, интенсифицировали угрозы в адрес российской армии и продолжили оказывать поддержку Украине. Россия, однако же, предприняла жесткие контрмеры. Кроме украинского вопроса, еще одной актуальной проблемой российско – американских отношений стал сирийский вопрос. Россия начала в Сирию прямой ввод контингента воздушно – космических сил. США потребовали разъяснений по поводу поведения России в Сирии, отказавшись при этом участвовать в международной антитеррористической коалиции, к построению которой призывала Россия. По отношению к украинскому кризису Россия не изменила своего пассивного отношения, занимаемого с 2014 г.

Ключевые слова: российская дипломатия, дипломатия США, российско – американские отношения, Украина, Сирия.

Об авторе: Хань Кэди – ведущий научный сотрудник Отдела российской дипломатии Института России, Европы и Центральной Азии КАОН.

Российско — европейские отношения в 2015 г.

Чжао Юймин

Аннотация: В 2015 г. Евросоюз продолжил проводить по отношению к России политику изоляционизма и экономических санкций, в ответ Россия ввела контрсанкционные меры, но в областях, не подпавших под санкции, сотрудничество продолжилось. Вследствие влияния двух [неблагоприятных] факторов – ухудшения отношений России и Запада и стремительного падения мировых цен на нефть, – российский рубль колебался на низком уровне, доходы от нефти и газа резко снизились, товарооборот с Европейским Союзом значительно сократился. В военной области сценарии актуализировались проблемами, связанными с размещением военных сил НАТО в странах Восточной Европы, и стремлением НАТО к увеличению числа членов альянса, но Россия решительно возражает [против любых форм присутствия НАТО вблизи своих границ]. В условиях тупика по проблеме востока Украины перспективы улучшения российско — европейских отношений выглядят довольно затруднительными.

Ключевые слова: санкции и контрсанкции, российско — турецкие отношения, «Турецкий поток», расширение членов НАТО, российско — европейские отношения.

Об авторе: Чжао Юймин – научный сотрудник Института России, Европы и Центральной Азии КАОН.

俄罗斯黄皮书

Российская дипломатия в Азиатско – Тихоокеанском регионе в 2015 г. и оценка [результатов ее деятельности]

Ли Юнхуэй

Аннотация: В 2015 г. Россия нацеливала свою дипломатию на активную деятельность в Азиатско – Тихоокеанском регионе, стремясь как к реализации российских экономических интересов, так и преследуя геостратегические цели. Продолжали углубляться российско – китайские партнерские отношения стратегического сотрудничества. В новой ситуации российско – китайские отношения сохранили энергию для долгосрочного развития, несмотря на то, что оказались перед [новыми] вызовами. Динамично развивался Дальневосточный регион, был принят ряд законов [, направленных на развитие этого региона], созданы территории опережающего развития, построена базовая инфраструктура, привлечены значительные инвестиции. Сотрудничество со странами АСЕАН также продолжало углубляться, началась работа по интеграции сообществ ЕАЭС и АСЕАН, имеющая огромное экономическое и политическое значение, но [у перспектив сотрудничества] хватало и проблем. В сотрудничестве [ЕАЭС и АСЕАН] подчеркивался многосторонний формат сотрудничества, [и проводилась линия на] продвижение многополярной международной архитектоники. Россия, не являющаяся в сфере безопасности членом какой – либо коалиции, активно стремилась к построению в Азиатско – Тихоокеанском регионе новой архитектоники безопасности, чтобы таким образом повысить свое влияние и укрепить силу своего дискурса. Россия продолжала углублять отношения с важнейшими странами региона, развивая как свои экономические, так и геостратегические интересы. Для поставок российских энергоресурсов в страны Азиатско – Тихоокеанского региона открыты широкие перспективы, хотя вызовы существуют и здесь.

Ключевые слова: Россия, дипломатия в Азиатско – Тихоокеанском регионе, механизм безопасности в АТР, энергетическая стратегия, АСЕАН

Об авторе: Ли Юнхуэй – заместитель заведующего Отделом российской дипломатии Института России, Европы и Центральной Азии КАОН, главный научный сотрудник.

Новое в [государственном] регулировании российской налоговой политики

Цзян Цзин

Аннотация: Начиная с 2015 г. российская экономика несет значительные потери. На фоне сохраняющихся низких цен на нефть, продления западными странами санкций против России, а также конфликта, порожденного дисбалансом собственной экономической структуры, российской правительство приняло программу антикризисных мер для [ключевых секторов] экономики. В частности, ряд мер касается государственного регулирования налоговой политики. На основе детального изучения структуры действующей налоговой системы, изменений в структуре налоговой системы и тенденций изменения уровня налогового бремени, в статье делается упор на анализе основных моментов государственного регулирования российской налоговой политики, а также на основных направлениях модернизации российской налоговой системы с

учетом экономического кризиса. На фоне нынешней экономической ситуации в России, в контексте предпосылки не повышения налоговой нагрузки на макро - уровне, основными целями государственного регулирования российской налоговой политики являются усиление фискальной функции и ускорение регулирования экономической структуры.

Ключевые слова: экономический кризис, Россия, налоговая политика, налоговая система.

Об авторе: Цзян Цзин — ведущий научный сотрудник Института России, Европы и Центральной Азии КАОН.

Российские наука, техника и образование в сравнительном международном контексте

Сюй Хуа

Аннотация: Вследствие неустойчивости политической ситуации, резкого спада экономики, крупного урезания расходов [на науку и образование], заблокированности [развития] научно - исследовательской системы, оторванности концепции образования от требований общества и многих других факторов, потенциал российских научно - технических исследований и разработок, научно - технический масштаб и [качественный] уровень образования, исчисляемый по международной шкале, находятся на данный момент лишь на среднем уровне. На фоне совокупности таких факторов, как снижение научно - технического уровня, не лучшего рейтинга университетов, на фоне резкого сокращения стипендий, снижения уровня толерантности общества, сравнительно высоких расходов на жилье, очевидных проблем с общественной безопасностью и т. д. , привлекательность российского образования для иностранных студентов также вполне очевидно становится довольно слабой. В последнее время влияние российского научно－технического образования локализуется лишь на постсоветском пространстве, а также распространяется на небольшое число стран и регионов в Азии и на Ближнем Востоке. В дальнейшем маловероятно возлагать большие надежды на то, что это влияние будет расширено на Азию и Европу. В целом российскому научно－техническому образованию, пребывающему в ситуации спада, явно трудно быть опорой в реализации высоких великодержавных устремлений и мечты о сильном государстве.

Ключевые слова: Россия, научно－технические инновации, образование, мягкая сила

Об авторе: Сюй Хуа－заместитель заведующего Отделом СССР Института России, Европы и Центральной Азии КАОН, ведущий научный сотрудник.

Жизнь российского народа на фоне экономического спада

Гао Цзисян

Аннотация: Жизнь народа ［ неразрывно ］ связана с ［внутриполитической］ стабильностью в стране и долгосрочным ［социально－экономическим］ развитием государства. В статье на основе проведенного анализа статистических данных выясняются глубинные

причины, приведшие к ухудшению жизни населения в России, дается оценка возможности дальнейшего ухудшения ситуации и способности российского населения выдержать ［такое давление］. Пристальное внимание уделено потенциальному влиянию экономического развития России на жизнь народа.

Ключевые слова: Россия, экономическая ситуация, экономическое развитие, жизнь народа, экономический рост.

Об авторе: Гао Цзисян – заместитель заведующего Отделом российской экономики Института России, Европы и Центральной Азии КАОН, ведущий научный сотрудник.

Общественные настроения российского населения в 2015 г.

Ли Ли

Аннотация: В 2015 г. тенденция ［изменения］ общественных настроений в России в общем была позитивной. ［Уровень］ одобрения российским населением сегодняшнего пути развития страны и работы держащего бразды правления В. В. Путина вырос. Наблюдалось активное развитие процесса возрождения великодержавного сознания, стремительное возрастание чувства патриотизма. На всех уровнях в основном достигнут «консенсус с Кремлем». Наряду с этим в отношении ожидаемых экономических перспектив у населения росли пессимистические настроения, наблюдался рост антизападных и, ［в частности,］ антиамериканских настроений, но такого рода общественные настроения не угрожали политической стабильности и общественному согласию, поэтому вероятность того, что недовольство политической и экономической ситуацией могло бы привести к крупномасштабным массовым беспорядкам, относительно мала. Нынешние общественные настроения российского населения во многом являются проявлением глубинных черт национального менталитета, но они также не менее тесно связаны с наблюдавшимся на фоне украинского кризиса ростом патриотизма и возрождением великодержавного сознания.

Ключевые слова: общественные настроения, национальный характер, великодержавное сознание, консерватизм

Об авторе: Ли Ли － научный сотрудник Института России, Европы и Центральной Азии КАОН.

Повседневная жизнь россиян в условиях кризиса

Ма Цян

Аннотация: В 2015 г. экономический кризис уже глубоко затронул повседневную жизнь российского населения, проявившись в основном в материальном аспекте. Рост цен на товары и упавшие денежные доходы снизили уровень материальной обеспеченности населения, и в огромной степени сказались на положении его малообеспеченных слоев. Реакцией населения на кризис стали настроения негативизма и недовольства, но большинство россиян по － прежнему демонстрировало устойчивость общественных умонастроений и терпеливо переживало экономический кризис. В условиях кризиса ［абсолютное］ большинство россиян верит, что под руководством президента В. В. Путина страна сможет выйти из затруднительного положения, но наряду с этим все больше людей

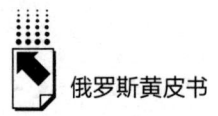

рассчитывают пережить кризис, опираясь на собственные силы. На фоне кризиса большинство населения не проявляет готовности предпринимать активных действий для достижения своих экономических интересов, и тем более – готовности предпринимать для этих целей каких – либо сверхактивных действий. В настоящее время как вероятность возникновения протестных настроений, вызванных экономическим кризисом, так и вероятность возникновения политического кризиса крайне малы.

Ключевые слова: экономический кризис, Россия, повседневная жизнь

Об авторе: Ма Цян – научный сотрудник Института России, Европы и Центральной Азии КАОН.

«Минские соглашения» и перспективы [решения] украинского кризиса

Чжан Хун

Аннотация: Минские соглашения — политический договор, подписанный между украинским правительством и народным ополчением востока Украины при посредничестве трехсторонней контактной группы, состоящей из представителей Евросоюза, России и Украины. Целью Минских соглашений стало прекращение на территории Донбасса военных действий, проведение политических реформ и национальное примирение. В статье, во – первых, последовательно прослеживаются все этапы Минских соглашений, начиная от их подписания, пересмотра изначальных договоренностей, и заканчивая перспективами их выполнения. Во – вторых, проведен сравнительный анализ Минских соглашений, подписанных в сентябре 2014 г., с новыми Минскими соглашениями – 2, подписанными в феврале 2015 г., а также выявляются причины пересмотра договоренностей. В – третьих, автор проанализировал внешние и внутренние факторы, препятствующие выполнению новых Минских соглашений. В заключении автор делает вывод о том, что вопрос стабильности украинского правительства определяется возможностью выполнения им Минских соглашений, что и является, в конечном счете, ключевым моментом в разрешении украинского кризиса. Обязательным условием реализации минских договоренностей является [установление] взаимоотношений между великими державами и другие факторы.

Ключевые слова: украинский кризис, столкновения, Минские соглашения, Россия, США, ЕС

Об авторе: Чжан Хун – ведущий научный сотрудник Института России, Европы и Центральной Азии КАОН.

«Оторваться от России и вступить в Евросоюз»: переписывание истории после провозглашения Украиной независимости (1991 – 2013)

Чжоу Гочжан

Аннотация: После провозглашения Украиной независимости в 1991 г. официальный Киев с целью выстраивания новой национальной и культурной идентичности переписывает свою историю, надеясь повлиять на национально – историческое сознание и историческую память народа. С помощью переписывания истории, [декоммунизации и десоветизации

Киев намерен］сформировать［новую］самоидентификацию, избавиться от влияния русской истории и культуры. Сердца молодого поколения завоевываются не только в процессе исторического воспитания в начальной и средней школах, но и посредством проведения всеобщих памятных мероприятий, особенно мероприятий, посвященных памяти трагических исторических событий периода СССР. Ради вступления в Евросоюз Украина стремится сконструировать［свою новую］культурную идентичность. Но вследствие серьезных различий между культурами Западной и Восточной Украины, а также чрезмерной политизации ［данного вопроса］, переписывание истории не сможет получить признание всего народа.

Ключевые слова: Украина, переписывание истории, оторваться от России и вступить в Евросоюз, Россия

Об авторе: Чжоу Гочжан – научный сотрудник Института России, Европы и Центральной Азии КАОН.

Евразийский экономический союз: теория и реальность

Чжан Цунмин

Аннотация: В статье в основных чертах обсуждаются причины, побудившие Россию возглавить процесс［создания］Евразийского экономического союза.［Автор］полагает, что глубинными причинами, мотивировавшими Россию настойчиво выступать за создание ЕАЭС, стали историческая память, национальная психология и культурная самобытность. Геополитический фактор стал лишь внешним мотивом продвижения Россией проекта евразийской интеграции, а настоящая причина кроется в экономических интересах. Автор считает, что именно потому, что создание ЕАЭС затрагивает коренные интересы России, ее ведущая роль в этом процессе выглядит вполне естественной. В заключительной части в контексте российско-китайских отношений стратегического сотрудничества детально рассмотрены взаимоотношения региональной экономической интеграции, ведомой Россией, и стратегии «одного пояса — одного пути», инициированной Китаем, акцент здесь сделан на соответствующих вопросах «сопряжения» [двух интеграционных проектов].

Ключевые слова: Россия, региональная экономическая интеграция, ЕАЭС, «один пояс — один путь», сопряжение

Об авторе: Чжан Цунмин - заместитель заведующего Отделом стратегии Института России, Европы и Центральной Азии КАОН, главный научный сотрудник.

Вопреки всему созданный в 2015 г. Евразийский экономический союз

Лю Дань

Аннотация: Официальное подписание 1 января 2015 г. документов о создании Евразийского экономического союза стало в ходе евразийской интеграции важнейшим событием. Создание ЕАЭС — логичный результат экономической интеграции стран евразийского региона, на развитии которого сказывается множество сложнейших факторов. Спад экономики России, выступающей локомотивом евразийской интеграции, оказал серьезное непосредственное влияние на экономическую ситуацию всех стран – участниц ЕАЭС, [в связи с чем] сотрудничество государств – участниц ЕАЭС [в торговой сфере] стало временно ограничено. Непростую внешнюю среду создает для ЕАЭС вмешательство США и стран Запада в дела региона, образуемого Содружеством Независимых Государств (СНГ), в силу чего расширение числа государств – участниц ЕАЭС за счет государств – членов СНГ сталкивается с новыми вызовами. Помимо необходимости решения стоящих перед ЕАЭС многочисленных проблем, актуализируется задача расширения его связей с внешним миром: развитие партнерства с Евросоюзом; активное сопряжение с Экономической зоной Шелкового пути; расширение сотрудничества со странами АСЕАН, связи которой с внешним миром напрямую повлияют на перспективы развития ЕАЭС.

Ключевые слова: ЕАЭС, Россия, интеграция, Экономическая зона Шелкового пути

Об авторе: Лю Дань — научный сотрудник Института России, Европы и Центральной Азии КАОН.

Позиция и политика России по отношению к ШОС в контексте саммита в Уфе

Люй Пин

Аннотация: Открытие в Уфе 10 июля 2015 г. саммита Шанхайской организации сотрудничества стало важной поворотной точкой на путях развития ШОС. На саммите в Уфе была принята «Стратегия развития ШОС до 2025 г.», запущена процедура приема новых официальных членов — Индии и Пакистана, сделан важный шаг к расширению ШОС за счет первого приема в ее состав новых членов. Председательствовавшая в Уфе Россия в полной мере реализовала на саммите свою политику и позицию по отношению к ШОС. На фоне украинского конфликта Запад ввел против России экономические санкции, Россия [в ответ], дабы избежать изоляции от мирового сообщества, предприняла разворот в сторону ШОС, которая в глазах Москвы приобрела бо́льшую чем прежде ценность и привлекательность, и продолжила развитие экономического сотрудничества со странами евразийского региона. Именно по вышеуказанной причине Россия изменила свое прежнее пассивное отношение к сотрудничеству в рамках ШОС, поддержала выдвинутую на трибуне ШОС инициативу сопряжения ЕАЭС и китайской Экономической зоны Шелкового пути, активно стимулировала расширение числа стран – участниц ШОС. Наряду с этим преимущественным направлением работы ШОС по – прежнему остается сотрудничество в области безопасности.

Ключевые слова: ШОС, саммит в Уфе, расширение ШОС, Россия.

Об авторе: Люй Пин — научный сотрудник Института России, Европы и Центральной Азии КАОН.

Российско – китайские отношения в 2015 г.

Лю Фэнхуа

Аннотация: В 2015 г. на фоне все более крепнущей мотивации российско – китайского сотрудничества и западных санкций, заставивших российскую дипломатию наращивать усилия по «развороту на Восток», российско – китайские отношения получили всестороннее и быстрое развитие. Постепенно расширялись политические, экономические, энергетические, гуманитарные аспекты сотрудничества, а также

сотрудничество в сфере военной безопасности и международных отношений. Среди таковых продекларированное сотрудничество в сфере сопряжения [двух интеграций] — «один пояс, один союз», совместная защита результатов Победы во Второй мировой войне, достигнутое соглашение по строительству высокоскоростной магистрали, подписанный договор о поставках истребителей Су – 35 и т. д., особенно заметен стратегический уровень российско – китайских отношений. Если обе страны смогут реализовать сотрудничество в области сопряжения «один пояс, один союз», то политический консенсус превратится в реальные действия, что станет значимым вкладом в реализацию совместных российско – китайских целей развития.

Ключевые слова: российско – китайские партнерские отношения всестороннего стратегического сотрудничества, «один пояс, один союз», сотрудничество в области «сопряжения», российско – китайское торгово – экономическое сотрудничество.

Об авторе: Лю Фэнхуа – заведующий Отделом российской дипломатии Института России, Европы и Центральной Азии КАОН, главный научный сотрудник.

Новые подвижки в развитии российско – китайского торгово – экономического сотрудничества в 2015 г.

Го Сяоцюн

Аннотация: В 2015 г. под влиянием застарелых структурных проблем российской экономики, продленных западных санкций, продолжающих колебаться на низком уровне мировых цен на нефть и других наслаивающихся друг на друга факторов, российская экономика погрузилась в глубокую рецессию. Российско – китайские двусторонние отношения также прошли через серьезные испытания на прочность — товарооборот между странами заметно упал. Однако спад товарооборота отнюдь не означает снижение общего уровня торгово – экономического сотрудничества. В 2015 г. в двустороннем сотрудничестве в сфере энергетики, финансов и инвестиций, высоких технологий и инфраструктуры, электронной торговли были достигнуты заметные результаты.

Ключевые слова: российско – китайское торгово – экономическое сотрудничество, структура внешней торговли, энергетическое сотрудничество, инвестиционное сотрудничество.

Об авторе: Го Сяоцюн – ведущий научный сотрудник Отдела российской экономики Института России, Европы и Центральной Азии КАОН.

Резкое падение мировых цен на нефть и их влияние на российско – китайское энергетическое сотрудничество

Сюй Хунфэн

Аннотация: Начиная с 2014 г. идет новый раунд всестороннего согласования мировых цен на нефть. В статье системно анализируются базовые аспекты спроса и предложения нефти на мировом рынке,

〔заполненность〕 нефтехранилищ, валютные рынки азиатских стран с активно развивающейся экономикой и колебания фондового рынка, усиление доллара и спекуляции на международном финансовом рынке, а также другие факторы, повлиявшие на падение мировых цен на нефть. Нынешнему уровню мировых цен на нефть надолго уготовлено место в долгосрочной перспективе изменения нефтяных цен. На основании обобщенных данных об изменении цен на нефть за более чем 150 – летний период с 1862 г. по настоящее время, в статье дана оценка современному уровню цен на нефть и спрогнозированы ценовые тенденции. На основе сводного анализа влияния разнообразных факторов вкупе с анализом экономических индикаторов автором предлагается 〔некая ценовая〕 точка равновесия на краткосрочную и среднесрочную перспективу этого раунда регулирования цен на нефть. Также проанализирована возможность влияния на нефтяные цены сирийского кризиса. В заключение обсуждаются новые шансы для российско – китайского энергетического сотрудничества с учетом полного и всестороннего согласования мировых цен на нефть.

Ключевые слова: мировые цены на нефть, прогнозируемая цена нефть, сирийский кризис, российско – китайское энергетическое сотрудничество

Об авторе: Сюй Хунфэн – ведущий научный сотрудник Института России, Европы и Центральной Азии КАОН.

社会科学文献出版社　　皮书系列

❖ 皮书起源 ❖

"皮书"起源于十七、十八世纪的英国，主要指官方或社会组织正式发表的重要文件或报告，多以"白皮书"命名。在中国，"皮书"这一概念被社会广泛接受，并被成功运作、发展成为一种全新的出版形态，则源于中国社会科学院社会科学文献出版社。

❖ 皮书定义 ❖

皮书是对中国与世界发展状况和热点问题进行年度监测，以专业的角度、专家的视野和实证研究方法，针对某一领域或区域现状与发展态势展开分析和预测，具备原创性、实证性、专业性、连续性、前沿性、时效性等特点的公开出版物，由一系列权威研究报告组成。

❖ 皮书作者 ❖

皮书系列的作者以中国社会科学院、著名高校、地方社会科学院的研究人员为主，多为国内一流研究机构的权威专家学者，他们的看法和观点代表了学界对中国与世界的现实和未来最高水平的解读与分析。

❖ 皮书荣誉 ❖

皮书系列已成为社会科学文献出版社的著名图书品牌和中国社会科学院的知名学术品牌。2011年，皮书系列正式列入"十二五"国家重点出版规划项目；2012~2015年，重点皮书列入中国社会科学院承担的国家哲学社会科学创新工程项目；2016年，46种院外皮书使用"中国社会科学院创新工程学术出版项目"标识。

中国皮书网
www.pishu.cn

发布皮书研创资讯，传播皮书精彩内容
引领皮书出版潮流，打造皮书服务平台

栏目设置：

- □ 资讯：皮书动态、皮书观点、皮书数据、皮书报道、皮书发布、电子期刊
- □ 标准：皮书评价、皮书研究、皮书规范
- □ 服务：最新皮书、皮书书目、重点推荐、在线购书
- □ 链接：皮书数据库、皮书博客、皮书微博、在线书城
- □ 搜索：资讯、图书、研究动态、皮书专家、研创团队

中国皮书网依托皮书系列"权威、前沿、原创"的优质内容资源，通过文字、图片、音频、视频等多种元素，在皮书研创者、使用者之间搭建了一个成果展示、资源共享的互动平台。

自2005年12月正式上线以来，中国皮书网的IP访问量、PV浏览量与日俱增，受到海内外研究者、公务人员、商务人士以及专业读者的广泛关注。

2008年、2011年中国皮书网均在全国新闻出版业网站荣誉评选中获得"最具商业价值网站"称号；2012年，获得"出版业网站百强"称号。

2014年，中国皮书网与皮书数据库实现资源共享，端口合一，将提供更丰富的内容，更全面的服务。

法律声明

"皮书系列"（含蓝皮书、绿皮书、黄皮书）之品牌由社会科学文献出版社最早使用并持续至今，现已被中国图书市场所熟知。"皮书系列"的LOGO（ ）与"经济蓝皮书""社会蓝皮书"均已在中华人民共和国国家工商行政管理总局商标局登记注册。"皮书系列"图书的注册商标专用权及封面设计、版式设计的著作权均为社会科学文献出版社所有。未经社会科学文献出版社书面授权许可，任何使用与"皮书系列"图书注册商标、封面设计、版式设计相同或者近似的文字、图形或其组合的行为均系侵权行为。

经作者授权，本书的专有出版权及信息网络传播权为社会科学文献出版社享有。未经社会科学文献出版社书面授权许可，任何就本书内容的复制、发行或以数字形式进行网络传播的行为均系侵权行为。

社会科学文献出版社将通过法律途径追究上述侵权行为的法律责任，维护自身合法权益。

欢迎社会各界人士对侵犯社会科学文献出版社上述权利的侵权行为进行举报。电话：010-59367121，电子邮箱：fawubu@ssap.cn。

社会科学文献出版社

权威报告·热点资讯·特色资源

皮书数据库
ANNUAL REPORT(YEARBOOK) DATABASE

当代中国与世界发展高端智库平台

皮书俱乐部会员服务指南

1. 谁能成为皮书俱乐部成员?
- 皮书作者自动成为俱乐部会员
- 购买了皮书产品（纸质书/电子书）的个人用户

2. 会员可以享受的增值服务
- 免费获赠皮书数据库100元充值卡
- 加入皮书俱乐部，免费获赠该纸质图书的电子书
- 免费定期获赠皮书电子期刊
- 优先参与各类皮书学术活动
- 优先享受皮书产品的最新优惠

3. 如何享受增值服务？

（1）免费获赠100元皮书数据库体验卡

第1步 刮开附赠充值的涂层（右下）；

第2步 登录皮书数据库网站（www.pishu.com.cn），注册账号；

第3步 登录并进入"会员中心"—"在线充值"—"充值卡充值"，充值成功后即可使用。

（2）加入皮书俱乐部，凭数据库体验卡获赠该书的电子书

第1步 登录社会科学文献出版社官网（www.ssap.com.cn），注册账号；

第2步 登录并进入"会员中心"—"皮书俱乐部"，提交加入皮书俱乐部申请；

第3步 审核通过后，再次进入皮书俱乐部，填写页面所需图书、体验卡信息即可自动兑换相应电子书。

4. 声明

解释权归社会科学文献出版社所有

皮书俱乐部会员可享受社会科学文献出版社其他相关免费增值服务，如有任何疑问，均可与我们联系。

图书销售热线：010-59367070/7028
图书服务QQ：800045692
图书服务邮箱：duzhe@ssap.cn

数据库服务热线：400-008-6695
数据库服务QQ：2475522410
数据库服务邮箱：database@ssap.cn

欢迎登录社会科学文献出版社官网
（www.ssap.com.cn）
和中国皮书网（www.pishu.cn）
了解更多信息

▲社会科学文献出版社 皮书系列
SOCIAL SCIENCES ACADEMIC PRESS (CHINA)

卡号：665308625108
密码：

子库介绍
Sub-Database Introduction

中国经济发展数据库

涵盖宏观经济、农业经济、工业经济、产业经济、财政金融、交通旅游、商业贸易、劳动经济、企业经济、房地产经济、城市经济、区域经济等领域，为用户实时了解经济运行态势、把握经济发展规律、洞察经济形势、做出经济决策提供参考和依据。

中国社会发展数据库

全面整合国内外有关中国社会发展的统计数据、深度分析报告、专家解读和热点资讯构建而成的专业学术数据库。涉及宗教、社会、人口、政治、外交、法律、文化、教育、体育、文学艺术、医药卫生、资源环境等多个领域。

中国行业发展数据库

以中国国民经济行业分类为依据，跟踪分析国民经济各行业市场运行状况和政策导向，提供行业发展最前沿的资讯，为用户投资、从业及各种经济决策提供理论基础和实践指导。内容涵盖农业，能源与矿产业，交通运输业，制造业，金融业，房地产业，租赁和商务服务业，科学研究，环境和公共设施管理，居民服务业，教育，卫生和社会保障，文化、体育和娱乐业等100余个行业。

中国区域发展数据库

以特定区域内的经济、社会、文化、法治、资源环境等领域的现状与发展情况进行分析和预测。涵盖中部、西部、东北、西北等地区，长三角、珠三角、黄三角、京津冀、环渤海、合肥经济圈、长株潭城市群、关中—天水经济区、海峡经济区等区域经济体和城市圈，北京、上海、浙江、河南、陕西等34个省份及中国台湾地区。

中国文化传媒数据库

包括文化事业、文化产业、宗教、群众文化、图书馆事业、博物馆事业、档案事业、语言文字、文学、历史地理、新闻传播、广播电视、出版事业、艺术、电影、娱乐等多个子库。

世界经济与国际政治数据库

以皮书系列中涉及世界经济与国际政治的研究成果为基础，全面整合国内外有关世界经济与国际政治的统计数据、深度分析报告、专家解读和热点资讯构建而成的专业学术数据库。包括世界经济、世界政治、世界文化、国际社会、国际关系、国际组织、区域发展、国别发展等多个子库。

社长致辞

我们是图书出版者，更是人文社会科学内容资源供应商；

我们背靠中国社会科学院，面向中国与世界人文社会科学界，坚持为人文社会科学的繁荣与发展服务；

我们精心打造权威信息资源整合平台，坚持为中国经济与社会的繁荣与发展提供决策咨询服务；

我们以读者定位自身，立志让爱书人读到好书，让求知者获得知识；

我们精心编辑、设计每一本好书以形成品牌张力，以优秀的品牌形象服务读者，开拓市场；

我们始终坚持"创社科经典，出传世文献"的经营理念，坚持"权威、前沿、原创"的产品特色；

我们"以人为本"，提倡阳光下创业，员工与企业共享发展之成果；

我们立足于现实，认真对待我们的优势、劣势，我们更着眼于未来，以不断的学习与创新适应不断变化的世界，以不断的努力提升自己的实力；

我们愿与社会各界友好合作，共享人文社会科学发展之成果，共同推动中国学术出版乃至内容产业的繁荣与发展。

社会科学文献出版社社长
中国社会学会秘书长

2016 年 1 月

社会科学文献出版社
SOCIAL SCIENCES ACADEMIC PRESS (CHINA)

社会科学文献出版社成立于1985年,是直属于中国社会科学院的人文社会科学专业学术出版机构。

成立以来,特别是1998年实施第二次创业以来,依托于中国社会科学院丰厚的学术出版和专家学者两大资源,坚持"创社科经典,出传世文献"的出版理念和"权威、前沿、原创"的产品定位,社科文献立足内涵式发展道路,从战略层面推动学术出版五大能力建设,逐步走上了智库产品与专业学术成果系列化、规模化、数字化、国际化、市场化发展的经营道路。

先后策划出版了著名的图书品牌和学术品牌"皮书"系列、"列国志"、"社科文献精品译库"、"全球化译丛"、"全面深化改革研究书系"、"近世中国"、"甲骨文"、"中国史话"等一大批既有学术影响又有市场价值的系列图书,形成了较强的学术出版能力和资源整合能力。2015年社科文献出版社发稿5.5亿字,出版图书约2000种,承印发行中国社科院院属期刊74种,在多项指标上都实现了较大幅度的增长。

凭借着雄厚的出版资源整合能力,社科文献出版社长期以来一直致力于从内容资源和数字平台两个方面实现传统出版的再造,并先后推出了皮书数据库、列国志数据库、"一带一路"数据库、中国田野调查数据库、台湾大陆同乡会数据库等一系列数字产品。数字出版已经初步形成了产品设计、内容开发、编辑标引、产品运营、技术支持、营销推广等全流程体系。

在国内原创著作、国外名家经典著作大量出版,数字出版突飞猛进的同时,社科文献出版社从构建国际话语体系的角度推动学术出版国际化。先后与斯普林格、博睿、牛津、剑桥等十余家国际出版机构合作面向海外推出了"皮书系列""改革开放30年研究书系""中国梦与中国发展道路研究丛书""全面深化改革研究书系"等一系列在世界范围内引起强烈反响的作品;并持续致力于中国学术出版走出去,组织学者和编辑参加国际书展,筹办国际性学术研讨会,向世界展示中国学者的学术水平和研究成果。

此外,社科文献出版社充分利用网络媒体平台,积极与中央和地方各类媒体合作,并联合大型书店、学术书店、机场书店、网络书店、图书馆,逐步构建起了强大的学术图书内容传播平台。学术图书的媒体曝光率居全国之首,图书馆藏率居于全国出版机构前十位。

上述诸多成绩的取得,有赖于一支以年轻的博士、硕士为主体,一批从中国社科院刚退出科研一线的各学科专家为支撑的300多位高素质的编辑、出版和营销队伍,为我们实现学术立社,以学术品位、学术价值来实现经济效益和社会效益这样一个目标的共同努力。

作为已经开启第三次创业梦想的人文社会科学学术出版机构,我们将以改革发展为动力,以学术资源建设为中心,以构建智慧型出版社为主线,以"整合、专业、分类、协同、持续"为各项工作指导原则,全力推进出版社数字化转型,坚定不移地走专业化、数字化、国际化发展道路,全面提升出版社核心竞争力,为实现"社科文献梦"奠定坚实基础。

经济类　　 皮书系列 重点推荐

经 济 类

经济类皮书涵盖宏观经济、城市经济、大区域经济，
提供权威、前沿的分析与预测

经济蓝皮书
2016年中国经济形势分析与预测

李　扬 / 主编　　2015年12月出版　　定价:79.00元

◆ 本书为总理基金项目，由著名经济学家李扬领衔，联合中国社会科学院等数十家科研机构、国家部委和高等院校的专家共同撰写，系统分析了2015年的中国经济形势并预测2016年我国经济运行情况。

世界经济黄皮书
2016年世界经济形势分析与预测

王洛林　张宇燕 / 主编　　2015年12月出版　　定价:79.00元

◆ 本书由中国社会科学院世界经济与政治研究所的研究团队撰写，2015年世界经济增长继续放缓，增长格局也继续分化，发达经济体与新兴经济体之间的增长差距进一步收窄。2016年世界经济增长形势不容乐观。

产业蓝皮书
中国产业竞争力报告（2016）NO.6

张其仔 / 主编　　2016年12月出版　　定价:98.00元

◆ 本书由中国社会科学院工业经济研究所研究团队在深入实际、调查研究的基础上完成。通过运用丰富的数据资料和最新的测评指标，从学术性、系统性、预测性上分析了2015年中国产业竞争力，并对未来发展趋势进行了预测。

皮书系列重点推荐　经济类

G20国家创新竞争力黄皮书

二十国集团（G20）国家创新竞争力发展报告（2016）

李建平　李闽榕　赵新力/主编　2016年11月出版　估价:138.00元

◆ 本报告在充分借鉴国内外研究者的相关研究成果的基础上，紧密跟踪技术经济学、竞争力经济学、计量经济学等学科的最新研究动态，深入分析G20国家创新竞争力的发展水平、变化特征、内在动因及未来趋势，同时构建了G20国家创新竞争力指标体系及数学模型。

国际城市蓝皮书

国际城市发展报告（2016）

屠启宇/主编　2016年2月出版　定价:79.00元

◆ 本书作者以上海社会科学院从事国际城市研究的学者团队为核心，汇集同济大学、华东师范大学、复旦大学、上海交通大学、南京大学、浙江大学相关城市研究专业学者。立足动态跟踪介绍国际城市发展实践中，最新出现的重大战略、重大理念、重大项目、重大报告和最佳案例。

金融蓝皮书

中国金融发展报告（2016）

李　扬　王国刚/主编　2015年12月出版　定价:79.00元

◆ 本书由中国社会科学院金融研究所组织编写，概括和分析了2015年中国金融发展和运行中的各方面情况，研讨和评论了2015年发生的主要金融事件。本书由业内专家和青年精英联合编著，有利于读者了解掌握2015年中国的金融状况，把握2016年中国金融的走势。

农村绿皮书

中国农村经济形势分析与预测（2015～2016）

中国社会科学院农村发展研究所　国家统计局农村社会经济调查司/著　2016年4月出版　估价:69.00元

◆ 本书描述了2015年中国农业农村经济发展的一些主要指标和变化，以及对2016年中国农业农村经济形势的一些展望和预测。

皮书系列重点推荐

经济类

西部蓝皮书
中国西部发展报告（2016）
姚慧琴　徐璋勇 / 主编　　2016 年 7 月出版　　估价：89.00 元

◆ 本书由西北大学中国西部经济发展研究中心主编，汇集了源自西部本土以及国内研究西部问题的权威专家的第一手资料，对国家实施西部大开发战略进行年度动态跟踪，并对 2016 年西部经济、社会发展态势进行预测和展望。

民营经济蓝皮书
中国民营经济发展报告 NO.12（2015~2016）
王钦敏 / 主编　　2016 年 4 月出版　　估价：75.00 元

◆ 改革开放以来，民营经济从无到有、从小到大，是最具活力的增长极。本书是中国工商联课题组的研究成果，对 2015 年度中国民营经济的发展现状、趋势进行了详细的论述，并提出了合理的建议。是广大民营企业进行政策咨询、科学决策和理论创新的重要参考资料，也是理论工作者进行理论研究的重要参考资料。

经济蓝皮书夏季号
中国经济增长报告（2015~2016）
李扬 / 主编　　2016 年 8 月出版　　估价：60.00 元

◆ 中国经济增长报告主要探讨 2015~2016 年中国经济增长问题，以专业视角解读中国经济增长，力求将其打造成一个研究中国经济增长、服务宏微观各级决策的周期性、权威性读物。

中三角蓝皮书
长江中游城市群发展报告（2016）
秦尊文 / 主编　　2016 年 10 月出版　　估价：69.00 元

◆ 本书是湘鄂赣皖四省专家学者共同研究的成果，从不同角度、不同方位记录和研究长江中游城市群一体化，提出对策措施，以期为将"中三角"打造成为继珠三角、长三角、京津冀之后中国经济增长第四极奉献学术界的聪明才智。

皮书系列重点推荐　社会政法类

社会政法类

社会政法类皮书聚焦社会发展领域的热点、难点问题，提供权威、原创的资讯与视点

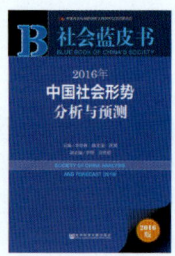

社会蓝皮书
2016年中国社会形势分析与预测
李培林　陈光金　张　翼/主编　2015年12月出版　定价:79.00元

◆ 本书由中国社会科学院社会学研究所组织研究机构专家、高校学者和政府研究人员撰写，聚焦当下社会热点，对2015年中国社会发展的各个方面内容进行了权威解读，同时对2016年社会形势发展趋势进行了预测。

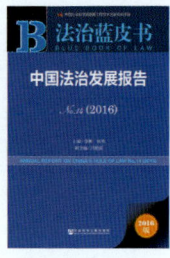

法治蓝皮书
中国法治发展报告NO.14（2016）
李　林　田　禾/主编　2016年3月出版　定价:118.00元

◆ 本年度法治蓝皮书回顾总结了2015年度中国法治发展取得的成就和存在的不足，并对2016年中国法治发展形势进行了预测和展望。

反腐倡廉蓝皮书
中国反腐倡廉建设报告NO.6
李秋芳　张英伟/主编　2017年1月出版　估价:79.00元

◆ 本书抓住了若干社会热点和焦点问题，全面反映了新时期新阶段中国反腐倡廉面对的严峻局面，以及中国共产党反腐倡廉建设的新实践新成果。根据实地调研、问卷调查和舆情分析，梳理了当下社会普遍关注的与反腐败密切相关的热点问题。

社会政法类　　皮书系列 重点推荐

生态城市绿皮书
中国生态城市建设发展报告（2016）
刘举科　孙伟平　胡文臻 / 主编　2016 年 6 月出版　估价 :98.00 元
◆　报告以绿色发展、循环经济、低碳生活、民生宜居为理念，以更新民众观念、提供决策咨询、指导工程实践、引领绿色发展为宗旨，试图探索一条具有中国特色的城市生态文明建设新路。

公共服务蓝皮书
中国城市基本公共服务力评价（2016）
钟　君　吴正杲 / 主编　2016 年 12 月出版　估价 :79.00 元
◆　中国社会科学院经济与社会建设研究室与华图政信调查组成联合课题组，从 2010 年开始对基本公共服务力进行研究，研创了基本公共服务力评价指标体系，为政府考核公共服务与社会管理工作提供了理论工具。

教育蓝皮书
中国教育发展报告（2016）
杨东平 / 主编　2016 年 4 月出版　定价 :79.00 元
◆　本书由国内的中青年教育专家合作研究撰写。深度剖析 2015 年中国教育的热点话题，并对当下中国教育中出现的问题提出对策建议。

生态文明绿皮书
中国省域生态文明建设评价报告（ECI 2016）
严耕 / 主编　2016 年 12 月出版　估价 :85.00 元
◆　本书基于国家最新发布的权威数据，对我国的生态文明建设状况进行科学评价，并开展相应的深度分析，结合中央的政策方针和各省的具体情况，为生态文明建设推进，提出针对性的政策建议。

行业报告类

行业报告类

行业报告类皮书立足重点行业、新兴行业领域，提供及时、前瞻的数据与信息

房地产蓝皮书

中国房地产发展报告 NO.13（2016）

魏后凯 李景国 / 主编　　2016年5月出版　　估价：79.00元

◆ 蓝皮书秉承客观公正、科学中立的宗旨和原则，追踪2015年我国房地产市场最新资讯，深度分析，剖析因果，谋划对策，并对2016年房地产发展趋势进行了展望。

旅游绿皮书

2015～2016年中国旅游发展分析与预测

宋　瑞 / 主编　　2016年4出版　　定价：89.00元

◆ 本书中国社会科学院旅游研究中心组织相关专家编写的年度研究报告，对2015年旅游行业的热点问题进行了全面的综述并提出专业性建议，并对2016年中国旅游的发展趋势进行展望。

互联网金融蓝皮书

中国互联网金融发展报告（2016）

李东荣 / 主编　　2016年8月出版　　估价：79.00元

◆ 近年来，许多基于互联网的金融服务模式应运而生并对传统金融业产生了深刻的影响和巨大的冲击，"互联网金融"成为社会各界关注的焦点。本书探析了2015年互联网金融的特点和2016年互联网金融的发展方向和亮点。

资产管理蓝皮书
中国资产管理行业发展报告（2016）

智信资产管理研究院 / 编著　　2016 年 6 月出版　　估价：89.00 元

◆ 中国资产管理行业刚刚兴起，未来将中国金融市场最有看点的行业，也会成为快速发展壮大的行业。本书主要分析了 2015 年度资产管理行业的发展情况，同时对资产管理行业的未来发展做出科学的预测。

老龄蓝皮书
中国老龄产业发展报告（2016）

吴玉韶　党俊武 / 编著
2016 年 9 月出版　估价：79.00 元

◆ 本书着眼于对中国老龄产业的发展给予系统介绍，深入解析，并对未来发展趋势进行预测和展望，力求从不同视角、不同层面全面剖析中国老龄产业发展的现状、取得的成绩、存在的问题以及重点、难点等。

金融蓝皮书
中国金融中心发展报告（2016）

王　力　黄育华 / 编著　　2017 年 11 月出版　　估价：75.00 元

◆ 本报告将提升中国金融中心城市的金融竞争力作为研究主线，全面、系统、连续地反映和研究中国金融中心城市发展和改革的最新进展，展示金融中心理论研究的最新成果。

流通蓝皮书
中国商业发展报告（2016）

荆林波 / 编著　2016 年 5 月出版　　估价：89.00 元

◆ 本书是中国社会科学院财经院与利丰研究中心合作的成果，从关注中国宏观经济出发，突出了中国流通业的宏观背景，详细分析了批发业、零售业、物流业、餐饮产业与电子商务等产业发展状况。

皮书系列 重点推荐　国别与地区类

国别与地区类

国别与地区类皮书关注全球重点国家与地区，
提供全面、独特的解读与研究

美国蓝皮书
美国研究报告（2016）

黄　平　郑秉文 / 主编　2016 年 7 月出版　估价：89.00 元

◆ 本书是由中国社会科学院美国所主持完成的研究成果，它回顾了美国 2015 年的经济、政治形势与外交战略，对 2016 年以来美国内政外交发生的重大事件以及重要政策进行了较为全面的回顾和梳理。

拉美黄皮书
拉丁美洲和加勒比发展报告（2015~2016）

吴白乙 / 主编　2016 年 5 月出版　估价：89.00 元

◆ 本书对 2015 年拉丁美洲和加勒比地区诸国的政治、经济、社会、外交等方面的发展情况做了系统介绍，对该地区相关国家的热点及焦点问题进行了总结和分析，并在此基础上对该地区各国 2016 年的发展前景做出预测。

日本经济蓝皮书
日本经济与中日经贸关系研究报告（2016）

王洛林　张季风 / 编著　2016 年 5 月出版　估价：79.00 元

◆ 本书系统、详细地介绍了 2015 年日本经济以及中日经贸关系发展情况，在进行了大量数据分析的基础上，对 2016 年日本经济以及中日经贸关系的大致发展趋势进行了分析与预测。

俄罗斯黄皮书

俄罗斯发展报告（2016）

李永全 / 编著　2016 年 7 月出版　估价：79.00 元

◆ 本书系统介绍了 2015 年俄罗斯经济政治情况，并对 2015 年该地区发生的焦点、热点问题进行了分析与回顾；在此基础上，对该地区 2016 年的发展前景进行了预测。

国际形势黄皮书

全球政治与安全报告（2016）

李慎明　张宇燕 / 主编　2015 年 12 月出版　定价：69.00 元

◆ 本书旨在对本年度全球政治及安全形势的总体情况、热点问题及变化趋势进行回顾与分析，并提出一定的预测及对策建议。作者通过事实梳理、数据分析、政策分析等途径，阐释了本年度国际关系及全球安全形势的基本特点，并在此基础上提出了具有启示意义的前瞻性结论。

德国蓝皮书

德国发展报告（2016）

郑春荣　伍慧萍 / 主编　2016 年 6 月出版　估价：69.00 元

◆ 本报告由同济大学德国研究所组织编撰，由该领域的专家学者对德国的政治、经济、社会文化、外交等方面的形势发展情况，进行全面的阐述与分析。

中东黄皮书

中东发展报告 NO.18（2015～2016）

杨光 / 主编　2016 年 10 月出版　估价：89.00 元

◆ 报告回顾和分析了一年来多以来中东地区政治经济局势的新发展，为跟踪中东地区的市场变化和中东研究学科的研究前沿，提供了全面扎实的信息。

皮书系列 重点推荐　地方发展类

地方发展类

地方发展类皮书关注中国各省份、经济区域，提供科学、多元的预判与资政信息

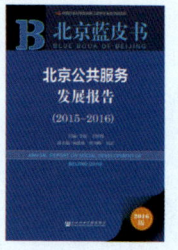

北京蓝皮书

北京公共服务发展报告（2015~2016）

施昌奎/主编　2016年2月出版　定价：79.00元

◆ 本书是由北京市政府职能部门的领导、首都著名高校的教授、知名研究机构的专家共同完成的关于北京市公共服务发展与创新的研究成果。

河南蓝皮书

河南经济发展报告（2016）

河南省社会科学院/编著　2016年3月出版　定价：79.00元

◆ 本书以国内外经济发展环境和走向为背景，主要分析当前河南经济形势，预测未来发展趋势，全面反映河南经济发展的最新动态、热点和问题，为地方经济发展和领导决策提供参考。

京津冀蓝皮书

京津冀发展报告（2016）

文　魁　祝尔娟/编著　2016年4月出版　估价：89.00元

◆ 京津冀协同发展作为重大的国家战略，已进入顶层设计、制度创新和全面推进的新阶段。本书以问题为导向，围绕京津冀发展中的重要领域和重大问题，研究如何推进京津冀协同发展。

 文化传媒类

文化传媒类

文化传媒类皮书透视文化领域、文化产业，
探索文化大繁荣、大发展的路径

新媒体蓝皮书
中国新媒体发展报告 NO.7（2016）
唐绪军/主编　　2016年6月出版　　估价:79.00元

◆ 本书是由中国社会科学院新闻与传播研究所组织编写的关于新媒体发展的最新年度报告，旨在全面分析中国新媒体的发展现状，解读新媒体的发展趋势，辨析新媒体的深刻影响。

移动互联网蓝皮书
中国移动互联网发展报告（2016）
官建文/编著　　2016年6月出版　　估价:79.00元

◆ 本书着眼于对中国移动互联网2015年度的发展情况做深入解析，对未来发展趋势进行预测，力求从不同视角、不同层面全面剖析中国移动互联网发展的现状、年度突破以及热点趋势等。

文化蓝皮书
中国文化产业发展报告（2015~2016）
张晓明　王家新　章建刚/主编　　2016年2月出版　　定价:79.00元

◆ 本书由中国社会科学院文化研究中心编写。从2012年开始，中国社会科学院文化研究中心设立了国内首个文化产业的研究类专项资金——"文化产业重大课题研究计划"，开始在全国范围内组织多学科专家学者对我国文化产业发展重大战略问题进行联合攻关研究。本书集中反映了该计划的研究成果。

经济类

G20国家创新竞争力黄皮书
二十国集团(G20)国家创新竞争力发展报告(2016)
著(编)者:李建平 李闽榕 赵新力
2016年11月出版 / 估价:138.00元

产业蓝皮书
中国产业竞争力报告(2016)NO.6
著(编)者:张其仔 2016年12月出版 / 估价:98.00元

城市创新蓝皮书
中国城市创新报告(2016)
著(编)者:周天勇 旷建伟 2016年8月出版 / 估价:69.00元

城市竞争力蓝皮书
中国城市竞争力报告(1973~2015)
著(编)者:李小林 2016年1月出版 / 定价:128.00元

城市蓝皮书
中国城市发展报告 NO.9
著(编)者:潘家华 魏后凯 2016年9月出版 / 估价:69.00元

城市群蓝皮书
中国城市群发展指数报告(2016)
著(编)者:刘士林 刘新静 2016年10月出版 / 估价:69.00元

城乡一体化蓝皮书
中国城乡一体化发展报告(2015~2016)
著(编)者:汝信 付崇兰 2016年7月出版 / 估价:85.00元

城镇化蓝皮书
中国新型城镇化健康发展报告(2016)
著(编)者:张占斌 2016年5月出版 / 估价:79.00元

创新蓝皮书
创新型国家建设报告(2015~2016)
著(编)者:詹正茂 2016年11月出版 / 估价:69.00元

低碳发展蓝皮书
中国低碳发展报告(2015~2016)
著(编)者:齐晔 2016年3月出版 / 定价:98.00元

低碳经济蓝皮书
中国低碳经济发展报告(2016)
著(编)者:薛进军 赵忠秀 2016年6月出版 / 估价:85.00元

东北蓝皮书
中国东北地区发展报告(2016)
著(编)者:马克 黄文艺 2016年8月出版 / 估价:79.00元

发展与改革蓝皮书
中国经济发展和体制改革报告NO.7
著(编)者:邹东涛 王再文
2016年1月出版 / 估价:98.00元

工业化蓝皮书
中国工业化进程报告(2016)
著(编)者:黄群慧 吕铁 李晓华 等
2016年11月出版 / 估价:89.00元

管理蓝皮书
中国管理发展报告(2016)
著(编)者:张晓东 2016年9月出版 / 估价:98.00元

国际城市蓝皮书
国际城市发展报告(2016)
著(编)者:屠启宇 2016年2月出版 / 定价:79.00元

国家创新蓝皮书
中国创新发展报告(2016)
著(编)者:陈劲 2016年9月出版 / 估价:69.00元

金融蓝皮书
中国金融发展报告(2016)
著(编)者:李扬 王国刚 2015年12月出版 / 定价:79.00元

京津冀产业蓝皮书
京津冀产业协同发展报告(2016)
著(编)者:中智科博(北京)产业经济发展研究院
2016年6月出版 / 估价:69.00元

京津冀蓝皮书
京津冀发展报告(2016)
著(编)者:文魁 祝尔娟 2016年4月出版 / 估价:89.00元

经济蓝皮书
2016年中国经济形势分析与预测
著(编)者:李扬 2015年12月出版 / 定价:79.00元

经济蓝皮书·春季号
2016年中国经济前景分析
著(编)者:李扬 2016年5月出版 / 估价:79.00元

经济蓝皮书·夏季号
中国经济增长报告(2015~2016)
著(编)者:李扬 2016年8月出版 / 估价:99.00元

经济信息绿皮书
中国与世界经济发展报告(2016)
著(编)者:杜平 2015年12月出版 / 定价:89.00元

就业蓝皮书
2016年中国本科生就业报告
著(编)者:麦可思研究院 2016年6月出版 / 估价:98.00元

就业蓝皮书
2016年中国高职高专生就业报告
著(编)者:麦可思研究院 2016年6月出版 / 估价:98.00元

临空经济蓝皮书
中国临空经济发展报告(2016)
著(编)者:连玉明 2016年11月出版 / 估价:79.00元

民营经济蓝皮书
中国民营经济发展报告 NO.12(2015~2016)
著(编)者:王钦敏 2016年5月出版 / 估价:75.00元

农村绿皮书
中国农村经济形势分析与预测(2015~2016)
著(编)者:中国社会科学院农村发展研究所
　　　　　国家统计局农村社会经济调查司
2016年4月出版 / 估价:69.00元

农业应对气候变化蓝皮书
气候变化对中国农业影响评估报告NO.2
著(编)者:矫梅燕 2016年8月出版 / 估价:98.00元

经济类·社会政法类

企业公民蓝皮书
中国企业公民报告 NO.4
著(编)者：邹东涛　2016年5月出版　/　估价：79.00元

气候变化绿皮书
应对气候变化报告（2016）
著(编)者：王伟光　郑国光　2016年11月出版　/　估价：98.00元

区域蓝皮书
中国区域经济发展报告（2015～2016）
著(编)者：梁昊光　2016年5月出版　/　估价：79.00元

全球环境竞争力绿皮书
全球环境竞争力报告（2016）
著(编)者：李建平　李闽榕　王金南
2016年12月出版　/　估价：198.00元

人口与劳动绿皮书
中国人口与劳动问题报告 NO.17
著(编)者：蔡昉　张车伟　2016年11月出版　/　估价：69.00元

商务中心区蓝皮书
中国商务中心区发展报告 NO.2（2015）
著(编)者：魏后凯　单菁菁　2016年1月出版　/　定价：79.00元

世界经济黄皮书
2016年世界经济形势分析与预测
著(编)者：王洛林　张宇燕　2015年12月出版　/　定价：79.00元

世界旅游城市绿皮书
世界旅游城市发展报告（2015）
著(编)者：宋宇　2016年1月出版　/　定价：128.00元

西北蓝皮书
中国西北发展报告（2016）
著(编)者：孙发平　苏海红　詹顺元
2016年3月出版　/　定价：79.00元

西部蓝皮书
中国西部发展报告（2016）
著(编)者：姚慧琴　徐璋勇　2016年7月出版　/　估价：89.00元

县域发展蓝皮书
中国县域经济增长能力评估报告（2016）
著(编)者：王力　2016年10月出版　/　估价：69.00元

新型城镇化蓝皮书
新型城镇化发展报告（2016）
著(编)者：李伟　宋敏　沈体雁　2016年11月出版　/　估价：98.00元

新兴经济体蓝皮书
金砖国家发展报告（2016）
著(编)者：林跃勤　周文　2016年7月出版　/　估价：79.00元

长三角蓝皮书
2016年全面深化改革中的长三角
著(编)者：张伟斌　2016年10月出版　/　估价：69.00元

中部竞争力蓝皮书
中国中部经济社会竞争力报告（2016）
著(编)者：教育部人文社会科学重点研究基地
　　　　　南昌大学中国中部经济社会发展研究中心
2016年10月出版　/　估价：79.00元

中部蓝皮书
中国中部地区发展报告（2016）
著(编)者：宋亚平　2016年12月出版　/　估价：78.00元

中国省域竞争力蓝皮书
中国省域经济综合竞争力发展报告（2014～2015）
著(编)者：李建平　李闽榕　高燕京
2016年2月出版　/　定价：198.00元

中三角蓝皮书
长江中游城市群发展报告（2016）
著(编)者：秦尊文　2016年10月出版　/　估价：69.00元

中小城市绿皮书
中国中小城市发展报告（2016）
著(编)者：中国城市经济学会中小城市经济发展委员会
　　　　　中国城镇化促进会中小城市发展委员会
　　　　　《中国中小城市发展报告》编纂委员会
　　　　　中小城市发展战略研究院
2016年10月出版　/　估价：98.00元

中原蓝皮书
中原经济区发展报告（2016）
著(编)者：李英杰　2016年6月出版　/　估价：88.00元

自贸区蓝皮书
中国自贸区发展报告（2016）
著(编)者：王力　王吉培　2016年10月出版　/　估价：69.00元

社会政法类

北京蓝皮书
中国社区发展报告（2016）
著(编)者：于燕燕　2017年2月出版　/　估价：79.00元

殡葬绿皮书
中国殡葬事业发展报告（2016）
著(编)者：李伯森　2016年5月出版　/　估价：158.00元

城市管理蓝皮书
中国城市管理报告（2016）
著(编)者：谭维克　刘林　2017年2月出版　/　估价：118.00元

城市生活质量蓝皮书
中国城市生活质量报告（2016）
著(编)者：张连城　张平　杨春学　郎丽华
2016年7月出版　/　估价：89.00元

城市政府能力蓝皮书
中国城市政府公共服务能力评估报告（2016）
著(编)者：何艳玲　2016年7月出版　/　估价：69.00元

创新蓝皮书
中国创业环境发展报告（2016）
著(编)者：姚凯　曹祎遐　2016年5月出版　/　估价：69.00元

皮书系列 2016全品种 — 社会政法类

慈善蓝皮书
中国慈善发展报告（2016）
著(编)者：杨团　2016年6月出版 / 估价：79.00元

地方法治蓝皮书
中国地方法治发展报告 NO.2（2016）
著(编)者：李林　田禾　2016年3出版 / 定价：108.00元

党建蓝皮书
党的建设研究报告 NO.1（2016）
著(编)者：崔建民　陈东平　2016年1月出版 / 定价：89.00元

法治蓝皮书
中国法治发展报告 NO.14（2016）
著(编)者：李林　田禾　2016年3月出版 / 定价：118.00元

反腐倡廉蓝皮书
中国反腐倡廉建设报告 NO.6
著(编)者：李秋芳　张英伟　2017年1月出版 / 估价：79.00元

非传统安全蓝皮书
中国非传统安全研究报告（2015～2016）
著(编)者：余潇枫　魏志江　2016年5月出版 / 估价：79.00元

妇女发展蓝皮书
中国妇女发展报告 NO.6
著(编)者：王金玲　2016年9月出版 / 估价：148.00元

妇女教育蓝皮书
中国妇女教育发展报告 NO.3
著(编)者：张李玺　2016年10月出版 / 估价：78.00元

妇女绿皮书
中国性别平等与妇女发展报告（2016）
著(编)者：谭琳　2016年12月出版 / 估价：99.00元

公共服务蓝皮书
中国城市基本公共服务力评价（2016）
著(编)者：钟君　吴正杲　2016年12月出版 / 估价：79.00元

公共管理蓝皮书
中国公共管理发展报告（2016）
著(编)者：贡森　李国强　杨维富
2016年4月出版 / 估价：69.00元

公共外交蓝皮书
中国公共外交发展报告（2016）
著(编)者：赵启正　雷蔚真　2016年5月出版 / 估价：89.00元

公民科学素质蓝皮书
中国公民科学素质报告（2015～2016）
著(编)者：李群　陈雄　马宗文　2016年1月出版 / 定价：89.00元

公益蓝皮书
中国公益发展报告（2016）
著(编)者：朱健刚　2016年5月出版 / 估价：78.00元

国际人才蓝皮书
海外华侨华人专业人士报告（2016）
著(编)者：王辉耀　苗绿　2016年8月出版 / 估价：69.00元

国际人才蓝皮书
中国国际移民报告（2016）
著(编)者：王辉耀　2016年5月出版 / 估价：79.00元

国际人才蓝皮书
中国海归发展报告（2016）NO.3
著(编)者：王辉耀　苗绿　2016年10月出版 / 估价：69.00元

国际人才蓝皮书
中国留学发展报告（2016）NO.5
著(编)者：王辉耀　苗绿　2016年10月出版 / 估价：79.00元

国家公园蓝皮书
中国国家公园体制建设报告（2016）
著(编)者：苏杨　张玉钧　石金莲　刘锋　等
2016年10月出版 / 估价：69.00元

海洋社会蓝皮书
中国海洋社会发展报告（2016）
著(编)者：崔凤　宋宁而　2016年7月出版 / 估价：89.00元

行政改革蓝皮书
中国行政体制改革报告（2016）NO.5
著(编)者：魏礼群　2016年4月出版 / 估价：98.00元

华侨华人蓝皮书
华侨华人研究报告（2016）
著(编)者：贾益民　2016年12月出版 / 估价：98.00元

环境竞争力绿皮书
中国省域环境竞争力发展报告（2016）
著(编)者：李建平　李闽榕　王金南
2016年11月出版 / 估价：198.00元

环境绿皮书
中国环境发展报告（2016）
著(编)者：刘鉴强　2016年5月出版 / 估价：79.00元

基金会蓝皮书
中国基金会发展报告（2015~2016）
著(编)者：中国基金会发展报告课题组　2016年4月出版 / 定价：75.00元

基金会绿皮书
中国基金会发展独立研究报告（2016）
著(编)者：基金会中心网　中央民族大学基金会研究中心
2016年6月出版 / 估价：88.00元

基金会透明度蓝皮书
中国基金会透明度发展研究报告（2016）
著(编)者：基金会中心网　清华大学廉政与治理研究中心
2016年9月出版 / 估价：85.00元

教师蓝皮书
中国中小学教师发展报告（2016）
著(编)者：曾晓东　鱼霞　2016年6月出版 / 估价：69.00元

教育蓝皮书
中国教育发展报告（2016）
著(编)者：杨东平　2016年4月出版 / 定价：79.00元

科普蓝皮书
中国科普基础设施发展报告（2015）
著(编)者：郑念　任嵘嵘　2016年4月出版 / 定价：98.00元

社会政法类 | 皮书系列 2016全品种

科学教育蓝皮书
中国科学教育发展报告（2016）
著(编)者：罗晖 王康友 2016年10月出版 / 估价：79.00元

劳动保障蓝皮书
中国劳动保障发展报告（2016）
著(编)者：刘燕斌 2016年8月出版 / 估价：158.00元

老龄蓝皮书
中国老年宜居环境发展报告（2015）
著(编)者：党俊武 周燕珉 2016年1月出版 / 定价：79.00元

连片特困区蓝皮书
中国连片特困区发展报告（2016）
著(编)者：游俊 冷志明 丁建军
2016年5月出版 / 估价：98.00元

民间组织蓝皮书
中国民间组织报告（2016）
著(编)者：黄晓勇 2016年12月出版 / 估价：79.00元

民调蓝皮书
中国民生调查报告（2016）
著(编)者：谢耘耕 2016年5月出版 / 估价：128.00元

民族发展蓝皮书
中国民族发展报告（2016）
著(编)者：郝时远 王延中 王希恩
2016年4月出版 / 估价：98.00元

女性生活蓝皮书
中国女性生活状况报告NO.10（2016）
著(编)者：韩湘景 2016年4月出版 / 估价：79.00元

汽车社会蓝皮书
中国汽车社会发展报告（2016）
著(编)者：王俊秀 2016年5月出版 / 估价：69.00元

青年蓝皮书
中国青年发展报告（2016）NO.4
著(编)者：廉思 等 2016年4月出版 / 估价：69.00元

青少年蓝皮书
中国未成年人互联网运用报告（2016）
著(编)者：李文革 沈杰 季为民
2016年11月出版 / 估价：89.00元

青少年体育蓝皮书
中国青少年体育发展报告（2016）
著(编)者：郭建军 杨桦 2016年9月出版 / 估价：69.00元

区域人才蓝皮书
中国区域人才竞争力报告NO.2
著(编)者：桂昭明 王辉耀
2016年6月出版 / 估价：69.00元

群众体育蓝皮书
中国群众体育发展报告（2016）
著(编)者：刘国永 杨桦 2016年10月出版 / 估价：69.00元

群众体育蓝皮书
中国社会体育指导员发展报告（1994~2014）
著(编)者：刘国永 王欢 2016年4月出版 / 定价：78.00元

人才蓝皮书
中国人才发展报告（2016）
著(编)者：潘晨光 2016年9月出版 / 估价：85.00元

人权蓝皮书
中国人权事业发展报告NO.6（2016）
著(编)者：李君如 2016年9月出版 / 估价：128.00元

社会保障绿皮书
中国社会保障发展报告（2016）NO.8
著(编)者：王延中 2016年4月出版 / 估价：99.00元

社会工作蓝皮书
中国社会工作发展报告（2016）
著(编)者：民政部社会工作研究中心
2016年8月出版 / 估价：79.00元

社会管理蓝皮书
中国社会管理创新报告NO.4
著(编)者：连玉明 2016年11月出版 / 估价：89.00元

社会蓝皮书
2016年中国社会形势分析与预测
著(编)者：李培林 陈光金 张翼
2015年12月出版 / 定价：79.00元

社会体制蓝皮书
中国社会体制改革报告（2016）NO.4
著(编)者：龚维斌 2016年4月出版 / 估价：79.00元

社会心态蓝皮书
中国社会心态研究报告（2016）
著(编)者：王俊秀 杨宜音 2016年10月出版 / 估价：69.00元

社会责任管理蓝皮书
中国企业公众透明度报告（2015~2016）NO.2
著(编)者：黄速建 熊梦 肖红军 2016年1月出版 / 定价：98.00元

社会组织蓝皮书
中国社会组织评估发展报告（2016）
著(编)者：徐家良 廖鸿 2016年12月出版 / 估价：69.00元

生态城市绿皮书
中国生态城市建设发展报告（2016）
著(编)者：刘举科 孙伟平 胡文臻
2016年9月出版 / 估价：148.00元

生态文明绿皮书
中国省域生态文明建设评价报告（ECI 2016）
著(编)者：严耕 2016年12月出版 / 估价：85.00元

世界社会主义黄皮书
世界社会主义跟踪研究报告（2015～2016）
著(编)者：李慎明 2016年3月出版 / 定价：248.00元

水与发展蓝皮书
中国水风险评估报告（2016）
著(编)者：王浩 2016年9月出版 / 估价：69.00元

体育蓝皮书
长三角地区体育产业发展报告（2016）
著(编)者：张林 2016年4月出版 / 估价：79.00元

皮书系列 2016全品种　社会政法类·行业报告类

体育蓝皮书
中国公共体育服务发展报告（2016）
著(编)者:戴健　2016年12月出版 / 估价:79.00元

土地整治蓝皮书
中国土地整治发展研究报告 NO.3
著(编)者:国土资源部土地整治中心
2016年5月出版 / 估价:89.00元

土地政策蓝皮书
中国土地政策发展报告（2016）
著(编)者:高延利 李宪文　2015年12月出版 / 定价:89.00元

危机管理蓝皮书
中国危机管理报告（2016）
著(编)者:文学国 范正青　2016年8月出版 / 估价:89.00元

形象危机应对蓝皮书
形象危机应对研究报告（2016）
著(编)者:唐钧　2016年6月出版 / 估价:149.00元

医改蓝皮书
中国医药卫生体制改革报告（2016）
著(编)者:文学国 房志武　2016年11月出版 / 估价:98.00元

医疗卫生绿皮书
中国医疗卫生发展报告 NO.7（2016）
著(编)者:申宝忠 韩玉珍　2016年4月出版 / 估价:75.00元

政治参与蓝皮书
中国政治参与报告（2016）
著(编)者:房宁　2016年7月出版 / 估价:108.00元

政治发展蓝皮书
中国政治发展报告（2016）
著(编)者:房宁 杨海蛟　2016年5月出版 / 估价:88.00元

智慧社区蓝皮书
中国智慧社区发展报告（2016）
著(编)者:罗昌智 张辉德　2016年7月出版 / 估价:69.00元

中国农村妇女发展蓝皮书
农村流动女性城市生活发展报告（2016）
著(编)者:谢丽华　2016年12月出版 / 估价:79.00元

宗教蓝皮书
中国宗教报告（2016）
著(编)者:邱永辉　2016年5月出版 / 估价:79.00元

行业报告类

保健蓝皮书
中国保健服务产业发展报告 NO.2
著(编)者: 中国保健协会 中共中央党校
2016年7月出版 / 估价:198.00元

保健蓝皮书
中国保健食品产业发展报告 NO.2
著(编)者:中国保健协会
　　　　中国社会科学院食品药品产业发展与监管研究中心
2016年7月出版 / 估价:198.00元

保健蓝皮书
中国保健用品产业发展报告 NO.2
著(编)者: 中国保健协会
　　　　国务院国有资产监督管理委员会研究中心
2016年5月出版 / 估价:198.00元

保险蓝皮书
中国保险业创新发展报告（2016）
著(编)者:项俊波　2016年12月出版 / 估价:69.00元

保险蓝皮书
中国保险业竞争力报告（2016）
著(编)者:项俊波　2016年12月出版 / 估价:99.00元

采供血蓝皮书
中国采供血管理报告（2016）
著(编)者:朱永明 耿鸿武　2016年8月出版 / 估价:69.00元

彩票蓝皮书
中国彩票发展报告（2016）
著(编)者:益彩基金　2016年4月出版 / 估价:98.00元

餐饮产业蓝皮书
中国餐饮产业发展报告（2016）
著(编)者:邢颖　2016年4月出版 / 估价:69.00元

测绘地理信息蓝皮书
测绘地理信息转型升级研究报告（2016）
著(编)者:库热西·买合苏提　2016年12月出版 / 估价:98.00元

茶业蓝皮书
中国茶产业发展报告（2016）
著(编)者:杨江帆 李闽榕　2016年10月出版 / 估价:78.00元

产权市场蓝皮书
中国产权市场发展报告（2015～2016）
著(编)者:曹和平　2016年5月出版 / 估价:89.00元

产业安全蓝皮书
中国出版传媒产业安全报告（2015~2016）
著(编)者:北京印刷学院文化产业安全研究院
2016年3月出版 / 定价:79.00元

产业安全蓝皮书
中国文化产业安全报告（2016）
著(编)者:北京印刷学院文化产业安全研究院
2016年4月出版 / 估价:89.00元

行业报告类 — 皮书系列 2016全品种

产业安全蓝皮书
中国新媒体产业安全报告（2016）
著（编）者：北京印刷学院文化产业安全研究院
2016年5月出版 / 估价：69.00元

大数据蓝皮书
网络空间和大数据发展报告（2016）
著（编）者：杜平　2016年5月出版 / 估价：69.00元

电子商务蓝皮书
中国电子商务服务业发展报告 NO.3
著（编）者：荆林波　梁春晓　2016年5月出版 / 估价：69.00元

电子政务蓝皮书
中国电子政务发展报告（2016）
著（编）者：洪毅　杜平　2016年11月出版 / 估价：79.00元

杜仲产业绿皮书
中国杜仲橡胶资源与产业发展报告（2016）
著（编）者：杜红岩　胡文臻　俞锐
2016年5月出版 / 估价：85.00元

房地产蓝皮书
中国房地产发展报告 NO.13（2016）
著（编）者：魏后凯　李景国　2016年5月出版 / 估价：79.00元

服务外包蓝皮书
中国服务外包产业发展报告（2016）
著（编）者：王晓红　刘德军
2016年6月出版 / 估价：89.00元

服务外包蓝皮书
中国服务外包竞争力报告（2016）
著（编）者：王力　刘春生　黄育华
2016年11月出版 / 估价：85.00元

工业和信息化蓝皮书
世界网络安全发展报告（2016）
著（编）者：洪京一　2016年4月出版 / 估价：69.00元

工业和信息化蓝皮书
世界信息化发展报告（2016）
著（编）者：洪京一　2016年4月出版 / 估价：69.00元

工业和信息化蓝皮书
世界信息技术产业发展报告（2016）
著（编）者：洪京一　2016年4月出版 / 估价：79.00元

工业和信息化蓝皮书
世界制造业发展报告（2016）
著（编）者：洪京一　2016年4月出版 / 估价：69.00元

工业和信息化蓝皮书
移动互联网产业发展报告（2016）
著（编）者：洪京一　2016年4月出版 / 估价：79.00元

工业设计蓝皮书
中国工业设计发展报告（2016）
著（编）者：王晓红　于炜　张立群
2016年9月出版 / 估价：138.00元

黄金市场蓝皮书
中国商业银行黄金业务发展报告（2015~2016）
著（编）者：平安银行　2016年3月出版 / 定价：98.00元

互联网金融蓝皮书
中国互联网金融发展报告（2016）
著（编）者：李东荣　2016年8月出版 / 估价：79.00元

会展蓝皮书
中外会展业动态评估年度报告（2016）
著（编）者：张敏　2016年5月出版 / 估价：78.00元

节能汽车蓝皮书
中国节能汽车产业发展报告（2016）
著（编）者：中国汽车工程研究院股份有限公司
2016年12月出版 / 估价：69.00元

金融监管蓝皮书
中国金融监管报告（2016）
著（编）者：胡滨　2016年4月出版 / 估价：89.00元

金融蓝皮书
中国金融中心发展报告（2016）
著（编）者：王力　黄育华　2017年11月出版 / 估价：75.00元

金融蓝皮书
中国商业银行竞争力报告（2016）
著（编）者：王松奇　2016年5月出版 / 估价：69.00元

经济林产业绿皮书
中国经济林产业发展报告（2016）
著（编）者：李芳东　胡文臻　乌云塔娜　杜红岩
2016年12月出版 / 估价：69.00元

客车蓝皮书
中国客车产业发展报告（2016）
著（编）者：姚蔚　2016年5月出版 / 估价：85.00元

老龄蓝皮书
中国老龄产业发展报告（2016）
著（编）者：吴玉韶　党俊武　2016年9月出版 / 估价：79.00元

流通蓝皮书
中国商业发展报告（2016）
著（编）者：荆林波　2016年5月出版 / 估价：89.00元

旅游安全蓝皮书
中国旅游安全报告（2016）
著（编）者：郑向敏　谢朝武　2016年5月出版 / 估价：128.00元

旅游绿皮书
2015~2016年中国旅游发展分析与预测
著（编）者：宋瑞　2016年4月出版 / 定价：89.00元

煤炭蓝皮书
中国煤炭工业发展报告（2016）
著（编）者：岳福斌　2016年12月出版 / 估价：79.00元

皮书系列 2016全品种

行业报告类

民营企业社会责任蓝皮书
中国民营企业社会责任年度报告（2016）
著(编)者:中华全国工商业联合会
2016年7月出版 / 估价:69.00元

民营医院蓝皮书
中国民营医院发展报告（2016）
著(编)者:庄一强　2016年10月出版 / 估价:75.00元

能源蓝皮书
中国能源发展报告（2016）
著(编)者:崔民选 王军生 陈义和
2016年8月出版 / 估价:79.00元

农产品流通蓝皮书
中国农产品流通产业发展报告（2016）
著(编)者:贾敬敦 张东科 张玉玺 张鹏毅 周伟
2016年5月出版 / 估价:89.00元

期货蓝皮书
中国期货市场发展报告(2016)
著(编)者:李群 王在荣　2016年11月出版 / 估价:69.00元

企业公益蓝皮书
中国企业公益研究报告（2016）
著(编)者:钟宏武 汪杰 顾一 黄晓娟 等
2016年12月出版 / 估价:69.00元

企业公众透明度蓝皮书
中国企业公众透明度报告（2016）NO.2
著(编)者:黄速建 王晓光 肖红军
2016年5月出版 / 估价:98.00元

企业国际化蓝皮书
中国企业国际化报告（2016）
著(编)者:王辉耀　2016年11月出版 / 估价:98.00元

企业蓝皮书
中国企业绿色发展报告 NO.2（2016）
著(编)者:李红玉 朱光辉　2016年8月出版 / 估价:79.00元

企业社会责任蓝皮书
中国企业社会责任研究报告（2016）
著(编)者:黄群慧 钟宏武 张蒽 等
2016年11月出版 / 估价:79.00元

企业社会责任能力蓝皮书
中国上市公司社会责任能力成熟度报告（2016）
著(编)者:肖红军 王晓光 李伟阳
2016年11月出版 / 估价:69.00元

汽车安全蓝皮书
中国汽车安全发展报告（2016）
著(编)者:中国汽车技术研究中心
2016年7月出版 / 估价:89.00元

汽车电子商务蓝皮书
中国汽车电子商务发展报告（2016）
著(编)者:中华全国工商业联合会汽车经销商商会
　　　　　北京易观智库网络科技有限公司
2016年5月出版 / 估价:128.00元

汽车工业蓝皮书
中国汽车工业发展年度报告（2016）
著(编)者:中国汽车工业协会 中国汽车技术研究中心
　　　　　丰田汽车（中国）投资有限公司
2016年4月出版 / 估价:128.00元

汽车蓝皮书
中国汽车产业发展报告（2016）
著(编)者:国务院发展研究中心产业经济研究部
　　　　　中国汽车工程学会 大众汽车集团（中国）
2016年8月出版 / 估价:158.00元

清洁能源蓝皮书
国际清洁能源发展报告（2016）
著(编)者:苏树辉 袁国林 李玉嵩
2016年11月出版 / 估价:99.00元

人力资源蓝皮书
中国人力资源发展报告（2016）
著(编)者:余兴安　2016年12月出版 / 估价:79.00元

融资租赁蓝皮书
中国融资租赁业发展报告（2015～2016）
著(编)者:李光荣 王力　2016年5月出版 / 估价:89.00元

软件和信息服务业蓝皮书
中国软件和信息服务业发展报告（2016）
著(编)者:洪京一　2016年12月出版 / 估价:198.00元

商会蓝皮书
中国商会发展报告NO.5（2016）
著(编)者:王钦敏　2016年7月出版 / 估价:89.00元

上市公司蓝皮书
中国上市公司社会责任信息披露报告（2016）
著(编)者:张旺 张杨　2016年11月出版 / 估价:69.00元

上市公司蓝皮书
中国上市公司质量评价报告（2015～2016）
著(编)者:张跃文 王力　2016年11月出版 / 估价:118.00元

设计产业蓝皮书
中国设计产业发展报告（2016）
著(编)者:陈冬亮 梁昊光　2016年5月出版 / 估价:89.00元

食品药品蓝皮书
食品药品安全与监管政策研究报告（2016）
著(编)者:唐民皓　2016年7月出版 / 估价:69.00元

世界能源蓝皮书
世界能源发展报告（2016）
著(编)者:黄晓勇　2016年6月出版 / 估价:99.00元

水利风景区蓝皮书
中国水利风景区发展报告（2016）
著(编)者:兰思仁　2016年8月出版 / 估价:69.00元

私募市场蓝皮书
中国私募股权市场发展报告（2016）
著(编)者:曹和平　2016年12月出版 / 估价:79.00元

行业报告类

皮书系列 2016全品种

碳市场蓝皮书
中国碳市场报告（2016）
著(编)者：宁金彪　2016年11月出版　估价:69.00元

体育蓝皮书
中国体育产业发展报告（2016）
著(编)者：阮伟　钟秉枢　2016年7月出版　估价:69.00元

土地市场蓝皮书
中国农村土地市场发展报告（2015~2016）
著(编)者：李光荣　2016年3月出版　定价:79.00元

网络空间安全蓝皮书
中国网络空间安全发展报告（2016）
著(编)者：惠志斌　唐涛　2016年4月出版　估价:79.00元

物联网蓝皮书
中国物联网发展报告（2016）
著(编)者：黄桂田　龚六堂　张全升
2016年5月出版　估价:69.00元

西部工业蓝皮书
中国西部工业发展报告（2016）
著(编)者：方行明　甘犁　刘方健　姜凌　等
2016年9月出版　估价:79.00元

西部金融蓝皮书
中国西部金融发展报告（2016）
著(编)者：李忠民　2016年8月出版　估价:75.00元

协会商会蓝皮书
中国行业协会商会发展报告（2016）
著(编)者：景朝阳　李勇　2016年4月出版　估价:99.00元

新能源汽车蓝皮书
中国新能源汽车产业发展报告（2016）
著(编)者：中国汽车技术研究中心
　　　　日产（中国）投资有限公司　东风汽车有限公司
2016年8月出版　估价:89.00元

新三板蓝皮书
中国新三板市场发展报告（2016）
著(编)者：王力　2016年6月出版　估价:69.00元

信托市场蓝皮书
中国信托业市场报告（2015～2016）
著(编)者：用益信托工作室
2016年1月出版　定价:198.00元

信息安全蓝皮书
中国信息安全发展报告（2016）
著(编)者：张晓东　2016年5月出版　估价:69.00元

信息化蓝皮书
中国信息化形势分析与预测（2016）
著(编)者：周宏仁　2016年8月出版　估价:98.00元

信用蓝皮书
中国信用发展报告（2016）
著(编)者：章政　田侃　2016年4月出版　估价:99.00元

休闲绿皮书
2016年中国休闲发展报告
著(编)者：宋瑞
2016年10月出版　估价:79.00元

药品流通蓝皮书
中国药品流通行业发展报告（2016）
著(编)者：佘鲁林　温再兴
2016年8月出版　估价:158.00元

医院蓝皮书
中国医院竞争力报告（2016）
著(编)者：庄一强　曾益新　2016年3月出版　定价:128.00元

医药蓝皮书
中国中医药产业园战略发展报告（2016）
著(编)者：裴长洪　房书亭　吴滌心
2016年5月出版　估价:89.00元

邮轮绿皮书
中国邮轮产业发展报告（2016）
著(编)者：汪泓　2016年10月出版　估价:79.00元

智能养老蓝皮书
中国智能养老产业发展报告（2016）
著(编)者：朱勇　2016年10月出版　估价:89.00元

中国SUV蓝皮书
中国SUV产业发展报告（2016）
著(编)者：靳军　2016年12月出版　估价:69.00元

中国金融行业蓝皮书
中国债券市场发展报告（2016）
著(编)者：谢多　2016年7月出版　估价:69.00元

中国上市公司蓝皮书
中国上市公司发展报告（2016）
著(编)者：中国社会科学院上市公司研究中心
2016年9月出版　估价:98.00元

中国游戏蓝皮书
中国游戏产业发展报告（2016）
著(编)者：孙立军　刘跃军　牛兴侦
2016年5月出版　估价:69.00元

中国总部经济蓝皮书
中国总部经济发展报告（2015～2016）
著(编)者：赵弘　2016年9月出版　估价:79.00元

资本市场蓝皮书
中国场外交易市场发展报告（2014~2015）
著(编)者：高峦　2016年3月出版　定价:79.00元

资产管理蓝皮书
中国资产管理行业发展报告（2016）
著(编)者：智信资产管理研究院
2016年6月出版　估价:89.00元

文化传媒类

传媒竞争力蓝皮书
中国传媒国际竞争力研究报告（2016）
著(编)者：李本乾 刘强
2016年11月出版 / 估价:148.00元

传媒蓝皮书
中国传媒产业发展报告（2016）
著(编)者：崔保国 2016年5月出版 / 估价:98.00元

传媒投资蓝皮书
中国传媒投资发展报告（2016）
著(编)者：张向东 谭云明
2016年6月出版 / 估价:128.00元

动漫蓝皮书
中国动漫产业发展报告（2016）
著(编)者：卢斌 郑玉明 牛兴侦
2016年7月出版 / 估价:79.00元

非物质文化遗产蓝皮书
中国非物质文化遗产发展报告（2016）
著(编)者：陈平 2016年5月出版 / 估价:98.00元

广电蓝皮书
中国广播电影电视发展报告（2016）
著(编)者：国家新闻出版广电总局发展研究中心
2016年7月出版 / 估价:98.00元

广告主蓝皮书
中国广告主营销传播趋势报告 NO.9
著(编)者：黄升民 杜国清 邵华冬 等
2016年10月出版 / 估价:148.00元

国际传播蓝皮书
中国国际传播发展报告（2016）
著(编)者：胡正荣 李继东 姬德强
2016年11月出版 / 估价:89.00元

纪录片蓝皮书
中国纪录片发展报告（2016）
著(编)者：何苏六 2016年10月出版 / 估价:79.00元

科学传播蓝皮书
中国科学传播报告（2016）
著(编)者：詹正茂 2016年7月出版 / 估价:69.00元

两岸创意经济蓝皮书
两岸创意经济研究报告（2016）
著(编)者：罗昌智 董泽平 2016年12月出版 / 估价:98.00元

两岸文化蓝皮书
两岸文化产业合作发展报告（2016）
著(编)者：胡惠林 李保宗 2016年7月出版 / 估价:79.00元

媒介与女性蓝皮书
中国媒介与女性发展报告(2015~2016)
著(编)者：刘利群 2016年8月出版 / 估价:118.00元

媒体融合蓝皮书
中国媒体融合发展报告（2016）
著(编)者：梅宁华 宋建武 2016年7月出版 / 估价:79.00元

全球传媒蓝皮书
全球传媒发展报告（2016）
著(编)者：胡正荣 李继东 唐晓芬
2016年12月出版 / 估价:79.00元

少数民族非遗蓝皮书
中国少数民族非物质文化遗产发展报告（2016）
著(编)者：肖远平（彝） 柴立（满）
2016年6月出版 / 估价:128.00元

视听新媒体蓝皮书
中国视听新媒体发展报告（2016）
著(编)者：国家新闻出版广电总局发展研究中心
2016年7月出版 / 估价:98.00元

文化创新蓝皮书
中国文化创新报告（2016）NO.7
著(编)者：于平 傅才武 2016年7月出版 / 估价:98.00元

文化建设蓝皮书
中国文化发展报告（2016）
著(编)者：江畅 孙伟平 戴茂堂
2016年4月出版 / 估价:108.00元

文化科技蓝皮书
文化科技创新发展报告（2016）
著(编)者：于平 李凤亮 2016年10月出版 / 估价:89.00元

文化蓝皮书
中国公共文化服务发展报告（2016）
著(编)者：刘新成 张永新 张旭 2016年10月出版 / 估价:98.00元

文化蓝皮书
中国公共文化投入增长测评报告（2016）
著(编)者：王亚南 2016年4月出版 / 定价:79.00元

文化蓝皮书
中国少数民族文化发展报告（2016）
著(编)者：武翠英 张晓明 任乌晶
2016年9月出版 / 估价:69.00元

文化蓝皮书
中国文化产业发展报告（2015~2016）
著(编)者：张晓明 王家新 章建刚
2016年2月出版 / 定价:79.00元

文化蓝皮书
中国文化产业供需协调检测报告（2016）
著(编)者：王亚南 2016年5月出版 / 估价:79.00元

文化蓝皮书
中国文化消费需求景气评价报告（2016）
著(编)者：王亚南 2016年5月出版 / 估价:79.00元

文化传媒类・地方发展类

皮书系列
2016全品种

文化品牌蓝皮书
中国文化品牌发展报告（2016）
著(编)者：欧阳友权　2016年4月出版　估价：89.00元

文化遗产蓝皮书
中国文化遗产事业发展报告（2016）
著(编)者：刘世锦　2016年5月出版　估价：89.00元

文学蓝皮书
中国文情报告（2015～2016）
著(编)者：白烨　2016年5月出版　估价：69.00元

新媒体蓝皮书
中国新媒体发展报告NO.7（2016）
著(编)者：唐绪军　2016年7月出版　估价：79.00元

新媒体社会责任蓝皮书
中国新媒体社会责任研究报告（2016）
著(编)者：钟瑛　2016年10月出版　估价：79.00元

移动互联网蓝皮书
中国移动互联网发展报告（2016）
著(编)者：官建文　2016年6月出版　估价：79.00元

舆情蓝皮书
中国社会舆情与危机管理报告（2016）
著(编)者：谢耘耕　2016年8月出版　估价：98.00元

地方发展类

安徽经济蓝皮书
芜湖创新型城市发展报告（2016）
著(编)者：张志宏　2016年4月出版　估价：69.00元

安徽蓝皮书
安徽社会发展报告（2016）
著(编)者：程桦　2016年4月出版　估价：89.00元

安徽社会建设蓝皮书
安徽社会建设分析报告（2015～2016）
著(编)者：黄家海　王开玉　蔡宪
2016年4月出版　估价：89.00元

澳门蓝皮书
澳门经济社会发展报告（2015～2016）
著(编)者：吴志良　郝雨凡　2016年5月出版　估价：79.00元

北京蓝皮书
北京公共服务发展报告（2015～2016）
著(编)者：施昌奎　2016年2月出版　定价：79.00元

北京蓝皮书
北京经济发展报告（2015～2016）
著(编)者：杨松　2016年6月出版　估价：79.00元

北京蓝皮书
北京社会发展报告（2015～2016）
著(编)者：李伟东　2016年7月出版　估价：79.00元

北京蓝皮书
北京社会治理发展报告（2015～2016）
著(编)者：殷星辰　2016年6月出版　估价：79.00元

北京蓝皮书
北京文化发展报告（2015～2016）
著(编)者：李建盛　2016年4月出版　定价：79.00元

北京旅游绿皮书
北京旅游发展报告（2016）
著(编)者：北京旅游学会　2016年7月出版　估价：88.00元

北京人才蓝皮书
北京人才发展报告（2016）
著(编)者：于淼　2016年12月出版　估价：128.00元

北京社会心态蓝皮书
北京社会心态分析报告（2015～2016）
著(编)者：北京社会心理研究所
2016年8月出版　估价：79.00元

北京社会组织管理蓝皮书
北京社会组织发展与管理（2015～2016）
著(编)者：黄江松　2016年4月出版　估价：78.00元

北京体育蓝皮书
北京体育产业发展报告（2016）
著(编)者：钟秉枢　陈杰　杨铁黎
2016年10月出版　估价：79.00元

北京养老产业蓝皮书
北京养老产业发展报告（2016）
著(编)者：周明明　冯喜良　2016年4月出版　估价：69.00元

滨海金融蓝皮书
滨海新区金融发展报告（2016）
著(编)者：王爱俭　张锐钢　2016年9月出版　估价：79.00元

城乡一体化蓝皮书
中国城乡一体化发展报告・北京卷（2015～2016)
著(编)者：张宝秀　黄序　2016年5月出版　估价：79.00元

创意城市蓝皮书
北京文化创意产业发展报告（2016）
著(编)者：张京成　王国华　2016年12月出版　估价：69.00元

创意城市蓝皮书
青岛文化创意产业发展报告（2016）
著(编)者：马达　张丹妮　2016年6月出版　估价：79.00元

创意城市蓝皮书
青岛文化创意产业发展报告（2016）
著(编)者：马达　张丹妮　2016年6月出版　估价：79.00元

皮书系列 2016全品种 　地方发展类

创意城市蓝皮书
台北文化创意产业发展报告（2016）
著(编)者：陈耀竹 邱琪瑄　2016年11月出版 / 估价：89.00元

创意城市蓝皮书
无锡文化创意产业发展报告（2016）
著(编)者：谭军 张鸣年　2016年10月出版 / 估价：79.00元

创意城市蓝皮书
武汉文化创意产业发展报告（2016）
著(编)者：黄永林 陈汉桥　2016年12月出版 / 估价：89.00元

创意城市蓝皮书
重庆创意产业发展报告（2016）
著(编)者：程宇宁　2016年4月出版 / 估价：89.00元

地方法治蓝皮书
南宁法治发展报告（2016）
著(编)者：杨维超　2016年12月出版 / 估价：69.00元

福建妇女发展蓝皮书
福建省妇女发展报告（2016）
著(编)者：刘群英　2016年11月出版 / 估价：88.00元

福建自由贸易区蓝皮书
中国（福建）自由贸易区实验区发展报告（2015~2016）
著(编)者：黄茂兴　2016年4月出版 / 定价：108.00元

甘肃蓝皮书
甘肃经济发展分析与预测（2016）
著(编)者：朱智文 罗哲　2016年1月出版 / 定价：79.00元

甘肃蓝皮书
甘肃社会发展分析与预测（2016）
著(编)者：安文华 包晓霞 谢增虎　2016年1月出版 / 定价：79.00元

甘肃蓝皮书
甘肃文化发展分析与预测（2016）
著(编)者：安文华 周小华　2016年1月出版 / 定价：79.00元

甘肃蓝皮书
甘肃县域和农村发展报告（2016）
著(编)者：刘进军 柳民 王建兵
2016年1月出版 / 定价：79.00元

甘肃蓝皮书
甘肃舆情分析与预测（2016）
著(编)者：陈双梅 张谦元　2016年1月出版 / 定价：79.00元

甘肃蓝皮书
甘肃商贸流通发展报告（2016）
著(编)者：杨志武 王福生 王晓芳
2016年1月出版 / 定价：79.00元

广东蓝皮书
广东全面深化改革发展报告（2016）
著(编)者：周林生 涂成林　2016年11月出版 / 估价：69.00元

广东蓝皮书
广东社会工作发展报告（2016）
著(编)者：罗观翠　2016年6月出版 / 估价：89.00元

广东蓝皮书
广东省电子商务发展报告（2016）
著(编)者：程晓 邓顺国　2016年7月出版 / 估价：79.00元

广东社会建设蓝皮书
广东省社会建设发展报告（2016）
著(编)者：广东省社会工作委员会
2016年12月出版 / 估价：99.00元

广东外经贸蓝皮书
广东对外经济贸易发展研究报告（2015~2016）
著(编)者：陈万灵　2016年5月出版 / 估价：89.00元

广西北部湾经济区蓝皮书
广西北部湾经济区开放开发报告（2016）
著(编)者：广西北部湾经济区规划建设管理委员会办公室
　　　　广西社会科学院广西北部湾发展研究院
2016年10月出版 / 估价：79.00元

巩义蓝皮书
巩义经济社会发展报告（2016）
著(编)者：丁同民　2016年4月出版 / 定价：58.00元

广州蓝皮书
2016年中国广州经济形势分析与预测
著(编)者：庾建设 沈奎 谢博能　2016年6月出版 / 估价：79.00元

广州蓝皮书
2016年中国广州社会形势分析与预测
著(编)者：张强 陈怡霓 杨秦　2016年6月出版 / 估价：79.00元

广州蓝皮书
广州城市国际化发展报告（2016）
著(编)者：朱名宏　2016年11月出版 / 估价：69.00元

广州蓝皮书
广州创新型城市发展报告（2016）
著(编)者：尹涛　2016年10月出版 / 估价：69.00元

广州蓝皮书
广州经济发展报告（2016）
著(编)者：朱名宏　2016年7月出版 / 估价：69.00元

广州蓝皮书
广州农村发展报告（2016）
著(编)者：朱名宏　2016年8月出版 / 估价：69.00元

广州蓝皮书
广州汽车产业发展报告（2016）
著(编)者：杨再高 冯兴亚　2016年9月出版 / 估价：69.00元

广州蓝皮书
广州青年发展报告（2015~2016）
著(编)者：魏国华 张强　2016年7月出版 / 估价：69.00元

广州蓝皮书
广州商贸业发展报告（2016）
著(编)者：李江涛 肖振宇 荀振英
2016年7月出版 / 估价：69.00元

广州蓝皮书
广州社会保障发展报告（2016）
著(编)者：蔡国萱　2016年10月出版 / 估价：65.00元

地方发展类

皮书系列 2016全品种

广州蓝皮书
广州文化创意产业发展报告（2016）
著(编)者：甘新　2016年8月出版 / 估价：79.00元

广州蓝皮书
中国广州城市建设与管理发展报告（2016）
著(编)者：董皞　陈小钢　李江涛　2016年7月出版 / 估价：69.00元

广州蓝皮书
中国广州科技和信息化发展报告（2016）
著(编)者：邹采荣　马正勇　冯元　2016年8月出版 / 估价：79.00元

广州蓝皮书
中国广州文化发展报告（2016）
著(编)者：徐俊忠　陆志强　顾涧清　2016年7月出版 / 估价：69.00元

贵阳蓝皮书
贵阳城市创新发展报告·白云篇（2016）
著(编)者：连玉明　2016年10月出版 / 估价：89.00元

贵阳蓝皮书
贵阳城市创新发展报告·观山湖篇（2016）
著(编)者：连玉明　2016年10月出版 / 估价：89.00元

贵阳蓝皮书
贵阳城市创新发展报告·花溪篇（2016）
著(编)者：连玉明　2016年10月出版 / 估价：89.00元

贵阳蓝皮书
贵阳城市创新发展报告·开阳篇（2016）
著(编)者：连玉明　2016年10月出版 / 估价：89.00元

贵阳蓝皮书
贵阳城市创新发展报告·南明篇（2016）
著(编)者：连玉明　2016年10月出版 / 估价：89.00元

贵阳蓝皮书
贵阳城市创新发展报告·清镇篇（2016）
著(编)者：连玉明　2016年10月出版 / 估价：89.00元

贵阳蓝皮书
贵阳城市创新发展报告·乌当篇（2016）
著(编)者：连玉明　2016年10月出版 / 估价：89.00元

贵阳蓝皮书
贵阳城市创新发展报告·息烽篇（2016）
著(编)者：连玉明　2016年10月出版 / 估价：89.00元

贵阳蓝皮书
贵阳城市创新发展报告·修文篇（2016）
著(编)者：连玉明　2016年10月出版 / 估价：89.00元

贵阳蓝皮书
贵阳城市创新发展报告·云岩篇（2016）
著(编)者：连玉明　2016年10月出版 / 估价：89.00元

贵州房地产蓝皮书
贵州房地产发展报告NO.3（2016）
著(编)者：武廷方　2016年6月出版 / 估价：89.00元

贵州蓝皮书
贵州册亨经济社会发展报告(2016)
著(编)者：黄德林　2016年3月出版 / 定价：79.00元

贵州蓝皮书
贵安新区发展报告（2016）
著(编)者：马长青　吴大华　2016年4月出版 / 估价：69.00元

贵州蓝皮书
贵州法治发展报告（2016）
著(编)者：吴大华　2016年5月出版 / 估价：79.00元

贵州蓝皮书
贵州民航业发展报告（2016）
著(编)者：申振东　吴大华　2016年10月出版 / 估价：69.00元

贵州蓝皮书
贵州民营经济发展报告（2016）
著(编)者：杨静　吴大华　2016年3月出版 / 定价：79.00元

贵州蓝皮书
贵州人才发展报告（2016）
著(编)者：于杰　吴大华　2016年9月出版 / 估价：69.00元

贵州蓝皮书
贵州社会发展报告（2016）
著(编)者：王兴骥　2016年5月出版 / 估价：79.00元

海淀蓝皮书
海淀区文化和科技融合发展报告（2016）
著(编)者：陈名杰　孟景伟　2016年5月出版 / 估价：75.00元

海峡西岸蓝皮书
海峡西岸经济区发展报告（2016）
著(编)者：福建省人民政府发展研究中心
　　　　　　福建省人民政府发展研究中心咨询服务中心
2016年9月出版 / 估价：65.00元

杭州都市圈蓝皮书
杭州都市圈发展报告（2016）
著(编)者：董祖德　沈翔　2016年5月出版 / 估价：89.00元

杭州蓝皮书
杭州妇女发展报告（2016）
著(编)者：魏颖　2016年4月出版 / 估价：79.00元

河北经济蓝皮书
河北省经济发展报告（2016）
著(编)者：马树强　金浩　刘兵　张贵
2016年5月出版 / 估价：89.00元

河北蓝皮书
河北经济社会发展报告（2016）
著(编)者：郭金平　2016年1月出版 / 定价：79.00元

河北食品药品安全蓝皮书
河北食品药品安全研究报告（2016）
著(编)者：丁锦霞　2016年6月出版 / 估价：79.00元

河南经济蓝皮书
2016年河南经济形势分析与预测
著(编)者：胡五岳　2016年2月出版 / 定价：79.00元

河南蓝皮书
2016年河南社会形势分析与预测
著(编)者：刘道兴　牛苏林　2016年4月出版 / 定价：79.00元

25

河南蓝皮书
河南城市发展报告（2016）
著(编)者:谷建全　王建国　2016年5月出版 / 估价:79.00元

河南蓝皮书
河南法治发展报告（2016）
著(编)者:丁同民　闫德民　2016年6月出版 / 估价:79.00元

河南蓝皮书
河南工业发展报告（2016）
著(编)者:龚绍东　赵西三　2016年5月出版 / 估价:79.00元

河南蓝皮书
河南金融发展报告（2016）
著(编)者:河南省社会科学院　2016年6月出版 / 估价:69.00元

河南蓝皮书
河南经济发展报告（2016）
著(编)者:张占仓　2016年3月出版 / 定价:79.00元

河南蓝皮书
河南农业农村发展报告（2016）
著(编)者:吴海峰　2016年4月出版 / 估价:69.00元

河南蓝皮书
河南文化发展报告（2016）
著(编)者:卫绍生　2016年3月出版 / 估价:78.00元

河南商务蓝皮书
河南商务发展报告（2016）
著(编)者:焦锦淼　穆荣国　2016年4月出版 / 估价:88.00元

黑龙江产业蓝皮书
黑龙江产业发展报告（2016）
著(编)者:于渤　2016年10月出版 / 估价:79.00元

黑龙江蓝皮书
黑龙江经济发展报告（2016）
著(编)者:朱宇　2016年1月出版 / 定价:79.00元

黑龙江蓝皮书
黑龙江社会发展报告（2016）
著(编)者:谢宝禄　2016年1月出版 / 定价:79.00元

湖南城市蓝皮书
区域城市群整合（主题待定）
著(编)者:童中贤　韩未名　2016年12月出版 / 估价:79.00元

湖南蓝皮书
2016年湖南产业发展报告
著(编)者:梁志峰　2016年5月出版 / 估价:98.00元

湖南蓝皮书
2016年湖南电子政务发展报告
著(编)者:梁志峰　2016年5月出版 / 估价:98.00元

湖南蓝皮书
2016年湖南经济展望
著(编)者:梁志峰　2016年5月出版 / 估价:128.00元

湖南蓝皮书
2016年湖南两型社会与生态文明发展报告
著(编)者:梁志峰　2016年5月出版 / 估价:98.00元

湖南蓝皮书
2016年湖南社会发展报告
著(编)者:梁志峰　2016年5月出版 / 估价:88.00元

湖南蓝皮书
2016年湖南县域经济社会发展报告
著(编)者:梁志峰　2016年5月出版 / 估价:98.00元

湖南蓝皮书
湖南城乡一体化发展报告（2016）
著(编)者:陈文胜　刘祚祥　邝奕轩　等
2016年7月出版 / 估价:89.00元

湖南县域绿皮书
湖南县域发展报告 NO.3
著(编)者:袁准　周小毛　2016年9月出版 / 估价:69.00元

沪港蓝皮书
沪港发展报告（2015～2016）
著(编)者:尤安山　2016年4月出版 / 估价:89.00元

京津冀金融蓝皮书
京津冀金融发展报告（2015）
著(编)者:王爱俭　李向前　2016年3月出版 / 定价:89.00元

吉林蓝皮书
2016年吉林经济社会形势分析与预测
著(编)者:马克　2015年12月出版 / 定价:79.00元

吉林省城市竞争力蓝皮书
吉林省城市竞争力报告（2015）
著(编)者:崔岳春　张磊　2016年3月出版 / 定价:69.00元

济源蓝皮书
济源经济社会发展报告（2016）
著(编)者:喻新安　2016年4月出版 / 估价:69.00元

健康城市蓝皮书
北京健康城市建设研究报告（2016）
著(编)者:王鸿春　2016年4月出版 / 估价:79.00元

江苏法治蓝皮书
江苏法治发展报告 NO.5（2016）
著(编)者:李力　龚廷泰　2016年9月出版 / 估价:98.00元

江西蓝皮书
江西经济社会发展报告（2016）
著(编)者:张勇　姜玮　梁勇　2016年10月出版 / 估价:79.00元

江西文化产业蓝皮书
江西文化产业发展报告（2016）
著(编)者:张圣才　汪春翔　2016年10月出版 / 估价:128.00元

经济特区蓝皮书
中国经济特区发展报告（2016）
著(编)者:陶一桃　2016年12月出版 / 估价:89.00元

地方发展类

皮书系列 2016全品种

辽宁蓝皮书
2016年辽宁经济社会形势分析与预测
著(编)者:曹晓峰 梁启东
2016年1月出版 / 定价:79.00元

拉萨蓝皮书
拉萨法治发展报告(2016)
著(编)者:车明怀 2016年7月出版 / 估价:79.00元

洛阳蓝皮书
洛阳文化发展报告(2016)
著(编)者:刘福兴 陈启明 2016年7月出版 / 估价:79.00元

南京蓝皮书
南京文化发展报告(2016)
著(编)者:徐宁 2016年12月出版 / 估价:79.00元

内蒙古蓝皮书
内蒙古反腐倡廉建设报告 NO.2
著(编)者:张志华 无极 2016年12月出版 / 估价:69.00元

浦东新区蓝皮书
上海浦东经济发展报告(2016)
著(编)者:沈开艳 周奇 2016年1月出版 / 定价:69.00元

青海蓝皮书
2016年青海经济社会形势分析与预测
著(编)者:陈玮 2015年12月出版 / 定价:79.00元

人口与健康蓝皮书
深圳人口与健康发展报告(2016)
著(编)者:陆杰华 罗乐宣 苏杨
2016年11月出版 / 估价:89.00元

山东蓝皮书
山东经济形势分析与预测(2016)
著(编)者:李广杰 2016年11月出版 / 估价:89.00元

山东蓝皮书
山东社会形势分析与预测(2016)
著(编)者:涂可国 2016年6月出版 / 估价:89.00元

山东蓝皮书
山东文化发展报告(2016)
著(编)者:张华 唐洲雁 2016年6月出版 / 估价:98.00元

山西蓝皮书
山西资源型经济转型发展报告(2016)
著(编)者:李志强 2016年5月出版 / 估价:89.00元

陕西蓝皮书
陕西经济发展报告(2016)
著(编)者:任宗哲 白宽犁 裴成荣
2015年12月出版 / 定价:69.00元

陕西蓝皮书
陕西社会发展报告(2016)
著(编)者:任宗哲 白宽犁 牛昉
2015年12月出版 / 定价:69.00元

陕西蓝皮书
陕西文化发展报告(2016)
著(编)者:任宗哲 白宽犁 王长寿
2015年12月出版 / 定价:69.00元

陕西蓝皮书
丝绸之路经济带发展报告(2015~2016)
著(编)者:任宗哲 白宽犁 谷孟宾
2015年12月出版 / 定价:75.00元

上海蓝皮书
上海传媒发展报告(2016)
著(编)者:强荧 焦雨虹 2016年1月出版 / 定价:79.00元

上海蓝皮书
上海法治发展报告(2016)
著(编)者:叶青 2016年5月出版 / 估价:69.00元

上海蓝皮书
上海经济发展报告(2016)
著(编)者:沈开艳 2016年1月出版 / 定价:79.00元

上海蓝皮书
上海社会发展报告(2016)
著(编)者:杨雄 周海旺 2016年1月出版 / 定价:79.00元

上海蓝皮书
上海文化发展报告(2016)
著(编)者:荣跃明 2016年1月出版 / 定价:79.00元

上海蓝皮书
上海文学发展报告(2016)
著(编)者:陈圣来 2016年5月出版 / 估价:69.00元

上海蓝皮书
上海资源环境发展报告(2016)
著(编)者:周冯琦 汤庆合 任文伟
2016年1月出版 / 定价:79.00元

上饶蓝皮书
上饶发展报告(2015~2016)
著(编)者:朱寅健 2016年5月出版 / 估价:128.00元

社会建设蓝皮书
2016年北京社会建设分析报告
著(编)者:宋贵伦 冯虹 2016年7月出版 / 估价:79.00元

深圳蓝皮书
深圳法治发展报告(2016)
著(编)者:张骁儒 2016年5月出版 / 估价:69.00元

深圳蓝皮书
深圳经济发展报告(2016)
著(编)者:张骁儒 2016年6月出版 / 估价:89.00元

深圳蓝皮书
深圳劳动关系发展报告(2016)
著(编)者:汤庭芬 2016年6月出版 / 估价:79.00元

深圳蓝皮书
深圳社会建设与发展报告(2016)
著(编)者:张骁儒 陈东平 2016年6月出版 / 估价:79.00元

皮书系列 2016全品种 — 地方发展类·国家国别类

深圳蓝皮书
深圳文化发展报告（2016）
著（编）者：张骁儒　2016年5月出版／估价：69.00元

四川法治蓝皮书
四川依法治省年度报告 NO.2（2016）
著（编）者：李林　杨天宗　田禾
2016年3月出版／定价：108.00元

四川蓝皮书
2016年四川经济形势分析与预测
著（编）者：杨钢　2016年1月出版／定价：98.00元

四川蓝皮书
四川城镇化发展报告（2016）
著（编）者：侯水平　陈炜　2016年4月出版／定价：75.00元

四川蓝皮书
四川法治发展报告（2016）
著（编）者：郑泰安　2016年5月出版／估价：69.00元

四川蓝皮书
四川企业社会责任研究报告（2015~2016）
著（编）者：侯水平　盛毅　2016年4月出版／估价：79.00元

四川蓝皮书
四川社会发展报告（2016）
著（编）者：郭晓鸣　2016年4月出版／估价：79.00元

四川蓝皮书
四川生态建设报告（2016）
著（编）者：李晟之　2016年4月出版／估价：79.00元

四川蓝皮书
四川文化产业发展报告（2016）
著（编）者：向宝云　张立伟　2016年4月出版／定价：79.00元

体育蓝皮书
上海体育产业发展报告（2015~2016）
著（编）者：张林　黄海燕　2016年10月出版／估价：79.00元

体育蓝皮书
长三角地区体育产业发展报告（2015~2016）
著（编）者：张林　2016年4月出版／估价：79.00元

天津金融蓝皮书
天津金融发展报告（2016）
著（编）者：王爱俭　孔德昌　2016年9月出版／估价：89.00元

图们江区域合作蓝皮书
图们江区域合作发展报告（2016）
著（编）者：李铁　2016年4月出版／估价：98.00元

温州蓝皮书
2016年温州经济社会形势分析与预测
著（编）者：潘忠强　王春光　金浩　2016年4月出版／估价：69.00元

扬州蓝皮书
扬州经济社会发展报告（2016）
著（编）者：丁纯　2016年12月出版／估价：89.00元

长株潭城市群蓝皮书
长株潭城市群发展报告（2016）
著（编）者：张萍　2016年10月出版／估价：69.00元

郑州蓝皮书
2016年郑州文化发展报告
著（编）者：王哲　2016年9月出版／估价：65.00元

中医文化蓝皮书
北京中医药文化传播发展报告（2016）
著（编）者：毛嘉陵　2016年5月出版／估价：79.00元

珠三角流通蓝皮书
珠三角商圈发展研究报告（2016）
著（编）者：王先庆　林至颖　2016年7月出版／估价：98.00元

遵义蓝皮书
遵义发展报告（2016）
著（编）者：曾征　龚永育　2016年12月出版／估价：69.00元

国别与地区类

阿拉伯黄皮书
阿拉伯发展报告（2015~2016）
著（编）者：罗林　2016年11月出版／估价：79.00元

北部湾蓝皮书
泛北部湾合作发展报告（2016）
著（编）者：吕余生　2016年10月出版／估价：69.00元

大湄公河次区域蓝皮书
大湄公河次区域合作发展报告（2016）
著（编）者：刘稚　2016年9月出版／估价：79.00元

大洋洲蓝皮书
大洋洲发展报告（2015~2016）
著（编）者：喻常森　2016年10月出版／估价：89.00元

德国蓝皮书
德国发展报告（2016）
著（编）者：郑春荣　伍慧萍
2016年5月出版／估价：69.00元

东北亚黄皮书
东北亚地区政治与安全（2016）
著（编）者：黄凤志　刘清才　张慧智　等
2016年5月出版／估价：69.00元

东盟黄皮书
东盟发展报告（2016）
著（编）者：杨晓强　庄国土　2016年3月出版／定价：89.00元

国家国别类 皮书系列重点推荐

东南亚蓝皮书
东南亚地区发展报告（2015～2016）
著(编)者：厦门大学东南亚研究中心　王勤
2016年4月出版 / 估价：79.00元

俄罗斯黄皮书
俄罗斯发展报告（2016）
著(编)者：李永全　2016年7月出版 / 估价：79.00元

非洲黄皮书
非洲发展报告 NO.18（2015～2016）
著(编)者：张宏明　2016年9月出版 / 估价：79.00元

国际形势黄皮书
全球政治与安全报告（2016）
著(编)者：李慎明　张宇燕
2015年12月出版 / 定价：69.00元

韩国蓝皮书
韩国发展报告（2016）
著(编)者：牛林杰　刘宝全
2016年12月出版 / 估价：89.00元

加拿大蓝皮书
加拿大发展报告（2016）
著(编)者：仲伟合　2016年4月出版 / 估价：89.00元

拉美黄皮书
拉丁美洲和加勒比发展报告（2015～2016）
著(编)者：吴白乙　2016年5月出版 / 估价：89.00元

美国蓝皮书
美国研究报告（2016）
著(编)者：郑秉文　黄平
2016年6月出版 / 估价：89.00元

缅甸蓝皮书
缅甸国情报告（2016）
著(编)者：李晨阳　2016年8月出版 / 估价：79.00元

欧洲蓝皮书
欧洲发展报告（2015～2016）
著(编)者：周弘　黄平　江时学
2016年7月出版 / 估价：89.00元

日本经济蓝皮书
日本经济与中日经贸关系研究报告（2016）
著(编)者：王洛林　张季风
2016年5月出版 / 估价：79.00元

日本蓝皮书
日本研究报告（2016）
著(编)者：李薇　2016年5月出版 / 估价：69.00元

上海合作组织黄皮书
上海合作组织发展报告（2016）
著(编)者：李进峰　吴宏伟　李伟
2016年7月出版 / 估价：98.00元

世界创新竞争力黄皮书
世界创新竞争力发展报告（2016）
著(编)者：李闽榕　李建平　赵新力
2016年5月出版 / 估价：148.00元

土耳其蓝皮书
土耳其发展报告（2016）
著(编)者：郭长刚　刘义　2016年7月出版 / 估价：69.00元

亚太蓝皮书
亚太地区发展报告（2016）
著(编)者：李向阳　2016年5月出版 / 估价：69.00元

印度蓝皮书
印度国情报告（2016）
著(编)者：吕昭义　2016年5月出版 / 估价：89.00元

印度洋地区蓝皮书
印度洋地区发展报告（2016）
著(编)者：汪戎　2016年5月出版 / 估价：89.00元

英国蓝皮书
英国发展报告（2015～2016）
著(编)者：王展鹏　2016年10月出版 / 估价：89.00元

越南蓝皮书
越南国情报告（2016）
著(编)者：广西社会科学院　罗梅　李碧华
2016年8月出版 / 估价：69.00元

越南蓝皮书
越南经济发展报告（2016）
著(编)者：黄志勇　2016年10月出版 / 估价：69.00元

以色列蓝皮书
以色列发展报告（2016）
著(编)者：张倩红　2016年9月出版 / 估价：89.00元

中东黄皮书
中东发展报告 NO.18（2015～2016）
著(编)者：杨光　2016年10月出版 / 估价：89.00元

中亚黄皮书
中亚国家发展报告（2016）
著(编)者：孙力　吴宏伟　2016年8月出版 / 估价：89.00元

社会科学文献出版社

皮书系列

❖ 皮书起源 ❖

"皮书"起源于十七、十八世纪的英国,主要指官方或社会组织正式发表的重要文件或报告,多以"白皮书"命名。在中国,"皮书"这一概念被社会广泛接受,并被成功运作、发展成为一种全新的出版形态,则源于中国社会科学院社会科学文献出版社。

❖ 皮书定义 ❖

皮书是对中国与世界发展状况和热点问题进行年度监测,以专业的角度、专家的视野和实证研究方法,针对某一领域或区域现状与发展态势展开分析和预测,具备原创性、实证性、专业性、连续性、前沿性、时效性等特点的公开出版物,由一系列权威研究报告组成。

❖ 皮书作者 ❖

皮书系列的作者以中国社会科学院、著名高校、地方社会科学院的研究人员为主,多为国内一流研究机构的权威专家学者,他们的看法和观点代表了学界对中国与世界的现实和未来最高水平的解读与分析。

❖ 皮书荣誉 ❖

皮书系列已成为社会科学文献出版社的著名图书品牌和中国社会科学院的知名学术品牌。2011年,皮书系列正式列入"十二五"国家重点出版规划项目;2012~2015年,重点皮书列入中国社会科学院承担的国家哲学社会科学创新工程项目;2016年,46种院外皮书使用"中国社会科学院创新工程学术出版项目"标识。

中国皮书网

www.pishu.cn

发布皮书研创资讯，传播皮书精彩内容
引领皮书出版潮流，打造皮书服务平台

栏目设置：

- □ 资讯：皮书动态、皮书观点、皮书数据、皮书报道、皮书发布、电子期刊
- □ 标准：皮书评价、皮书研究、皮书规范
- □ 服务：最新皮书、皮书书目、重点推荐、在线购书
- □ 链接：皮书数据库、皮书博客、皮书微博、在线书城
- □ 搜索：资讯、图书、研究动态、皮书专家、研创团队

中国皮书网依托皮书系列"权威、前沿、原创"的优质内容资源，通过文字、图片、音频、视频等多种元素，在皮书研创者、使用者之间搭建了一个成果展示、资源共享的互动平台。

自2005年12月正式上线以来，中国皮书网的IP访问量、PV浏览量与日俱增，受到海内外研究者、公务人员、商务人士以及专业读者的广泛关注。

2008年、2011年，中国皮书网均在全国新闻出版业网站荣誉评选中获得"最具商业价值网站"称号；2012年，获得"出版业网站百强"称号。

2014年，中国皮书网与皮书数据库实现资源共享，端口合一，将提供更丰富的内容，更全面的服务。

权威报告 热点资讯 海量资源
当代中国与世界发展的高端智库平台

皮书数据库 www.pishu.com.cn

皮书数据库是专业的人文社会科学综合学术资源总库,以大型连续性图书——皮书系列为基础,整合国内外相关资讯构建而成。包含六大子库,涵盖两百多个主题,囊括了近十几年间中国与世界经济社会发展报告,覆盖经济、社会、政治、文化、教育、国际问题等多个领域。

皮书数据库以篇章为基本单位,方便用户对皮书内容的阅读需求。用户可进行全文检索,也可对文献题目、内容提要、作者名称、作者单位、关键字等基本信息进行检索,还可对检索到的篇章再做二次筛选,进行在线阅读或下载阅读。智能多维度导航,可使用户根据自己熟知的分类标准进行分类导航筛选,使查找和检索更高效、便捷。

权威的研究报告,独特的调研数据,前沿的热点资讯,皮书数据库已发展成为国内最具影响力的关于中国与世界现实问题研究的成果库和资讯库。

皮书俱乐部会员服务指南

1. 谁能成为皮书俱乐部成员?
- 皮书作者自动成为俱乐部会员
- 购买了皮书产品(纸质书/电子书)的个人用户

2. 会员可以享受的增值服务
- 免费获赠皮书数据库100元充值卡
- 加入皮书俱乐部,免费获赠该纸质图书的电子书
- 免费定期获赠皮书电子期刊
- 优先参与各类皮书学术活动
- 优先享受皮书产品的最新优惠

3. 如何享受增值服务?
(1)免费获赠100元皮书数据库体验卡
第1步 刮开皮书附赠充值的涂层(右下);
第2步 登录皮书数据库网站(www.pishu.com.cn),注册账号;
第3步 登录并进入"会员中心"—"在线充值"—"充值卡充值",充值成功后即可使用。

(2)加入皮书俱乐部,凭数据库体验卡获赠该书的电子书
第1步 登录社会科学文献出版社官网(www.ssap.com.cn),注册账号;
第2步 登录并进入"会员中心"—"皮书俱乐部",提交加入皮书俱乐部申请;
第3步 审核通过后,再次进入皮书俱乐部,填写页面所需图书、体验卡信息即可自动兑换相应电子书。

4. 声明
解释权归社会科学文献出版社所有

皮书俱乐部会员可享受社会科学文献出版社其他相关免费增值服务,有任何疑问,均可与我们联系。
图书销售热线:010-59367070/7028 图书服务QQ:800045692 图书服务邮箱:duzhe@ssap.cn
数据库服务热线:400-008-6695 数据库服务QQ:2475522410 数据库服务邮箱:database@ssap.cn
欢迎登录社会科学文献出版社官网(www.ssap.com.cn)和中国皮书网(www.pishu.cn)了解更多信息